**Für meine Frau
und meine drei Töchter,**

die mit großem Verständnis
seit Jahr und Tag tolerieren,
dass Schule und Unterricht
munter sprudelnde Quellen
immer neuer Problemlagen
und Herausforderungen sind,
die nach konkreten Antworten
und praktischen Hilfen verlangen,
die zu entwickeln und zu publizieren
mir bis heute Pflicht und Vergnügen sind.

Inhaltsverzeichnis

Vorwort 9

Einleitung 11

I. Zur Belastungssituation von Lehrerinnen und Lehrern 15

   1. Alarmierende Befragungs- und Untersuchungsbefunde 16
      1.1 Was Lehrkräfte im Alltag belastet 16
      1.2 Wie sich die Belastungen auswirken 20
      1.3 Unterschiedliche Bewältigungsmuster 22
      1.4 Strategische Schlussfolgerungen 26

   2. Der aktuelle Reformdruck als Belastungsfaktor 28
      2.1 Lehren und Lernen im Umbruch 28
      2.2 Ausgeprägte Arbeitsverlagerung 31
      2.3 Zermürbende Rollenvielfalt 33
      2.4 Druck von außen und oben 35
      2.5 Dürftiges Schulmanagement 37
      2.6 Aufreibender »Aktionismus« 38

   3. Weitere Belastungsfaktoren im Lehreralltag 40
      3.1 Schulpolitische Restriktionen 40
      3.2 Einschneidender Imageverfall 42
      3.3 Störendes Schülerverhalten 44
      3.4 Individueller Perfektionismus 46
      3.5 Mangelnde Arbeitsökonomie 47
      3.6 Strapaziöses Helfersyndrom 49
      3.7 Unzulängliche Teamfähigkeit 50

   4. Fragwürdige Versuche zur Lehrerentlastung 53
      4.1 Widersprüchliche Bildungspolitik 53
      4.2 Die Rituale der Lehrerverbände 56
      4.3 Alltagsferne Lehrerbildung 59
      4.4 Inflationäre »Therapieangebote« 61
      4.5 Frühpensionierung als Ausweg? 63
      4.6 Plädoyer für verstärkte Selbsthilfe 65

II. Bewährte Entlastungsansätze und -verfahren 67

1. Entlastung durch verbessertes Selbstmanagement 68
   - 1.1 Grenzen ziehen und Grenzen setzen 68
   - 1.2 Entwicklung realistischer Ansprüche 71
   - 1.3 Sensible Zeiteinteilung und -nutzung 73
   - 1.4 Verbesserung der Arbeitsökonomie 75
   - 1.5 Feste Rituale einführen und nutzen 77
   - 1.6 Was kann Supervisionsarbeit leisten? 80
   - 1.7 Materialien und Tipps zur Vertiefung 81

2. Entlastung durch gezielte Schülerqualifizierung 96
   - 2.1 Förderung zentraler Lernkompetenzen 96
   - 2.2 Die Schüler als Helfer und Miterzieher 101
   - 2.3 Die Lernspirale als »Selbstlernskript« 104
   - 2.4 Die Strategie der kleinen Schritte 108
   - 2.5 Das Auslosen als Motivationshebel 111
   - 2.6 Konsequente Reflexionsaktivitäten 114
   - 2.7 Motivierende Unterrichtsarrangements 116
   - 2.8 Materialien und Tipps zur Vertiefung 119

3. Entlastung durch verstärkte Lehrerkooperation 132
   - 3.1 Unterschiedliche Kooperationsebenen 132
   - 3.2 Gemeinsam lässt sich mehr erreichen 136
   - 3.3 Was wirksame Teamarbeit auszeichnet 138
   - 3.4 Effektive Teamarbeit will gelernt sein 139
   - 3.5 Workshops als Dreh- und Angelpunkt 142
   - 3.6 Teamarbeit als Stütze der Schulreform 145
   - 3.7 Materialien und Tipps zur Vertiefung 147

4. Entlastung durch intelligentes Schulmanagement 164
   - 4.1 Effektivierung der Konferenzarbeit 164
   - 4.2 Förderung produktiver Konferenzen 167
   - 4.3 Freistellung engagierter Lehrkräfte 171
   - 4.4 Unterstützung der Teamfortbildung 174
   - 4.5 Organisation von Synergieeffekten 176
   - 4.6 Abbau bürokratischer Hemmnisse 179
   - 4.7 Materialien und Tipps zur Vertiefung 182

5. Entlastung durch offensive Öffentlichkeitsarbeit 202
   - 5.1 Vertrauensbildende Elternseminare 202
   - 5.2 Hospitationsmöglichkeiten für Eltern 205
   - 5.3 Arbeit mit Eltern- und Schülervertretern 207

5.4 Innovationszentrierte Pressearbeit 209
5.5 Projektspezifisches »Fundraising« 211
5.6 Informationszone für Schulbesucher 214
5.7 Materialien und Tipps zur Vertiefung 215

III. Politische Schlussfolgerungen und Empfehlungen 233

1. Bessere Rahmenbedingungen für Lehrer 234
2. Aufstockung der Sachmittelzuweisung 238
3. Erweiterung der Selbstverantwortung 241
4. Ausbau des Unterstützungssystems 244
5. Förderung systematischer Fortbildung 248
6. Erleichterung der Lehrerkooperation 252
7. Neuorientierung der Leitungsaufgaben 255
8. Neue Akzente in der Lehrerausbildung 261
9. Fazit: Hilfe zur Selbsthilfe tut Not! 264

IV. Anhang: Einige Stimmen aus der Schulpraxis 267

1. Interview mit drei Schulleiter/innen 268
2. Evaluationsbefunde zum PSE-Programm 278
3. Statements zum Nutzen des Lerntrainings 281

Literaturverzeichnis 285

Bildquellen 288

Vorwort

Viele Lehrerinnen und Lehrer klagen seit Jahr und Tag über wachsende Belastungen im Schulalltag. Zu Recht, wie dieses Buch zeigen wird. Sie arbeiten ganz offenbar zu viel und die Schüler/innen zu wenig. Das zeigen einschlägige Unterrichtsbeobachtungen und Befragungsergebnisse. Doch nicht nur im Unterricht entstehen Belastungen, sondern auch im Vor- und Umfeld dieser Kerntätigkeit. Viele schulorganisatorische Maßnahmen und Regelungen sind über Gebühr belastend und bewirken, dass sich Stress, Verunsicherung und sinnlose Beschäftigungseffekte einstellen. Aber auch am individuellen Arbeitsstil und Zeitmanagement vieler Lehrkräfte lässt sich manches ändern. Vieles wird zu umständlich und aufwändig angegangen. Die Suche nach arbeits-, zeit- und nervensparenden Alternativstrategien lohnt also gewiss. Darum wird es in diesem Buch gehen. Zurückgegriffen wird dabei auf Erfahrungen, wie sie im Rahmen einschlägiger Schulentwicklungsvorhaben in unterschiedlichen Bundesländern gesammelt werden konnten.

Zur Ausgangssituation: Die Klage über Lehrerbelastung ist wahrscheinlich so alt wie die Schule selbst. Dennoch, seit Beginn der 1990er-Jahre haben sich die Umstände, unter denen Lehrerinnen und Lehrer ihren Dienst tun müssen, ganz fraglos verschärft und verschlechtert. Die Frage ist nur, welche Schlussfolgerungen daraus gezogen werden. Bloßes Klagen und politisches Räsonieren hilft sicherlich nicht wirklich weiter. Die aktuelle Belastungskrise von Lehrerinnen und Lehrern ist weder Schicksal noch selbst verschuldetes Unheil. Sie hat ihre Ursachen – und daran lässt sich eine ganze Menge ändern. Das gilt auch und nicht zuletzt unter den restriktiven bildungspolitischen Bedingungen der Gegenwart. Um es klar und deutlich zu sagen: Wer Entlastung erreichen will, muss im eigenen Regiebereich beginnen – am eigenen Arbeitsplatz, im eigenen Unterricht sowie im übergeordneten Bereich des Schulmanagements. Denn das Hoffen auf »die da oben« ist derzeit keine besonders tröstliche und Erfolg versprechende Perspektive. Da gibt es wirksamere Strategien. Das wird in diesem Buch gezeigt und anhand vielfältiger Praxisanregungen konkretisiert.

Vieles spricht dafür, dass es sich lohnt, die Flucht nach vorne anzutreten und die eigene Entlastung intelligent und couragiert anzubahnen? Die Möglichkeiten der »Selbsthilfe« in Schule und Unterricht sind erfahrungsgemäß noch lange nicht ausgeschöpft. Im Gegenteil: Viele der Belastungen, die Lehrkräfte derzeit beklagen, sind zu einem nicht unwesentlichen Teil »hausgemacht«, d.h., sie resultieren aus fragwürdigen Gewohnheiten und Praktiken, wie sie sich im schulischen Alltagsgeschäft eingespielt haben. Daran zu rütteln ist zwar nicht leicht, dürfte angesichts der aktuellen bildungspolitischen Restriktionen aber die einzige Handlungsperspektive sein, die relativ kurzfristig spürbare Entlastungswirkungen für Lehrerinnen und Lehrer verspricht.

Das Positive an dieser Strategie der »konstruktiven Selbsthilfe« ist, dass man endlich aus dem Teufelskreis von Klagen → Anklagen → Rechtfertigen → Verzagen → Resignieren ... herauskommt – einem Teufelskreis, den ein Beobachter der schulischen Szene unlängst in die Worte gefasst hat: »Pädagogen investieren ungemein viel Zeit und Energie in das Beklagen von Problemen und in das äußerst kreative Begründen, warum nichts geht. Aber sie investieren wenig oder keine Zeit in das *versuchsweise* Lösen dieser Probleme.« An dieser Beschreibung ist fraglos was dran. Nur, wem ist mit diesem Fatalismus gedient? Den Lehrer/innen und Schüler/innen am wenigsten. Wer den Blick nach vorne aufgibt und sich lediglich als Opfer wähnt, ignoriert seine Chancen und Problemlösungsmöglichkeiten. Deshalb das vorliegende Buch. Es soll Mut machen und erprobte Wege aufzeigen, wie sich Lehrkräfte couragiert, ideenreich und wirksam entlasten können.

Die Idee zum Buch ist im Rahmen zahlreicher Lehrerfortbildungs- und Schulberatungsveranstaltungen entstanden. Anstoß und Auslöser war die immer wieder gestellte Frage, wie sich denn die Mehrbelastung der Lehrkräfte im Zuge schulischer Innovationsprozesse glaubwürdig minimieren lasse. Die Ansatzpunkte und Strategien, die dabei herausgekommen sind, lassen sich in den nachfolgenden Kapiteln nachlesen. Hierbei hat sich eine Erkenntnis als zentral herauskristallisiert, die in unzähligen Reflexionen, Versuchen und strategischen Beratungen immer wieder bestätigt wurde: Lehrerentlastung ist in der Einzelschule nicht nur nötig, sondern auch in recht praktikabler Weise »machbar«. Das beginnt bei der Veränderung der individuellen Arbeitsorganisation von Lehrkräften und reicht über die Kultivierung neuer Lehr- und Lernverfahren im Unterricht bis hin zu arbeitsteiligen Strategien der Unterrichtsvorbereitung sowie zur Einführung zeitsparender Konferenzmodalitäten und Freistellungsregelungen durch die Schulleitung. Zentral bei alledem ist: Das »Aufwand-Ertrags-Verhältnis« muss besser werden. Daran zu arbeiten lohnt.

Danken möchte ich all den Steuerungsteams, Trainer/innen und Lehrkräften, die an der Entstehung dieses Buches mitgewirkt haben, indem sie alternative Entlastungsstrategien mit bedacht und erprobt haben. Es war für mich immer wieder ermutigend und inspirierend zu sehen, wie viel Kreativität, Teamgeist und unkonventionelles Denken dabei zum Vorschein gekommen sind. Manche Strategien mögen »schlitzohrig« genannt werden, andere sind vielleicht auch einfach nur intelligent konzipiert. Auf jeden Fall hat sich in praxi gezeigt, dass mit den dargelegten »Hilfen zur Selbsthilfe« wirksame Lehrerentlastung zu erreichen ist.

Widmen möchte ich das Buch meiner Frau Doris, die in ihrer neuen Position als Schulleiterin sicherlich zahlreiche Gelegenheiten finden wird, den dargelegten Strategien zur Lehrerentlastung auf den Grund zu gehen und deren Vermittelbarkeit und Wirksamkeit zu testen. Für diese und andere Pionierarbeiten wünsche ich ihr viele ermutigende Erfolgserlebnisse.

Landau im Sommer 2005 *Dr. Heinz Klippert*

Einleitung

Die bundesdeutsche Bildungslandschaft ist in Bewegung. Neue Lehrpläne entstehen, neue Bildungsstandards werden formuliert. Präsentations- und Projektprüfungen halten Einzug in den Schulalltag und lassen deutlich werden, dass es mit dem herkömmlichen Pauken und Belehren nicht mehr getan ist. Neue Kompetenzen sind gefordert. Das gilt für die Schüler/innen genauso wie für ihre Lehrkräfte. Die Unterrichtsarbeit wechselt von der Input- zur Outputorientierung. Auf das Können kommt es an – so lautet die neue Devise der Bildungsverantwortlichen. Und weiter: Kollegien müssen Schulprogramme schreiben und Qualitätssicherung betreiben. Sie sind gehalten, ihre Arbeit von Zeit zu Zeit zu evaluieren und festgestellte Defizite und Probleme möglichst nachhaltig zu beheben. Lehren und Lernen im Umbruch.

Die betroffenen Lehrkräfte und Schulleitungen stehen unter Druck. Sie sollen Schule gestalten und Unterricht entwickeln, Autonomie nutzen und mit knappen Ressourcen auskommen, neue Kompetenzen fördern und in Teams operieren, Personalentwicklung betreiben und Qualitätssicherung gewährleisten, Schulprogramme entwickeln und Rechenschaftsberichte vorlegen, kundenorientiert arbeiten und in möglichst überzeugender Weise »unternehmerisch« handeln. Dies alles macht deutlich, dass die Lehrerschaft massiv Gefahr läuft, in eine chronische Überforderungssituation hineinzuschlittern, wenn nicht schleunigst für Entlastung gesorgt und eine gezielte Bündelung der vorhandenen Kräfte erreicht wird.

Neuere Studien zeigen in alarmierender Weise, wie blockiert sich viele Lehrkräfte mittlerweile fühlen. Das viel zitierte Burn-out-Syndrom ist nur die Spitze des Eisbergs. Wenn sich zwei Drittel der Lehrerschaft – wie Studien zeigen – durch die neuen Bedingungen und Anforderungen im Lehrerberuf mehr oder weniger stark überfordert fühlen, dann ist das alarmierend und nicht einfach mit dem Verweis auf die »wehleidige Lehrerschaft« aus der Welt zu schaffen. Die Krise ist da und muss nicht länger herbeigeredet werden. Wer die chronische Überforderung vieler Lehrkräfte im Schulalltag nicht wahrhaben will, macht einen Fehler und läuft Gefahr, den Zeitpunkt zum Gegensteuern zu verpassen. Deshalb: Es ist dringend an der Zeit, den Lehrkräften praktikable Mittel und Wege zu eröffnen, die ihnen helfen, sich und andere in den Kollegien zu entlasten. Darum geht es in diesem Buch.

Die Crux ist nämlich, dass das Gros der Lehrerschaft auf die aktuellen Umbrüche in Schule und Unterricht nicht recht vorbereitet ist. Weder während der eigenen Schulzeit noch im Zuge der Lehrerausbildung haben sie hinreichend studieren können, wie bei 26–28 Wochenstunden Unterrichtsverpflichtung ein angemessenes Handlungsrepertoire zur Bewältigung der skizzierten Aufgaben und Herausforderungen aussehen kann. Im Gegenteil: Vieles, was gemeinhin im Verlauf der Lehrerausbildung gelernt wird, ist vergleichsweise altbacken und eher dazu angetan, die traditionelle Lehrerrolle zu verfestigen. Kein Wunder also, dass sich viele Lehrkräfte mit den neuen Anforderungen und Belastungen recht schwer tun.

Was tun? Der seit Jahren zu beobachtende Trend, der Belastungsproblematik mit Vertröstungen und Rechtfertigungen der verschiedensten Art zu begegnen, ist deshalb keine besondere Hilfe, weil dadurch die praktischen Arbeitsumstände der Lehrkräfte weder tangiert noch nennenswert verbessert werden. Mit positivem Denken, bildungspolitischem Fatalismus oder subjektiven Distanzierungsstrategien kommt man nicht weit. Vielmehr verlangt eine nachhaltige Entlastung der Lehrkräfte in Schule und Unterricht vor allem eines: die Aneignung und Klärung hilfreichen Strategien und Skills zur besseren Bewältigung der angedeuteten Aufgaben und Herausforderungen.

Diese »instrumentelle Orientierung« ist kennzeichnend für das vorliegende Buch. Dementsprechend lauten die konzeptionellen Leitfragen: Was können Lehrer/innen, Schulleitungen und sonstige Bildungsverantwortliche konkret tun, um die bestehenden Arbeitsumstände der Lehrkräfte so zu verbessern, dass ein Mehr an Entlastung und Berufszufriedenheit erreicht wird? Oder konkreter: Wie kann es eine Lehrkraft im Rahmen ihrer häuslichen Unterrichtsvor- und -nachbereitung und/oder im Zuge ihrer alltäglichen Unterrichtsarbeit schaffen, entspannt und erfolgreich über die Runden zu kommen? Aber auch: Was kann auf schulorganisatorischer Ebene vom Kollegium und/oder von der Schulleitung getan und verändert werden, damit vermeidbare Belastungen im Schulalltag wirksam reduziert werden? Fragen dieser und anderer Art werden in den nachfolgenden Kapiteln praxisnah thematisiert und beantwortet.

Zum Aufbau des Buches im Einzelnen: In Kapitel I wird zunächst genauer dargelegt, wie es um die aktuelle Belastungssituation von Lehrerinnen und Lehrern in unseren Schulen bestellt ist. Dazu wird auf neuere Studien und Befragungen zurückgegriffen, die eines sehr deutlich machen: Die Situation ist ernst! Wie ernst, das wird im zweiten und dritten Abschnitt des ersten Kapitels verdeutlicht und durch nähere Ausführungen zu den neuen und alten Herausforderungen im Lehrerberuf untermauert. Die Leitfrage dabei: Was macht den Lehrerberuf seit Jahren so belastend, dass viele Lehrerinnen und Lehrer an ihre physischen und psychischen Grenzen gelangen? Zur Beantwortung dieser Frage wird sowohl die aktuelle Reformoffensive sondiert als auch eingehender analysiert, welche sonstigen Faktoren und Quellen zur Steigerung der Belastung von Lehrerinnen und Lehrern im Schulalltag beitragen

Diesem Analyseteil folgt im vierten Abschnitt eine knappe Bilanz und Problematisierung der aktuell praktizierten Entlastungsstrategien von Lehrerverbänden, Bildungspolitik, Schuladministration und Lehreraus- und -fortbildung. Darüber hinaus wird ein kritischer Blick auf die ins Kraut schießenden »Anti-Burnout-Angebote« von Psychotherapeuten und entsprechend ausgerichteten Rehabilitationskliniken geworfen. Hier ist ein richtiger Markt entstanden, der Rekreation, Entspannung und berufliche Stabilisierung und Neuorientierung für Lehrerinnen und Lehrer verspricht. Die Bilanz kann vorweggenommen werden: Die Problematik der Lehrerbelastung ist erkannt; es wird auch einiges versucht, um dem drohenden Burn-out entgegenzuwirken, allerdings erreichen und verbessern die meisten Ansätze zur Lehrerentlastung bis dato viel zu wenig die konkreten Arbeitsumstände und -operationen von Lehrerinnen und Lehrern in Schule und Unterricht.

In Kapitel II wird diese eher ernüchternde Bilanz durch bewährte Entlastungsansätze und -strategien aus der Arbeit des Verfassers angereichert. Dabei stehen die individuellen Handlungs- und Entlastungsperspektiven der einzelnen Lehrpersonen – einschließlich Schulleitungen – im Vordergrund. Unter dem Motto »Wie Lehrkräfte sich selbst entlasten können« wird gezeigt und durch vielfältige Anregungen und Beispiele konkretisiert, wie schulintern für Entlastung und ein Mehr an Berufszufriedenheit gesorgt werden kann. Das beginnt mit einer Reihe von Anregungen zum verbesserten »Selbst- und Zeitmanagement« von Lehrerinnen und Lehrern und reicht über praktische Anregungen zur Förderung selbstständigen und selbstverantwortlichen Lernens im Unterricht bis hin zur systematischen Unterstützung und Verbesserung der Lehrerkooperation auf unterschiedlichen Ebenen. Hinzu kommen in den Abschnitten vier und fünf bewährte Strategien und Tipps zur Effektivierung und Humanisierung des schulinternen Konferenz- und Innovationsmanagements sowie zur wirksamen Entlastung der Lehrkräfte mittels offensiver Eltern- und Öffentlichkeitsarbeit.

In Kapitel III wird die schulinterne Strategieebene verlassen und schlaglichtartig aufgerissen, welche bildungspolitischen Schlussfolgerungen und Empfehlungen sich aus alledem ableiten lassen. Denn so engagiert und überzeugend die einzelnen Lehrkräfte und Schulleitungen ihre Entlastung auch immer organisieren mögen, sie brauchen auch und zugleich externe Unterstützung und Hilfe, um nachhaltige Entlastungseffekte erzielen zu können. Wer diesen Zusammenhang zwischen Bildungspolitik, Schulorganisation und Lehrerentlastung übersieht, läuft Gefahr, die Chancen pädagogischer Einzelaktionen zu überschätzen. Wirksame Lehrerentlastung braucht auch und zugleich unterstützende Rahmenbedingungen, die ein konzertiertes Arbeiten in Schule und Unterricht gewährleisten. Dieser Befund wird in Kapitel IV durch diverse Rückmeldungen von Lehrkräften und Schulleiter/innen untermauert.

I. Zur Belastungssituation von Lehrerinnen und Lehrern

Die nachfolgenden Abschnitte sind als Grundlegung gedacht. Wenn man über Lehrerentlastung schreiben will, muss man sich zunächst ein näheres Bild davon machen, welche Belastungsfaktoren im Lehreralltag an der Tagesordnung sind. Dazu werden im ersten Abschnitt einschlägige empirische Befunde vorgestellt und analysiert. Dabei wird sich zeigen: Die Hauptbelastungsquelle ist der Unterricht selbst, oder präziser: die großen Klassen und das defizitäre Lern-, Arbeits- und Sozialverhalten vieler Schülerinnen und Schüler. In den Abschnitten zwei und drei wird dieser Erklärungshintergrund näher ausdifferenziert, denn natürlich setzen den Lehrkräften nicht nur die unterrichtsspezifischen Unzulänglichkeiten, sondern auch diverse weitere schulische und bildungspolitische Restriktionen zu. An diese Analyse des Problemfelds »Lehrerbelastung« schließen sich im vierten Abschnitt einige kritische Überlegungen zu den aktuellen Entlastungsperspektiven und -ansätzen in Deutschlands Schulen an.

1. Alarmierende Befragungs- und Untersuchungsbefunde

Seit einigen Jahren wird dem Problemfeld Lehrergesundheit zunehmende Aufmerksamkeit entgegengebracht. Die Tatsache, dass es um die gesundheitliche Verfassung vieler Lehrkräfte eher schlecht bestellt ist, hat renommierte Forscher auf den Plan gerufen, die mit viel Akribie versuchen, den Lehrerinnen und Lehrern auf den Puls zu fühlen und nähere Aufschlüsse darüber zu gewinnen, wie es um deren Belastung im Schulalltag bestellt ist. Gestützt auf diese Studien, wird im ersten Abschnitt skizziert, *was* belastet. Im zweiten Abschnitt werden die daraus erwachsenden gesundheitlichen Beschwerden und Beeinträchtigungen näher expliziert. Im dritten Abschnitt wird der Frage nachgegangen, wie die Lehrkräfte ihre Belastungen individuell zu verarbeiten oder nicht zu verarbeiten verstehen. Und im vierten Abschnitt schließlich geht es um die strategischen Schlussfolgerungen, die aus alledem zu ziehen sind.

1.1 Was Lehrkräfte im Alltag belastet

Im Gegensatz zu dem in der Öffentlichkeit oft kolportierten Bild vom Lehrerberuf als Halbtagsjob mit viel Freizeit und Muße sieht der tatsächliche Lehreralltag deutlich anders aus. Die berufsspezifischen Belastungen von Lehrerinnen und Lehrern sind enorm, wie sich aus diversen Studien zur Lehrerbelastung ersehen lässt. Bereits im 13. Jahrhundert wurde in einer Schrift beklagt, dass die schlimmsten Übel des Lehrerberufs »vergebliche Mühe, Ärger und schlechte Bezahlung« seien (zitiert nach Schaarschmidt 2004, S. 17). Bestätigt und erweitert wird diese Problemanzeige in einem Buch aus dem Jahre 1906 mit den Worten: »Die Arbeit des Lehrers ist eine anerkannt anstrengende ... in großen Räumen vornehmlich zu sprechen, dabei eine große Anzahl Jugendlicher scharf im Auge halten und beherrschen und dazu noch immer den Einzelnen mitbeschäftigen ... bedeutet eine Summe von Angriffen auf das Nervensystem überhaupt und einzelne Organe (Sprechwerkzeuge) im Besonderen, welche ... erschöpfend wirken. Die Inanspruchnahme von Auge und Ohr während des immer wieder ruckweise unterbrochenen Bemühens, den Gedankenablauf Zahlreicher zu leiten, mag nun vorgetragen oder geprüft werden, das erfordert einen Arbeitsaufwand, von welchem der Fernstehende sich schwer eine klare Vorstellung machen kann ... Kommt zu alledem noch ein peinlich kleinliches Verhalten Vorgesetzter, so ist eine Überbürdung gegeben, welche auf die Dauer der Gesundheit Schaden bringen muss«. (Zitiert nach Hillert/Schmitz 2004, S. 4)

Das Thema Lehrerbelastung ist also uralt. Gleichwohl haben sich die Anforderungen und Belastungen, denen Lehrkräfte ausgesetzt sind, in den letzten Jahrzehnten deutlich verschärft. Die Schüler/innen haben sich verändert, die Erziehungsarbeit der Elternhäuser wirft in mancherlei Hinsicht Fragen und Probleme auf; und die vielfältigen Reformprogramme der letzten Jahre tun ein Übriges, um den Lehrkräften das Leben schwer zu machen. Im Klartext: Der Lehrerberuf ist ein fraglos schwieriger Beruf, der nicht nur harte Arbeit erfordert, sondern auch eine Menge Stress mit sich bringt. »Horrortrip Schule« titelte die SPIEGEL-Redaktion und berichtet von überforderten und ausgebrannten Lehrkräften (vgl. Hinrichs u.a. 2004, S. 70). Die Berufsgruppe der Lehrerinnen und Lehrer wird unter dem Gesichtspunkt der psychischen Gesundheit als »Risikopopulation« bezeichnet (Schaarschmidt 2004, S. 19). Verhaltensauffällige Schüler/innen, sinkende Lernmotivation, hoher Lärmpegel und dürftige Sanktionsmöglichkeiten werden als ernst zu nehmende Stressmomente genannt (vgl. Gruber 2003).

Wie Uwe Schaarschmidt und Bianca Ksienzyk in einer neueren Studie nachweisen, lassen sich länder- und schulformübergreifend drei zentrale Quellen der Lehrerbelastung identifizieren, nämlich: »das Verhalten schwieriger Schüler, die Klassenstärke und die Anzahl der zu unterrichtenden Stunden« (Schaarschmidt 2004, S. 72). Diese drei Faktoren wirken selbstverständlich nicht isoliert für sich, sondern sind de facto eng miteinander verzahnt. So wird z.B. die große Klasse vor allem dann zum Belastungsfaktor, wenn gleichzeitig das störende Verhalten der Schüler/innen anwächst und dazu führt, dass jede Unterrichtsstunde für die betreffenden Lehrkräfte zu einem mühsamen Kraftakt wird – einem Kraftakt, der durch die hohe Zahl der zu unterrichtenden Stunden noch zusätzlich erschwert wird (vgl. ebenda). Derartige »Belastungsketten« prägen und beeinträchtigen den Lehreralltag stärker als viele Beobachter und Kritiker des schulischen Geschehens diesen wahrhaben wollen.

Besonders jene Lehrkräfte, denen die nötige Stabilität, Frustrationstoleranz und Problemverarbeitung abgeht, tun sich schwer damit, die alltäglichen Widerspenstigkeiten und Unverschämtheiten der Schülerseite einfach wegzustecken. Die nachfolgenden Lehreräußerungen, die Schaarschmidt/Ksienzyk in ihrer Detailauswertung zitieren, machen die ganze Hilf- und Ratlosigkeit mancher Lehrerinnen und Lehrer deutlich. »Was mich am meisten belastet«, so die Klage einer Lehrkraft, »das sind Schüler, die sich für nichts interessieren und fortlaufend durch unverschämte Bemerkungen den Unterricht stören.« Das Schlimmste an der Lehrertätigkeit sei, so ergänzt eine zweite Lehrperson, dass man in der Schule mehr Löwenbändiger als Pädagoge sein müsse. Eine dritte Kritik: Es mache einen einfach fertig, dauernd nur auf Ruhe zu achten und eigentlich nie das zu schaffen, was gefordert sei. Und eine vierte Klage: »Es geht über meine Kräfte, mich ständig nur mit den missratenen Kindern anderer Leute herumärgern zu müssen.« (Vgl. ebenda, S. 73)

Woher rührt diese Larmoyanz? Wie der Erlanger Arbeitsmediziner Weber warnend feststellt, befindet man sich in keinem Job so auf dem Präsentierteller wie in dem des Lehrers. Die permanente Präsenz vor der Klasse in Verbindung mit der verbreiteten Lustlosigkeit und Widerspenstigkeit vieler Schülerinnen und Schüler sei hochgradig belastend (vgl. Burtscheidt 2003). Das bestätigt nicht zuletzt eine vom bayerischen Lehrer- und Lehrerinnenverband durchgeführte Befragung von 3566 Grund-, Haupt-

und Förderschullehrern. 83 Prozent der befragten Lehrkräfte klagen danach über schwieriges Lernverhalten der Schüler/innen, 71 Prozent finden die heterogene Zusammensetzung der Klassen belastend, rund zwei Drittel nennen große Klassen, schwieriges Sozialverhalten und alltägliche Disziplinprobleme mit Schülern als herausragende Belastungsfaktoren; 56 Prozent stufen die Lehrplanzwänge und 51 Prozent die hohen Ansprüche der Eltern als belastend ein (vgl. ebenda).

In die gleiche Richtung gehen die Befunde einer Repräsentativuntersuchung des bayerischen Realschullehrerverbandes aus dem Jahre 2003. Danach nennen die befragten Lehrkräfte als Hauptbelastungsfaktoren die zu großen Klassen, die vermehrten Motivationsprobleme und die ausgeprägt zutage tretenden Verhaltensauffälligkeiten vieler Schülerinnen und Schüler. Erst danach werden außerunterrichtliche Faktoren wie »zu viel Bürokratie«, »schlechtes Image der Lehrerschaft« sowie »die mangelnde Erziehungsbereitschaft der Eltern« ins Feld geführt. Die »zu hohe Unterrichtsverpflichtung« rangiert relativ abgeschlagen auf Rangplatz 7. Und noch weiter dahinter finden sich Belastungsfaktoren wie »ständige Leistungsbewertung«, »mangelnde Aufstiegsmöglichkeiten«, »starre Stundenpläne«, »ständiges Reden«, »stundenlanges Stehen« »unfreundliche Schulhäuser/-zimmer« sowie die »Einsamkeit im Kollegium« (vgl. Bayerischer Realschulehrerverband 2003, S. 13).

Ein noch differenzierteres Bild liefern Heinrich Dauber und Witlof Vollstädt in ihrer Studie über frühpensionierte Lehrerinnen und Lehrer in der Region Nordhessen (vgl. Dauber/Vollstädt 2003). Befragt nach den Belastungsfaktoren, die ihre Frühpensionierung mit ausgelöst hätten, umrissen die 1317 befragten Lehrkräfte das aus Abbildung 1 ersichtliche Belastungsspektrum. Darin spiegelt sich im Kern die ganze Vielfalt der Herausforderungen und Friktionen, denen Lehrerinnen und Lehrer im Schulalltag ausgesetzt sind. Manche Lehrkräfte werden mit diesen Beschwernissen besser fertig und andere weniger gut. Das zeigt die genannte Untersuchung ebenfalls. Laut Dauber/Vollstädt leiden z.B. Männer stärker als Frauen unter der Schulunlust und der sinkenden Lernmotivation der Schüler; während Lehrerinnen andere Belastungsfaktoren in den Vordergrund rücken. Sie betonen vor allem den Mangel an intakten sozialen Beziehungen, den Konkurrenzdruck im Kollegium, die Bewertungspflicht für schulische Leistungen, den hohen Lärmpegel im Unterricht sowie den hohen Verantwortungsdruck ganz generell (vgl. ebenda, S. 26).

Zusammenfassend lässt sich also bilanzieren, dass die Hauptbelastungsquelle für Lehrerinnen und Lehrer der Unterricht selbst ist. Nach Hillert heißt das: »Am belastendsten waren und sind offenbar für *alle* Kollegen Probleme mit inadäquatem, die Durchführung des Unterrichts beeinträchtigendem Schülerverhalten. An erster Stelle steht dabei zumeist problematisches Lernverhalten von Schülern, was sich in mangelnder Motivation und Konzentration, geringer Mitarbeit im Unterricht sowie unzureichender Vor- und Nachbereitung des Unterrichts ausdrücken kann. Mit geringem Abstand folgen aus gestörtem Sozialverhalten von Schülern resultierende Belastungen, was Disziplinprobleme und schnell eskalierende Konflikte einschließt. Heterogene und vor allem auch zu große Klassen werden als hoch belastend erlebt, ebenso die Notwendigkeit, ständig präsent sein zu müssen.« (Hillert, 2004, S. 55)

Belastungen in den einzelnen Schularten
Rückmeldungen von frühpensionierten Lehrerinnen und Lehrern

Hauptbelastungen in Grundschulen	Hauptbelastungen in Gymnasien
■ Zunahme von Erziehungsaufgaben ■ Zunahme von Verhaltensauffälligkeiten ■ Hyperaktive Schüler (extrem) ■ Verantwortung für soziale Beziehungen ■ Hohe Pflichtstundenzahl ■ Neuerungen im Schulsystem	■ Mangel an Gestaltungsraum ■ Schwieriges Zeitmanagement ■ Zu viele Schüler pro Klasse ■ Zu viele Vorgaben und Vorschriften ■ Hohe Pflichtstundenzahl ■ Schlechter Zustand der Gebäude
Hauptbelastungen in Haupt- und Realschulen	**Hauptbelastungen in Gesamtschulen**
■ Schulunlust der Schüler ■ Lernschwierige Schüler ■ Fehlende elterliche Unterstützung ■ Fehlende außerschulische Unterstützung ■ Mangel an konstruktivem Feedback ■ Zunahme von Erziehungsaufgaben ■ Zunahme von Verhaltensauffälligkeiten ■ Zu viele Schüler pro Klasse ■ Zunahme ethnischer Vielfalt ■ Sinkende Lernmotivation ■ Geringe Effizienz der Unterrichtsplanung ■ Hoher Lärmpegel ■ Wenig Sanktionsmöglichkeiten	■ Schulunlust der Schüler ■ Lernschwierige Schüler ■ Fehlende elterliche Unterstützung ■ Mangel an Gestaltungsspielraum ■ Schwieriges Zeitmanagement ■ Enttäuschte berufliche Erwartungen ■ Zunahme von Verhaltensauffälligkeiten ■ Sinkende Lernmotivation (extrem) ■ Hoher Lärmpegel ■ Zunahme von Erziehungsaufgaben ■ Zu viele Schüler pro Klasse ■ Fachfremder Unterricht ■ Zu viele Vorschriften und Vorgaben ■ Wenig Sanktionsmöglichkeiten
Hauptbelastungen in beruflichen Schulen	
■ Schulunlust der Schüler ■ Mangel an Gestaltungsspielraum ■ Enttäuschte berufliche Erwartungen	■ Zunahme ethnischer Vielfalt ■ Sinkende Lernmotivation

Abb. 1 (Zusammengestellt nach Dauber/Vollstädt 2003, S. 26f.)

Gewiss, das alles ist weder objektiv noch generalisierbar. Die skizzierten Belastungsanzeigen der befragten Lehrerinnen und Lehrer sind letzten Endes immer auch Ausdruck subjektiver Wahrnehmungen und Deutungen. Sie sind »subjektiv konstruiert«, wie Dieter Spanhel und Heinz-Georg-Hüber konstatieren (vgl. Spanhel/Hüber 1995, S. 87). »Jeder von uns hat seine ›persönlich geprägten Wahrnehmungsfilter‹«, so schreibt Bohnsack, »und wenn heimliche Wünsche wie die, von den Schülern geliebt zu werden oder möglichst in allem perfekt zu sein und niemals Fehler zu machen, unseren Motivationshintergrund mitbestimmen, sind die Selbstüberforderung, der Stress oder der Burnout vorprogrammiert.« (Bohnsack 2001, S. 3) Nur, das alles ändert nichts daran, dass sich erhebliche Teile der bundesdeutschen Lehrerschaft subjektiv belastet oder gar überfordert fühlen und dadurch bedingt Gefahr laufen, ihren Beruf nur noch eingeschränkt ausüben zu können. Daher ist es müßig darüber zu streiten, ob die angezeigten Belastungen objektive oder subjektive Größen sind. Die skizzierten Beeinträchtigungen müssen ernst genommen und abgebaut werden; das ist die Botschaft. Andernfalls drohen nachteilige Folgen für Lehrer/innen wie Schüler/innen.

1.2 Wie sich die Belastungen auswirken

Die gesundheitlichen Beschwerden und Beeinträchtigungen, die Lehrkräfte aufgrund der skizzierten Belastungen beklagen, sind ausgesprochen vielfältig. Wie Uwe Schaarschmidt in seinen Untersuchungen darlegt, signalisieren die befragten rund 8000 Lehrkräfte eine ganze Fülle von Beschwerden, die zwar nicht jeden gleichermaßen tangieren, die aber gleichwohl nicht wenigen Lehrkräften an die Substanz gehen. Zieht man nur jene Beschwerden heran, die auf einer Fünferskala den Wert 3 oder darüber erreichen, so kristallisieren sich die folgenden 12 nach ihrem Gewicht geordneten Hauptbeschwerden heraus: Es beginnt bei Abgespanntheit, Übermüdung und Spannungsschmerzen an Nacken, Schultern und Rücken und reicht über Vergesslichkeit, Lustlosigkeit und Überforderungserleben bis hin zu Nervosität, Grübelei, Stimmungsschwankungen, Konzentrationsschwäche, Durchschlafproblemen und Zerstreutheit (vgl. Schaarschmidt 2004, S. 53).

Interessant hierbei ist, dass das Beschwerdeniveau der Frauen bei allen zwölf Merkmalen über dem der Männer liegt. Die Frauen haben mit den skizzierten Belastungsfaktoren also offenbar besonders zu kämpfen – sei es, weil sie mehrfachbelastet sind oder sei es auch, weil sie die besagten Belastungen nicht so leicht abzuschütteln bzw. zu verdrängen vermögen. »Frauen machen für ein Scheitern eher die eigene Person verantwortlich«, so der Erklärungsversuch von Schaarschmidt, »während Männer weniger Bereitschaft zum Selbstzweifel erkennen lassen.« (Ebenda, S. 54) Interessant ist ferner, dass sich auch jüngere Lehrkräfte bei einigen Belastungsfaktoren äußerst schwer tun. Das geht aus einer aktuellen Umfrage zur Lehrerbelastung in Nordrhein-Westfalen hervor. Danach empfinden jüngere Lehrerinnen und Lehrer Disziplinprobleme und problematisches Sozialverhalten als deutlich belastender als ihre älteren Kolleginnen und Kollegen. Woran liegt das? Die älteren Lehrkräfte haben offenbar mehr Erfahrungen mit Disziplinproblemen im Unterricht und legen deshalb mehr Gelassenheit und Geschick an den Tag (vgl. Verband Bildung und Erziehung NRW 2004).

Generell gilt, dass sich die angeführten Beschwerden besonders bei jenen Lehrergruppen einstellen, die sich durch überhöhte Ansprüche, ausgeprägten Perfektionismus, geringe Distanzierungsfähigkeit, geringe Problembewältigung und/oder ausgeprägte Resignationstendenz auszeichnen. Schaarschmidt subsumiert diese Lehrkräfte unter die »Risikomuster A und B«, auf die im nächsten Abschnitt näher eingegangen werden wird. Sein Befund: 29 Prozent der deutschen Lehrkräfte sind ziemlich ausgebrannt. Diese Problemgruppe hat ausgeprägt resigniert, zeigt ein verringertes Engagement, ist unzufrieden, niedergeschlagen, wenig widerstandsfähig und identifiziert sich nur noch wenig mit dem ausgeübten Lehrerberuf. Für sie gilt das viel zitierte Burn-out-

Syndrom. Weitere 30 Prozent der Lehrerschaft gehören Schaarschmidt zufolge zur Risikogruppe A. Diese Problemgruppe leidet vor allem darunter, dass sie trotz großem beruflichem Engagement und hoher Verausgabungsbereitschaft keine angemessene Anerkennung im Schulalltag findet (vgl. Schaarschmidt 2004b, S. 101 und 105).

Zusammenfassend lässt sich demnach feststellen, dass rund 60 Prozent der bundesdeutschen Lehrkräfte mit erheblichen motivationalen und gesundheitlichen Problemen zu kämpfen haben. Psychische und psychosomatische Beschwerden und Beeinträchtigungen stehen dabei im Vordergrund. Der bereits zitierten Untersuchung von Dauber/Vollstädt zufolge sind allein 32 Prozent der befragten Frühpensionäre wegen Tinnitus, Hörsturz und Schwerhörigkeit vorzeitig aus dem Dienst ausgeschieden (vgl. Dauber/Vollstädt 2003, S. 25f.). Dieses Abgleiten in die Dienstunfähigkeit ist ein relativ verbreitetes Phänomen. Viele Lehrkräfte machen die alltäglichen Belastungen offenbar so krank, dass sie deshalb aus dem Dienst ausscheiden müssen. Wie Abbildung 2 zeigt, erreichte von den gut 14.000 Lehrerinnen und Lehrern, die sich im Jahre 2002 aus dem Schuldienst verabschiedeten, nur etwa jeder Siebte die Regelaltersgrenze von 65 Jahren. Von den vorzeitig Ausgeschiedenen mussten rund 41 Prozent aufhören, weil sie dienstunfähig wurden – meist deutlich vor dem sechzigsten Lebensjahr. Weitere 44 Prozent machten von der bestehenden Möglichkeit Gebrauch, unter Inkaufnahme finanzieller Abschläge vorzeitig zu gehen, wobei anzunehmen ist, dass viele von ihnen ebenfalls aus gesundheitlichen Gründen den Rückzug aus dem Berufsleben antraten.

Eine aktuelle Studie des bayerischen Lehrer- und Lehrerinnenverbandes bestätigt dieses alarmierende Bild. Danach gingen 2003/2004 mehr als 50 Prozent der bayerischen Grund-, Haupt- und Förderschullehrer/innen aus gesundheitlichen Gründen vor dem sechzigsten Lebensjahr in Pension – ein ungewöhnlicher Befund! Die entsprechende Quote liegt bei anderen Berufsgruppen im Öffentlichen Dienst bei nur 29 Prozent (vgl. Weinheimer Nachrichten vom 16.9.2004, S. 22; s. Abb. 2, S. 22). Weitere 38 Prozent der bayerischen Volksschullehrer/innen verabschieden sich der Studie zufolge zwischen dem 60. und 64. Lebensjahr, und nur 12 Prozent halten bis zur offiziellen Altersgrenze durch. Ursächlich für dieses frühe Quittieren des Dienstes sind nach den Befunden des Erlanger Arbeitsmediziners Andreas Weber vor allem psychische und psychosomatische Erkrankungen. Weber wertete über 7000 Anträge von Lehrkräften auf Frühpensionierung aus und fand für die Jahre 1996–1999 heraus, dass den Attesten der zuständigen Amtsärzte zufolge jeder zweite Antragsteller aufgrund seiner psychischen Angeschlagenheit berufsunfähig geschrieben wurde. Andere Beschwerden wie Muskel-, Skelett- oder Herzkreislauferkrankungen folgten erst mit großem Abstand (vgl. ebenda).

Alles in allem lässt sich also festhalten, dass es um den Gesundheitszustand der deutschen Lehrerschaft nicht zum Besten bestellt ist. Vor allem in psychischer und psychosomatischer Hinsicht unterliegen viele Lehrkräfte offenbar gesundheitlichen Gefährdungen, die sie von anderen Berufsgruppen deutlich abheben. Das zeigen sowohl die angeführten statistischen Angaben zur Frühpensionierung als auch die von Uwe Schaarschmidt ermittelten Befragungsergebnisse. Schaarschmidt zufolge »... ist festzu-

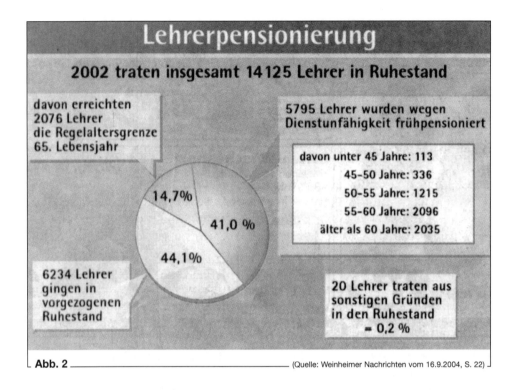

Abb. 2 — (Quelle: Weinheimer Nachrichten vom 16.9.2004, S. 22)

halten, dass Lehrerinnen und Lehrer häufiger als Vertreter anderer Berufsgruppen Patienten psychosomatischer Praxen und Kliniken sind, und der Anteil der vorzeitigen Pensionierungen höher ist als bei anderen Beamten« (vgl. Schaarschmidt 2002, S. 8). Der daraus resultierende volkswirtschaftliche Schaden ist enorm. Wie der bayerische Lehrer- und Lehrerinnenverband ermittelte, kostet das vorzeitige Ausscheiden erkrankter Lehrkräfte den Freistaat jährlich rund 250 Millionen Euro – damit könnten zusätzlich 2583 Lehrerstunden finanziert werden (vgl. Burtscheidt 2003).

1.3 Unterschiedliche Bewältigungsmuster

Selbstverständlich setzen die skizzierten Belastungen nicht allen Lehrkräften in gleicher Weise zu. Manche werden krank, andere nicht. Die individuellen Verarbeitungsmechanismen sind offenbar unterschiedlich und führen dazu, dass zahlreiche Lehrkräfte mit den Beschwernissen des Schulalltags relativ gut fertig werden. Was für die einen negativer Stress ist, ist für die anderen möglicherweise eine positive Herausforderung. Helmut Heyse und Margit Vedde schreiben zu diesem Phänomen: »Unterschiedliche Menschen werden von denselben äußeren Umständen unterschiedlich beansprucht ... Was für den einen eine Katastrophe darstellt, empfindet ein anderer als reizvolle Aufgabe oder es berührt ihn gar nicht. Manch einer benötigt Zeitdruck, um aktiv zu werden, andere werden unter Zeitdruck hektisch und konfus«. (Heyse/Vedde 2004, S. 31)

Positiver oder negativer Stress können also durch unterschiedliche innere Einstellungen, Erwartungen und Wünsche ausgelöst werden. Je nachdem, wie man die eigene Lehrerrolle interpretiert, wird man das Alltagsgeschehen entweder besser oder schlechter verkraften können (vgl. Bauer 2002, S. 50). Verharrt man zu sehr bei den eigenen Ängsten, Wünschen, Fantasien und/oder Selbstzweifeln, so sind ernsthafte Beschwerden und Beeinträchtigungen gleichsam vorprogrammiert. Denn persönliche Enttäuschungen und Erschütterungen folgen in der Regel auf dem Fuß. Begegnet man den alltäglichen Anforderungen dagegen mit einer guten Portion Gelassenheit, Realitätssinn, Problemlösungsmentalität, Gestaltungswille, Distanzierungsfähigkeit und Teameinbettung, so lassen sich viele Tücken und Probleme des Schulalltag wesentlich besser verkraften.

Zur Erfassung derartiger Unterschiede beim Bewältigen berufsspezifischer Belastungen hat Uwe Schaarschmidt in den letzten Jahren ein Diagnoseinstrumentarium entwickelt, das viel Beachtung und Zuspruch gefunden hat. Im Mittelpunkt dieses Instrumentariums stehen die aus Abbildung 3 ersichtlichen Verhaltensdispositionen. Ist jemand von der Bedeutsamkeit seiner Arbeit überzeugt, zeigt Ehrgeiz, Engagement, Gelassenheit und Optimismus, weiß, sein Perfektionsstreben zu zügeln, versteht, Probleme offensiv zu bewältigen, und besitzt nicht zuletzt eine gute Portion Distanzierungsfähigkeit gegenüber den realen Gegebenheiten in Schule und Unterricht, dann wird er mit vielen Problemen des Schulalltags vergleichsweise gut fertig werden und sein persönliches Wohlbefinden sichern können. Neigt dagegen jemand zu Resignation und Selbstüberforderung, zu überzogenem Ehrgeiz und Perfektionsstreben, zu Problemverlagerung, persönlicher Sprunghaftigkeit und Unausgeglichenheit, dann werden Erfolg, Anerkennung und berufliche Zufriedenheit in aller Regel deutlich hinter dem zurückbleiben, was zur persönlichen Stabilisierung benötigt wird.

Dementsprechend unterscheidet Schaarschmidt in seinen Studien zwischen unterschiedlichen Mustern der Belastungs-Bewältigung. Welche das sind, geht aus Abbildung 3 hervor. Zu den beiden Risikomuster zählen die Verhaltensmuster A und B; eher gesundheitserhaltend sind dagegen die Muster G und S, wobei sich S = »Schonung« weniger durch eine erfolgreiche Berufsausübung auszeichnet, sondern vornehmlich dadurch, dass die betreffenden Lehrkräfte die alltäglichen Anforderungen und Belastungen relativ erfolgreich zu ignorieren bzw. auszusitzen verstehen. Zu den Verhaltensmustern im Einzelnen:

■ **Muster G (G = Gesundheit):** Dieses Verhaltensmuster umfasst Einstellungen und Verhaltensweisen, die gesundheitsförderlich sind. Wie sich aus Abbildung 3 ersehen lässt, sind die betreffenden Personen beruflich engagiert; sie identifizieren sich mit ihrer Arbeit, zeigen Ehrgeiz und Verausgabungsbereitschaft, tendieren andererseits aber nicht zu Verbissenheit und überzogenem Perfektionismus. Sie besitzen eine gesunde Distanzierungsfähigkeit und sind damit relativ gut gefeit gegenüber den Unbilden des Schulalltags. Ihre Resignationstendenz ist gering; Misserfolgen beugen sie mit offensiver Problembewältigung vor. Das trägt nicht zuletzt zur inneren Ruhe und Ausgeglichenheit bei. Von daher ist es keine Überraschung, dass die betreffende Personen-

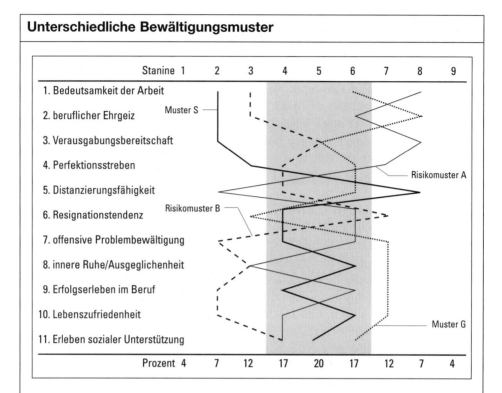

Abb. 3 ────────────── (Quelle: nach Schaarschmidt 2004b, S. 100)

gruppe positive Emotionen zeigt, beruflichen Erfolg hat, Lebenszufriedenheit signalisiert und soziale Unterstützung erlebt. Die dem Muster G zuzurechnende Lehrergruppe umfasst nach Schaarschmidt lediglich 17 Prozent der gesamten Lehrerschaft (vgl. Schaarschmidt 2004b, S. 99ff.).

■ **Muster S (S = Schonung):** Typisch für dieses Muster ist, dass sich die betreffenden Lehrkräfte dadurch entlasten, dass sie sich schonen und die beruflichen Angelegenheiten in der Schule eher beiläufig und halbherzig erledigen. Sie stufen die Bedeutsamkeit der eigenen Arbeit als relativ niedrig ein und zeigen verhältnismäßig wenig Ehrgeiz und Verausgabungsbereitschaft. Gleichzeitig ist ihre Distanzierungsfähigkeit gegenüber den beruflichen Belangen recht hoch. Die niedrige Resignationstendenz weist darauf hin, dass ihr dürftiges berufliches Engagement keinesfalls Ausdruck von Resignation und Überforderung ist, im Gegenteil: Die relativ hohen Ausprägungen in puncto innere Ruhe, Ausgeglichenheit, Lebenszufriedenheit und soziale Unterstützung sprechen für ein insgesamt positives Lebensgefühl. Schonung und Zufriedenheit gehen also gut zusammen und sprechen dafür, dass die Burn-out-Gefahr bei dieser Lehrergruppe relativ gering ist. Nach Schaarschmidts Befunden sind dem Muster »S« rund 23 Prozent der Lehrerschaft zuzurechnen (vgl. ebenda, S. 100ff.).

- **Risikomuster A:** Dieses Muster steht unübersehbar in der Gefahr, krank zu machen. Stärker noch als bei »G« sind die betreffenden Personen hoch engagiert. Sie identifizieren sich mit ihrer Arbeit, legen ausgeprägten beruflichen Ehrgeiz an den Tag und weisen extreme Verausgabungsbereitschaft auf. Die Kehrseite dieses Engagements: Sie können sich schlecht distanzieren, neigen zur Resignation und tun sich schwer, innere Ruhe und Ausgeglichenheit zu erreichen. Diese Konstellation führt dazu, dass die betreffenden Lehrkräfte dazu tendieren, sich selbst zu überfordern und die eigene Frustration zu programmieren. Zwar sind die relativ hohen Ausprägungen bei den Dimensionen »offensive Problembewältigung« und »Erfolgserleben im Beruf« ein Lichtblick, gleichwohl deuten die niedrigen Werte bei Lebenszufriedenheit und sozialer Unterstützung darauf hin, dass Unzufriedenheit und Überforderung an der Tagesordnung sind. Die Folgen dieser problematischen Kombination von großem Arbeitseinsatz und ausbleibendem Erleben von Anerkennung und beruflicher Bestätigung sind u.a. Herz-Kreislauf-Erkrankungen. Diesem Risikomuster A rechnet Schaarschmidt 30 Prozent der Lehrerschaft zu – ein alarmierender Wert! (Vgl. ebenda, S. 101ff.)

- **Risikomuster B:** Typisch für dieses Muster sind geringe Ausprägungen in den Dimensionen des Arbeitsengagements. Die betreffende Personengruppe identifiziert sich nur wenig mit der eigenen Arbeit; der berufliche Ehrgeiz ist gering, die Verausgabungsbereitschaft hält sich in engen Grenzen. Hier gibt es Parallelen zu Muster »S«. Abweichend von »S« jedoch mangelt es den betreffenden Lehrkräften an Distanzierungsfähigkeit, sodass Enttäuschungen programmiert sind. Ausgesprochen kritische Werte finden sich ferner in den Dimensionen 9 bis 11, die für die Widerstandsfähigkeit gegenüber belastenden Situationen stehen. Das Erleben von beruflichem Erfolg, innerer Ausgeglichenheit, Lebenszufriedenheit und sozialer Unterstützung ist wenig ausgeprägt. Von offensiver Problembewältigung kann beim besten Willen keine Rede sein. Resignation, Motivationsprobleme, herabgesetzte Widerstandsfähigkeit gegenüber Belastungen und negative Emotionen sind an der Tagesordnung. Solche Erscheinungen bilden den Kern des Burn-out-Syndroms. Dem Risikomuster B sind Schaarschmidt zufolge 29 Prozent der Lehrerschaft zuzurechnen (vgl. ebenda, S. 101ff.).

Alles in allem machen die skizzierten Bewältigungsmuster zweierlei deutlich: Zum einen bestätigen sie, dass der Lehrerberuf ein schwieriger Beruf ist und viele Lehrkräfte in der Tat in der Gefahr stehen, sich selbst zu überfordern bzw. an den eigenen Ansprüchen, Erwartungen und Berufsauffassungen zu scheitern (Risikomuster A und B). Die zweite Erkenntnis ist die, dass man sehr wohl etwas tun kann, um im Gleichgewicht zu bleiben und der drohenden Überforderung, Unzufriedenheit und/oder Resignation erfolgreich vorzubeugen (Muster G).

1.4 Strategische Schlussfolgerungen

Um diese konstruktive, problemlösende Sichtweise geht es in diesem Buch. Die Lehrerinnen und Lehrer hierzulande haben es zu einem nicht unerheblichen Teil selbst in der Hand, ob sie in Richtung Burn-out abdriften wollen oder aber mit Geschick und Tatkraft daran gehen möchten, die eigene Arbeitssituation zu verbessern, die persönlichen Ansprüche zurechtzurücken, das eigene Problemlösungspotenzial zu mobilisieren und auf diese Weise die eigenen Erfolgs- und Entlastungsperspektiven zu mehren. Schließlich ist niemandem damit gedient, wenn sich Resignation oder Selbstmitleid breit machen. »Problems are our friends«, so hat das der kanadische Schulentwickler Norm Green kürzlich auf den Punkt gebracht. Recht hat er! Denn nur wenn die bestehenden Probleme, Herausforderungen und Belastungen konstruktiv angegangen und ebenso gezielt wie engagiert behoben werden, können Lehrerinnen und Lehrer ein Mehr an Entlastung, Zufriedenheit und Berufserfolg erreichen.

Das skizzierte Bewältigungsmuster »S« kann daher nicht zum Maßstab innerer Schulentwicklung gemacht werden. Zwar mag »Schonung« im Lehreralltag manchmal durchaus angebracht sein, aber als Instrument zur Bewältigung der aktuellen schulischen Probleme und Herausforderungen taugt diese Strategie gewiss nicht. Wer sein Hauptaugenmerk darauf richtet, das eigene Arbeitsengagement zu minimieren, tut weder sich, noch den Kindern, noch der Gesellschaft insgesamt einen Gefallen. Probleme und Belastungen dürfen nicht verdrängt werden; sie müssen behoben werden. Dass dieses keineswegs mit Verbissenheit geschehen muss, sondern mit einer guten Portion Gelassenheit und Engagement, Kreativität und sozialer Unterstützung einhergehen kann und muss, zeigen die Ausführungen zum Bewältigungsmuster »G«. Dieses Muster kann als Orientierung und Ansporn für die praktische Reformarbeit in den Schulen dienen. Es steht für jenes Lehrerverhalten, das in pragmatischer Weise der Problemlösung und Gesunderhaltung der Lehrkräfte dient.

Die Risikomuster A und B sind demgegenüber höchst problematisch. Problematisch sind sie deshalb, weil die mit diesen Mustern verbundenen Resignationstendenzen bei gleichzeitiger geringer sozialer Unterstützung beinahe zwangsläufig dazu führen, dass sich Unzufriedenheit und Misserfolg einstellen (vgl. Abb. 3). Die betreffenden Lehrkräfte befinden sich in einem Teufelskreis, aus dem sie nur schwer herauskommen. So gesehen haftet den beiden Risikomustern A und B etwas selbstzerstörerisches an. Da hilft auch die ausgeprägte Ambitioniertheit und Verausgabungsbereitschaft bei den zu Muster »A« zählenden Lehrkräften wenig (vgl. Abschnitt 1.3). Im Gegenteil: Da dem Engagement dieser Lehrkräfte in aller Regel keine entsprechende Anerkennung und Lebenszufriedenheit gegenüberstehen, wird das Ganze zu einer Zerreißprobe mit masochistischen Zügen – einer Zerreißprobe, die unübersehbar die Gefahr mit sich bringt, zu Risikomuster B – und damit zum absoluten Burn-out – zu führen. Die gängigen Folgen bzw. Reaktionen sind bekannt: Rückzug, Phlegma und pädagogischer Defätismus. Auch das ist keine Perspektive.

Was also tun? Der in diesem Buch verfolgte Ansatz geht dahin, den beschriebenen Kreislauf von Engagement ➔ Perfektionsstreben ➔ Arbeitsüberlastung ➔ Enttäuschung → Frustration → Resignation → Burn-out zu durchbrechen und eine möglichst tragfähige Problemlösungsmentalität auf Lehrerseite aufbauen zu helfen. Dazu wird in Kapitel II umfangreiches Know-how vorgestellt, das in vielschichtiger Weise zeigt, wie den gängigen Enttäuschungen, Problemen und Friktionen im Schulalltag entgegengewirkt werden kann. Wer Lehrerentlastung wirksam erreichen will, der muss die eigenen Handlungs- und Problemlösungsspielräume in Schule, Unterricht und häuslichem Arbeitsbereich konsequenter als bisher üblich ausloten und ausnutzen. Das ist der Ansatz in diesem Buch. Entlastung für Lehrerinnen und Lehrer ist möglich, keine Frage. Man muss nur konsequent und couragiert anfangen.

Lediglich schicksalsergeben auf die große Politik zu warten, das wäre Fatalismus pur. Denn nach allem, was wir über die Handlungs- und Entscheidungslogik der bildungspolitischen Instanzen wissen, dürfte die faktische Lehrerentlastung durch kleinere Klassen oder weniger Wochenstunden noch lange auf sich warten lassen – von der Behebung der unterrichtsspezifischen Belastungen und Friktionen mal ganz zu schweigen. Vieles spricht dafür, dass die Lehrerinnen und Lehrer die Dinge selbst in die Hand nehmen müssen – Schulleitungen eingeschlossen. Andernfalls ist den an der Belastungsgrenze arbeitenden Lehrkräften wenig geholfen. Die in Abschnitt 1.1 skizzierten Probleme sind nämlich sehr konkreter Art und haben ihren eindeutigen Schwerpunkt im Unterricht selbst. Das beginnt mit verhaltensauffälligen Schülern und reicht bis hin zu gravierenden Motivations-, Lern- und Disziplinproblemen im alltäglichen Unterricht. Hinzu kommen die neuen didaktisch-methodischen Herausforderungen und Standards, wie sie im Gefolge von PISA »verordnet« wurden und werden (vgl. den nachfolgenden Abschnitt 2.1). Von daher ist dem Gros der Lehrkräfte mit den gängigen wolkigen Versprechungen und Vertröstungen von bildungspolitischer Seite wenig geholfen. Nötig sind vielmehr rasche und spürbare Erleichterungen und Verbesserungen im alltäglichen Schul- und Unterrichtsbetrieb.

Mögliche Ansatzpunkte gibt es viele. Da ist zunächst die individuelle Arbeitssituation und Arbeitsorganisation der Lehrkräfte. Hier kann Entlastung z.B. dadurch erreicht werden, dass die eigenen Ansprüche realistisch gewendet, die persönlichen Vor- und Nachbereitungsarbeiten zeitökonomischer gestaltet, die Schüler/innen zu mehr Selbsttätigkeit und wechselseitiger Erziehung befähigt und die Kooperationsbeziehungen im jeweiligen Kollegium deutlich intensiviert werden. Die zweite strategische Ebene zur Lehrerentlastung betrifft die Schulleitung samt Schulorganisation und Schulmanagement. Hierzu gehören z.B. Maßnahmen zur Lehrerfreistellung, zur Konferenzökonomie, zum Fortbildungsmanagement, zur Elterneinbindung, zur Ressourcensicherung und zum Innovationsmanagement schlechthin. Überall lassen sich hilfreiche Freiräume und Freistellungen organisieren, Abläufe straffen und Projekte bündeln, Teamaktivitäten fördern und Konferenzen effektivieren, Kommunikationsprozesse verbessern und Innovationsprozesse stringenter gestalten. Das dritte strategische Feld zur Entlastung der Lehrerinnen und Lehrer betrifft die von bildungspolitischer Seite gewährten Unterstützungsmaßnahmen. Auch hier sind Akzentverschiebungen möglich, die gar nicht einmal so viel kosten müssen, wohl aber den Lehrkräften ganz praktisch helfen können, ihre Berufs- und Arbeitszufriedenheit zu steigern.

2. Der aktuelle Reformdruck als Belastungsfaktor

Die skizzierten Belastungsmomente haben natürlich Ursachen – Ursachen, von denen es abhängt, wo und wie mit praktischen Gegenmaßnahmen anzusetzen ist. Das schulische und außerschulische Umfeld der Lehrkräfte hat sich in den letzten Jahrzehnten gravierend verändert. Der aktuelle Reformdruck ist enorm. Neue Anforderungen sind entstanden, neue Erwartungen werden an Schule und Lehrer gerichtet, auf die seitens der traditionellen Lehrerausbildung bestenfalls in Ansätzen vorbereitet wird. Das alles verunsichert. Die Aufgaben und Verantwortlichkeiten der Lehrkräfte haben sich nicht nur verschoben; sie sind in vielerlei Hinsicht auch unklarer geworden. Das begünstigt Stress und vielfältige Zusatzarbeiten im Schulalltag.

2.1 Lehren und Lernen im Umbruch

Der aktuelle Reformprozess setzt der Lehrerschaft gewaltig zu. Die in Abbildung 4 umrissenen Reformstränge machen deutlich, dass den pädagogischen Akteuren in den Schulen ein hohes Maß an Umdenken und Umgestaltung abverlangt wird. Das gilt insbesondere im Hinblick auf die alltägliche Unterrichtsarbeit. Galt es bis vor wenigen Jahren noch als oberstes Gebot, die Lehrpläne sorgfältig zu beachten und die ausgewiesenen Lerninhalte und Lernziele akribisch umzusetzen, so wird unter dem Einfluss von TIMSS und PISA neuerdings ein ziemlicher Paradigmenwechsel eingefordert. Unter dem Motto »Vom Input zum Output« sollen höchst anspruchsvolle Bildungsstandards und Bildungspläne realisiert werden. Im Zentrum der anvisierten neuen Lehr- und Lernkultur stehen weniger die zu behandelnden Inhalte, sondern vorrangig die fachspezifischen *Kompetenzen*, die die Schüler/innen bis zum Ende bestimmter Bildungsabschnitte erworben haben sollen.

Die daraus erwachsenden Anforderungen an die Lehrkräfte sind vielfältig: Sie sollen die Schüler/innen zum eigenverantwortlichen Arbeiten und Lernen befähigen und durch gezielte Fördermaßnahmen dafür sorgen, dass deren Lernkompetenzen nachhaltig auf- und ausgebaut werden. Sie sollen nicht nur Inhalte vermitteln, sondern auch und zugleich grundlegende methodische, kommunikative und teamspezifische Fähigkeiten und Fertigkeiten ausbilden helfen. Sie sollen die neueren Erkenntnisse der Lern- und Gehirnforschung berücksichtigen und die unterrichtlichen Lernprozesse entsprechend organisieren und moderieren. Sie sollen die Leseleistungen der Schüler/innen verbessern und dem Einsatz neuer Medien und Computer in den Schulen zum Durchbruch verhelfen. Sie sollen methodisch variabel und kreativ unterrichten und den Umgang mit leistungs- und verhaltensheterogenen Gruppen einfühlsam be-

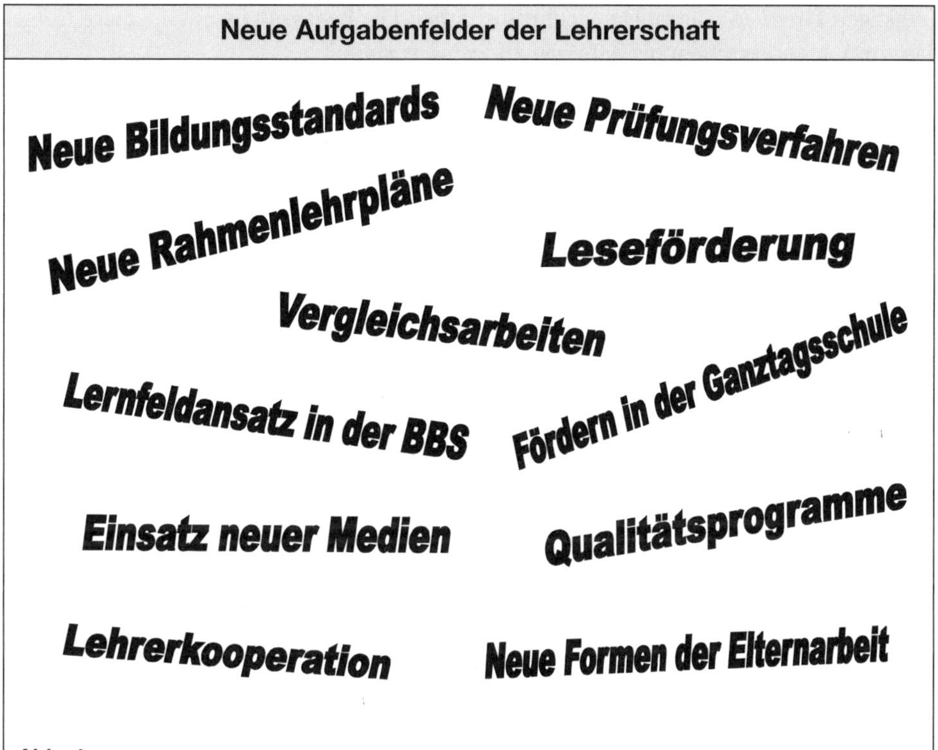

Neue Aufgabenfelder der Lehrerschaft

- Neue Bildungsstandards
- Neue Prüfungsverfahren
- Neue Rahmenlehrpläne
- Leseförderung
- Vergleichsarbeiten
- Lernfeldansatz in der BBS
- Fördern in der Ganztagsschule
- Einsatz neuer Medien
- Qualitätsprogramme
- Lehrerkooperation
- Neue Formen der Elternarbeit

Abb. 4 © Dr. H. Klippert

wältigen. Sie sollen den Schüler/innen mehr zumuten und zutrauen und die gängigen Prüfungs- und Bewertungsverfahren zielführend umstellen. Sie sollen Programme zur systematischen Steigerung der Unterrichtsqualität entwickeln und die entsprechenden Reformaktivitäten konsequent evaluieren und optimieren. Sie sollen Verantwortung für das schulische Gesamtgeschehen übernehmen und mit anderen Lehrkräften auf den verschiedensten Ebenen kooperieren. Kurzum: Sie sollen sich nicht nur als »Stundenhalter« verstehen, sondern auch und zugleich als verantwortliche Schul- und Unterrichtsentwickler sowie als Förderer und Berater der Schüler/innen im besten Sinne des Wortes.

Neue Herausforderungen stellen sich also nicht nur auf der unterrichtlichen Ebene, sondern auch im Bereich des Schulmanagements. Das aktuelle Reizwort heißt *Selbstständige Schule*. Unter den Vorzeichen erweiterter Schulautonomie wird von Schulleitungen und Kollegien erwartet, dass sie die organisatorischen, personellen und finanziellen Belange der Einzelschule zunehmend schulintern regeln und gestalten. Das setzt vermehrte Konferenzen und sonstige Meetings voraus – Aktivitäten also, die eine Menge zusätzliche Zeit und Energie absorbieren. Das irritiert und belastet nicht wenige Lehrkräfte. Zugespitzt formuliert: Die Schulkollegien wechseln von der Fremd- zur Selbstverwaltung und müssen nun plötzlich zahlreiche Aufgaben übernehmen, die traditionell Sache von Schulaufsicht und Schulträgern, von Lehrplankommissionen und sonstigen Gremien waren. Das Schlimme dabei: Die Lehrkräfte sind auf diese Aufgaben und Anforderungen bis dato viel zu wenig vorbereitet.

Umsetzbar sind die skizzierten Herausforderungen letztlich nur dann, wenn die betreffenden Lehrkräfte auf Klassen-, Fach- und/oder Jahrgangsebene offensiv kooperieren und zu einer wirksamen Arbeitsteilung und Arbeitsersparnis gelangen. Auch die Zusammenarbeit mit der jeweiligen Schulleitung und Elternschaft muss möglichst vertrauensvoll und konstruktiv gestaltet werden, damit drohende Reibungsverluste vermieden werden. So gesehen bedarf es im besten Sinne des Wortes einer *konzertierten Aktion* aller am schulischen Reformprozess Beteiligten – einer konzertierten Aktion mit gezielter Arbeitsteilung, offensiver Workshoparbeit, konsequenter Materialarchivierung und wechselseitiger Unterstützung und Inspiration der schulischen Akteure. Auf diese Strategie der systematischen Arbeits- und Aufgabenteilung wird in Kapitel II noch näher eingegangen.

2.2 Ausgeprägte Arbeitsverlagerung

Die skizzierte Reformdynamik ist de facto mit einer ausgeprägten Arbeitsverlagerung und Verantwortungsdelegation nach unten verbunden. Das ist zunächst zwar nichts Negatives, bringt aber im Zusammenhang mit der mangelhaften Vorbereitung der Lehrerschaft auf die besagten Neuerungen eine Menge Probleme und Belastungen mit sich. Das Gros der bundesdeutschen Lehrerinnen und Lehrer steht den aktuellen Reformanliegen eher irritiert bis ratlos gegenüber. Das gilt für die neuen Bildungsstandards und Prüfungsanforderungen genauso wie für die vielfältigen Ansprüche und Implikationen, die mit den aktuellen Strukturreformen (»Selbstständige Schule« etc.) verbunden sind. Viele damit einhergehende Zielsetzungen bringen zunächst einmal eine Menge Planungs-, Konferenz-, Vorbereitungs-, Koordinations- und Evaluationsaufwand mit sich. Das gilt sowohl für die einzelne Lehrkraft als auch für die schulinternen Jahrgangsteams, Fachteams und pädagogischen Führungskräfte.

Ein Blick in die Programmatik der »Selbstständigen Schule« in Nordrhein-Westfalen und Niedersachsen unterstreicht diesen Trend hin zur »Arbeitsbeschaffung«. Zum Pflichtenprogramm der Selbstständigen Schule gehören erklärtermaßen die Verbesserung der Qualität der Schulabschlüsse sowie die Absenkung der gängigen Rückstellungs-, Wiederholer- und Abgängerquoten (vgl. Bildungsministerium Niedersachsen 2002, S. 3). Welche Aufgaben daraus für die betroffene Lehrerschaft erwachsen, zeigt die folgende Pflichtenbeschreibung: Danach erstellt die Lehrerschaft »... innerhalb von drei Jahren ein Schulprogramm und beschreibt darin die Weiterentwicklung ihrer Unterrichts- und Erziehungsarbeit sowie ihre Konzepte zur Unterrichtsvertretung, zur Förderung der Schülerinnen und Schüler, zur Personalentwicklung und zur Fortbildung der Lehrkräfte. Mit Selbstevaluation und Inspektion von außen werden die Schritte zur Umsetzung des Schulprogramms erfasst, um Verbesserungsmaßnahmen einleiten zu können.« (Ebenda) Keine Frage, das impliziert eine Menge ungewohnte Arbeit.

Ähnlich anspruchsvoll ist das unterrichtsspezifische Reformprogramm in Nordrhein-Westfalen formuliert. In der Projektbeschreibung des Schulministeriums wird darauf verwiesen, dass innovative pädagogische Konzepte gefragt seien. Dafür erhalten die Lehrkräfte und Schulleitungen der betreffenden Selbstständigen Schulen einen weiten Freiraum. Diesen können sie dem Programm zufolge z.B. nutzen, um die Zusammensetzung der Lerngruppen oder die zeitliche und örtliche Organisation des Unterrichts zu verändern. Auch bei der Leistungsbewertung und den Leistungsbescheinigungen können sie neue Wege gehen – so z.B. hinsichtlich des Arbeitens mit Portfolios (vgl. Bildungsministerium NRW 2001, S. 9). Doch nicht nur das. Die Schulen können ihren Unterricht rhythmisieren. Sie können fächerverbindend arbeiten, Projekt-, Epochen- oder Werkstattunterricht einführen, verstärkt auf Doppelstunden oder größere Zeitblöcke setzen, jahrgangsübergreifend unterrichten, die Größe der Lerngruppen variieren, reine Mädchen- oder Jungengruppen bilden, Förderunterricht forcieren, besondere Kurse anbieten, neue Bewertungsverfahren einführen, das Zeugnis erweitern und manches andere mehr (vgl. ebenda, S. 16f.).

Dass diese Aufgabenpalette vielen Lehrkräften Angst und Unbehagen bereitet, ist wenig verwunderlich. Denn unter dem Strich sind zahllose zusätzliche Konferenzen und Abstimmungsgespräche, Workshops und Planungsveranstaltungen, Koordinations- und Evaluationssitzungen absehbar, die weit über das hinausgehen, was in den Schulen bislang üblich und notwendig ist. Stundentafeln und Lehrpläne werden nicht länger exakt vorgeschrieben, sondern müssen schulintern ausgehandelt und in brauchbarer Weise konkretisiert werden. Rahmenpläne, Bildungsstandards, Evaluationen und Inspektionen sorgen dafür, dass diese Selbstorganisation von Schule nicht aus dem Ruder läuft und/oder in der Beliebigkeit endet. Die Schulen sollen besser werden. Das ist der Tenor unserer Tage. Dazu gibt es eine Vielzahl von Auflagen; dazu gibt es aber auch bemerkenswerte Freiheiten – z.B. dergestalt, dass unbesetzte Lehrerstellen zu Geld gemacht werden können, um davon Honorarkräfte oder Unterrichtsmaterial, Nachschlagewerke oder Moderationsausstattung zu kaufen.

Die Hauptlast bei alledem tragen die Schulleiter/innen, denen eine Menge Neues und Aufwändiges zugemutet wird. Sie sollen für die Entwicklung zukunftsweisender Schulprogramme und Leitbilder sorgen und deren konsequente Implementierung gewährleisten. Sie sollen Personalentwicklung betreiben und Unterrichtsausfall verhindern, knappe Ressourcen bündeln und geordnete Budgets vorweisen, Kosten-Nutzen-Rechnungen anstellen und Mittelübertragungen regeln, zusätzliche Mittel eintreiben und Honorarkräfte anheuern, Personalentwicklung gewährleisten und Stellenpläne bewirtschaften, Mitarbeiter/innen beurteilen und Zielvereinbarungen abschließen, Eltern- und Öffentlichkeitsarbeit betreiben und für ein differenziertes Berichtswesen sorgen, Reformvorgaben umsetzen und das jeweilige Kollegium motivieren, Förderprogramme initiieren und für pädagogisches Profil sorgen, mit Behörden und Schulträgern kooperieren und regionale Netzwerke bilden, Demokratie in der Schule sichern und partizipative Verfahrensweisen praktizieren etc.

Auch wenn zu konzedieren ist, dass viele dieser Reformanliegen längst überfällig sind, so bleibt doch ein fader Beigeschmack. Fade deshalb, weil die Delegation von Verantwortung und Arbeit nach unten just zu dem Zeitpunkt erfolgt, wo die Mittel knapp, die Bildungsbehörden überfordert, die Schülerleistungen in der Kritik und die Bildungspolitiker eher ratlos sind. Plötzlich sollen es die Lehrer- und Schulleiter/innen an der Basis richten – Dienstleister also, die über Jahrzehnte und Jahrhunderte hinweg aus scheinbar guten Gründen verwaltet und als nachgeordnete Beamte an der kurzen Leine geführt wurden. Was bis dato Sache von Schulaufsicht und Schulträgern, Lehrplankommissionen und Fortbildungseinrichtungen war, sollen nunmehr die Akteure in den Einzelschulen übernehmen, obwohl ihnen zur gleichen Zeit die Gehälter gekürzt, die Klassenstärken vergrößert, die Sachmittel reduziert, die Wochenarbeitszeiten verlängert und die Fortbildungsmöglichkeiten beschnitten werden. Die Logik dieser Politik erschließt sich nur schwer.

2.3 Zermürbende Rollenvielfalt

Mit dem Reformprozess einher geht die Veränderung der Lehrerrolle. Selbst Schulexperten vermögen heute kaum noch schlüssig zu beschreiben, was eigentlich ein »guter Lehrer« ist. Welche Bedeutung kommt z.B. der Wissensvermittlung zu und welche Rolle spielen demgegenüber erzieherische Aufgaben und Verantwortlichkeiten im weitesten Sinne des Wortes? Waren derartige Fragen vor einigen Jahrzehnten noch relativ präzise zu beantworten, so gilt das für die Gegenwart nicht mehr. Die Aufgaben und Verantwortlichkeiten der Lehrkräfte haben sich zwischenzeitlich gravierend gewandelt – ja mehr noch: ihr Rollenspektrum ist weiter und unbestimmter geworden. Im Klartext: Lehrkräfte sind längst nicht mehr nur Wissensvermittler und Erzieher im althergebrachten Sinne, sondern müssen immer häufiger auch als Sozialarbeiter und Familienhelfer, Animateure und Therapeuten, Medienexperten und Lernorganisatoren, Lernmoderatoren und Lernberater tätig werden (vgl. Abb. 5).

Die Crux bei alledem ist, dass dieses Rollenszenario durch die gängige Lehrerausbildung viel zu wenig vorbereitet ist. Den angehenden Lehrkräften werden im Rahmen ihrer Ausbildung nach wie vor in erster Linie Dinge beigebracht, die sie als Fachvertreter/innen brauchen, und weniger solche, die ihnen in puncto Lernmoderation und Lernorganisation weiterhelfen könnten. Sie lernen schwerpunktmäßig, didaktische Analysen anzufertigen und Lehrpläne zu nutzen, Materialien zu erstellen und Medieneinsätze zu planen, Unterrichtsgespräche zu führen und Tafelbilder zu entwickeln, Lernprozesse geschickt zu steuern und Ergebnissicherung zu betreiben, Arbeitsblätter zu erstellen und geeignete Lernarrangements zu konzipieren, schulrechtliche Belange zu verstehen und Lernkontrollen zu konzipieren ..., kurzum: Sie lernen vor allem das, was sie zur lehrerzentrierten Wissensvermittlung und Unterrichtsgestaltung brauchen. Sie lernen aber viel zu wenig, elementare Lernprozesse zu organisieren und zu moderieren sowie den Kindern grundlegende Lernkompetenzen zu vermitteln.

Dabei wird doch seit vielen Jahren die Rolle des *Lernorganisators und Lernmoderators* herausgestellt. Lehrkräfte sollen die Kinder zum eigenverantwortlichen, methodenbewussten Arbeiten und Lernen befähigen. Nur, wie löst man diesen Anspruch ein?

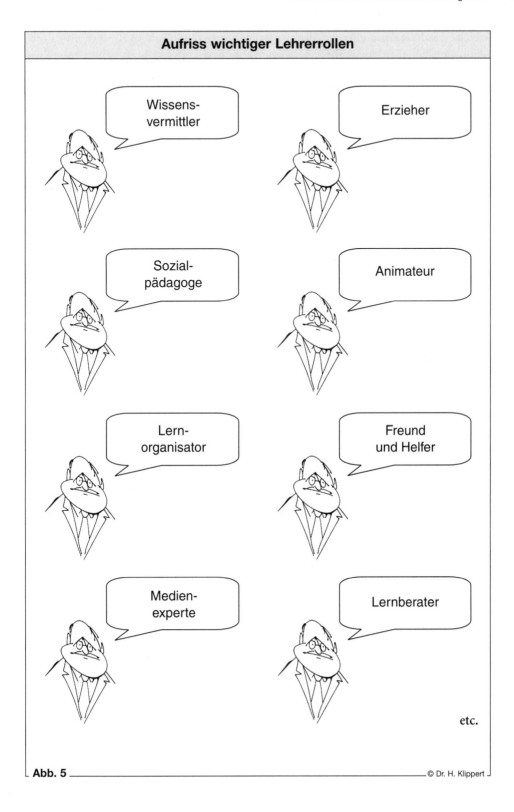

Abb. 5 — © Dr. H. Klippert

Welche Moderationsmethoden sind geeignet, Selbstständigkeit zu fördern und Problemlösungsfähigkeit anzubahnen? Welche Lehr- und Lernverfahren helfen, tragfähige Methoden-, Kommunikations-, Präsentations- und Teamkompetenz auf Schülerseite aufzubauen? Diese und andere Fragen vermögen die wenigsten Lehrkräfte schlüssig zu beantworten. Es mangelt sowohl an instrumentellem Know-how als auch an ermutigenden persönlichen Erfahrungen im Umgang mit den eingeforderten Moderationsmethoden. Zwar hat fast jeder schon mal was von »Lernmoderation« gehört, aber wie das im Schulalltag konkret gehen kann, das ist den meisten Lehrkräften (noch) eher unklar. Gleiches gilt für den Umgang mit Heterogenität und sonstigen individuellen Förderbedarfen in Schule und Unterricht.

Verunsichernd wirkt aber nicht nur die skizzierte Moderationsaufgabe, sondern auch und zugleich die zunehmende *Sozialpädagogisierung des Lehrerberufs*, wie sie seit längerem um sich greift. Was Eltern und Familien nicht mehr schaffen, sollen nunmehr die Lehrerinnen und Lehrer richten. Das gilt für die Durchsetzung von Werten und Normen genauso wie für das Vermitteln von Sozialkompetenz im weitesten Sinne des Wortes. Die Lehrkräfte sind nicht mehr nur für die Sicherstellung von Disziplin und Lernbereitschaft im Unterricht zuständig, sondern immer stärker auch dafür, grundlegende soziale, emotionale und moralische Dispositionen und Kompetenzen auf Schülerseite aufbauen zu helfen. Damit verbunden sind Aufgaben wie Lernhilfe und Lebensberatung, Gewaltprävention und soziale Integration, Persönlichkeitsstärkung und Konfliktmanagement.

Das Dilemma bei dieser Rollenvielfalt ist, dass die wenigsten Lehrkräfte über ein entsprechendes Repertoire verfügen. Die erwarteten erzieherischen und sozialpädagogischen Aufgaben haben traditionell eine eher marginale Rolle gespielt. Nun aber sollen sie plötzlich die Versäumnisse der außerschulischen Sozialisationsinstanzen wie Familie, Politik und Peergroup kompensieren helfen. Sie sollen den Kindern Halt und Orientierung geben, tun sich aber selbst schwer damit, die entsprechenden Erziehungsprinzipien und -instrumente für sich persönlich klar zu bekommen. Dieses Heranrücken an die Eltern-, Berater-, Animatoren-, Nachhilfe- und Therapeutenfunktion macht die Lehrertätigkeit in gewisser Weise »grenzenlos« (vgl. Terhart 2001, S. 182) – und damit natürlich auch überfordernd. Lehrkräfte, die für alles und jeden zuständig sind, laufen beinahe zwangsläufig Gefahr, sich zu übernehmen und zu mehr oder weniger »hilflosen Helfern« zu werden.

Wer meint, sich um Mobbing und Gewalt, um Narzissmus und Hedonismus, um Drogen und sexuellen Missbrauch, um Essstörungen und sonstige psychosomatischen Auffälligkeiten von Schülerinnen und Schülern außerhalb wie innerhalb der Schule verantwortlich kümmern zu müssen, der übernimmt sich ganz schnell. Deshalb zur Klarstellung: Zuständig für die Behebung der skizzierten Erziehungsprobleme sind in erster Linie die Elternhäuser sowie die in Erziehungsfragen kompetenten Beratungsstellen und Sozialdienste auf kommunaler und regionaler Ebene. Daher kann die Handlungsperspektive der Lehrkräfte eigentlich nur heißen, Kontakt zu den in Frage kommenden Spezialisten (Sozialpädagogen, Sozialarbeitern, Schulpsychologen) herzustellen und deren Erziehungs-, Betreuungs- und Beratungstätigkeit gezielt anzufragen und gegebenenfalls auch zu nutzen. Gleiches gilt hinsichtlich der Vorschulerziehung und der Kinder- und Jugendbetreuung in der Freizeit (vgl. Schaarschmidt 2004, S. 146). Andernfalls laufen Lehrerinnen und Lehrer Gefahr, im Spannungsfeld ihrer unterschiedlichen Rollen und Aufgaben verschlissen zu werden.

2.4 Druck von außen und oben

Der laufende Reformprozess schafft aber auch noch aus anderen Gründen Belastungen. Politiker wie Administratoren, Eltern wie Betriebsvertreter haben das klare Interesse, dass die angesagten Reformen möglichst zügig umgesetzt werden. Dementsprechend wird Druck auf Schulleiter/innen und Lehrer/innen gemacht. Zum einen durch administrative Vorgaben wie Erlasse, Lehrpläne, Richtlinien, Verwaltungsvorschriften oder neue Gesetze, zum anderen aber auch durch Schulvergleiche der verschiedensten Art. Hinzu kommen neue Ansprüche von Eltern und Betrieben, die sich aus den aktuellen Modernisierungstrends in Wirtschaft, Gesellschaft und Beruf ableiten lassen. Die Crux bei alledem ist, dass der Lehrerschaft Leistungen abverlangt werden, für die ihr bis dato weder hinreichende Qualifikationen noch richtungsweisende innerschulische Rollenvorbilder und Rahmenbedingungen zur Verfügung stehen. So sollen die Lehrkräfte effektiver unterrichten und zugleich kompensatorische Erziehung leisten. Sie sollen Schlüsselqualifikationen vermitteln und zugleich wirksame individuelle Förderarbeit sicherstellen. Sie sollen aber auch die neuen Bildungspläne umsetzen, die propagierte Schulautonomie mit Leben füllen; gezieltes »Fundraising« betreiben und den Schulbetrieb nach modernen Kriterien managen etc.

Dass dieser Erwartungsdruck belastend wirkt, ist evident. Die Lehrerschaft soll und muss verändern, viele wissen aber nicht so recht wie. So gesehen befindet sich die Lehrerschaft in einer ziemlichen Dilemmasituation. Die Bildungspolitik mahnt u.a. an, dass die nächsten PISA-Ergebnisse besser ausfallen müssen, dass Vergleichsarbeiten zu schreiben und neue Prüfungsverfahren zu implementieren sind, dass die Betriebskosten der Schulen verringert und externe Evaluationen/Inspektionen erfolgreich absolviert werden müssen, dass die individuelle Förderung der Schüler/innen und die korrespondierende Lernberatung zu verbessern sind, dass es zwischen den Schulen zu mehr Wettbewerb und innerhalb der Kollegien zu mehr Selbstorganisation kommen soll. Doch wie geht das alles? Diese und andere Vorgaben und/oder Auflagen führen bei Teilen der Lehrerschaft lediglich zu handfesten Versagensängsten, nicht aber zu tatkräftiger Innovationstätigkeit.

Druck kommt aber nicht nur von Seiten der Bildungsbehörden, sondern auch und verstärkt von Seiten der Eltern und der Betriebe. Viele Eltern erleben sich als hilflose Erzieher und erwarten von der Schule, dass diese kompensatorisch tätig wird. Konkret: Die Lehrkräfte sollen dafür sorgen, dass die eigenen Kinder nicht nur fachlich fit werden, sondern auch in puncto Arbeits- und Sozialverhalten wirksame Lernfortschritte erzielen. Man braucht sich nur die gängigen Elternversammlungen und -sprechtage anzusehen, um einen Eindruck davon zu bekommen, welchem Erwartungsdruck die

betreffenden Lehrerinnen und Lehrer ausgesetzt sind. Dieser Erwartungsdruck ist bis zu einem gewissen Grad sicherlich auch gerechtfertigt; aber die Forschheit und Penetranz, mit der manche Eltern auftreten, ist mittlerweile nicht selten eine Zumutung. Da wird gedroht und gefeilscht, einseitig Partei ergriffen und zunehmend auch juristisch interveniert. Egal, wie die Umstände des jeweiligen Lehrerhandelns auch sein mögen, die eigenen Kinder werden zumeist ohne Wenn und Aber in Schutz genommen und lediglich als Opfer schulischer Versäumnisse gesehen.

Bei den Betrieben verhält es sich zwar etwas anders, aber auch von dieser Seite werden die Lehrkräfte erheblich unter Druck gesetzt. Das Interesse der Betriebe ist klar: Als Bildungsabnehmer erwarten sie selbstständige Jugendliche mit ausgeprägter Fach-, Methoden- und Sozialkompetenz, die Persönlichkeit besitzen und Verantwortungsbewusstsein mitbringen, die Eigeninitiative zeigen und Probleme kreativ zu lösen verstehen. Erwartet wird, dass die Schule derartige »Schlüsselkompetenzen« ebenso konsequent wie wirksam vermittelt und auf diese Weise dazu beiträgt, dass die Schulabsolventen gut gerüstet in die betriebliche Berufs- und Arbeitswelt einsteigen. Nur, die Realität ist häufig eine andere. Die wenigsten Schulen vermögen der skizzierten Erwartungshaltung hinreichend Rechnung zu tragen. Noch immer wird viel zu sehr auf den durchgenommenen Lernstoff geachtet und viel zu wenig Wert auf das gelegt, was die Schüler/innen mittel- und längerfristig tatsächlich können und verlässlich beherrschen. Dieses Dilemma dürfte sich mit den neuen Bildungsstandards zwar allmählich abbauen, aber bis dahin werden sich wohl noch viele Lehrkräfte kritische Anmerkungen der Kammern und Betriebe anhören müssen.

2.5 Dürftiges Schulmanagement

Ein weiteres Belastungsmoment für Lehrerinnen und Lehrer ergibt sich daraus, dass den skizzierten Reformerfordernissen vielerorts ein ungenügendes Innovationsmanagement der Schulleitungsebene gegenübersteht. Die Folge ist Stress auf unterschiedlichen Ebenen. Das beginnt bei der zeitlichen Taktung des Unterrichts (45-Minuten-Takt, rascher Fächer- und Raumwechsel etc.) und reicht über zeitraubende Konferenzen und Dienstbesprechungen bis hin zu diffusen Zuständigkeitsregelungen und Arbeitsweisen im alltäglichen Schulbetrieb. Dadurch entstehen Zeitdruck und Zeitverschwendung, Stress und Überforderung, Unsicherheit und Unzufriedenheit. Verantwortlich dafür sind in aller Regel schulinterne Konventionen, die irgendwann einmal beschlossen wurden und sich oft über Jahrzehnte hinweg halten, ohne dass sie einmal ernsthaft hinterfragt werden.

Zu diesen fragwürdigen Konventionen gehört z.B. der *45-Minuten-Takt* der Unterrichtsgestaltung, wie er in den meisten Schulen bis heute dominiert. Obwohl viele Lehrkräfte seit Jahr und Tag erleben, dass das enge Zeitkorsett auf Lehrer- wie Schülerseite immer wieder nervenaufreibenden Stress hervorruft, wird in den meisten Schulen kaum ernsthaft daran gearbeitet, diese 45-Minuten-Konvention zu überwinden. Stattdessen wird von honorigen Kolleg/innen mit allen Finessen gerechtfertigt, warum die Einzelstunde unter den gegebenen Umständen wohl doch das Günstigste sei. Da ist vom mangelnden Durchhaltevermögen der Schüler/innen die Rede oder auch davon, dass diese ihr Fach pro Woche mehrfach erleben sollten, um die nötige Kontinuität beim Lernen zu erreichen. Der Hauptgrund für das verbreitete Festhalten am 45-Minuten-Takt ist jedoch ein anderer, nämlich der, dass es dem Gros der Lehrkräfte am nötigen methodisch-didaktischen Handwerkszeug für die wirksame Ausgestaltung von Doppelstunden und größeren Zeitkontingenten mangelt. Das beginnt bei einschlägigen Moderationstechniken und reicht über alltagstaugliche Lernarrangements und -materialien zur Aktivierung der Schüler/innen bis hin zu grundlegenden Instrumenten der Förderung und Bewertung methodischer Kompetenzen im Unterricht. So gesehen liegt ein gravierendes Versäumnis bei den Verantwortlichen der Lehrerausbildung in den Hochschulen und Studienseminaren (vgl. Klippert 2004).

Ein weiterer Schwachpunkt des schulinternen Innovationsmanagements betrifft die *Konferenzorganisation*. Auch hier wird vielerorts unnötig viel Aufwand betrieben. Das gilt für die Gesamtkonferenzen genauso wie für die gängigen Fachkonferenzen und sonstigen Meetings. Ein Grundproblem vieler Gesamtkonferenzen ist beispielsweise, dass sie oft zu schlichten »Verkündungskonferenzen« der Schulleitung verkommen. Da werden die neuesten Rechtsvorschriften verkündet, vorgefertigte Beschlüsse vorgetragen oder aber belanglose Berichte aus irgendwelchen Gremien zum Besten gegeben. Wenn Diskussionen aufkommen, dann eher sporadisch und zudem so, dass nur wenige Personen das Wort führen, und zwar nach den immer gleichen »Gesetzmäßigkeiten«. Argumentiert Person A, so opponiert Person B; macht Person C konstruktive Vorschläge, so hält Person D ihre gewohnten Einwände dagegen. Das alles kostet natürlich viel Zeit und führt in der Regel zu unverhältnismäßig vielen Konferenzen. Ja mehr noch: Es schürt zudem unnötige Konflikte und bewirkt beim Gros der Konferenzteilnehmer/innen über kurz oder lang, dass die üblichen Frustrationen und/oder konferenzspezifischen Nebentätigkeiten einsetzen. Eine geschickte Konferenzmoderation und Aufgabendelegation könnte aus diesem Teufelskreis herausführen.

Die besagten Konferenzen kranken indes nicht nur am ungünstigen Aufwand-Ertrags-Verhältnis, sondern auch daran, dass es an *Verbindlichkeit und Arbeitsteilung* mangelt. Viele Konferenzen plätschern dahin, ohne dass effektive Arbeitsteilung praktiziert wird. Das gilt für die Konferenzvorbereitung genauso wie für die Konferenzdurchführung. Hinzu kommt ein hohes Maß an Unverbindlichkeit beim Aushandeln und Umsetzen der gefassten Konferenzbeschlüsse. Viele Schulleitungen und Kollegien sind stark beim Formulieren von Vorsätzen und Konzepten, aber höchst zögerlich, wenn es darum geht, verbindliche Zuständigkeiten und Schritte zu definieren. Ausweichende Formulierungen wie »Wir müssten ...«, »Wir sollten ...« oder »Wir könnten ...« machen dieses Dilemma deutlich. Die Folgen sind bekannt: Unverbindlichkeit und Beliebigkeit – Verhaltensmuster also, die letztlich allen schaden: Den Schulleitungen, weil sich viele (Reform-)Aktivitäten über Gebühr verzögern, den Schüler/innen, weil hilfreiche Innovationen unterbleiben, und den Lehrerinnen und Lehrern, weil die Flucht in die Unverbindlichkeit nur zu weiteren Konferenzterminen und sonstigen Arbeitsbeschaffungsmaßnahmen in der Schule führt. Das alles verursacht im Ergebnis eine Menge Mehrarbeit, Missverständnisse und innerschulische Konflikte – Belastungen also, die mit effektiver Kooperation und Koordination im Kollegium relativ problemlos zu verringern wären – eine Handlungsperspektive, die sich angesichts des aktuellen Reformdrucks nachgerade anbietet.

2.6 Aufreibender »Aktionismus«

Verschärft wird das skizzierte »Missmanagement« vielerorts durch einen geradezu atemberaubenden Aktionismus der pädagogischen Führungskräfte. Das betrifft die Bildungspolitik und Bildungsverwaltung genauso wie die Schulleitungen und Schulträger. Seit Jahren wird sprunghaft reformiert. Ein Projekt jagt das andere, eine Maßnahme löst die andere ab, ohne dass die nötigen Konsolidierungsmaßnahmen greifen können, von denen letztlich entscheidend abhängt, ob die verantwortlichen Akteure in den Schulen die nötige Wirksamkeit und Zufriedenheit verbuchen können. Sprunghafte Reformen sind immer auch problematische Reformen. Problematisch deshalb, weil sie in der Regel schillernde »Glühwürmchen« erzeugen, von denen am Ende meist wenig bleibt – außer dem unguten Gefühl, viel Zeit und Energie in den Sand gesetzt zu haben. Die verbreitete Folgenlosigkeit vieler Reformen in der Vergangenheit unterstreicht die Fragwürdigkeit dieses schulpolitischen Aktionismus.

Kein Wunder also, dass viele hektisch und kurzatmig angekurbelten Reforminitiativen der letzten Jahre in den deutschen Lehrerzimmern mit ziemlich Skepsis und Zurückhaltung betrachtet werden. Nur zu oft nämlich haben Lehrkräfte und Kollegien in der Vergangenheit eine Menge Zeit und Arbeit eingesetzt, um bestimmte Projekte anzukurbeln, ohne indes zu einem befriedigenden Abschluss zu gelangen. Diese Diskrepanz zwischen Investition und Erfolg wirkt zermürbend. Das ist eine der Erklärungen dafür, warum es in Deutschlands Schulen so mühsam ist, nachhaltige Reformbereitschaft auszulösen. Wer des Öfteren erlebt hat, dass die Initiatoren von Reformprojekten vornehmlich am »Feuerwerkseffekt« ihrer Initiativen interessiert sind und spätestens nach Erscheinen der entsprechenden Zeitungsartikel und öffentlichkeitswirksamen Belobigungen zum nächsten Feuerwerkskörper übergehen, der hat allen Grund dafür, zurückhaltend zu sein. Reformvorhaben müssen nützlich und wirksam sein! Dieser Anspruch ist in der Vergangenheit viel zu selten eingelöst worden. Stattdessen wurden und werden immer neue Kühe durchs Dorf getrieben, die viel Staub aufwirbeln, ohne jedoch nachhaltige Verbesserungen zu bringen.

Beispiele für diesen schulpolitischen Aktionismus gibt es viele. So waren seit Anfang der 90er-Jahre u.a. Schulprogramme zu entwickeln und Leitbilder zu formulieren, Qualitätsprogramme zu erstellen und Grundprinzipien des Qualitätsmanagements zu verwirklichen, Bestandsaufnahmen anzufertigen und Rechenschaftsberichte abzuliefern, Schulentwicklung zu betreiben und die Selbstverwaltung von Schule zu regeln, Stoffpläne zu entrümpeln und vorgezogene Abiturprüfungen zu gewährleisten, Neue Medien zu implementieren und entsprechende Computerfortbildungen zu absolvieren, Mädchen zu fördern und D-Zug-Klassen einzurichten, Leseförderung zu organisieren und Immigrantenkinder zu integrieren, Ganztagsschulen zum Laufen zu bringen und Hausaufgabenbetreuung zu gewährleisten, von TIMSS und PISA zu lernen und Vergleichsarbeiten zu entwickeln, neue Lernmethoden einzuführen und neue Bildungsstandards zu operationalisieren, Freiarbeit zu ermöglichen und Wochenpläne zu implementieren, Gewaltprävention zu betreiben und Streitschlichterprogramme aufzulegen, ökologisches Lernen zu forcieren und der Fremdsprachenunterricht auszubauen, neue Formen der Elternarbeit einzuführen und die Öffentlichkeitsarbeit zu forcieren, neue Prüfungsverfahren zu kultivieren und differenzierte Lernberichte einzufordern etc.

Auch wenn die aufgelisteten Reformansätze in der Regel nur Teile der Lehrerschaft betrafen, so signalisieren sie doch in aller Deutlichkeit, wie hektisch, sprunghaft, vordergründig und nicht zuletzt auch belastend sich das Reformkarussell während der letzten Jahre gedreht hat. Manches ist schon wieder in der Versenkung verschwunden, anderes ist revidiert oder durch neue Initiativen abgelöst worden. Das Wichtigste jedoch: Die meisten der genannten Initiativen sind bislang auf der Metaebene des Programmatischen stecken geblieben – als Konzept oder Programm, als Plan oder Bericht, als Vorsatz oder Zielvereinbarung. Mag sein, dass sich diese Bilanz in den nächsten Jahren verbessern wird, aber vieles spricht derzeit (noch) dafür, dass die Deutschen ihren Ruhm als »Ankündigungsweltmeister in puncto Schulreformen« noch eine Weile werden verteidigen können.

3. Weitere Belastungsfaktoren im Lehreralltag

Die reformbedingten Belastungen der Lehrerschaft sind natürlich längst nicht alles. Hinzu kommen diverse weitere Friktionen und Probleme, die den Lehreralltag überlagern und nicht selten auch ernsthaft beeinträchtigen. Dazu zählen erziehungsschwierige Schülerinnen und Schüler genauso wie ungünstige Arbeitsbedingungen in den Schulen. Dazu gehören aber auch die gängigen Diffamierungskampagnen gegenüber Lehrern in den Medien sowie die vielfältigen individuellen Eigenheiten und Einstellungen von Lehrkräften, die diesen im alltäglichen Arbeitsvollzug über Gebühr Aufwand, Ärger und Stress bescheren. Diese individuellen Schwachpunkte reichen von unrealistischen Ansprüchen und unökonomischen Arbeitsweisen bis hin zu mangelhafter Teamarbeit und ruinöser Helfermentalität (Helfersyndrom) einzelner Lehrerinnen und Lehrer.

3.1 Schulpolitische Restriktionen

Ein Dauerbrenner in Sachen Lehrerbelastung sind die verschlechterten Arbeitsumstände in den Schulen. Die bundesdeutsche Lehrerschaft hat seit vielen Jahren mit gravierenden Einschnitten durch die Bildungspolitik zu kämpfen. Das beginnt bei der sukzessiven Verlängerung der Wochenarbeitszeit und reicht über die Anhebung der Klassenmesszahlen bis hin zu finanziellen Kürzungen im privaten wie im schulischen Bereich. Mag sein, dass die Arbeitsbedingungen von Lehrerinnen und Lehrern noch immer im grünen Bereich sind – vor allem wegen der ausgeprägten Arbeitsplatzsicherheit –, aber in der Wahrnehmung der meisten Lehrkräfte stellen sich die Dinge anders dar. Auf der einen Seite werden ihnen immer neue und anspruchsvollere Anforderungen gestellt, auf der anderen Seite erleben sie zeitgleich, dass Ressourcen gekürzt und zahlreiche andere berufliche Härten produziert werden.

Eine dieser Härten betrifft die Arbeitszeit. Wie der Bildungsbericht des Jahres 2003 konstatiert, liegt »... die durchschnittliche wöchentliche Arbeitszeit von Lehrkräften ... deutlich über der vieler anderer Berufsgruppen« (Avenarius u.a. 2003, S. 141). Das ist das übereinstimmende Ergebnis mehrerer Studien in unterschiedlichen Bundesländern. Wie diese Studien zeigen, kommen bundesdeutsche Lehrkräfte bei vollem Unterrichtsdeputat auf durchschnittliche Wochenarbeitszeiten zwischen 45 und 55 Stunden. Berücksichtigt man die vergleichsweise langen Ferienzeiten und rechnet diese auf die Jahresarbeitszeit um, so ergeben sich immer noch Arbeitszeitwerte, die um oder über 40 Stunden pro Woche liegen (vgl. Hillert 2004, S. 79). So gesehen ist das landläufige Gerede vom Lehrerberuf als »Halbtagsjob« alles andere als gerechtfertigt.

Zwar wird im angeführten Bildungsbericht auch darauf hingewiesen, dass die in der Regel auf Selbstaufzeichnungen von Lehrer/innen beruhenden Arbeitszeitdaten kein wirklich valides Bild ergäben, jedoch wird kein Zweifel daran gelassen, dass die Arbeitszeitbelastung der bundesdeutschen Lehrerschaft recht hoch ist. Schaut man sich die Entwicklung der wöchentlichen Unterrichtsverpflichtung in den einzelnen Bundesländern seit Anfang der 1990er-Jahre an, so zeigt sich ein Anstieg um rund 2 Stunden. Die Pflichtstundenzahl der Gymnasiallehrer/innen liegt derzeit bei ca. 26 Stunden pro Woche, Grund- und Hauptschullehrer/innen haben 28 bis 29 Stunden zu unterrichten und die durchschnittliche wöchentliche Unterrichtszeit der Realschullehrer/innen beträgt zurzeit rund 27 Stunden. Mit diesen Werten nehmen die deutschen Lehrerinnen und Lehrer international einen Spitzenplatz ein. Berücksichtigt man ferner die deutlich angestiegenen Vorbereitungs-, Nachbereitungs-, Konferenz- und Korrekturzeiten der Lehrkräfte, so wird klar, dass viele von ihnen allen Grund haben, sich über belastende Arbeitsbedingungen zu beklagen.

Die restriktive Arbeitszeitpolitik ist jedoch nur die Spitze des Eisbergs. Hinzu kommen Einschnitte und Verschlechterungen auf weiteren Ebenen. Eine zweite zentrale Bürde der Lehrerschaft sind die großen Klassen. Während die faktischen Klassenstärken in Finnland und anderen erfolgreichen PISA-Ländern nur selten über 24 hinausreichen, bewegen sie sich in den deutschen Primar- und Sekundarschulen deutlich darüber. Schülerzahlen von 28 bis 30 sind inzwischen fast zur Regel geworden. Die Teilung einer Klasse ist in den meisten Bundesländern und Schularten erst ab einer Schülerzahl von 32 oder 33 zulässig. Derartige Obergrenzen sind angesichts der zu leistenden Erziehungs-, Integrations- und Förderarbeiten natürlich höchst problematisch. Hinzu kommt, dass sich die vor dem Hintergrund der dürftigen PISA-Ergebnisse geforderten neuen Lern- und Moderationsmethoden unter solchen Umständen ebenfalls schwer realisieren lassen. Dieses gilt umso mehr, als auch die räumlichen Gegebenheiten und Abmessungen in vielen Klassenzimmern äußerst ungünstig sind.

Eine dritte schulpolitische Restriktion betrifft die Beschneidung der finanziellen Ressourcen der Schulen durch die zuständigen Schulbehörden und Schulträger. Zwar wird bei allen möglichen Gelegenheiten betont, wie wichtig die schulische Bildungsarbeit sei; doch die faktische Ausstattung der Schulen entspricht diesem Ansinnen nur sehr eingeschränkt. Es mangelt vielerorts nicht nur an Computern und sonstigem technischem Equipment (Beamer, Tageslichtprojektoren etc.), sondern auch an viel Grundlegenderem: an Moderationsmaterialien und Moderationswänden, an Nachschlagewerken und elementaren Arbeitsmitteln, an Kopiermöglichkeiten und flexibel nutzbaren Tischen und Stühlen, an einfachen Regalen und strapazierfähigen Außenwänden für das Anbringen von Lernprodukten der Schüler/innen. Hinzu kommt, dass auch die Schulgebäude vielerorts in einem so schlechten Zustand sind, dass sich die betroffenen Lehrer/innen weder wohl noch motiviert fühlen. Zwar sind die aktuellen Finanznöte der Gebietskörperschaften sicherlich nicht von der Hand zu weisen, das rechtfertigt jedoch noch lange nicht die skizzierten finanziellen Einschnitte.

Ähnliches gilt für die aktuellen Kürzungen im Fortbildungsbereich. Trotz Reformstau wird schulpolitisch derzeit eine Menge getan, was den Lehrerinnen und Lehrern die Bereitschaft zur Fort- und Weiterbildung verleitet. Der Primat der Unterrichtsgarantie z.B. führt dazu, dass die Fortbildung mehr und mehr in die unterrichtsfreie Zeit verlagert wird – in Nachmittagsveranstaltungen, Wochenendtagungen, Ferienseminare oder ins Selbststudium. Darüber hinaus soll die Fortbildungsarbeit zunehmend privat organisiert und finanziert werden, damit die öffentlichen Kassen entlastet werden. Die Crux dieser schulpolitischen Weichenstellungen ist eine Mehrfache: Erstens bringen diese Regelungen für die fortbildungsaktiven Lehrkräfte eine beträchtliche Mehrbelastung mit sich, zweitens erschweren sie die konzertierte Fortbildung von Lehrerteams und ganzen Kollegien, drittens signalisieren sie, dass Lehrerfort- und -weiterbildung nicht wirklich so wichtig ist, viertens verstärken sie die Neigung zahlreicher Lehrkräfte, sich aus der laufenden Fortbildung völlig auszuklinken, und fünftens schließlich erschweren sie Hospitationen und andere Formen der praxisgebundenen Fortbildung im Sinne des »Learning on the job«. Das alles ist weder für die Schulen noch für die Lehrkräfte eine Sinn machende Handlungsperspektive.

3.2 Einschneidender Imageverfall

Ein weiterer Belastungsfaktor für viele Lehrerinnen und Lehrer ist das verbreitete Negativimage, das der Lehrerschaft seit längerem anhaftet. Galten Lehrkräfte bis in die späten siebziger Jahre hinein noch weithin als honorige Respektpersonen, denen die Schüler/innen gehorchten und die Schulbehörden Anerkennung in Gestalt großzügiger Stellen-, Stunden- und Geldzuweisungen zukommen ließen, so hat sich das Blatt zwischenzeitlich recht grundlegend gewandelt. Seit vielen Jahren ist das gesellschaftliche Ansehen der Lehrkräfte im Sinken begriffen. Den wachsenden Anforderungen stehen spürbar verschlechterte Arbeitsbedingungen gegenüber, wie im letzten Abschnitt gezeigt wurde. Von Seiten der Lehreraus- und -fortbildung kommt ebenfalls wenig hilfreiche Unterstützung; und in den Medien schließlich taugen die Lehrerinnen und Lehrer häufig nur noch als »Prügelknaben«, wenn es wieder einmal darum geht, über die sinkende Arbeitsmoral in den Schulen, über verwahrloste Kinder und Jugendliche, über katastrophale Schülerleistungen, ausgeprägten Unterrichtsausfall und überlange Ferien der Lehrer/innen zu räsonieren.

Diffamierungskampagnen dieser Art sind seit Jahren nicht nur an der Tagesordnung; sie tragen zunehmend auch dazu bei, dass sich viele Lehrkräfte als missverstandene »Fußabtreter der Nation« vorkommen. Die Folgen sind bekannt: Verunsicherung, Enttäuschung, Verbitterung und Rückzug im weitesten Sinne des Wortes. Da helfen auch die gelegentlichen Sonntagsreden und Imagekampagnen von Politikern zur Aufwertung des Lehrerberufs nur wenig (vgl. Schaarschmidt 2004, S. 148). Was dem Gros der Lehrkräfte vor allem zusetzt, ist einmal die Bösartigkeit, mit der gegen die Lehrerzunft in Medien und Politikerzirkeln zu Felde gezogen wird, und zum anderen die Rigidität, mit der die Bildungsbehörden die schulischen Arbeitsbedingungen seit Jahren verschlechtern (siehe letzten Abschnitt). Motivation und Innovationsbereitschaft der Lehrerschaft werden dadurch gewiss nicht begünstigt.

Stein des Anstoßes ist vor allem die verbreitete Pauschalkritik gegenüber Lehrern von Seiten der Medien und anderer öffentlicher Meinungsbildner. So gaben bei einer Umfrage in den Jahren 1999/2000 über 80 Prozent der befragten Lehrkräfte an, »... dass sie sich durch die ständige Kritik am Lehrerberuf und das fehlende Ansehen in der Öffentlichkeit zumindest etwas belastet fühlen« (Dick u.a. 2004, S. 47). Der legendäre »Faule-Säcke-Vorwurf« von Bundeskanzler Schröder ist gleichsam die Spitze des Eisbergs. Aber auch unterhalb dieser Linie gibt es diverse Formen subtiler oder auch offener Kritik an Lehrern, die unter die Gürtellinie gehen. Ein Blick in Zeitungen und Fernsehmagazine liefert unzählige Belege dafür. Gleichwohl gibt es auch andere Signale. So kommt z.B. eine neuere Befragung von Nicht-Lehrern zu dem Ergebnis, dass diese Personengruppe dem Lehrerberuf auf einer Skala von 1 (»sehr schlechtes Ansehen«) bis 6 (»sehr hohes Ansehen«) einen recht respektablen Skalenwert von durchschnittlich 4,0 zuweist (vgl. ebenda) – ein Wert nur knapp unter dem Imagewert von Anwälten (4,8) und Ärzten (5,5), aber noch oberhalb dem von Polizisten (3,5). Ist das ein Trost?! Das Grundproblem bleibt: Durch die unfaire Verunglimpfung von Lehrerinnen und Lehrern ruiniert man letztlich nicht nur den Ruf der Lehrerschaft insgesamt, sondern raubt den betroffenen Lehrkräften auch noch »... die letzten Reste eines positiven beruflichen Selbstbildes« (Schaarschmidt 2004, S. 148). Das kann ja wohl niemand wollen!?

Der schleichende Imageverlust der Lehrerschaft muss daher ernst genommen werden. Dies auch deshalb, weil es im Bildungsbereich bis dato an überzeugenden Unterstützungsmaßnahmen und Fortbildungsangeboten mangelt, die aus der skizzierten Belastungssituation und Identitätskrise herausführen könnten. Die Lehrkräfte in den Schulen werden nur zu oft alleine gelassen. Ihnen wird u.a. das Modell der »Selbstständigen Schule« angedient, das es eigenverantwortlich zu profilieren und auszugestalten gilt. Aber sie erhalten im Gegenzug bislang weder die nötige Anleitung noch die erforderliche Unterstützung für die Bewältigung der anstehenden Pionierarbeiten. Das passt nicht zusammen. Stattdessen werden Inspektionen und Evaluationen angeordnet, neue Bildungsstandards und Qualitätsprogramme ins Leben gerufen. Schulleiter werden zu Managern und Lehrer zu Mit-Unternehmern, die für das eigene Image wie für das Image der eigenen Schule selbst verantwortlich sind. Der pädagogische Neoliberalismus lässt grüßen. Nur, ob das wirklich weiterhilft, ist zu bezweifeln.

Große Hoffnungen ruhen auf dem »freien Bildungsmarkt«. Vom Wettbewerb der Schulen und der Fortbildungsanbieter, der Eltern und der Schulträger wird erwartet, dass den bestehenden Bildungseinrichtungen und ihren Akteuren neuer Glanz zuwächst. Schulen als Servicezentren; und Lehrkräfte als Respekt einflößende Bildungsmanager, das ist die Perspektive der Zukunft. Zweifel sind angebracht! Das spüren offenbar auch viele Lehrkräfte, die tagtäglich die Diskrepanz zwischen Anspruch und Wirklichkeit erleben. Vieles spricht dafür, dass der Lehrerberuf an Attraktivität und Ansehen verloren hat, keine Frage. Nicht wenige Lehrkräfte leiden darunter. Der Beamtenstatus ist zwar nach wie vor ein Privileg, das Zugkraft besitzt, aber viele Lehrkräfte vermag das mittlerweile nicht mehr wirklich darüber hinwegzutrösten, dass sie zwischen vielen Stühlen sitzen und nur zu oft ungerechtfertigt diffamiert werden.

3.3 Störendes Schülerverhalten

Eine weitere Belastungsquelle für Lehrerinnen und Lehrer sind die vielen verhaltensgestörten Kinder in den Klassen. Immer mehr Schülerinnen und Schüler tendieren nachweislich dazu, im Unterricht mehr oder weniger destruktiv zu agieren. »Destruktiv« meint hierbei, dass sie den Fortgang des Unterrichts behindern oder gänzlich verunmöglichen, indem sie alle möglichen Störmanöver starten, die den zuständigen Lehrkräften das Leben schwer machen (sollen). Zu diesen Verhaltsauffälligkeiten zählen zum einen Arbeitsverweigerung, Hyperaktivität und Konzentrationsmängel, zum anderen Desinteresse, Passivität und unsoziales Verhalten gegenüber Mitschüler/innen und Lehrkräften (vgl. Hillert 2004, S. 89). Zwar hat es derartige Störmanöver früher auch schon gegeben, aber das ist nur ein schwacher Trost für die betroffenen Lehrkräfte. Das Ausmaß der alltäglichen Störungen hat vielerorts mittlerweile Werte erreicht, die deutlich jenseits der üblichen Toleranzgrenzen liegen.

Natürlich hat das auch etwas mit den Lehrkräften selbst zu tun – mit ihren Erwartungshaltungen und Normvorstellungen, ihrem Auftreten und ihren inhaltlichen und methodischen Angeboten im Unterricht. Lehrkräfte z.B., die ausgeprägte Harmonievorstellungen und Leistungsansprüche haben, finden im Unterrichtsalltag zwangsläufig vieles, was ihnen gegen den Strich geht. Daher ist Vorsicht geboten, wenn Schülerverhalten in der einen oder anderen Weise als störend etikettiert wird. Vielleicht ist das Störende lediglich »zeitgemäß«!? Gleichwohl gibt es signifikante Indizien dafür, dass viele Schüler/innen unter dem Strich hedonistischer, egozentrischer und in gewisser

Weise auch rücksichtsloser geworden sind. Das zumindest signalisieren diverse Lehrergruppen, die im Rahmen von Lehrerfortbildungsveranstaltungen zum Lern- und Arbeitsverhalten ihrer Schüler/innen befragt wurden. Da ist u.a. die Rede von unkonzentrierten Schüler/innen, von motorischer Unruhe und mangelndem Interesse, von ausgeprägter »Faulheit« und unzureichender Anstrengungsbereitschaft, von verwöhnten Kindern und unrealistischen Animationserwartungen (vgl. auch Dauber/Vollstädt 2003, S. 26).

Diese Befunde unterstreichen dass sich eine beträchtliche Zahl von Schülerinnen und Schülern offenbar recht schwer damit tut, den unterrichtlichen Lehr- und Lernangeboten ihrer Lehrkräfte interessiert und konstruktiv zu folgen. Hedonismus, Konzentrationsmängel, Hyperaktivität und/oder mangelnde Anstrengungsbereitschaft sind gängige »Bremsklötze«. Die betreffenden Schüler/innen führen Privatgespräche und verzögern damit den Unterrichtsbeginn. Sie signalisieren Desinteresse und Langeweile und torpedieren damit die Unterrichtsarbeit ihrer Lehrkräfte. Ähnliches gilt für eine Reihe weiterer »Provokationen« – angefangen beim Missachten elementarer Melde- und Gesprächsregeln bis hin zum Auslachen von Mitschülern, zum unmotivierten Herumlaufen im Klassenraum, zum Verweigern der Hausaufgaben sowie zum demonstrativen Herummäkeln an Allem und Jedem (vgl. Nolting 2002, S. 12). Das alles hat es früher zwar auch schon gegeben, aber die Häufigkeit und Intensität, mit der derartige Störungen auftreten, ist mittlerweile recht alarmierend.

Gert Lohmann unterscheidet aus Lehrersicht vier Kategorien von störendem Schülerverhalten, die er wie folgt umreißt (vgl. Lohmann 2003, S. 13f.):

- verbales Störverhalten – dazu gehören Schwätzen, Zwischenrufe, Fäkalsprache und Beleidigungen der verschiedensten Art;
- mangelnder Lerneifer – dazu sind geistige Abwesenheit, Desinteresse, Unaufmerksamkeit und schlichte Arbeitsverweigerung zu zählen;
- motorische Unruhe – hierunter fallen das Herumzappeln, das Herumlaufen im Klassenraum oder das Wippen mit dem Stuhl;
- aggressives Verhalten – dazu gehören Wutausbrüche, Angriffe auf Personen bis hin zu gezielten Sachbeschädigungen.

Lohmann zufolge entfallen die meisten Störungen auf die drei erstgenannten Kategorien. Dabei nimmt das verbale Störverhalten eine deutliche Spitzenstellung ein. Dagegen sind aggressive Verhaltensweisen der Schüler/innen, insbesondere körperliche Gewalt, eher selten zu beobachten (vgl. ebenda, S. 13; vgl. ferner Jürgens 2000, S. 15ff.).

Die Verantwortlichkeiten für die skizzierten Störungen und Friktionen können unterschiedlich gesehen werden. Sie können bei den Schüler/innen oder auch bei den Lehrkräften angesiedelt werden. Wie neuere Forschungsergebnisse zeigen, neigen viele Lehrkräfte dazu, die Ursachen für die besagten Verhaltensstörungen schwerpunktmäßig im außerschulischen Bedingungsfeld der Schüler/innen zu suchen – angefangen bei problematischen Familienverhältnissen (Scheidung, Arbeitslosigkeit etc.) über unzureichende familiäre Erziehungsweisen (Verwöhnung, Vernachlässigung etc.) bis hin zum übermäßigen Medienkonsum von Kindern und Jugendlichen in Familie und Freundeskreis. Doch diese Sichtweise greift deutlich zu kurz. Verantwortlich für die angeführten Verhaltensstörungen sind auch und nicht zuletzt die Lehrkräfte selbst – durch ihr fragwürdiges Interaktionsverhalten und/oder durch ihren einförmigen, schülerfernen Unterricht, der die Frustrationstoleranz so mancher Schüler/innen überstrapaziert. Von daher muss die Störungsprävention auf beiden Seiten ansetzen: auf der Schülerseite wie auf der Lehrerseite.

3.4 Individueller Perfektionismus

Belastungen der Lehrer/innen sind aber nicht nur exogen ausgelöst, sondern zum Teil auch selbst produziert. Zu diesen endogenen Belastungsfaktoren gehören u.a. die perfektionistischen Erwartungen und Ansprüche, wie sie vielen Lehrkräften Eigen sind – Ansprüche also, die so idealisiert sind, dass sie sich nur schwer realisieren lassen. Dieser individuelle Perfektionismus führt beinahe zwangsläufig zu chronischen Enttäuschungen und/oder Misserfolgserlebnissen aufgrund eigener oder fremder Unzulänglichkeiten. Sei es nun, dass die Schüler/innen die erwartete Akribie und Perfektion bei irgendwelchen Lernarbeiten vermissen lassen, oder sei es auch, dass das eigene Handeln hinter den selbst gesetzten Standards zurückbleibt. Wer selbst perfekt sein will, läuft immer Gefahr, an sich selbst zu verzweifeln und/oder etwaige Misserfolge so überzubewerten, dass einschneidende persönliche Belastungen oder gar Krisen daraus resultieren. Gleiches gilt für überzogene Erwartungen hinsichtlich der Schülerleistungen bzw. der von Schüler/innen zu zeigenden Verhaltensweisen.

Viele Lehrkräfte neigen offenbar dazu, das eigene Perfektionsstreben zu überziehen. Die Gruppe derer, für die diese stressfördernde Eigenart gilt, lässt sich Schaarschmidt zufolge auf rund 30 Prozent der Lehrerschaft beziffern (vgl. Schaarschmidt 2004b, S. 100ff.). Das ist eine alarmierende Zahl. Das heißt also: Knapp ein Drittel der bundesdeutschen Lehrerschaft rennt tagtäglich den eigenen Ansprüchen mehr oder weniger chancenlos hinterher und provoziert damit in nachgerade masochistischer Weise die eigenen Frustrationen. Das Fatale daran ist, dass es sich bei diesen Lehrkräften durchweg um Menschen handelt, die sich in hohem Maße engagieren, hohe Verausgabungsbereitschaft besitzen und alles bestens machen möchten, die auf der anderen Seite aber viel zu wenig Distanzierungsfähigkeit für den Fall besitzen, dass bestimmte Dinge nicht so klappen, wie sie sich das vorstellen. Daher fällt es vielen von ihnen schwer, Abstand zu den alltäglichen Problemen und Misserfolgen in Schule und Unterricht zu gewinnen (vgl. ebenda). Die Folgen sind Überforderung und Belastung.

Diese Selbstüberforderung führt im unterrichtlichen Kontext dazu, dass die betreffenden Lehrkräfte nur zu oft Probleme damit haben, den Schüler/innen Fehler und Lernumwege zuzugestehen. Erwartet wird stattdessen, dass die Schüler/innen möglichst reibungslos und treffend zu den vom Lehrer geplanten Lernergebnissen und Erkenntnissen gelangen. Erwartet wird ferner, dass sie ihr Heft möglichst perfekt führen, ihre Hausaufgaben mustergültig erledigen, gute Klassenarbeiten schreiben und vieles andere mehr. Für Improvisation und experimentelles Denken und Arbeiten bleibt unter diesen Vorzeichen wenig Raum. Dilettantismus der Schüler/innen ist verpönt, abweichendes Verhalten ebenso. Auf Fehlervermeidung wird höchster Wert gelegt. Die Folge dieses Perfektionsstrebens: Das Gros der Schüler/innen traut sich viel zu wenig zu, sondern wartet lieber ab, bis der Lehrer die autorisierten Ergebnisse Schritt für Schritt einbringt bzw. aus den cleveren Schüler/innen »herauslockt«. »Wer nicht genau Bescheid weiß, sollte sich lieber zurückhalten« – das ist das Motto.

Dieser Perfektionismus lässt sich besonders im mathematisch-naturwissenschaftlichen Bereich beobachten. Gestützt und ermöglicht wird er durch das »fragend-entwickelnde-Verfahren«, das bis heute den Schulalltag dominiert. Die Besonderheit dieses Verfahrens ist, dass der jeweilige Lehrer das Heft fest in der Hand behält und durch geschickte Fragen und Impulse dafür sorgt, dass einzelne Schüler/innen nach und nach zu den richtigen Ergebnissen kommen. Reinhart Kahl formuliert diese Unterrichtslogik noch drastischer: »Der Lehrer«, so schreibt er, »hat ein Ziel fest im Blick und will, dass die Schüler seinem Weg folgen. Sie laufen mit wie in der Hundeschule, häufig an der kurzen Leine, und versuchen zu erschnüffeln, welche Fährte der Lehrer gelegt hat.« (Kahl 2003, S. 54) Fehler haben in diesem Unterrichtsskript keinen rechten Platz, sondern stellen für die auf Perfektion bedachten Lehrkräfte nurmehr »... Unterbrechungen der Zielgerichtetheit des Unterrichts dar ... Fehlerhafte Schülerantworten werden deshalb im Unterrichtsgespräch – durchaus funktional – oftmals negativ bewertet oder einfach übergangen.« (Bund-Länder-Kommission 1997, S. 27)

Reinhard Kahl hat diese Fehlervermeidungsstrategie in seiner Filmreihe »Lob des Fehlers« kritisch gekontert. Zu Recht! Denn wenn die Schüler/innen erfolgreich und nachhaltig lernen sollen, dann müssen sie selbstverständlich Raum und Gelegenheit erhalten, eigene Lernwege zu beschreiben und dabei unter Umständen auch Fehler und/oder Irrwege zu riskieren (vgl. dazu auch Baumert 2003, S. 4). Sie müssen ermutigt und angeleitet werden, selbst zu denken und in selbstbewusster Weise »trial-and-error« zu praktizieren. Das aber setzt Toleranz und Geduld, Vertrauen und Risikobereitschaft seitens der Lehrer/innen voraus – eine Tugend, die den auf Perfektion bedachten Lehrkräften eher fremd ist. Gleichwohl kann man es lernen. Dazu werden in Kapitel II konkrete Anregungen gegeben.

3.5 Mangelnde Arbeitsökonomie

Ein weiterer endogener Belastungsfaktor für viele Lehrerinnen und Lehrer ist ihre unzureichende Arbeits- und Zeitökonomie. Unzureichend meint hierbei, dass sie für die Erledigung ihrer obligatorischen Planungs-, Vorbereitungs-, Nachbereitungs- und Korrekturaufgaben einfach zu viel Zeit brauchen. Da werden Arbeiten hin- und hergeschoben, Probleme schier endlos reflektiert und diskutiert, Entscheidungen lediglich unter Vorbehalt getroffen, Arbeitsprozesse unnötig oft unterbrochen, Ablenkungsmöglichkeiten gesucht, Ersatzbeschäftigungen dazwischengeschoben und andere Formen der persönlichen Beschäftigungstherapie gewählt. Die Folgen sind bekannt: mangelnde Erfolgserlebnisse, Unzufriedenheit mit der eigenen Arbeit, schlechtes Gewissen gegenüber Familienmitgliedern, wachsende Motivationsprobleme, zunehmender Stress etc. – ein Teufelskreis!

Begünstigt wird dieser Teufelskreis durch die spezifischen Arbeitsbedingungen von Lehrerinnen und Lehrern. Lehrkräfte besitzen in erheblichem Maße Zeitautonomie. Das ist einerseits angenehm, andererseits aber auch belastend. Feste Zeit- und Arbeitsstrukturen gibt es lediglich während der obligatorischen Unterrichtszeit. Alles andere ist disponibel und bedarf der persönlichen Arbeits- und Zeitplanung. Wann welche Arbeiten in welcher Weise in Angriff genommen werden, muss immer wieder aufs Neue entschieden und geregelt werden – eine Beanspruchung, die für die meisten anderen Berufsgruppen so nicht gilt. Von daher laufen viele Lehrerinnen und Lehrer Gefahr, ein chronisch schlechtes Gewissen zu kultivieren. Sie sehen die vielen Pflichten, finden oftmals aber keinen rechten Anfang. Sie arbeiten einzelne Aufgaben ab, denken aber immer nur an das, was noch nicht erledigt ist.

Verschärft wird dieses Dilemma dadurch, dass wesentliche Teile der Berufsarbeit zu Hause zu erledigen und zu organisieren sind. Das ist nicht nur schwierig, sondern oftmals auch recht lästig und aufreibend. Dazu heißt es im Jahresbildungsbericht 2003: »Für die Tätigkeiten, die Lehrkräfte üblicherweise zu Hause erledigen, fehlen zeitliche Richtlinien. Die meisten Lehrkräfte scheinen mit dieser unklaren zeitlichen Anforderung Schwierigkeiten zu haben, die auch mit zunehmenden Berufsjahren nicht ganz aufhören. Vermutlich ist sogar davon auszugehen, dass der hohe Anteil an frei bestimmbarer Arbeitszeit auch zu latenten Schuldgefühlen führen kann.« (Avenarius u.a. 2003, S. 141) Genannt wird dazu u.a. das Gefühl, »nie fertig zu sein und immer noch mehr machen zu müssen« (vgl. ebenda).

Diese Zerrissenheit belastet. Lehrkräften steht es frei, ihre Unterrichtsvor- und -nachbereitung am Nachmittag oder am Abend, an Werktagen oder an Wochenenden, in kleineren Etappen oder in großen Portionen zu erledigen. Sie sind frei und doch gebunden. Die entsprechende Arbeitsdisziplin muss immer wieder neu aufgebaut und manchmal auch »erkämpft« werden. Das kostet natürlich viel Kraft und Energie und führt immer wieder dazu, dass innere Zerrissenheit und Unzufriedenheit Platz greifen. In einer von Kretschmann und anderen Autoren durchgeführten Untersuchung heißt es dazu: »60% der Befragten berichten, ihre Freizeit sei sehr oft angefüllt mit beruflichen Dingen; 46% gönnen sich in den Arbeitswochen kaum Muße; 40% geben an, mit ihren Vorbereitungen meistens erst in letzter Minute fertig zu werden, und 36% berichten, alles in größter Eile und Hast zu erledigen.« (Kretschmann 2001, S. 38) Kein Wunder, dass dies Stress und berufliche Überforderung hervorruft.

Besonders stressig ist das Korrigieren von Klassenarbeiten; Hausaufgabenheften und sonstigen Leistungsnachweisen. Da werden die Arbeiten der Schüler/innen auf dem Schreibtisch gestapelt und von Zeit zu Zeit von oben nach unten gewendet. Da werden einzelne Korrekturversuche gestartet, dann aber auch schon wieder in Frage gestellt. Da wird erst mit Bleistift korrigiert und dann ein weiterer Durchgang mit anderen Stiften gestartet. Da werden Kriterien bestimmt, kurze Zeit später aber auch schon wieder modifiziert etc. Das Schlimme dabei: Jeder neue Versuch bedeutet, dass man sich auf die betreffenden Schülerarbeiten neu einstellen muss, dass man neu Motivation und Konzentration aufbauen muss. Das Aufwand-Ertrags-Verhältnis stimmt nicht! Wer solches eine Weile erlebt und »erlitten« hat, versteht die Bedeutung der alten Volksweisheit: »Was du heute kannst besorgen, das verschiebe nicht auf Morgen.« Deshalb: Eine straffe Arbeitsorganisation ist nicht nur ein Hebel, um die eigenen Nerven zu schonen, sondern auch ein solcher, um wertvolle Zeit zu sparen.

3.6 Strapaziöses Helfersyndrom

Nicht minder belastend ist das Ausleben des pädagogischen Helfersyndroms in Schule und Unterricht. Viele Lehrkräfte haben ihren Beruf nicht zuletzt deshalb ergriffen, weil sie gerne helfen – den Schüler/innen wie den Eltern, den Kolleg/innen wie der Schule als Ganzes. Nicht wenige von ihnen sind ausgeprägt auf Harmonie bedacht sowie darauf, den Schüler/innen möglichst vieles von dem aus dem Weg zu räumen, was ihnen beim Lernen im weitesten Sinne des Wortes hinderlich sein könnte. Das ist zunächst auch nichts Schlechtes. Nur führt diese Mentalität in praxi immer wieder dazu, dass sich die betreffenden Lehrkräfte für Alles und Jedes verantwortlich fühlen und dadurch über kurz oder lang Gefahr laufen, zu »hilflosen Helfern« zu werden. Lehrkräfte, die ihre Grenzen nicht erkennen, tun weder sich selbst noch den Schüler/innen einen Gefallen – im Gegenteil. Überbehütung ist immer etwas Fragwürdiges; vorschnelle Hilfe verleitet die betroffenen Schüler/innen nur dazu, sich selbst zu wenig anzustrengen und das eigene Potenzial ungenutzt zu lassen. Erdrückende Fürsorglichkeit führt lediglich zu Bequemlichkeit und Unselbstständigkeit auf Schülerseite und damit zur »schleichenden Entmündigung« der Kinder und Jugendlichen.

So gesehen ist die »selbstlose Hilfe« von Pädagogen mit großem Fragezeichen zu versehen. Das gilt insbesondere für den erzieherischen Bereich. Lehrkräfte, die für sich den Anspruch haben, zerrüttete Familienverhältnisse und/oder sonstige negative Sozialisationseinflüsse und Handikaps der Schüler/innen kompensieren zu wollen, werden sich vielfach übernehmen müssen. Die Pluralisierung der Lebens- und Familienformen, die zunehmende Liberalisierung der familiären Erziehungsstile, die Auflösung traditioneller Normen und Werte, die wachsende soziale und emotionale Verwahrlosung von Kindern in Familie und Gesellschaft, ihre Beeinträchtigung durch Arbeitslosigkeit, Alkoholismus und Gewalt im häuslichen Umfeld oder die Verlockungen der modernen Konsum- und Mediengesellschaft – das alles liegt in hohem Maße außerhalb des pädagogischen Zugriffs (vgl. KMK-Kommission 2000, S. 34f.). Dies zu akzeptieren fällt vielen Lehrkräften zwar schwer, muss aber wohl gelernt werden. Denn wirklich helfen kann letzten Endes nur der, der sich auf das konzentriert, was er tatsächlich beeinflussen und wirksam korrigieren bzw. kompensieren kann.

So gesehen ist die erdrückende Fürsorglichkeit mancher Lehrkräfte eher kontraproduktiv. Sie mag das soziale Gewissen befriedigen, schafft aber im physischen wie im psychischen Bereich erhebliche Zusatzbelastungen, die über kurz oder lang wachsende Ohnmacht nach sich ziehen können. Natürlich heißt das nicht, dass sich Lehrkräfte nicht dafür interessieren sollten, wie die Lebensumstände ihrer Schülerinnen und Schüler sind. Selbstverständlich sollten sie auch gezielte Kontakte zu den Eltern pflegen und den Kindern gegebenenfalls als einfühlsame Gesprächspartner zur Verfügung stehen. Und natürlich sollten sie sich auch darum bemühen, in der Schule Vorbilder und Autoritäten im besten Sinne des Wortes zu sein. Wovor sie sich jedoch hüten sollten, das ist die grenzenlose Anteilnahme an allen Unbilden der sozialen und familiären Lebensverhältnisse von Schülerinnen und Schülern. Denn wirklich helfen kann letzten Endes nur der, der mit seinen Kräften haushält und sein Helfersyndrom so zu beherrschen versteht, dass er profilierte, engagierte und adressatengerechte »Hilfe zur Selbsthilfe« (Maria Montessori) zu leisten vermag.

Dieser Aspekt der *Selbsthilfe* der Schüler/innen wird von den ambitionierten Helfern unter den Lehrkräften meist viel zu wenig gesehen. Den Schüler/innen wirksam weiterzuhelfen heißt in erster Linie, sie anzuspornen und zu befähigen, sich selbst durchzuwursteln, Probleme zu lösen und Erfolge zu erzielen, die sie sich selbst zuschreiben können. Nur so wird Selbstvertrauen aufgebaut. Nur so entstehen Eigeninitiative, Kreativität, Selbstbewusstsein und nachhaltige Lernkompetenz und Lernmotivation. Und die Unterrichtswirklichkeit? Sie sieht häufig anders aus. Anstatt den Schüler/innen Knobelaufgaben zu geben und eigene Anstrengungen zuzumuten, wird ihnen von vielen Lehrkräften vorschnell geholfen und erklärt, vorgetragen und vorgemacht, vorgekaut und vorgeschrieben. Die Kehrseite dieser Konditionierung: ==Die Schüler/innen kultivieren ihre eigene Hilflosigkeit und Hilfsbedürftigkeit==. Sie fragen, bevor sie einen Arbeitsauftrag richtig gelesen haben. Sie protestieren, bevor sie sich einer Sache richtig angenommen haben. Sie signalisieren Unverständnis und bewirken damit, dass die Lehrerseite aktiv wird. Sie senden vorwurfsvolle Blicke in Richtung Lehrer bzw. Lehrerin und lösen damit die gewohnten Helferreflexe aus – Helferreflexe, die der Schülerseite die gewohnte Bequemlichkeit garantieren.

Derartige »Arbeitsbeschaffungsprogramme« für Lehrer/innen werden tagtäglich aufgelegt. Da sollten wir uns nichts vormachen. Das hat es früher zwar auch schon gegeben; aber die aktuelle Diskussion über Kompetenzen und Kompetenzentwicklung in bundesdeutschen Schulen macht deutlich, dass das bloße Konsumieren und Rezipieren von Lernstoff längst nicht mehr hinreicht, um für das Leben nach der Schule angemessen gewappnet zu sein. Unstrittig ist: Den Schülerinnen und Schülern muss im Unterricht mehr zugemutet und zugetraut werden. Sie müssen in puncto eigenverantwortliches Arbeiten und Lernen verstärkt gefordert und gefördert werden. Das besagte Helfersyndrom steht dieser Option im Wege.

3.7 Unzulängliche Teamfähigkeit

Eine letztes Belastungsmoment, das hier Erwähnung finden soll, betrifft die mangelnde Teamfähigkeit und Teambereitschaft in den Lehrerkollegien. Die meisten Lehrkräfte sind von ihrem Selbstverständnis und ihrer berufsspezifischen Sozialisation her sehr stark Einzelkämpfer. Sie stehen in aller Regel alleine vor der Klasse, sind bei ihrer Un-

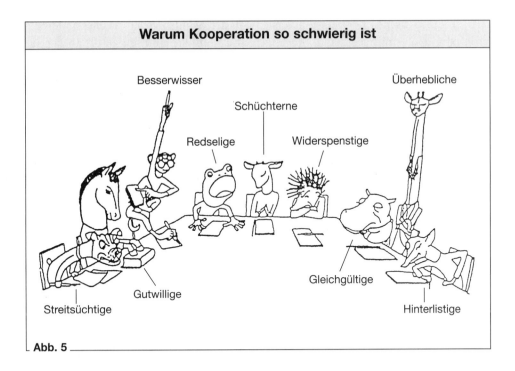

Abb. 5

terrichtsvor- und -nachbereitung auf sich alleine gestellt, müssen auftretende Probleme zumeist alleine lösen und stehen nicht zuletzt den Eltern und Schulbehörden als Einzelpersonen gegenüber. Kein Wunder also, dass sich viele Lehrkräfte schwer damit tun, in Fachgruppen, Jahrgangsgruppen oder anderen Kooperationszusammenhängen innerhalb der Schule konstruktiv zusammenzuarbeiten und die jeweils anstehenden Meinungsbildungs- und Abstimmungsprozesse zielführend mitzugestalten. Lehrerkooperation ist für viele Lehrerinnen und Lehrer ein eher fragwürdiges Mode- und Reizwort, das auf soziale Gängelung und Gleichschaltung, auf subtile Kontrolle und vordergründige Maßregelung durch »Unbefugte« verweist.

Positive Gegenerfahrungen gibt es zu wenige. Indem die Lehrkräfte die Klassentür hinter sich zumachen, schotten sie sich natürlich auch ab. Auch in Konferenzen ist produktive Zusammenarbeit eher selten angesagt. Und zu Hause wird ohnedies alleine gearbeitet. So gesehen ist Kooperation für die meisten Lehrkräfte eher die Ausnahme und keinesfalls die Regel. Das prägt und bestärkt viele Lehrkräfte in ihrer Reserviertheit gegenüber Teamarbeit auf Klassen-, Fach- und gesamtschulischer Ebene. »Ein Teil der Lehrerinnen und Lehrer«, so weiß Reinhold Miller zu berichten, »hält überhaupt nichts von Kooperation, betrachtet die notwendigen gemeinsamen Tätigkeiten als lästige Pflicht, ja sogar als Zeitverschwendung und sieht sich nach wie vor als Einzelkämpfer/in ... Für sie ist der Gedanke, gemeinsames Tun könnte Entlastung bedeuten, fremd.« (Miller 2001, S. 51)

Dieses Vorurteil stimmt so zwar nicht, hält sich aber beständig in den Köpfen vieler Lehrerinnen und Lehrer – zum Teil auch durchaus zu Recht. Berechtigt ist es insofern, als die faktischen Kooperationsversuche in den Schulen vielerorts alles andere als produktiv und ermutigend sind. Störungen und Konflikte sind nur zu oft an der Tagesordnung und nähren die vorhandene Skepsis auf Lehrerseite. Zugespitzt formuliert: Es gibt zirkuläre Diskussionen und Kontroversen ohne Ende. Jeder will Recht behalten und seine Vorstellungen durchsetzen. Zuhören und aufeinander eingehen fallen eher schwer und führen immer wieder zu lähmenden Missverständnissen und Konflikten. An wohlwollender Kompromissbereitschaft mangelt es ebenso wie an stringenter Gesprächsleitung und Prozessmoderation. Viele Diskussionen bleiben fruchtlos, weil Argumente und/oder Beschlüsse nicht richtig festgehalten und beachtet werden, triviale Ränkespiele kochen immer wieder hoch und kosten eine Menge Zeit etc. Kurzum, es wird mehr gegeneinander und aneinander vorbeigearbeitet als wirksam und verständnisvoll kooperiert. Wohlgemerkt, das sind die harten Fälle, aber sie kommen im Schulalltag leider immer wieder vor.

Diese Defizite sprechen indes nicht gegen den Sinn und die Machbarkeit von Kooperation schlechthin, sondern nur dafür, dass viele Lehrerinnen und Lehrer noch kräftig an sich arbeiten müssen, um zu einer verbesserten Kooperationsfähigkeit und Kooperationsbereitschaft zu gelangen (vgl. auch Oswald 1990). Vieles spricht dafür, dass es in den meisten Kollegien nach wie vor ganz eklatant an teamspezifischem Know-how mangelt. Es mangelt an Übung und Routine. Es fehlen die wegweisenden Erfahrungen und Beispiele, die deutlich werden lassen, wie konstruktive Kooperationsprozesse im Schulalltag gestaltet und erfolgreich gesteuert werden können. Daran muss gearbeitet werden – und zwar zum Vorteil aller! Denn Teamarbeit hat eine Menge Vorteile. Das beginnt bei der Förderung von Kreativität und Problemlösungsvermögen und reicht über die Steigerung des »Outputs« infolge arbeitsteiliger Vorgehensweisen bis hin zur Stärkung und Stützung des Einzelnen im Verbund mit anderen Kolleginnen und Kollegen. So gesehen ist es dringend an der Zeit, die unzureichende Teamkultur in Deutschlands Schulen zu verbessern.

4. Fragwürdige Versuche zur Lehrerentlastung

Die skizzierten Belastungsfaktoren und Belastungsquellen verlangen nach Abhilfe und Besserung – keine Frage. Das ist auch Bildungspolitikern, Lehrerverbänden und anderen Mitgestaltern von Schule nicht verborgen geblieben. Nur, wie sehen die betreffenden Entlastungsstrategien aus? Vieles ist erkennbar zu abstrakt geblieben. Vieles ist über das Stadium von Vorsätzen, Appellen, Schuldzuweisungen und/oder relativ allgemeinen Vereinbarungen und Programmen kaum hinausgekommen. Vieles setzt aber auch vorschnell beim Einzelnen an und verlagert die bestehende Belastungsproblematik in den Bereich des »individuellen Versagens« von Lehrerinnen und Lehrern. In den nachfolgenden Abschnitten werden diese Fragwürdigkeiten und Unstimmigkeiten thematisiert.

4.1 Widersprüchliche Bildungspolitik

Zugegeben, Patentrezepte zur wirksamen Entlastung von Lehrerinnen und Lehrern sind nicht in Sicht. Das zeigen nicht zuletzt die bildungspolitischen Weichenstellungen und Kampagnen während der letzten Jahre. Wie in den Abschnitten 2.4 und 3.2 bereits signalisiert, hat es seit Mitte der 1990er-Jahre zwar einen zunehmenden Reformdruck »von oben« gegeben, aber vieles davon ist bislang eher im programmatischen Bereich stecken geblieben. Viele Dinge sind angekündigt und/oder per Dekret in die Schulen hineingeschleust worden, aber nur weniges davon ist konsequent umgesetzt worden. In den Ministerien und Behörden wurden Programme geschrieben und Ausführungsrichtlinien erlassen, Modellversuche gestartet und andere Hochglanzprojekte auf den Weg gebracht, vergleichende Tests veranlasst und neue Bildungsstandards eingeführt, teilautonome Schulen initiiert und einschlägige Evaluationsverfahren durchgesetzt, Schulstrukturen verändert und Inspektionen eingeführt. Dieses und manches andere mehr hat in der bundesdeutschen Bildungslandschaft für viel Wirbel gesorgt, deshalb jedoch noch lange nicht zu verbesserten Arbeitsbedingungen und Arbeitsperspektiven von Lehrerinnen und Lehrern im Schulalltag geführt.

Im Gegenteil: Die skizzierten Reforminitiativen waren und sind flankiert von gravierenden Einschnitten in das »soziale Netz« der Lehrkräfte in den Schulen. Lehrerstellen wurden gestrichen, Sachmittel gekürzt, Klassengrößen gesteigert, Einkommen beschnitten, Fortbildungsressourcen zurückgefahren und manches andere mehr. Wo bleibt da die Motivation und Entlastung der Lehrkräfte?! Keine Frage, diese Widersprüche sind weder plausibel noch zielführend. Denn man kann der Lehrerschaft nicht auf der einen Seite ständig neue Anforderungen aufbürden und auf der anderen Seite

die Rahmengegebenheiten für die Berufsausübung immer weiter verkommen lassen. Das ist weder der Motivation der Lehrkräfte, noch dem Erfolg ihrer Innovationshandlungen zuträglich. Und es ist erst recht nicht geeignet, die aktuelle Belastungskrise der Lehrerschaft aus der Welt zu schaffen.

Daran ändern auch die gelegentlichen aufmunternden Sonntagsreden und Imagekampagnen von Bildungspolitikern und Behördenvertretern nur wenig. Sie machen weder das gesunkene Ansehen der Lehrerschaft wett, noch tragen sie dazu bei, dem drohenden »Burn-out« zahlreicher Lehrkräfte wirksam entgegenzuwirken. Im Gegenteil, einiges von dem, was in den letzten Jahren schulpolitisch auf den Weg gebracht wurde, grenzt eher an Zynismus. Damit gemeint ist das eklatante Missverhältnis von Druck und Zug, von geforderten Reformmaßnahmen und gebotenen Anreizen. Das Gratifikationssystem im Lehrerberuf liegt zwar schon lange im Argen, da es kaum Möglichkeiten zur leistungsbezogenen Entlohnung und/oder Beförderung bietet – was derzeit jedoch abläuft, gehört wohl eher in den Bereich der »negativen Anreize«. Mit anderen Worten: Den Lehrerinnen und Lehrern werden für die von ihnen erwarteten Mehrarbeiten und Reformanstrengungen nicht Belohnungen, sondern verschlechterte finanzielle und sächliche Rahmenbedingungen geboten. Das verstehe, wer wolle!?

Auch wenn man die schlechte Finanzlage der Länder und Gemeinden in Rechnung stellt – eine Bestrafung der Lehrerinnen und Lehrer für die zu erbringenden Zusatz- und Reformleistungen macht schlechterdings keinen Sinn. Schließlich geben andere OECD-Länder andere Beispiele. Innovation verlangt immer auch Investition. Dieser Zusammenhang zwischen Reformprogrammen einerseits und zusätzlichen Investitionen und Anreizen für Schulen und Lehrer/innen andererseits scheint vielen Bildungsverantwortlichen hierzulande noch nicht hinreichend klar. Man kann nicht auf der einen Seite bei jeder Gelegenheit die volkswirtschaftliche und gesellschaftspolitische Bedeutung wirksamer Bildungsreformen betonen und auf der anderen Seite die für die Realisierung dieser Reformen bereitstehenden Finanzmittel sukzessive zurückfahren. Im Klartext: Wer die Lehrkräfte motivieren und inspirieren will, muss sie selbstverständlich auch unterstützen und entlasten. Das ist eine simple Gleichung. Dieser Grunderkenntnis trägt die etablierte Bildungspolitik bis dato viel zu wenig Rechnung. Mit kostengünstigen Kampagnen und Deklarationen alleine ist dieses Dilemma nicht zu beheben. Und noch weniger ist ihm dadurch abzuhelfen, dass kostspielige Evaluations- und Inspektionsprozeduren aufgelegt werden, wie das derzeit landauf, landab geschieht.

Widersprüchlich sind indes nicht nur die finanziellen Soll-Ist-Größen im angesagten Reformprozess. Widersprüche gibt es auch an anderen Stellen. So z.B. dort, wo es um das Verhältnis von Autonomie und Kontrolle, von Eigenverantwortung und Rechenschaftslegung der Schulen geht. Die aktuellen bildungspolitischen Verlautbarungen und Trends verraten diesbezüglich eine Reihe von Ungereimtheiten, die viele Lehrerinnen und Lehrer irritieren und auch belasten. Wer inspiziert denn die Schulen und wie wird inspiziert? Welches sind die Freiheitsgrade der Lehrkräfte und wo liegen deren Grenzen? Was müssen die Lehrer/innen tatsächlich leisten und wie werden sie diesbezüglich unterstützt und qualifiziert? Aber auch: Wie gehen Selbstständige Schule und differenzierte Rechenschaftslegung zusammen? Wie vertragen sich die erweiterten Zuständigkeiten und Verantwortlichkeiten mit den neuen Reglementierungen? Der Fragereigen ließe sich fortführen. Zwar gibt es schon einige Antworten, aber vieles ist doch noch recht nebulös.

Im Interesse der Motivationsentwicklung und Entlastung der Lehrkräfte wäre es eigentlich nötig, die vielfältigen Reglementierungen und Kontrollen im Schulalltag glaubwürdig zurückzufahren und nicht einen Wust an neuen Gängelungen in Gestalt externer und interner Evaluationen und Inspektionen in die Welt zu setzen (vgl. Schaarschmidt 2004, S. 148). Hier ist ein gangbarer Mittelweg noch nicht in Sicht. Zwar verkünden die Bildungsverantwortlichen in Bund und Ländern seit Jahren die Stärkung der Schulen, aber um die Glaubwürdigkeit der entsprechenden »Verheißungen« ist es derzeit noch nicht zum Besten bestellt. Die Gewährung von mehr Selbstständigkeit für die Schulen ist bislang vorrangig mit neuen Verantwortlichkeiten für die betreffenden Schulleiter/innen und Kollegien verbunden, nicht aber mit der entschiedenen Abkehr von den tradierten formalen und schulrechtlichen Gängelungen. Uwe Schaarschmidt sagt dieses noch deutlicher: Die erweiterten Gestaltungs- und Entscheidungsspielräume – so seine Kritik – werden »... durch ein Korsett von Reglementierungen, Vorschriften und nicht selten Bevormundungen ... deutlich eingeengt. Und eine weitere Einschränkung erfahren sie durch permanente in die Schulen hineingedrückte Kampagnen und eine ungebrochene Reformwut.« (Ebenda; vgl. ferner Silbernagel 2003) Mit wirksamer Motivation, Unterstützung und Entlastung der Lehrerschaft hat das alles nur wenig zu tun.

4.2 Die Rituale der Lehrerverbände

Das Selbstverständnis der Lehrerverbände weist zwar in eine andere Richtung, aber auch sie tun sich durchweg schwer damit, der skizzierten Belastungskrise von Lehrerinnen und Lehrern wirksam zu begegnen. Was für die Politik gilt, gilt mit Einschränkungen auch für die etablierten Lehrerverbände (GEW, VBE, Philologenverband etc.). Viele ihrer Anträge und Interventionen bleiben vergleichsweise abstrakt und folgenlos. Das beginnt mit den gelegentlichen Resolutionen gegen die Verschlechterung der Arbeitsbedingungen im Lehrerberuf und reicht über die regelmäßig wiederkehrenden Forderungen nach mehr Lehrerstellen, besserer Bezahlung, kleineren Klassen und kürzerer Wochenarbeitszeit bis hin zu allgemeinen Stellungnahmen und Berichten in Sachen Ganztagsschulen, Schulentwicklung, PISA, Bildungsstandards, Hochbegabung, Unterrichtsstörungen, Lehrerbildung, Sozialpolitik, Arbeitslosigkeit, Drogen, Gewalt, Frauenförderung, Rechtschreibreform, Studiengebühren, Bildungsmonitoring etc. (vgl. Abbildung 7). Wohlgemerkt, das alles ist nicht unwichtig und gehört im Kern sicherlich auch zum Aufgabengebiet der Lehrervertretungen. Nur, eine adäquate Strategie zur Überwindung der aktuellen Belastungskrise von Lehrerinnen und Lehrern ist darin weder angelegt noch zu erkennen.

Vieles von dem, was die etablierten Lehrerverbände seit Jahr und Tag tun, gleicht eingespielten Ritualen. Man braucht sich nur die gängigen Verbandszeitschriften anzuschauen. Im Prinzip sind es die immer gleichen schulpolitischen, schulrechtlichen und gesellschaftspolitischen Fragen und Problemlagen, auf die in mehr oder weniger abstrakter Weise eingegangen wird. Die konkreten Belastungen und Handlungsperspektiven von Lehrer/innen und Kollegien spielen dabei eine eher nachgeordnete Rolle. Dieser »Abstraktismus« der Lehrerverbände ist ein Manko! Mit *alltagswirksamer* Interessensvertretung haben die gängigen Aktionen nur sehr bedingt etwas zu tun. Das wirft Fragen auf. Wo bleiben die konkreten Anliegen, Nöte und Arbeitsumstände der viel zitierten Basis? Wie wird den konkreten Belastungen und Restriktionen der Lehrkräfte Rechnung getragen? Welche Mittel und Wege werden gesucht und angeboten, um die Lehrkräfte vor Ort in ihrer Handlungskompetenz und Veränderungsbereitschaft zu stärken? Mag sein, dass diese unmittelbare Praxiszugewandtheit und Praxiswirksamkeit eine ziemliche Illusion ist – notwendig ist sie trotzdem!

Was bringen denn allgemeine Stellungnahmen, Analysen und/oder Berichte für die Verbesserung der konkreten Arbeitsbedingungen in der Einzelschule? Vieles spricht dafür, dass sie auf jeden Fall nicht das bringen, was die »am Stock gehenden« Lehrkräfte vordringlich brauchen, nämlich praxiswirksame Unterstützung und Entlastung. Was Lehrerinnen und Lehrer seit langem suchen, sind überzeugende »Hilfen zur Selbsthilfe« in Sachen Unterrichtsgestaltung und Unterrichtsreform, Störungsprävention und Schülermotivation, Lehrerkooperation und Elternarbeit, Sachmittelausstattung und Konferenzmanagement. In diesen und anderen elementaren Handlungsfeldern braucht das Gros der Lehrkräfte dringlich Unterstützung, und zwar dergestalt, dass möglichst griffige Handlungs- und Problemlösungsperspektiven für den Schulalltag eröffnet werden. Diesbezüglich bieten die Lehrerverbände bislang viel zu wenig.

Forderungskatalog der GEW Rheinland-Pfalz
(Personalräte an Haupt- und Regionalen Schulen)

In den letzten Jahren haben sich die Rahmenbedingungen unserer Arbeit an Grund-, Haupt- und Regionalen Schulen verändert und verschärft. Die Arbeitszeitbelastung wurde auf ein Rekordniveau erhöht, sie ist nicht länger tragbar. Die älteren KollegInnen wurden durch die Kürzungen der Altersermäßigung in besonders unzumutbarer Weise belastet.

Unseren SchülerInnen wird die notwendige Bildung erschwert.
◆
Trotz angeblich optimaler Ausstattung der Grundschulen ist der Unterrichtsausfall in allen Schulen noch zu hoch.
◆
Die Lehrerversorgung ist noch lange nicht optimal.
◆
Während Politik und Gesellschaft fordern, in der Bildung liegt die Zukunft, wird weiter gespart.

Deshalb fordern wir:

- Veränderte Rahmenbedingungen der Lehrerarbeit!
- In keiner Klasse mehr als 20 SchülerInnen!

Nur dann haben wir die Kraft, Schule in ihren vielfältigen Facetten weiterzuentwickeln und Reformvorhaben umzusetzen.

Wir fordern weiterhin ...

Wiedereinführung der Drittelpauschale an Grundschulen	Erweiterung des Stundenpools für besondere pädagogische Maßnahmen	Senkung der Lehrerarbeitszeit
Rücknahme der Ansparstunden im Sek-I-Bereich	Altersermäßigung für die KollegInnen, die keine Altersteilzeit beantragt haben	Volle Planstellen für alle GrundschullehrerInnen
Gleiche Besoldung der LehrerInnen im Sek-I-Bereich	Veränderung der LehrerInnenausbildung, Einführung der Stufenlehrerausbildung	Mehr hauptamtliche Fachleiterstellen in den Studienseminaren

Abb. 7 (aus: Gewerkschaft Erziehung und Wissenschaft 2004, S. 207)

Was bringt es denn den ausgepowerten Lehrkräften unserer Tage, wenn ihre Standesvertretungen (mal wieder) für 3 Prozent mehr Gehalt plädieren oder aber für kleinere Klassen, mehr Planstellen, mehr Schulsozialarbeit, verbesserte Teilzeitregelungen, befristete Funktionsstellen, großzügige Altersermäßigung, gerechtere Arbeitszeitmodelle, neue Ferienregelungen, mehr Feuerwehrlehrerinnen, mehr Ganztagsschulen, verbesserte Referendarbezüge, höhere Reisekosten, neue Ruhestandsregelungen oder Ähnliches eintreten? Auch die Organisation und Durchführung von Personalratswahlen, Personalräteschulungen oder sonstigen Meetings und Kongressen hilft beim Abbau von Lehrerbelastungen nicht wirklich weiter. Zugegeben, das alles muss auch sein. Nur darf es nicht dazu führen, dass die »mickrigen Belange und Nöte« der Lehrerinnen und Lehrer an der »Schulfront« über Gebühr in den Hintergrund geraten oder ganz aus dem Blick verschwinden.

Man muss das eine tun und darf das andere nicht lassen! Sicherlich ist es die legitime Pflicht der Lehrerverbände, die übergeordneten schulpolitischen und schulrechtlichen Belange im Auge zu behalten und an den entsprechenden Meinungsbildungsprozessen teilzunehmen. Diese Aufgabe ist und bleibt wichtig. Aber es ist mindestens genauso wichtig, dass sich die Lehrerverbände verstärkt um die Niederungen des Lehreralltags kümmern und dafür sorgen, dass den Lehrkräften verbesserte Unterstützungsangebote und -leistungen zukommen, die ihnen bei der Bewältigung der bestehenden Friktionen in Schule und Unterricht helfen. Die skizzierten Umbrüche und Belastungen im Bildungsbereich unterstreichen die Dringlichkeit dieser Hilfen und Unterstützungssysteme. Das betrifft die Lehreraus- und -fortbildung genauso wie die schulinternen Maßnahmen zur Freistellung und Unterstützung von Lehrkräften in Sachen Stressbewältigung, Teamentwicklung und Innovationsmanagement.

Die etablierten Lehrerverbände sind sich dieser Aufgaben zwar durchaus bewusst, sie tun de facto aber viel zu wenig, um konkrete Konsequenzen daraus zu ziehen. Andernfalls nämlich müssten sie sich praxisgebundener einmischen und den angesprochenen Unterstützungssystemen mehr Aufmerksamkeit als bisher zukommen lassen. Zudem müssten sie alles daransetzen, praxisbewährte Mittel und Wege zu eruieren und politisch durchzusetzen, die der Überwindung der aktuellen Belastungskrise von Lehrerinnen und Lehrern dienlich sein könnten. Dieses Aufgaben- und Rollenverständnis ist vielen Verbandsvertreter/innen nicht sehr geläufig. Stattdessen wird unverändert viel Energie darauf verwandt, vergleichsweise abstrakte Resolutionen zu verfassen, Sitzungen abzuhalten, Leitfäden zu entwerfen, Forderungen zu stellen, Protestnoten zu schreiben, Kongresse zu initiieren, Verhandlungen zu führen, Studien in Auftrag zu geben, Publikationen zu lancieren etc.

Aber selbst wenn es konkreter wird, bleiben viele Fragezeichen. So heißt es z.B. zu den »Anti-Burn-out-Aktivitäten« der GEW Baden-Württemberg: »Seit dem Inkrafttreten des Arbeitsschutzgesetzes 1996 machte die GEW das Thema Arbeitsschutz mit jährlichen Personalräteschulungen und -konferenzen auf Landesebene, Herausgabe von zwei Leitfäden mit allen gesetzlichen Grundlagen und Zwischenberichten sowie vier Gesundheitsinfos für Personalräte und Vertrauensleute und Gesprächen mit Vertretern der Landtagsparteien zu einem Schwerpunkt ihrer Arbeit.« (Vgl. Erziehung und

Wissenschaft, Heft 7/8, 2004, S. 14) Andere Lehrerverbände agieren ähnlich inkonkret. Sie konzentrieren sich vornehmlich auf die Auseinandersetzung mit Bildungsministerien und -behörden, leisten juristischen Beistand bei Verletzung der Mitbestimmungsrechte in Fragen des Arbeits- und Gesundheitsschutzes und setzen sich für die Einrichtung von Projekten und Gremien zur Förderung der Lehrergesundheit ein. Diesbezüglich gibt es seit geraumer Zeit eindrucksvolle Kampagnen, Kongresse und Lehrertage. Nur, wirksame Hilfe zur Selbsthilfe von Lehrer/innen, Schulleitungen und ganzen Schulkollegien sieht anders aus.

4.3 Alltagsferne Lehrerbildung

Eigentlich wäre es die Aufgabe der Lehreraus- und -fortbildung, die Lehrkräfte so rechtzeitig und praxistauglich zu stärken, dass sie den Unbilden des Schulalltags gewachsen sind. Doch die Realität ist eine andere. Jürgen Oelkers, Professor für Pädagogik und Sachverständiger in Sachen Lehrerausbildung zieht ein niederschmetterndes Fazit zur ersten und zweiten Phase der Lehrerausbildung in Deutschland. Sie sei ineffizient, überorganisiert und unterkontrolliert (vgl. Gerstenberg 2005). Die Hauptkritik gilt den Universitäten. Deren größtes Problem sei – so Ludwig Eckinger, Vorsitzender des Verbands Bildung und Erziehung – das unausgewogene Verhältnis von Theorie und Praxis. Praxisorientierung gelte an Deutschlands Universitäten bedauerlicherweise noch immer als unwissenschaftlich. Die Konsequenz: Es würden Lehrer für Schulfächer, nicht aber für Schüler ausgebildet. Kompetenzen wie Konflikt-, Team- und Diagnosefähigkeit würden viel zu wenig vermittelt (vgl. ebenda).

Die Unzulänglichkeiten der universitären Ausbildungsphase sind eklatant – keine Frage. Lehrkräfte werden mit abgehobenen fachwissenschaftlichen, fachdidaktischen und allgemeinpädagogischen Erkenntnissen und Wissensbeständen bombardiert, ohne die alltäglichen Bedingungen, Probleme und Herausforderungen des Lehrerberufs auch nur im Entferntesten kennen, verstehen und bewältigen zu lernen. In den Prüfungen des ersten Staatsexamens werden ganz vorrangig Theorien und sonstige intellektuelle Leistungen geprüft, kaum aber pädagogische Handlungskompetenzen gecheckt (vgl. Lenzen 2003). Diese einseitige Ausrichtung des Lehramtsstudiums gilt vor allem für die Ausbildung der Gymnasiallehrer/innen. Wie mehrere Studien belegen, kommen angehende Gymnasiallehrkräfte nicht einmal mit den elementarsten jugend- oder lernpsychologischen Erkenntnissen in Berührung (vgl. Kahl 2003, S. 57). Aber auch anderen Lehramtsstudent/innen geht es nicht viel besser. Angehende Pädagogen lernen z.B. kaum etwas über das Lernen des Lernens, über die Dynamik von Gruppen, über das Motivieren von Schüler/innen, über den Umgang mit schwierigen Kindern oder darüber, wie man sie zum Selberlernen anregen und befähigen kann.

Die KMK-Kommission zur Reform der Lehrerbildung spricht von einem »weithin unkoordinierten, lückenhaften Flickenteppich«, den die universitäre Lehrerausbildung bietet – fernab von den spezifischen Aufgaben und Problemlagen der Schullehrer/innen (vgl. KMK-Kommission 2000, S. 72f.). »Jeder lehrt, was er will. Manche Inhalte passen zum Berufsziel Lehrer, vieles ist abwegig ... Die Befähigung zum Lehrer als einem Experten für Lehren und Lernen findet an den deutschen Universitäten nicht statt.« (Janssen 2002, S. 71) Selbst den angehenden Grundschullehrer/innen bleibt die beklagte Praxisferne nicht erspart. Auch sie sind in erster Linie gehalten, sich auf ihre Fachdisziplinen zu konzentrieren und die allgemeinen Erziehungswissenschaften möglichst gründlich zu studieren. Das alles läuft – wie Befragungen zeigen – recht theoretisch und unzusammenhängend ab. Konkrete Anwendungssituationen sind die Ausnahme. Die erforderlichen Seminarbescheinigungen werden »irgendwie abgesessen« und nur selten dazu genutzt, alltagstaugliche berufliche Handlungskompetenzen anzubahnen und einzuüben (vgl. DIE ZEIT vom 16.4.2003, S. 71).

Die Folge dieser Praxisferne ist, dass die meisten Lehramtsstudent/innen während ihres Studiums weder richtungsweisendes pädagogisches Handwerkszeug lernen noch hinreichend Gelegenheit dazu erhalten, die zukünftige Lehrerrolle realitätsnah abzuklären. Zwar ist sicherlich zu konzedieren, dass die Unis stärker die wissenschaftliche Grundlegung des Lehrerberufs betreiben müssen, jedoch muss das keinesfalls so praxisabgewandt geschehen, wie das hierzulande seit Jahr und Tag der Fall ist. Theorie und Praxis, Reflexion und Handeln, Rezeption und Konstruktion lassen sich vielmehr höchst anregend und wirksam verknüpfen und zum Aufbau beruflicher Handlungs- und Problemlösungskompetenzen von Lehrerinnen und Lehrern nutzen. Nur, dieser »Integrationsansatz« ist in den meisten Unis noch wenig verbreitet. Im Gegenteil. Für das Gros der Hochschullehrer/innen ist der praktische Umgang mit Motivations-, Verhaltes- und Lernproblemen, wie sie im Schulalltag zuhauf auftreten, bestenfalls ein Randthema. An diesem Dilemma wird auch die angelaufene Reform der Lehrerbildung so schnell nichts ändern. Die angepeilten Strukturreformen (Bachelor/Master, Lehrerbildungszentren etc.) mögen zwar notwendig und wichtig sein, eine bessere Vorbereitung der Lehramtsstudierenden auf die alltäglichen Schwierigkeiten und Herausforderungen im Lehrerjob bringen sie deshalb noch lange nicht.

Gravierend sind auch die Versäumnisse in der zweiten Ausbildungsphase. Die Studienseminare sind zwar gehalten, die Schul- und Unterrichtspraxis konsequent im Blick zu behalten, das heißt aber noch keineswegs, dass sie den jungen Leuten auch hinreichend Praxis- und Problemlösungskompetenz für das Alltagsgeschäft vermitteln. Vieles vom dem, was in den letzten Jahren zur Arbeit der Studienseminare publik geworden ist, deutet eher darauf hin, dass die Vermittlung alltagstauglicher Werkzeuge für das Pädagogengeschäft deutlich zu kurz kommt. Das gilt insbesondere für die Sek-I- und Sek-II-Seminare. An den Studienseminaren treiben sich, so die geharnischte Kritik von Frank Gerstenberg, »... Fachleiter herum, die von Adorno und Habermas oder französischer Literatur schwadronieren, während ihre Referendare darüber nachdenken, wie sie auf Prügeleien während des Unterrichts an der Hauptschule reagieren oder mit welchen Methoden sie die chronische Rechtschreibeschwäche einiger Schüler in der Klasse bekämpfen können« (Gerstenberg 2005).

Diese praktischen Fragen und Probleme kommen in vielen Studienseminaren offenbar zu wenig vor. Das zeigen diverse Befragungen von Referendar/innen (vgl. Herrmann 2002). Stattdessen werden erziehungswissenschaftliche und didaktische Theorien und Modelle über Gebühr verhandelt oder mehr oder weniger idealtypische Handlungsmuster zur Analyse und Planung von Unterricht ausführlichst thematisiert. Zugegeben: Derartige Grundlegungen sollte man kennen und reflektiert haben. Nur wenn diese intellektuelle Auseinandersetzung zu Lasten des Aufbaus von pädagogischem Handlungs- und Problemlösungsrepertoire geht, dann ist das mehr als problematisch. Problematisch sind aber nicht nur diese Akzentsetzungen, sondern auch die fragwürdigen Anforderungen, wie sie in den gängigen Lehrproben gestellt werden. Die meisten Lehrproben folgen nach wie vor einem recht idealtypischen Unterrichtsmuster mit straffer Lehrerlenkung und kurzzyklischen Schüleraktivitäten – fernab von geistiger Durchdringung und eigenverantwortlichem Lernen der Kinder. Doch das ist nur die eine Seite des Problems. Die andere Seite ist die, dass viele Lehrproben viel zu aufwändig und alltagsfern gestaltet werden (müssen). Daher monieren viele Referendar/innen durchaus zu Recht den Show-Stunden-Charakter vieler Lehrproben. Derartige »künstliche Unterrichtsstunden« verschlängen – so ihre Kritik – unnötig viel Energie und Zeit und brächten für die Bewältigung des späteren Schul- und Unterrichtsalltags reichlich wenig (vgl. Herrmann 2002, S. 105). Vielleicht ist die Ohnmacht, die viele Lehrerinnen und Lehrer angesichts der aktuellen Belastungen und Herausforderungen im Schulalltag verspüren, nicht zuletzt eine Folge dieser Realitätsferne.

4.4 Inflationäre »Therapieangebote«

Wenn die skizzierten Instanzen und Einrichtungen in Sachen Lehrerentlastung nicht viel zu bieten haben, was dann? Diese Frage führt zu einem vierten Handlungsfeld, in dem seit langem immer mehr Lehrkräfte ihr Heil suchen, nämlich in psychotherapeutisch ausgerichteten Seminaren und Kuren zur Rettung der Lehrergesundheit. In letzter Zeit besonders in Mode gekommen sind die spezifischen Lifestyle- bzw. Wellness-Angebote von Kurkliniken oder sonstigen therapeutischen Einrichtungen. Manches davon mag auch durchaus hilfreich sein, vieles davon muss jedoch ganz sicher als fragwürdig eingestuft werden. Die Versprechungen der Anbieter decken sich nur zu oft nicht mit den Ergebnissen. Einzelne Angebote sind schlicht unseriös, manches ist bloße Geldschneiderei. Vor allem aber: Die schillernden Verheißungen der betreffenden Lifestyleberater, Couches, Verhaltenstrainer und/oder Persönlichkeitsentwickler setzen viel zu einseitig beim »Innenleben« der Klienten selbst an. Ihr Versprechen: Wenn sich das Denken und Fühlen verändern, dann lösen sich die Belastungsempfindungen schon von selbst auf. Ein Paradebeispiel hierfür sind die aus dem Amerikanischen kommenden Ansätze des »positiven Denkens« (think big! think positiv!).

Damit jedoch keine Missverständnisse entstehen: Mit dieser Problematisierung soll nicht gegen therapeutische Ansätze schlechthin argumentiert werden. Selbstverständlich gibt es Lehrkräfte, die einer psychotherapeutischen Behandlung bedürfen, um aus ihrem berufsspezifischen Loch wieder herauszukommen. Doch die Zahl dieser therapiebedürftigen Kandidaten dürfte eher gering sein. Viele Burn-out-gefährdete Lehrkräfte leiden unter etwas anderem, nämlich unter der mangelhaften Anerkennung und

Erfolgsaussicht in Schule und Unterricht. Diesem Handikap ist aber mit positivem Denken oder sonstigen suggestopädischen Tricks nicht wirklich beizukommen. Vielmehr dürfte es für diesen Personenkreis sehr viel zielführender sein, am unterrichtlichen Repertoire anzusetzen und/oder daran zu arbeiten, die soziale Einbettung in Lehrerteams der eigenen Schule voranzutreiben. Das stärkt und stützt mehr als viele sich selbst nährenden therapeutischen Gespräche und Sitzungen.

Dieser Einwand gilt nicht für professionelle berufsbegleitende Supervisionssitzungen. Diese können für einen Teil der unter Überlastung leidenden Lehrkräfte sehr wohl hilfreich sein. Vieles spricht sogar dafür, dass praxis- und problembezogen arbeitende Supervisionsgruppen eine Menge an Stabilisierung und beruflicher Neuorientierung für jeden Einzelnen bewirken können. Nur, dann muss die Leitung dieser Gruppen auch bei praxiserfahrenen Leuten liegen – eine Prämisse, die für viele Supervisionsgruppen und Verhaltenstrainer/innen so nicht gilt. Vielmehr werden nur zu oft die aus der Literatur bekannten »Spielchen« zur Aufdeckung emotionaler und sozialer Verklemmungen und Schädigungen beim Einzelnen durchgeführt – mit der unausweichlichen Erkenntnis, dass alles irgendwie seinen Ursprung in der eigenen Kindheit hat. Auf diese Weise kommt es denn immer wieder zu den hinlänglich bekannten therapeutischen Endlosschleifen, die nicht selten Jahre dauern und außer einer uferlosen »Selbstentdeckungsarbeit« häufig nur wenig hervorbringen, was zur besseren Bewältigung des Schulalltags verhelfen könnte.

Die Ideologie des »Jeder ist sein eigener Chairman« verleitet ferner dazu, dass ein fatal verengtes Verständnis von Selbstverantwortung Platz greift. Vieles was in den Schulen Belastungen und Beeinträchtigungen produziert, hat nun einmal wenig mit individuellem Versagen oder negativen Grundeinstellungen zu tun, sondern schlicht und einfach damit, dass strukturelle, organisatorische, finanzielle, methodische oder teamspezifische Bedingungen vor Ort nicht stimmen. Diese Belastungsquellen kann man nicht dadurch aus der Welt schaffen, dass man den Einzelnen in einen Prozess der Selbstanalyse und der mentalen Neuorientierung hineinzieht. Zugespitzt formuliert: Belastungen, die aus mangelhaftem Schulmanagement, langweiligem Unterricht, fehlenden Ressourcen, nachlässiger Elternarbeit oder unzulänglicher Lehrerkooperation resultieren, kann man nicht dadurch abbauen, dass man das Denken und Fühlen der einzelnen Lehrkraft verändert oder aber diese in uferlosen Reflexionsschleifen zu der Erkenntnis gelangen lässt, dass es Probleme gibt, die man nicht lösen kann. Die Gefahr ist, dass das Ganze fatalistisch wird und am Ende in die eigene Handlungs- und Problemlösungsfähigkeit in Schule und Unterricht einmündet. Lehrkräfte, die sich schicksalhaft ihren Belastungen ausliefern oder aber dahin tendieren, sich lediglich als »Opfer der herrschenden Verhältnisse« zu wähnen, haben wir schon genug. Es kommt aber darauf an, die Bedingungen und Belastungen in Schule und Unterricht tatkräftig zu verändern bzw. abzubauen. Diesbezüglich gibt es noch eine Menge zu tun.

Der Markt für Lebenshilfe und Burn-out-Prävention boomt denn auch. Lehrkräfte sind eine relativ zahlungskräftige Klientel, und das scheint für eine Vielzahl von lizensierten oder auch selbst ernannten Lebenshelfern und Therapeuten relativ attraktiv zu sein. Renommierte Kliniken steigen ein und leisten sicherlich auch wertvolle

4. Fragwürdige Versuche zur Lehrerentlastung

Wenn Engagement krank macht!

Burn-out

Überlastet in der Schule

Unser Konzept:
- **Unterstützend** in den Einzelgesprächen
- **Lösungsorientiert** in der Trainingsgruppe
- **Kräfte sammeln** in spezifischen Sportprogrammen
- **Fördernd** in der Selbstregulation

Behandlung von:
- Burn-out • Depressionen • Angsterkrankungen • Selbstwertstörungen • Tinnitus
- Essstörungen • Abhängigkeitshaltungen

Im Schutz der Klinik und in der ruhigen, gepflegten Atmosphäre von Bad Salzuflen regenerieren und neue Orientierung finden.

MEDIAN Klinikum für Rehabilitation Bad Salzuflen

MEDIAN
Klinikum für Rehabilitation Bad Salzuflen
Klinik Flachsheide
Quellenhof KG, Salze-Klinik GmbH & Co.
Forsthausweg 1
32105 Bad Salzuflen
Telefon: 05222 398-811
Telefax: 05222 398-840
Internet: www.flachsheide.de

Rehabilitationsklinik für Psychosomatik, Psychotherapie und Neurologie

Chefarzt: Dr. med Frank Damhorst

Private Krankenanstalt, beihilfefähig nach §§ 4 und 6

Bei Bedarf ist auch eine Begutachtung in Pensionierungsfragen im Haus möglich.

Bitte fordern Sie unseren Hausprospekt an. Wir übernehmen auf Wunsch das Beantragen der stationären Behandlung für Sie bzw. unterstützen dabei Ihren Arzt.

Abb. 8 (aus: Profil, Heft Juli/August 2004, S. 25)

Dienste (vgl. Abbildung 8). Die zahlreich ausgebildeten Psychologen hierzulande sehen eine Chance, sich ein berufliches Standbein zu verschaffen und lassen sich zudem für viel Geld trendgerechte Zusatzausbildungen verpassen. Die Gurus der Szene schaffen sogar noch mehr. Sie füllen riesige Kongresshallen und vermögen den Zeitgeist dergestalt zu mobilisieren, dass sie den zahlenden Zuhörern suggerieren, Krankheit und Unwohlsein seien lediglich eine Sache der persönlichen Lebenseinstellung und -philosophie. Man müsse nur an sich glauben und die inneren Energiefelder entdecken, dann werde sich schon das nötige positive Lebensgefühl einstellen. »›Think big‹, und du wirst Berge versetzen; ›think positiv‹ und du wirst neue Kraft und neuen Optimismus schöpfen« – das sind die verfänglichen Botschaften, mit denen seit Jahren das Prinzip Hoffnung geschürt wird. Das gilt natürlich nicht nur im Hinblick auf Lehrkräfte, sondern auch für weite Teile der sonstigen Bevölkerung. Man kann fast den Eindruck gewinnen: Je tiefer die Krise, umso größer ist die Neigung vieler Menschen, sich derartigen »Heilsleeren« anzuschließen. Wenn das nur so einfach wäre!? Wirksame Lehrerentlastung verlangt mehr! (Vgl. Kapitel II)

4.5 Frühpensionierung als Ausweg?

Die alarmierende Zahl von Frühpensionierungen von Lehrerinnen und Lehrern legt den Schluss nahe, dass viele überlastete Lehrkräfte ihren eigenen Ausweg suchen: Sie steigen deutlich vor Erreichen der offiziellen Altersgrenze von 65 Jahren aus dem stressigen Lehrerjob aus, indem sie sich frühpensionieren lassen. Die Möglichkeit dazu eröffnet das Beamtenrecht, sofern Lehrkräfte gravierende gesundheitliche Beeinträchtigungen nachweisen. Im Klartext: Liegen bei einer Lehrkraft dienstlich relevante gesundheitliche Leistungseinschränkungen vor, die eine dauerhafte krankheitsbedingte Abwesenheit vom Dienst erwarten lassen, so kann eine vorzeitige Versetzung in den Ruhestand genehmigt werden. Voraussetzung für das Vorliegen von Dienstunfähigkeit ist also »zum einen die Leistungsunfähigkeit im konkreten Amt, zum anderen eine Langzeiterkrankung mit negativer Prognose« (vgl. Weber 2004, S. 28). Beides muss von amtsärztlicher Seite attestiert werden.

Das Ausmaß der vorzeitigen Dienstunfähigkeit von Lehrkräften übersteigt die entsprechenden Werte anderer Berufsgruppen deutlich. Das zeigen einschlägige Untersuchungen seit langem. Treten im Bundesdurchschnitt z.B. »nur« 41 Prozent aller Beamten aus Gründen der Dienstunfähigkeit vorzeitig in den Ruhestand, so waren es bei der Gruppe der Lehrkräfte im Jahre 2001 beispielsweise 72 Prozent (vgl. Schaarschmidt 2004, S. 17; vgl. ferner Avenarius 2003, S. 141f.). Dieser hohe Wert für die Lehrerschaft gilt auch über längere Zeiträume. Wie Andreas Weber nachweist, liegt der Anteil der vorzeitigen Pensionierungen an der Gesamtzahl der jährlichen Ruhestandseintritte von Lehrkräften seit Mitte der 1990er-Jahre durchweg zwischen 50 und 60 Prozent oder darüber (vgl. Weber 2004, S. 23f.). Konkret heißt das, »... dass jährlich zwischen 5000 und 9000 verbeamtete Lehrkräfte aus gesundheitlichen Gründen vorzeitig – durchschnittlich 10 Jahre vor Erreichen des 65. Lebensjahres – ihren Beruf aufgeben (müssen)« (ebenda, S. 24). Der volkswirtschaftliche Schaden, der daraus für die Bundesrepublik Deutschland erwächst, ist enorm.

Es gibt aber nicht nur die krankheitsbedingten Frühpensionierungen, sondern auch noch eine erkleckliche Zahl von freiwillig ausscheidenden Lehrkräften – sei es nun, dass sie Altersteilzeit in Anspruch nehmen, oder sei es auch, dass sie sich aus anderen persönlichen (nicht krankheitsbedingten) Gründen vorzeitig aus dem Dienst verabschieden. Im Ergebnis heißt das z.B. für die Dekade 1993–2003, dass durchschnittlich nur noch 6 Prozent der verbeamteten Lehrkräfte bis zur Regelaltersgrenze von 65 Jahren arbeiten, wobei diese »Vorbilder« zumeist Funktionsträger sind, die nicht mehr den vollen Unterricht zu absolvieren haben (vgl. ebenda, S. 24). Zwar gibt es aufgrund der schlechten Arbeitsmarktlage auch in anderen Berufsgruppen deutliche Trends hin zum vorzeitigen Ruhestand, gleichwohl sind die skizzierten Verhältnisse im Schulbereich ziemlich einzigartig. Einzigartig deshalb, weil die Hauptursache für das vorzeitige Ausscheiden aus dem Beruf einschneidende psychische und psychosomatische Erkrankungen sind (vgl. ebenda, S. 35f.).

Die korrespondierenden Leiden der Lehrkräfte sind ebenso vielfältig wie alarmierend. Genannt werden in den entsprechenden Untersuchungen u.a. Symptome wie fehlende Arbeitsfreude, nicht abschalten können, diffuse Ängste, viele tägliche Ärgernisse, bedrückte Stimmung und verminderte Leistungsfähigkeit (vgl. Jehle u.a. 2004). Das alles ist sicher auch und nicht zuletzt Ausdruck und Ausfluss der in den letzten Abschnitten skizzierten Problemlagen und Belastungen im Schulalltag. Lehrkräfte, die sich den vielfältigen Anforderungen und Herausforderungen in Schule und Unterricht nicht mehr hinreichend gewachsen fühlen, müssen natürlich reagieren. Die einen reagieren so, dass sie früher oder später krank werden und den vorzeitigen Ruhestand wählen (müssen), die anderen schaffen es, sich beruflich so zu schonen, dass ihnen die ganzen Belastungen des Schulalltags nicht mehr viel anhaben können (zum Typ »Schonung« vgl. Schaarschmidt 2004b, S. 100f.).

Wirklich befriedigend dürfte indes beides nicht sein. Es sind und bleiben Notlösungen. Viel wichtiger wäre es stattdessen, die Flucht nach vorne anzutreten und mit allen mobilisierbaren Mitteln dafür einzutreten, dass die innerschulischen Entlastungs- und Problemlösungsmöglichkeiten verstärkt sondiert und genutzt werden. Vieles von dem nämlich, was innerschulisch getan und verbessert werden kann, wird in den meisten Schulen noch viel zu wenig wahrgenommen. Hier gilt es anzusetzen. Das Problemlösungspotenzial ist vielerorts noch längst nicht ausgeschöpft. Daran zu arbeiten ist fraglos eine bessere Perspektive, als sich in Resignation, Selbstmitleid und/oder Krankheit hineintreiben zu lassen.

4.6 Plädoyer für verstärkte Selbsthilfe

Daraus ergibt sich der Ansatz dieses Buches. Die skizzierten Probleme und Belastungen der Lehrkräfte im Schulalltag sind viel zu ernst, um einfach übergangen zu werden. Was also tun? Die Neigung vieler Bildungsverantwortlicher, die ganze Problematik den Selbstheilungskräften in Schule und Gesellschaft zu überantworten, ist zwar eine trickreiche Lösung, aber auch eine fatale. Fatal insofern, als sie die Dinge auf die lange Bank schiebt und die Gestaltungs- und Ergebnisverantwortung von Politikern, Eltern und Schulträgern über Gebühr leugnet. Zugegeben, einseitige Schuldzuweisungen in Richtung Politik, Wirtschaft, Gesellschaft und/oder Familie führen nicht wirklich weiter. Gleiches gilt aber auch für das beliebte »Schwarze-Peter-Spiel« gegenüber Lehrerinnen und Lehrern. Auch das ist weder ehrlich noch zielführend. Fest steht nämlich, dass die mäßigen Arbeitsbedingungen in Deutschlands Schulen am wenigsten von den Lehrkräften selbst zu verantworten sind, sondern vornehmlich von den jeweiligen Entscheidungsträgern und Erziehungspartnern im Umfeld der einzelnen Schulen. Das betrifft die Gemeinde-, Landes- und Bundesebene genauso wie die Familien, Fernsehanstalten und sonstigen Unternehmen, die den Sozialisationsprozess von Kindern und Jugendlichen prägen und nicht selten auch beeinträchtigen.

Nur, was hilft es, wenn die Schuldigen ausgemacht sind, eine Verbesserung der realen Situation in Schule und Unterricht aber trotzdem nicht in Sicht ist. Schuldzuweisungen haben immer etwas Deprimierendes. Sie verleiten dazu, die eigenen Handlungs- und Problemlösungsmöglichkeiten zu ignorieren oder zumindest zu unterschätzen. Das lähmt. Entlastung für Lehrerinnen und Lehrer kommt aber nach allem, was wir derzeit absehen können, so schnell nicht von oben, sondern wird wohl vor allem an der innerschulischen »Basis« ersonnen und erkämpft werden müssen. Insofern ist das Modell der »Selbstständigen Schule« sicherlich ein richtiger und wegweisender Ansatz. Im Klartext: Vieles spricht dafür, dass die Erweiterung der innerschulischen Gestaltungs- und Entscheidungsspielräume ein zentraler Hebel ist, um den innerschulischen Problemen und Belastungen rascher und konsequenter als bisher entgegentreten zu können. Die akute Belastungssituation der Lehrerschaft in den Schulen ist nämlich zu einem nicht unwesentlichen Teil hausgemacht und/oder durch das partielle Versagen der außerschulischen Erziehungspartner mit begünstigt.

Was also hilft es, wenn von der Politik lediglich kleinere Klassen, mehr Lehrerstellen oder geringere Pflichtstundenzahlen für Lehrer/innen gefordert werden? Oder was ist damit gewonnen, wenn der verheerende Einfluss der modernen Fernseh- und Konsumwelten auf die kindlichen Seelen und Gehirne zum x-ten Mal beklagt wird? Oder auch: Wem ist damit gedient, wenn das schlechte Image der Lehrerschaft im öffentlichen Meinungsbild als herausragendes Handikap und Motivationshindernis erkannt und kritisiert wird? Wohlgemerkt: Das alles ist wichtig und fraglos auch höchst berechtigt. Nur ändert sich durch derartige Schuldzuweisungen und Forderungen kurz- und mittelfristig weder etwas an der ruinösen Belastungssituation von Lehrerinnen und Lehrern noch an den fragwürdigen Prägungen und Einflüssen, denen die Kinder heutzutage in Schule, Familie und Gesellschaft ausgesetzt sind.

Das Anprangern bildungs-, gesellschafts- und medienpolitischer Versäumnisse ist und bleibt Sache der Lehrer- und Elternverbände sowie anderer schulpolitisch relevanter Kräfte in Politik und Gesellschaft. Dieser Interventionismus sollte zukünftig sogar noch ausgebaut werden. Schule und Unterricht brauchen eine verstärkte Lobby in den Parlamenten und Gremien, damit die aktuellen Nöte und Probleme der Schulen mit mehr Nachdruck aufgegriffen und möglichen Lösungen zugeführt werden. Nur, die konkreten Arbeitsumstände und -perspektiven der Lehrkräfte vor Ort werden dadurch bestenfalls längerfristig tangiert. Entlastung von Lehrerinnen und Lehrern ist aber kurzfristig vonnöten. Andernfalls werden sich die alarmierenden gesundheitlichen und motivationalen Problemlagen in den Schulen nur noch weiter verschärfen. So gesehen kommt dem Slogan »Hilfe zur Selbsthilfe« neue Bedeutung zu. Der Akzent liegt dabei allerdings weniger auf der externen Hilfe von oben, sondern auch und vor allem auf der Selbsthilfe der innerschulischen Akteure und Gremien!

Der Impetus der »Selbsthilfe« wird damit also relativ weit gefasst. Im Unterschied zu der im vorletzten Abschnitt kritisierten psychologischen Engführung wird Selbsthilfe ganz vorrangig als institutionelle Angelegenheit auf der Ebene der Einzelschule verstanden. Sich selbst zu helfen bedeutet demnach nicht nur, dass sich die einzelne Lehrkraft hinterfragen und verändern muss, sondern auch und besonders, dass sich die innerschulischen Gremien, Gruppen und Führungskräfte zielführend darauf zu besinnen haben, was sie zur Entlastung der Lehrkräfte im Schulalltag tun können. Diese *konzertierte Aktion* ist das Leitbild, von dem in diesem Buch ausgegangen wird. Vieles von dem nämlich, was derzeit zur wirksamen Verbesserung der innerschulischen Arbeitsumstände von Lehrerinnen und Lehrern getan werden kann und muss, verlangt nach konzertierter Problemlösung durch Kollegien, Schulleitung, Schüler und Eltern. Diese Strategie eröffnet zudem gute Chancen, dass sich für die betroffenen Akteure bereits relativ kurzfristig *spürbare* Erfolge und Entlastungseffekte in Schule und Unterricht einstellen. Diese Option wird im nächsten Kapitel näher präzisiert und operationalisiert.

II. Bewährte Entlastungsansätze und -verfahren

Dieses Kapitel bildet den Schwerpunkt des Buches. Aufbauend auf der Problemanalyse im letzten Kapitel geht es nunmehr um die »Therapie«, d.h. um das Aufzeigen bewährter Mittel und Wege zur faktischen Entlastung der Lehrkräfte im Schulalltag. Die Leitfrage dabei: Wo und wie können Lehrkräfte, Schulleitungen und ganze Kollegien ansetzen, um den alltäglichen Stress in Schule und Unterricht zu verringern und nachhaltige Entlastung für sich und andere zu erreichen? Expliziert werden im Folgenden fünf zentrale Aktionsfelder, nämlich: erstens verbessertes Selbstmanagement, zweitens gezielte Schülerqualifizierung, drittens verstärkte Lehrerkooperation, viertens intelligentes Schulmanagement sowie fünftens offensive Eltern- und Öffentlichkeitsarbeit. Zu jedem dieser Aktionsfelder werden bewährte Erfahrungen und Entlastungsstrategien vorgestellt. Außerdem bieten abschließende Checklisten und Arbeitsblätter Gelegenheit zur persönlichen Reflexion und Vertiefung.

1. Entlastung durch verbessertes Selbstmanagement

Wie in Abschnitt I.1 dargelegt, tendieren zahlreiche Lehrkräfte dazu, ihre Arbeit zu aufwändig, verbissen und perfektionistisch anzugehen. Sie haben hohe Ansprüche und engagieren sich oft über alle Maßen. Gleichzeitig aber arbeiten sie relativ umständlich, sind nicht selten entscheidungsschwach, tun sich schwer mit Misserfolgen und zeigen unverkennbare Schwächen in den Bereichen Arbeitsorganisation und Zeitmanagement. Diese Personengruppe tut gut daran, zunächst einmal bei sich selbst nachzuschauen und sowohl die eigenen Ansprüche und Erwartungen als auch das persönliche Handeln zu überdenken, um die eigene Zeit- und Arbeitsökonomie möglichst wirksam zu verbessern. Dieses Ansetzen im Bereich des »Selbstmanagements« steht im Mittelpunkt der nachfolgenden Abschnitte.

1.1 Grenzen ziehen und Grenzen setzen

Dieser erste Grundsatz scheint einfach und ist de facto doch so kompliziert. Gemeint ist mit dieser Handlungsmaxime das, was der deutsche Volksmund in die treffenden Worte fasst: »Schuster bleib bei deinen Leisten.« Wer den vielfältigen Forderungen, wie sie Politik, Elternhaus und Wirtschaft in Richtung Schule und Lehrerschaft stellen, dienstbeflissen nachkommen möchte, der steht beinahe zwangsläufig in der Gefahr, sich selbst zu übernehmen und über kurz oder lang zum »hilflosen Helfer« zu werden. Soll diese Überforderungssituation vermieden werden, gilt es gegenzusteuern. Dementsprechend gehört es zu den zentralen Prinzipien des Selbstmanagements, sich ganz bewusst auf das zu beschränken, was auf längere Sicht machbar und Erfolg versprechend scheint. Zwar ist dieses leichter gesagt als getan; gleichwohl ist diese Selbstbeschränkung eine unabdingbare Voraussetzung dafür, dass die drohende eigene Zerrissenheit und Überforderung vermieden wird.

Wie in Abschnitt I.2.3 angedeutet, ist die Rollenvielfalt der Lehrkräfte mittlerweile einfach zu groß geworden, um problemlos bewältigt werden zu können. Die Lehrerinnen und Lehrer sollen lehren und beraten, erziehen und motivieren. Sie sollen gleichermaßen Sozialpädagogen, Erzieher, Lernberater, Wissensvermittler, Schulentwickler, Evaluatoren, Lernmoderatoren, Familienhelfer, Lebensberater, Berufsvermittler, Streitschlichter, Öffentlichkeitsarbeiter und manches andere mehr sein. Das alles ist weder machbar noch zielführend. Die weit über den Unterricht hinausreichenden »Feuerwehraufgaben«, die den Lehrkräften seit langem zugeschanzt werden, haben schlicht und einfach überhand genommen. Beschränkung ist daher angesagt. Mit anderen Worten: Die eigene Arbeit muss möglichst konsequent fokussiert und so begrenzt werden, dass sie unter den restriktiven Bedingungen des Schulalltags leistbar bleibt. Daran muss sowohl individuell als auch im schulischen Kontext gearbeitet werden – in den Kollegien sowie in der Zusammenarbeit mit Eltern und Schüler/innen. Denn eines ist längst überfällig, nämlich die grundlegende Korrektur der in der Gesellschaft weit verbreiteten Erwartung, »...dass man Kinder mit fünf oder sechs am Schultor abliefert, um sie nach mitunter dreizehn Jahren (oder mehr) fertig ausgebildet, perfekt erzogen und absolut zukunftsfähig wieder in Empfang zu nehmen« (Etzold 2000, S. 3).

Welche Grenzziehungen bieten sich an? Die wohl wichtigste Grenzziehung ist die, dass man sich in den Schulen endlich wieder darauf besinnt, dass die eigentliche Kernaufgabe der Lehrkräfte das Unterrichten ist. Lehrerinnen und Lehrer sind »*Experten für das Lehren und Lernen*«, so hat es die KMK-Kommission in ihrem Abschlussbericht zur Reform der Lehrerbildung auf den Punkt gebracht (vgl. KMK-Kommission 2000, S. 15). Das Zentrum der Lehrertätigkeit sei demnach die Organisation von Lernprozessen. Von daher bestehe die Hauptaufgabe der Lehrerinnen und Lehrer darin, unterrichtliche Lehr-Lern-Prozesse gezielt zu planen, zu organisieren, zu gestalten und zu reflektieren. Und weiter: Die berufliche Qualität eines Lehrenden werde in erster Linie durch das bestimmt, was er an Qualität und Wirksamkeit im alltäglichen Unterricht erreiche (vgl. ebenda, S. 49). Klare Worte.

Diese Eingrenzung bedeutet allerdings nicht, dass nun alles Erzieherische einfach ausgeblendet wird. Erziehung ist und bleibt ein wichtiger Teil der Lehrerarbeit. Die Schüler/innen zu fordern und zu fördern, ihnen regelgebundenes Leistungs- und Sozialverhalten zu vermitteln, ihnen zentrale Werte und Normen im Unterricht nahe zu bringen, ihre soziale Integration und Anerkennung sicherzustellen, sie verstärkt zum selbstständigen und kooperativen Arbeiten und Lernen zu befähigen ..., das alles gehört zum aktuellen Erziehungs- und Bildungsauftrag der Schule hinzu. Allerdings führt diese unterrichtszentrierte Sicht der Erziehungsaufgabe dazu, dass eine Reihe von Aufgaben und Verantwortlichkeiten bewusst ausgeblendet werden. Will sagen: Lehrkräfte sind dem skizzierten Verständnis zufolge weder Therapeuten noch Sozialpädagogen, weder Familienberater noch Elternersatz. Sie sind auch nicht für die Schulentwicklung und das Qualitätsmanagement innerhalb der eigenen Schule genuin verantwortlich. Sie können sich in diesen Grenzbereichen zwar engagieren, aber sie sind diesbezüglich nicht zwingend in der Pflicht. Das ist wichtig.

Diese Grenzziehung hilft, der drohenden Selbstüberforderung entgegenzuwirken und die eigenen Kräfte wirksam zu bündeln. Wer auf zu vielen Hochzeiten tanzt, der läuft bekanntlich Gefahr, nirgendwo richtig Fuß zu fassen. Der alte pädagogische Grundsatz »Weniger ist mehr« mahnt genau diese Selbstbeschränkung an. Lieber ein guter, kreativer und erfolgreicher *Unterrichtsexperte*, als an zu vielen Stellen mehr oder weniger dilettantisch mitzumischen und in aussichtslose Überforderungssituationen hineinzugeraten. Wenn dieser Grenzziehung schon von oben und außen nicht hinreichend entsprochen wird, so sollte diese auf jeden Fall im eigenen Regiebereich konsequent und couragiert verfolgt werden. In der Beschränkung liegt die Kraft! Das ist eine alte Lebensweisheit. Dabei empfiehlt es sich, mit anderen Lehrkräften zu kooperieren und die anvisierten Prioritätensetzungen so abzustimmen, dass zermürbende Missverständnisse und/oder Rivalitäten vermieden werden.

Grenzen zu ziehen gilt es allerdings nicht nur gegenüber der Anspruchsinflation von Schulpolitik und Schulverwaltung. Grenzen müssen auch verstärkt gegenüber Schüler/innen, Eltern, Schulleitungen und Kolleg/innen gezogen werden. Zunächst zu den Schüler/innen: Für ein gedeihliches Arbeiten in den Klassen ist es u.a. wichtig, dass klare »Spielregeln« eingeführt und durchgehalten werden (vgl. M 1 auf Seite 82). Andernfalls kommt es beinahe zwangsläufig zu aufreibenden Friktionen und Frustrationen – auf Schülerseite wie auf Lehrerseite. Mit anderen Worten: Dreh- und Angelpunkt einer wirksamen Lehrerentlastung ist die konsequente Verabredung und Einhaltung stringenter Lern-, Arbeits- und Verhaltensregeln in der jeweiligen Klasse. Durch derartige Regeln und Rituale wird sichergestellt, dass die Schülerinnen und Schüler zuverlässig wissen, woran sie sind und welche Arbeits- und Verhaltensweisen von ihnen verlangt werden. Das verhindert die besagten Reibungsverluste in den Klassen.

Ähnliches gilt für die Arbeitsbeziehungen im jeweiligen Kollegium. Je klarer die Dinge geregelt sind, umso besser. Wer ist wofür zuständig? Welche Prozeduren und Regeln gelten, wenn innerschulische Sonderaufgaben zu erledigen sind? Diese und andere Fragen sind in den meisten Kollegien völlig unzureichend geklärt. Vieles bleibt daher beliebig und unverbindlich. Je diffuser aber die Arbeitsbeziehungen und -anforderungen geregelt sind, desto größer ist die Gefahr, dass es zu unnötigem Ärger und Stress kommt. Das gilt für Konferenzen und Fachsitzungen genauso wie für die Umsetzung schulinterner Innovationsvorhaben. Das gilt aber auch für Vertretungsstunden, Parallelarbeiten und viele andere Sonderleistungen, die in einer Schule zu erbringen sind. Improvisation mag manchmal zwar hilfreich und notwendig sein, häufig ist sie aber lediglich fatal. Fatal deshalb, weil das Fehlen klarer Regeln und Verbindlichkeiten immer wieder zu Ungerechtigkeiten, Ausflüchten und frustrierenden Pannen führt. Die daraus erwachsenden Konflikte und Belastungen sind enorm.

Soll diese Kultur der Unverbindlichkeit und Beliebigkeit in der Schule überwunden werden, so muss auf klaren Absprachen und Kompetenzklärungen bestanden werden. Das auf Seite 83 abgebildete Protokollraster zeigt, wie dieser Klärungsprozess angegangen werden kann (vgl. M 2). Jeder Einzelne ist gut beraten, sich dafür stark zu machen. Wird so verfahren, so entsteht für die betreffenden Lehrkräfte nicht nur mehr Klarheit, Sicherheit und Gerechtigkeit, sondern es wird unter dem Strich auch ein deutlicher Zugewinn an Arbeitsökonomie und Arbeitseffizienz erreicht. Das entlastet und stärkt die Berufszufriedenheit. Diese Grundprinzipien des Selbst- und Projektmanagements sind in Deutschlands Schulen bislang leider noch wenig verbreitet; gleichwohl ist es an der Zeit, dass darauf im Schulalltag verstärkt Wert gelegt wird. Wer seine Pflichten und Zuständigkeiten nicht kennt, kann gegenüber Kolleg/innen und Schulleitungen auch schwerlich Grenzen ziehen und läuft daher Gefahr, im »Dickicht des Ungeklärten« über Gebühr strapaziert und belastet zu werden.

Dieser Grundgedanke gilt auch und nicht zuletzt im Hinblick auf die Elternarbeit. Was können Eltern mit Fug und Recht von den Lehrkräften erwarten? Viele Eltern neigen aufgrund eigener Erziehungsschwierigkeiten dazu, den Lehrkräften ein Übermaß an Verantwortung für das eigene Kind zuzuschanzen. Wenn dann etwas mit dem eigenen Sprössling nicht funktioniert, ist die Schule schuld. Dieses »Schwarze-Peter-Spiel« ist zwar verständlich, führt aber in praxi nicht wirklich weiter. Es hilft weder den Kindern, noch den vom Erwartungsdruck gebeutelten Lehrkräften. Deshalb: Wenn die Lehrkräfte ihren Bildungs- und Erziehungsauftrag wirksam und engagiert wahrnehmen sollen, dann müssen Eltern verstärkt selbst in die Pflicht genommen und auf ihre Verantwortlichkeiten im Erziehungsprozess aufmerksam gemacht werden. Diese Klärungsarbeit müssen Lehrerinnen und Lehrer offensiver als bisher ankurbeln. Dazu dienen Elternabende, Elternseminare, Elternhospitationen und nicht zuletzt dezidierte Vereinbarungen zu den elterlichen Rechten und Pflichten im Schulalltag (vgl. M 3 auf Seite 84). Andernfalls besteht die Gefahr, dass es zu unnötigen Dissonanzen kommt.

1.2 Entwicklung realistischer Ansprüche

Ein weiterer Hebel, um die persönliche Belastung zu reduzieren, ist die Besinnung auf realistische und realisierbare Ansprüche. Daran hapert es bei zahlreichen Lehrkräften im Alltag ganz erheblich. Gespräche mit Lehrerinnen und Lehrern im Rahmen von Lehrerfortbildungsveranstaltungen haben immer wieder erkennbar werden lassen, dass ein nicht unwesentlicher Teil der Lehrerschaft dazu tendiert, sich permanent zu übernehmen (vgl. auch Schaarschmidt 2004, S. 39ff.). Die betreffenden Lehrkräfte wähnen sich für alles und jeden verantwortlich, setzen sich selbst unter Druck und verfolgen mehr oder weniger idealistische Ansprüche. Die Folge ist, dass sie tagtäglich ihre eigenen Grenzen und Begrenztheiten erleben. Diese Diskrepanz zwischen Wollen und Können, zwischen eigenen Ansprüchen und realisierbaren Möglichkeiten belastet und verunsichert. Verschärft wird dieser Widerspruch durch die aktuelle Bildungspolitik mit ihren vielfältigen neuen Aufgaben und Verantwortlichkeiten, denen immer weniger Lehrkräfte gerecht zu werden vermögen (vgl. Abschnitt I.2).

»Der Bildungs- und Erziehungsauftrag ist nach oben offen«, schreibt Schönwälder (zitiert nach Heyse 2004, S. 236) und markiert damit eines der Kernprobleme des Lehrerberufs. Lehrkräfte sind in hohem Maße gefordert, können andererseits aber nur selten für sich das Gefühl verbuchen, objektiv erfolgreich gewesen zu sein. Denn egal, wie engagiert sie ihre Arbeit auch immer machen; grundsätzlich wäre eine Steigerung der eigenen Bemühungen und Erfolge natürlich vorstellbar. Das begünstigt intrapersonale Dissonanzen. Hinzu kommt, dass die eigenen Handlungsergebnisse in Schule und Unterricht nur begrenzt planbar und voraussehbar sind, da die Schüler/innen vielfältige Eigenheiten besitzen, die sie gleichsam »unberechenbar« machen. So gesehen stehen dem Engagement und der Aufopferungsbereitschaft der Lehrkräfte nur zu oft keine entsprechenden Ergebnisse und/oder Belohnungen gegenüber – eine Situation, die Selbstzweifel und Selbstüberforderung nachgerade schürt.

Was tun? Der wichtigste Grundsatz ist der, dass man die eigenen Ansprüche so zu fixieren und zu relativieren lernt, dass sie nicht permanent mit der Realität kollidieren.

Das gilt sowohl für die Ansprüche, die man an sich selbst stellt, als auch für jene, die man gegenüber anderen Menschen aufbaut. Sind die eigenen Ansprüche zu hoch bzw. zu idealistisch, so drohen unweigerlich Stress und Frustration. Dem gilt es ebenso selbstkritisch wie behutsam entgegenzuwirken. Mit anderen Worten: Die Balance zwischen Wollen und Können muss hergestellt und immer wieder neu justiert werden. Psychologen nennen diesen Prozess der persönlichen Balancefindung »Anspruchsanpassung«. Wer seine Schaffenskraft erhalten und psychisch gesund bleiben will, muss früher oder später lernen, mit den alltäglichen Unvollkommenheiten in Schule und Unterricht zu rechnen und auch zu leben.

Das ist selbstverständlich kein Freibrief für jene Lehrkräfte, die ihren Job schon immer locker und pflichtvergessen betrieben haben. Sich anspruchsvolle Ziele zu setzen ist fraglos etwas Positives. Nur darf das nicht dazu führen, dass das eigene »Versagen« nachgerade programmiert wird. Gute Lehrkräfte brauchen Erfolg und Zufriedenheit. Letzteres aber ist mit verkrampftem Ehrgeiz ebenso wenig zu erreichen wie mit bloßer Schonung und/oder Verweigerung im Schulalltag. Wie empirische Untersuchungen zeigen, sind diejenigen Lehrkräfte am erfolgreichsten und zufriedensten, die ein »wohlwollend distanziertes Verhältnis zu ihrer Arbeit und den eigenen Schüler/innen« kultivieren (vgl. Kretschmann 2001, S. 104f.). Sie verstehen es, hohes pädagogisches Engagement mit einer gewissen professionellen Gelassenheit zu verbinden. Sie zeigen positive Einstellungen gegenüber den Kindern, ohne indes allzu idealistisch an den schulischen Erziehungs- und Bildungsauftrag heranzugehen. Sie sind interessiert, Schule und Unterricht zu verbessern, ohne jedoch zu übersehen, dass das ohne Zugeständnisse an das etablierte Schulsystems letztlich nicht zu machen ist.

Eine weitere Entlastungsstrategie betrifft die Abkehr von Verbissenheit und Verabsolutierungen. Formulierungen wie »man muss ...« oder »unter allen Umständen ...« oder »jederzeit ...« zeigen an, dass Selbstüberforderung droht. Wer z.B. von allen geliebt werden will, wer in allem perfekt sein möchte, wer immer und überall gerecht sein will oder wer für sich den Anspruch hat, allen anderen überlegen zu sein, der wird unweigerlich damit rechnen müssen, an den eigenen Ansprüchen zu scheitern. Wie oben erwähnt, ist es zwar wichtig, Prinzipien zu haben und diesen auch nachzueifern. Allerdings sollten diese der schulischen Realität so weit angenähert sein, dass sie mit einer guten Wahrscheinlichkeit auf Erfolg auch realisiert werden können. Dieser Sinn für das Machbare kann zum einen dadurch erreicht werden, dass die eigenen Ansprüche immer wieder selbstkritisch überprüft und ggf. revidiert werden (vgl. M 4 auf Seite 85), zum Zweiten empfiehlt es sich, gezielte Gespräche mit vertrauten Kolleginnen und Kollegen zu suchen und mit diesen über das Wünschbare und Mögliche in Schule und Unterricht zu reflektieren und Mut machende Erfahrungen auszutauschen.

Hilfreich kann es überdies sein, zu persönlichen Entlastungsformeln und Mutmachern zu finden, die der eigenen Selbstüberforderung entgegenwirken. Indem man sich z.B. klarmacht, dass (a) andere Lehrkräfte auch nicht perfekt sind, (b) Fehler und Umwege im Lernprozess durchaus ihr Gutes haben, (c) der Mut zur Lücke ein pädagogisches Gebot ist, (d) es unmöglich ist, es allen recht zu machen, (e) der Weg oft viel wichtiger ist als das nackte Ergebnis, (f) Hektik und Ungeduld die Mutter des Misserfolgs sind oder (g) Kinder nichts dringlicher brauchen als Zutrauen und Verständnis ihrer Lehrkräfte, lässt sich der selbst auferlegte Druck bereits reduzieren. Will sagen: Man kann die eigenen Ansprüche unter Umständen so zurechtrücken, dass man sich besser und zufriedener fühlt. Wohlgemerkt, damit ist keinesfalls fahrlässige Selbstbescheidung gemeint, die es in Lehrerkreisen gelegentlich auch gibt, sondern vornehmlich das, was als »realistische Wende« im Anspruchsdenken von Lehrerinnen und Lehrern bezeichnet werden kann (vgl. dazu auch M 5 auf Seite 86).

Diese »realistische Wende« wirkt überzogenem Anspruchs- und Perfektionsdenken entgegen und sorgt für ein Mehr an persönlicher Ruhe und Ausgeglichenheit. Des Weiteren ist sie ein probates Mittel, um etwaigen Frustrationen vorzubeugen sowie persönliche Distanzierungsmöglichkeiten für den Fall zu eröffnen, dass in Schule und Unterricht nicht alles nach Plan läuft. Wie gesagt: Nichts ist wahrscheinlicher als der Teilerfolg bei der Umsetzung pädagogischer Ziele. Teilerfolge sind im Schulalltag gang und gäbe und sollten lediglich Ansporn sein, selbstkritisch nachzudenken und fürs nächste Mal neue Handlungsstrategien zu entwerfen. Auf keinen Fall jedoch sollte dadurch der pädagogische Optimismus verloren gehen. Pädagogischer Optimismus ist und bleibt die Quelle erfolgreichen pädagogischen Tuns. Das viel beschworene »positive Denken« weist genau in diese Richtung. Wer die pädagogische Aufgabenerfüllung pessimistisch sieht, hat in der Regel bereits den Grundstein für den eigenen Misserfolg gelegt und wird im Sinne der »Self-fulfilling-Prophecy« alle möglichen Widrigkeiten finden, die der eigenen pessimistischen Sichtweise Recht geben. Wer hingegen optimistisch gestimmt ist, kann mit den alltäglichen Widrigkeiten in Schule und Unterricht erfahrungsgemäß sehr viel besser und konstruktiver umgehen.

1.3 Sensible Zeiteinteilung und -nutzung

Eine weitere Strategie zur Verringerung persönlicher Belastungen im Lehrerberuf ist das verbesserte Zeitmanagement. Viele Lehrkräfte tun sich nachweislich schwer damit, ihre Zeit effektiv einzuteilen und so zu nutzen, dass sie entspannt über die Runden kommen. Sie vermengen Arbeitszeit und Freizeit in einer Weise, dass es unter dem Strich an wirksamen Regenerationsphasen mangelt. Selbst wenn nicht gearbeitet wird, bleibt bei vielen der Stresspegel relativ hoch, da ja das eine oder andere für die Schule getan werden könnte, ja vielleicht sogar getan werden müsste. Die fehlende Trennung von Arbeitszeit und Freizeit ist einer der zentralen Auslöser von Stress und latenter oder auch akuter Unzufriedenheit unter Lehrerinnen und Lehrern. Das gilt zwar nicht für alle Lehrkräfte, wohl aber für einen nicht zu unterschätzenden Teil der Lehrerschaft.

Für Lehrerinnen und Lehrer gilt die Besonderheit, dass vielfältige Vor- und Nachbereitungsarbeiten zu Hause zu erledigen sind. Doch für dieses häusliche Arbeitsfeld fehlen in der Regel klare zeitliche Richtlinien und Abläufe, auf die routiniert zurückgegriffen werden könnte. Anders als bei sonstigen Büro-, Farbrik- oder Dienstleistungsberufen muss immer wieder aufs Neue entschieden werden, wann die obligatorische Berufsarbeit fortgesetzt wird und wann sie zu unterbrechen ist. Diese partielle Selbstbestimmung in Sachen Arbeitszeit ist einerseits zwar ein ungewöhnliches Privileg und eine unbestreitbare Chance, dem eigenen Biorhythmus zu folgen. Andererseits verlangt sie aber auch ein hohes Maß an Selbstdisziplin und Selbstorganisation – Tugendenden also, die keineswegs selbstverständlich sind. Im Gegenteil: »Die meisten Lehrkräfte scheinen mit dieser unklaren zeitlichen Anforderung Schwierigkeiten zu haben, die auch mit zunehmenden Berufsjahren nicht ganz aufhören. Vermutlich ist sogar davon auszugehen, dass der hohe Anteil an frei bestimmbarer Arbeitszeit auch zu latenten Schuldgefühlen führen kann.« (Avenarius 2003, S. 141) Dazu zählen laut Bildungsbericht 2003 u.a. solche Gefühle wie »nie fertig zu sein« oder »immer noch mehr machen zu müssen« (vgl. auch Kramis-Aebischer 1995, S. 153).

Will man diesem chronisch schlechten Gewissen abhelfen, so ist es zwingend erforderlich, das eigene Zeitmanagement selbstkritisch auf den Prüfstand zu stellen und stressmindernd weiterzuentwickeln. Das Hauptproblem sind die vielen Fluchwege, die tagtäglich gesucht und gefunden werden, um missliebige Tätigkeiten auf unbestimmte Zeit zu umgehen bzw. hinauszuzögern. Die deutsche Volksweisheit »was du heute kannst besorgen, das verschiebe nicht auf morgen« zeigt, dass dieses Problem bereits seit langem bekannt ist. Anstehende Arbeiten aufzuschieben bedeutet de facto nämlich nicht nur, dass Aufgaben verlagert werden, sondern auch, dass beim jeweiligen Ringen um eine neuerliche Entscheidung natürlich auch Zeit und Energie verloren gehen. Denn jedes Verschieben irgendwelcher Aufgaben setzt voraus, dass das jeweilige Arbeitsvorhaben gedächtnismäßig aufgerufen, reflektiert und nach mehr oder weniger zähem Überlegen zum erneuten Abruf deponiert werden muss. Dieses Hin und Her kostet Zeit und Nerven und führt nicht selten dazu, dass sich innere Zerrissenheit und Unzufriedenheit ausbreiten.

Diesen Befund bestätigt u.a. eine neuere Befragung, auf die Rudolf Kretschmann verweist. Danach berichten 60 Prozent der befragten Lehrkräfte, dass ihre Freizeit sehr oft mit beruflichen Dingen ausgefüllt sei. 46 Prozent gönnen sich während der Arbeitswoche kaum Muße; 40 Prozent geben an, mit ihren Vorbereitungen erst in letzter Minute fertig zu werden, und 36 Prozent berichten, dass sie alles in größter Eile und Hast erledigen müssten (vgl. Kretschmann 2001, S. 38). Diese Beeinträchtigung des Arbeitsalltags durch fragwürdige Gewohnheiten ist das, was mittels eines verbesserten Zeitmanagements angegangen werden muss. Die Arbeitsbögen M 6 und M 7 auf den Seiten 87 und 88 zeigen, wo konkret angesetzt werden kann. Wichtig dabei: Die häusliche Arbeitszeit muss möglichst klar reglementiert und begrenzt werden. Die Abarbeitung der schulischen Pflichtaufgaben muss straffer erfolgen, als das gemeinhin der Fall ist. Freizeit, Hausarbeit und außerschulische Arbeitszeit sollten weniger vermischt werden. Vor allem aber ist daran zu arbeiten, das lästige Verschieben von anstehenden Pflichtarbeiten zu überwinden. Wer riesige Pflichtenkataloge vor sich herschiebt, muss sich nicht wundern, wenn sich Unwohlsein, Stress und Überforderung einstellen.

Zur sensiblen Zeiteinteilung und -nutzung gehört aber noch ein Weiteres: Nämlich die bewusste Entspannung während des Arbeitstages. Viele Lehrkräfte tun sich schwer damit, einen Zustand der inneren Ruhe und Entspannung zu erreichen, der ihnen hilft, neue Kräfte für den jeweils nächsten Arbeitsabschnitt zu sammeln und innerlich wirksam aufzutanken. Das müssen gar keine langen Auszeiten sein. Oft genügen schon kurze Entspannungsphasen, in denen man sich mental für einige Minuten ausklinkt. Das kann während der Pausen in der Schule sein; das kann aber auch während des Arbeitsprozesses zu Hause geschehen. Nichts ist schlimmer, als in Phasen substanzieller Erschöpfung einfach weiterzumachen. Das führt nur zu einer weiteren Vertiefung des Leistungslochs. Wer aus einem Leistungsloch herauskommen will, der muss schlicht und einfach den inneren Akku neu aufladen. Dazu helfen Entspannungsübungen aus dem Bereich des autogenen Trainings genauso wie Joga oder progressive Muskelentspannung durch abwechselnde Anspannung und Entspannung unterschiedlicher Muskeln (vgl. Miller 2000, S. 88ff., sowie Kretschmann 2001, S. 34).

Oft genügt es bereits, in einer stillen Ecke für einige Minuten die Augen zu schließen und sich auf die eigene Atmung zu konzentrieren, die herunterhängenden Arme und Hände zu fixieren und/oder an etwas Schönes zu denken, was den Geist in eine positive Richtung steuert und daher im besten Sinne des Wortes beruhigend und aufbauend wirkt. Derartige Formen der Kurzentspannung sind selbst am Schulvormittag möglich; zu Hause sind sie ohnedies kein Problem. Man muss sich nur daran gewöhnen und eine gewisse Routine entwickeln. Mit ein bisschen Übung und Erfahrung reichen erfahrungsgemäß drei bis fünf Minuten, um spürbar zu regenerieren und neue Kräfte zu sammeln (vgl. M 8 auf Seite 89). Wichtig dabei ist nur, dass man mental in ein anderes Fahrwasser gerät und um sich herum für kurze Zeit möglichst alles vergisst. Derartige Kurzentspannungen werden von Medizinern als höchst wirksame Regenerationsstrategien empfohlen, die oft mehr bringen, als wenn man sich z.B. nachmittags für eine Stunde oder mehr aufs Ohr legt. Ein Tipp am Rande: Derartige Entspannungs- bzw. Stilleübungen lassen sich durchaus auch mit Schüler/innen praktizieren.

1.4 Verbesserung der Arbeitsökonomie

Eng mit dem Zeitmanagement verwandt ist die Arbeitsökonomie. Mit der Forderung nach verbesserter Arbeitsökonomie ist gemeint, dass Lehrkräfte verstärkt lernen müssen, ihre Arbeit so zu planen und zu gestalten, dass ein möglichst günstiges Aufwand-Ertrags-Verhältnis herauskommt. Diesbezüglich liegt im Arbeitsalltag von Lehrerinnen und Lehrern noch vieles im Argen. Kern des ökonomischen Prinzips ist nämlich, dass mit einem minimalen Vorbereitungsaufwand ein angestrebtes Ergebnis in Schule und Unterricht erreichbar sein sollte. Nur, de facto geschieht oft etwas deutlich anderes. Viele Lehrkräfte neigen zur Umstandskrämerei und/oder zu höchst aufwändigen Formen der Unterrichtsvorbereitung. Beides ist problematisch. Bei 26–29 Wochenstunden Unterrichtsverpflichtung lässt sich solches nicht durchhalten. Vielmehr ist es dringend erforderlich, Mittel und Wege zu kultivieren, wie die schulischen Pflichtaufgaben möglichst zeit- und arbeitssparend erledigt werden können.

In der Lehrerausbildung spielt dieses ökonomische Prinzip bislang kaum eine Rolle. Im Gegenteil: Nach wie vor werden von den Referendarinnen und Referendaren

Arbeitsprozeduren verlangt, die exotischen Beschäftigungsprogrammen gleichen und vielerorts spätestens am Tag der letzten Lehrprobe zu den Akten gelegt werden. Da werden ungewöhnliche Projekte durchgeführt, endlose Reflexionsschleifen praktiziert, realitätsferne Lernumgebungen aufgebaut und/oder höchst aufwändige Unterrichtsvorbereitungen verlangt. Ein Beispiel dafür ist der folgende Lernzirkel, den eine Gruppe von Junglehrern für eine 8. Klasse vorbereitet hatte. Entsprechend den Grundprinzipien der Seminararbeit hatte das betreffende Trio zwei Wochenenden und einen Freitagnachmittag und -abend damit verbracht, eine Fülle von Arbeitsblättern für den besagten Lernzirkel in Deutsch vorzubereiten. Das Ergebnis dieser Schaffensperiode: 36 perfekt gestaltete Informationsblätter, Arbeitsblätter, Differenzierungsblätter und Selbstkontrollblätter für die Hände der Schüler/innen.

Von Arbeitsökonomie keine Spur. Denn den rund 30 Vorbereitungsstunden des Lehrertrios stand eine Unterrichtsdauer von nur 3 Stunden gegenüber. So lange nämlich dauerte die Durchführung des Lernzirkels im Rahmen des Deutschunterrichts. Die Moral von der Geschichte: Wenn Lehrkräfte im Rahmen ihrer Ausbildung zu derart aufwändigen und umständlichen Arbeitsverfahren angehalten werden, dann ist es kein Wunder, wenn sie später in puncto Arbeitsökonomie Schwierigkeiten haben. »Was Hänschen nicht lernt, lernt Hans nimmermehr« ist zwar sicherlich eine zu pessimistische Sicht der Dinge, aber ein richtiger Kern steckt in dieser Volksweisheit ganz ohne Frage. Arbeitsökonomie muss gelernt und tagtäglich aufs Neue geübt werden. Das gilt für die Vorbereitung von Unterrichtsstunden genauso wie für die Korrektur von Klassenarbeiten oder die Erfüllung administrativer Pflichten in der Schule. Vieles wird entschieden zu aufwändig und umständlich in Angriff genommen und bereitet daher über Gebühr Arbeit und nicht selten auch Verdruss.

Von daher bedarf es dringend veränderter Arbeitsweisen und -prinzipien, die den Lehrkräften ein möglichst günstiges Aufwand-Ertrags-Verhältnis bescheren. Dazu werden in M 9 auf Seite 90 einige wegweisende Anstöße gegeben. Eines der Grundprinzipien dabei ist, die anstehenden Aufgaben ebenso zügig wie arbeitssparend anzugehen. Klassenarbeiten z.B., die wiederholt hin und her gewendet und womöglich in mehreren Durchgängen vorkorrigiert werden, werden deshalb noch lange nicht objektiver beurteilt als solche, die nach Maßgabe klarer Kriterien und Verfahrensprinzipien in einem Durchgang korrigiert werden. Im Klartext: Der Korrekturaufwand lässt sich durch eine stringente Klärung der vorgesehenen Prozeduren ganz entscheidend reduzieren. Oder anders ausgedrückt: Je klarer die Beurteilungskriterien definiert sind und je präziser das Korrekturverfahren geklärt ist, umso zeitsparender und konzentrierter fällt in aller Regel auch der Korrekturvorgang selbst aus.

Dieses Plädoyer für gesteigerte Arbeitsökonomie gilt nicht minder für die Arbeitsplatzgestaltung zu Hause. Nur zu oft nämlich neigen Lehrerinnen und Lehrer dazu, sich um unangenehme Dinge so lange wie möglich zu drücken. Lästige Formalitäten werden auf die lange Bank geschoben, unangenehme Briefe links liegen gelassen, zu schreibende Protokolle unter anderen Papieren deponiert, Klassenarbeiten auf einem wachsenden Stapel abgelegt. Nur, je länger die unerledigten Arbeiten sich auftürmen, umso unangenehmer und belastender werden sie. Das ist die Crux dabei. Daher empfiehlt sich als eherne Faustregel: »Aufgaben nicht auf die lange Bank schieben, sondern zügig und verbindlich bearbeiten, wann jeweils sie anfallen.« Die so genannte A-B-C-Methode trägt diesem Grundsatz Rechnung, indem sie eine klar gestufte Arbeitsfolge vorsieht. A-Aufgaben werden umgehend bearbeitet, B-Aufgaben in den nächsten beiden Tagen und C-Aufgaben innerhalb einer Woche (vgl. M 10 auf Seite 91). Durch die präzise Erfassung und Archivierung der betreffenden Aufgaben kann diese Systematik zum Leben erweckt und stressmindernd genutzt werden.

Zur hier in Rede stehenden Arbeitsökonomie gehören aber noch weitere Grundsätze, die sich im Alltag als hilfreich erwiesen haben. Einer dieser Grundsätze betrifft das Prinzip der Aufgabenteilung. Damit ist gemeint, dass es ratsam ist, gewisse Aufgaben zu delegieren und nicht alles an sich zu ziehen. Wer sicherstellen möchte, dass der eigene Kräftehaushalt im Lot bleibt, muss lernen, selbstbewusst Aufgaben mit anderen Menschen zu teilen und die jeweiligen Zuständigkeiten klar und einvernehmlich abzustecken. Nur dadurch kann das eigene Arbeitsaufkommen in vertretbaren Grenzen gehalten werden. in Abschnitt II.3 wird dieser Gedanke unter dem Stichwort »Lehrerkooperation« erneut aufgegriffen werden. Arbeitssparende Zusammenarbeit mit anderen Lehrkräften der eigenen Schule ist das Gebot der Stunde. Denn nur so lassen sich die vielfältigen neuen Aufgaben, vor denen Lehrerinnen und Lehrer derzeit in Schule und Unterricht stehen, erfolgreich bewältigen. Wer alles im Alleingang anzugehen und zu schaffen versucht, muss letzten Endes scheitern.

Ein weiterer Grundsatz zur Verbesserung der persönlichen Arbeitsökonomie zielt auf die persönlichen Ordnungssysteme. Ordnung ist zwar nicht das ganze Leben, wie es der deutsche Volksmund suggeriert, wohl aber das halbe. Lehrkräfte neigen zwar immer wieder dazu, pfiffige Ordnungssysteme als unnötigen »Fetischismus« zu diskreditieren und stattdessen dem kreativen Chaos das Wort zu reden. Nur, die Realität sagt etwas anderes aus. Menschen, die in ihre Arbeitsabläufe keine Ordnung bringen, stehen nachweislich massiv in der Gefahr, den Überblick zu verlieren und wichtige Dinge zu spät oder womöglich auch gar nicht zu tun. Das belastet und kostet unter dem Strich eine Menge Zeit. Deshalb: Durchdachte Ordnungssysteme sind nicht nur nötig, sie sind auch sinnvoll, um mehr Sicherheit und Verlässlichkeit in die eigenen Arbeitsabläufe zu bringen. Das beginnt mit übersichtlichen Ablagesystemen (Ordner, Hängetaschen etc.) und reicht über klare Ordnungsprinzipien bei der Archivierung von Büchern, Zeitschriften und Unterrichtsmaterialien bis hin zur präzisen Erfassung anstehender Termine und Vorhaben. Es kann im Schulalltag nämlich äußerst nervend und zeitraubend sein, Dinge immer wieder zu suchen, die man irgendwo deponiert hat, ohne dass das Ordnungssystem schlüssige Zugänge eröffnet.

1.5 Feste Rituale einführen und nutzen

Zu den zentralen Komponenten eines erfolgreichen Selbstmanagements gehört ferner die Einführung fester Rituale in Schule, Unterricht und privater Lebensführung. Mit Ritualen ist hierbei gemeint, dass feste Abläufe und Routinen gebildet werden, die gesundheitsfördernde Handlungsautomatismen sicherstellen. Man muss nicht lange darüber nachdenken oder reden; jeder weiß im Grundsatz, was zu tun ist und wie man sich verhält (vgl. Kretschmann 2001, S. 81). Rituale dieser Art vermitteln Sicherheit und Stabilität.»Neueren Studien der Lern- und Verhaltensforschung zufolge ist genau dieses nötig, wenn die große Unübersichtlichkeit im Lehreralltag erfolgreich gemeistert werden soll. Unübersichtlichkeit und Beliebigkeit gehören zu den zentralen Quellen von Stress und persönlicher Unzufriedenheit im Lehrerberuf und können schnell zu ernsthaften psycho-somatischen Erkrankungen führen. Die Ritualisierung von Alltagsabläufen ist ein durchaus probates Mittel, um dieser Gefährdung erfolgreich entgegenzuwirken. Wer für sich Ruhe, Gelassenheit, Zielstrebigkeit und seelisches Wohlbefinden sicherstellen möchte, der tut gut daran, Struktur und Verlässlichkeit in seine persönlichen Handlungs- und Arbeitsabläufe zu bringen – zu Hause wie in der Schule.

Die Möglichkeiten zur Ritualisierung im Lehreralltag sind vielfältig. Das beginnt bei der Einführung fester Arbeits- und Ruhezeiten und reicht über Maßnahmen der persönlichen Belohnung und Entspannung bis hin zum Etablieren von regelmäßig wiederkehrenden Lehrerstammtischen oder ähnlichen Gesprächszirkeln, die der persönlichen Vergewisserung und Entlastung dienen. Rudolf Kretschmann nennt diese letztgenannten Gesprächszirkel zwar etwas despektierlich »Jammerkränzchen« (vgl. ebenda, S. 213), spricht damit aber eine durchaus wichtige und richtige Funktion dieser Gesprächszirkel an. Sie dienen auch und besonders der Aufarbeitung schulischer Geschehnisse und Probleme und haben von daher eine nicht zu unterschätzende reinigende Funktion für jeden Einzelnen. Schließlich müssen die alltäglichen Belastungen und Friktionen im Schulalltag verarbeitet werden. Offene Gespräche mit vertrauten Berufskollegen können dazu Raum und Ermutigung bieten.

Ein vielseitig bewährtes Ritual ist ferner die Etablierung persönlicher Belohnungssysteme. Sei es nun, dass man sich nach einem bestimmten Arbeitsabschnitt bewusst belohnt, indem man sich eine Lesestunde gönnt, angenehme Musik hört, einen Spaziergang macht, sich ein Nickerchen auf der Terrasse zugesteht, mit Freunden Essen geht, einen Kinobesuch vorsieht oder aber auch schlicht und einfach ein Glas Wein trinkt oder sich in anderer Weise etwas Gutes tut. Die Palette der persönlichen Belohnungsformen ist groß. Man muss nur immer wieder daran denken und die entsprechenden Anreize für sich persönlich einplanen und möglichst konsequent in den eigenen Tagesablauf einbauen. Andernfalls geraten Vorsätze der genannten Art nur zu schnell zwischen die Mühlsteine der gängigen Alltagshektik. Ein mögliches Alarmsystem kann z.B. so aussehen, dass man sich eine Pinnwand mit alternativen »Belohnungsformen« erstellt, die immer wieder daran erinnern, dass gute Arbeit »gefeiert« werden muss. Eine andere Möglichkeit ist die, bestimmte »Belohnungszeiten« im eigenen Terminkalender fest einzutragen. Die Hauptsache ist, dass der eigenen Vergesslichkeit und/oder Prioritätenverschiebung ein Riegel vorgeschoben wird.

Hilfreich sind oft auch solche Rituale, die den Tagesablauf in wohl dosierte Anspannungs- und Entspannungsphasen aufteilen (vgl. M 11 auf Seite 92). Das beginnt bereits morgens beim Frühstück. Menschen, die ihr Frühstück zwischen Tür und

Angel einnehmen, verfallen oft bereits in Hektik, bevor der Arbeitstag überhaupt richtig begonnen hat. Vieles spricht dafür, sich morgens einfach die nötige Zeit zu nehmen, um gemütlich zu frühstücken und den heraufziehenden Arbeitstag in einer Art Vorbetrachtung vorbeiziehen zu lassen. Diese Art der mentalen Einstimmung hilft, die nötigen Orientierungen zu gewinnen. Lieber eine halbe Stunde früher aufstehen und dafür in Muße und Gelassenheit starten. Das tut nicht nur der Familie gut, sondern auch dem eigenen Tagewerk. Ganz Ähnliches gilt für die Mittags- und Abendphase. Viele Lehrkräfte neigen dazu, dass sie mittags entweder verbissen weiterarbeiten oder aber einen ausgedehnten Mittagsschlaf vorsehen. Beides ist problematisch. Eine stille halbe Stunde mit beruhigender Musik und ein wenig Meditation ist erfahrungsgemäß sehr viel günstiger und aufbauender als die besagten Gewohnheiten. Vorausgesetzt, man schafft es, sich von der Umwelt hinreichend abzuschotten und so strapaziösen Ablenkungsmanövern wie Telefonieren, Zeitung lesen oder gar Fernsehen schauen zu entsagen, so läuft die anschließende Arbeit in aller Regel umso zügiger und effektiver.

Selbst die Frage nach der Schlafdauer ist für das persönliche Leistungsvermögen alles andere als unwichtig. Wie Mediziner und Schlafforscher ermittelt haben, ist für die meisten Menschen im Erwerbstätigenalter eine tägliche Schlafdauer von ca. 7 Stunden angezeigt. Andernfalls funktioniert der innere Regenerationsmechanismus nur mit ziemlichen Einschränkungen. Auch diesbezüglich können feste Prinzipien und Handlungsmuster (Rituale) eine Menge Gutes bewirken und dazu beitragen, dass das eigene psychisch-physische Wohlbefinden gestärkt und auf längere Sicht stabilisiert wird. Eine ähnliche Wirkung lässt sich für ritualisierte Handlungen im sportlichen Bereich konstatieren. Auch sportliche Aktivitäten wie Joggen, Tennis o.Ä. sind bei regelmäßiger Anwendung eine durchaus hilfreiche Strategie, um Anspannung und Entspannung in Beruf und Privatleben in der Balance zu halten.

Rituale helfen aber nicht nur im Privatbereich; sie eignen sich auch bestens für den Unterricht. Vielen Schülerinnen und Schülern tut es gut, einen festen Ordnungsrahmen zu haben, der ihnen Orientierung, Klarheit und Verlässlichkeit sichert. Das gilt im Hinblick auf das soziale Miteinander in der Klasse genauso wie bezüglich der unterrichtlichen Arbeitsweisen und Abläufe. Je präziser bestimmte Dinge abgesprochen und ritualisiert sind, desto zuverlässiger wird in der Regel auch danach verfahren (vgl. die Übersicht in M 12 auf Seite 93). Viele reformpädagogisch ausgerichtete Privatschulen leisten in dieser Hinsicht Vorbildliches (z.B. Montessori- oder Waldorfschulen) und gewinnen dadurch ein Profil, das nicht nur für Eltern und Schüler attraktiv ist, sondern auch und nicht zuletzt für die amtierenden Lehrkräfte. Der Vorteil für die betreffenden Lehrerinnen und Lehrer ist der, dass die Etablierung bestimmter Rituale ein Mehr an Entlastung und Berechenbarkeit in den Unterrichtsalltag hineinbringt. Die Schüler/innen wissen wo's langgeht und werden dadurch in ihrer Fähigkeit und Bereitschaft gestärkt, zielstrebig und verlässlich mit- und zusammenzuarbeiten. Das begünstigt eine entspannte Lehr- und Lernsituation.

Derartige Rituale bilden sich natürlich nicht von selbst. Sie müssen von den zuständigen Lehrkräften ganz bewusst eingeführt und immer wieder auch gepflegt werden, sollen sie zu festen Bestandteilen der alltäglichen Berufsausübung werden. Auch wenn die besagten Rituale im Alltag nicht immer eingehalten werden können, so bilden sie doch ein ebenso reizvolles wie hilfreiches Korsett, das Halt und Sicherheit vermittelt und genau dadurch Entspannung und Entlastung mit sich bringt.

1.6 Was kann Supervisionsarbeit leisten?

Unter Psychologen gilt Supervision als »Königsweg« zur Verbesserung des Selbstmanagements. Gesetzt wird auf die heilsame Wirkung von Selbstreflexion und Selbsterfahrung, von kollegialen Gesprächen und Fallberatungen. Dabei kann ein professioneller Supervisor eingeschaltet werden, der für Moderation, Gesprächsführung und psychologische Beratung und Betreuung zuständig ist. Supervision kann aber auch in Eigenregie organisiert werden, indem interessierte Lehrkräfte in überschaubaren Gruppen an spezifischen Fragen und Problemen des Schulalltags arbeiten. Andreas Hillert unterscheidet dementsprechend zwischen der fall- und problembezogenen *Selbsterfahrung* unter Leitung eines professionellen Supervisors auf der einen und der fach- bzw. unterrichtsbezogenen *kollegialen Supervision* auf der anderen Seite (vgl. Hillert 2004, S. 237f.).

Während im Rahmen des Selbsterfahrungsansatzes in der Regel recht intensiv mit psychologisch-therapeutischen Methoden an und mit einzelnen Klienten gearbeitet wird, konzentriert sich die fach- und unterrichtszentrierte Supervision vorrangig darauf, pädagogische Fall- und Problembesprechungen in überschaubaren Lehrergruppen zu ermöglichen. Die betreffenden Gruppenmitglieder können aus ein- und derselben Schule kommen. Zumeist jedoch stammen sie aus unterschiedlichen Kollegien und finden sich speziell zum Zwecke der kollegialen Supervision zusammen. Das sichert eine gewisse Anonymität und Offenheit, die weit über das hinausgeht, was im eigenen Kollegium möglich wäre. Diese Grundsituation erleichtert es ferner, eigene Probleme und Unsicherheiten anzusprechen, ohne dass gleich ein persönlicher Gesichtsverlust droht (vgl. ebenda, S. 237).

Dieser letztgenannte Ansatz der kollegialen Supervision wird hier favorisiert. Er zielt dezidiert auf die Verbesserung der beruflichen Handlungskompetenz von Lehrerinnen und Lehrern und ist daher leichter auch von Nicht-Psychologen zu »managen«. Typisch ist z.B., dass einzelne Gruppenmitglieder konkrete Unterrichtsstörungen oder sonstige schulische Probleme schildern und anschließend in einem offenen Brainstorming darangegangen wird, Erfolg versprechende Lösungsstrategien zu suchen und zu finden (vgl. M 13 auf Seite 94). Dabei werden Erfahrungen ausgetauscht, persönliche Erlebnisse geschildert, Analogien gebildet, pädagogische Impulse gesetzt, alternative Reaktionsweisen diskutiert und immer wieder auch kleinere oder größere »Mutmacher« ins Bewusstsein gehoben – vorausgesetzt, der Gesprächs- und Arbeitsprozess der Gruppenmitglieder verläuft in konstruktiven Bahnen. Auch einfache Rollenspiele zur Veranschaulichung der einen oder anderen schulischen bzw. unterrichtlichen Grundsituation können erfahrungsgemäß recht gute Dienste leisten.

Trotz dieser unbestreitbaren Vorzüge kollegialer Problem- und Strategieberatungen ist die Resonanz innerhalb der Lehrerschaft bislang eher bescheiden. Die meisten Lehrkräfte versuchen ihre schulischen und/oder unterrichtlichen Probleme nach wie vor auf eigene Faust zu lösen. Wie neuere Erhebungen zeigen, »... wird Supervision als Möglichkeit der Vorbeugung und Entlastung bisher nur von sehr wenigen Lehrkräften wahrgenommen« (Kretschmann 2004, S. 221). Das gilt insbesondere für die psychologisch-therapeutischen Supervisionsangebote, deren »bohrende Vorgehensweisen« viele Lehrkräfte offenbar abschrecken. Die damit verbundene ausgeprägte Hinterfragung einzelner Lehrpersonen mag geeignet sein, manifeste psychosomatische Krankheitsbilder aufzubrechen; für die Masse der deutschen Lehrerinnen und Lehrer geht sie jedoch weit über das hinaus, was diese zum Erhalt ihrer pädagogischen Handlungs- und Problemlösungsfähigkeit benötigen. Deshalb: »Supervision ist nicht dazu da, Teilnehmer aus irgendwelchen psychologischen Prinzipien heraus zu demontieren« (Hillert 2004, S. 240), sondern sollte ganz vorrangig darauf gerichtet sein, die betreffenden Gruppenmitglieder aufzubauen und mit erweiterten beruflichen Handlungsperspektiven auszustatten.

Die Konsequenz? Im Zentrum der hier in Rede stehenden Supervisionsveranstaltungen sollte die fachlich-pädagogische Ebene stehen. Denn dort liegen nach aller Erfahrung beträchtliche Chancen, die Unbilden des alltäglichen Unterrichtsgeschehens wirksamer zu verarbeiten, als das im stillen Kämmerlein zu Hause möglich ist. Das tradierte Einzelkämpfertum steht dem bislang zwar entgegen, aber daran müsste sich angesichts des aktuellen Problemdrucks in Schule und Unterricht etwas ändern lassen. Kollegiale Problembearbeitungen sind allemal besser als masochistische Alleingänge zu Hause. Sie helfen, die eigenen Problemlösungsfantasien zu erweitern und den eigenen pädagogischen Optimismus zu stärken (vgl. M 14 auf Seite 95). Die Frage ist nur, wer die Initiative ergreift und dafür sorgt, dass die besagten Gesprächs- bzw. Problemlösezirkel entstehen und möglichst konstruktiv arbeiten. Ein erfahrener Moderator und Prozessberater könnte diesbezüglich sicherlich wertvolle Hilfe leisten – vor allem dann, wenn es innerhalb der jeweiligen Gruppe zu Emotionen und Spannungen kommen sollte. Nur sind die betreffenden Personen bislang nicht recht in Sicht.

1.7 Materialien und Tipps zur Vertiefung

In diesem abschließenden Abschnitt werden diverse Arbeitsblätter und Checklisten zur persönlichen Vertiefung und Konkretisierung der skizzierten Entlastungsstrategien dokumentiert. Sie sind fortlaufend nummeriert und korrespondieren mit den in den vorstehenden Abschnitten genannten Materialhinweisen. Die einzelnen Materialien sollen Denkanstöße geben, Zusatzinformationen bieten, Fragen aufwerfen, Bilanzen ermöglichen, Gespräche initiieren, Handlungsalternativen aufzeigen, persönliche Schwachpunkte erkennbar machen und Veränderungskompetenzen aufbauen helfen.

M 1 — Gemeinsame Regelerstellung

Gute Gruppenarbeit verlangt, dass ...

... man sich wechselseitig unterstützt;

... andere Meinungen toleriert werden;

... bei Gesprächen gut zugehört wird;

... Beleidigungen vermieden werden;

... keiner links liegen gelassen wird;

... die Aufgabe zügig erledigt wird;

... Zeitvorgaben eingehalten werden;

... Probleme offen benannt werden;

... alle die Gruppenregeln beachten;

... jeder am Ende präsentieren kann.

Erläuterungen
Diese Regeln wurden zusammen mit Schülerinnen und Schülern einer neunten Klasse erstellt. Ausgangspunkt war eine Brainstormingphase, in deren Verlauf die Schüler/innen Gelegenheit erhielten, alltägliche Gruppenarbeiten kritisch unter die Lupe zu nehmen und gängige Defizite zu benennen. Danach wurde eine gestörte Gruppenarbeit mittels Rollenkarten konkret durchgespielt und gezielt ausgewertet. Auf dieser Basis entstanden die skizzierten Regeln. Tipp: Setzen Sie das beschriebene Prozedere in Ihrer Klasse einfach mal um. Der Regelungskompetenz der Schüler/innen kann das nur gut tun.

© Dr. H. Klippert

M 2 — Zuständigkeiten klären und abgrenzen

Was ist zu tun?	Wer ist zuständig?	Bis wann zu erledigen?

Erläuterungen
Damit in einer Schule konfliktträchtige Rollenkonfusionen vermieden werden, empfiehlt sich eine klare Aufgaben- und Arbeitsteilung. Das gilt für die gängigen Klassengeschäfte genauso wie für anstehende Vorhaben bzw. Projekte, die in Angriff genommen werden sollen. Je unklarer und unverbindlicher die Zuständigkeiten geregelt sind, umso größer ist die Gefahr, dass die anstehenden Arbeiten letztlich an denen hängen bleiben, die besonders pflichtbewusst und/oder gutmütig sind. Mit dem obigen Raster lassen sich die Weichen so stellen, dass derartige Schieflagen erst gar nicht entstehen.

© Dr. H. Klippert

M 3 — Erziehungsvereinbarung abschließen

Die Lehrkräfte verpflichten sich,

- … mit den Eltern vertrauensvoll zusammenzuarbeiten und etwaige Probleme frühzeitig anzusprechen und zu beraten
- … den Eltern konkrete Einblicke in die schulische Lernkultur zu eröffnen und entsprechende Elternveranstaltungen und Hospitationen anzubieten
- … die Schülerinnen und Schüler unter Anwendung moderner pädagogischer Erkenntnisse und Methoden bestmöglich zu fördern und zu fordern
- … sie im Schul- und Unterrichtsalltag fair und gerecht zu behandeln, zu prüfen, zu beurteilen und zu beraten
- … auf nachhaltiges Lehren und Lernen zu achten und eine möglichst breite Kompetenzvermittlung sicherzustellen
- … den Kindern Mut zu machen, Zivilcourage zu zeigen und sich in Schule und Unterricht beispielhaft zu engagieren
- … demokratisches Verhalten im besten Sinne des Wortes zu vermitteln und auf diese Weise den Grundstein für gesellschaftliches Engagement zu legen

Die Eltern verpflichten sich,

- … die pädagogischen Entscheidungen der Lehrkräfte zu respektieren und nicht vorschnell im Beisein der eigenen Kinder zu kritisieren
- … die eigene Erziehungsarbeit mit den pädagogischen Zielen und Prinzipien der Schule abzustimmen und in Einklang zu bringen
- … den Kindern grundlegende Tugenden wie Fleiß, Interesse, Fairness, Höflichkeit, Toleranz und Pflichtbewusstsein vorzuleben und abzuverlangen
- … mit den Lehrkräften offen und loyal zusammenzuarbeiten und etwaige Meinungsverschiedenheiten direkt anzusprechen
- … an den angebotenen Elternveranstaltungen teilzunehmen und die Elternarbeit insgesamt mit Rat und Tat zu unterstützen
- … die Lehrkräfte nicht für Defizite haftbar zu machen, die diese von ihrem Bildungsauftrag her nicht zu verantworten haben
- … den Kindern mehr zuzumuten und abzuverlangen, damit deren Anstrengungsbereitschaft entwickelt und gestärkt wird
- … die Kinder zur gewissenhaften und selbstständigen Erledigung der Hausaufgaben anzuhalten und vorschnelle Hilfe zu unterlassen

Erläuterungen

Die skizzierte Vereinbarung dient einem doppelten Zweck: Zum einen soll sie den betreffenden Eltern klarmachen, was von ihnen und ihren Kindern erwartet wird, zum Zweiten signalisiert sie, was die Lehrkräfte anzubieten und zu leisten beabsichtigen. Der obige »Kodex« ist selbstverständlich nur ein Beispiel und ersetzt keineswegs den konkreten Aushandlungsprozess zwischen den Erziehungspartnern in der jeweiligen Schule. Ratsam ist es, die je ausgehandelte Vereinbarung von den betreffenden Erziehungspartnern auch tatsächlich unterzeichnen zu lassen – eventuell im Rahmen einer kleinen Feier.

© Dr. H. Klippert

M 4 — Nachdenken über eigene Ansprüche

Persönliche Erwartungen und Einstellungen	trifft ...			Merksätze wider die Überforderung ...
	voll zu	teilweise zu	nicht zu	
Ich möchte perfekten Unterricht machen				
Ich möchte mit allen Kolleg/innen gut auskommen				
Ich möchte den problembeladenen Kindern helfen				
Ich möchte, dass die Schule glänzend dasteht				
Ich kann Fehler der Schüler nicht ausstehen				
Ich möchte, dass die Schüler mich gerne haben				
Ich möchte von den Eltern respektiert werden				
Ich will, dass meine Schüler Spitze sind				
Ich erwarte Disziplin und Engagement				
Ich möchte, dass die Eltern optimal erziehen				
Ich will den Lehrplan bestens erfüllen				

Erläuterungen
Die Checkliste gibt Gelegenheit, die eigenen Erwartungen und Einstellungen selbstkritisch zu überprüfen und zu reflektieren. Selbstverständlich können auf einem separaten Blatt auch noch weitere problematische Erwartungen formuliert und hinsichtlich ihrer persönlichen Tragweite eingeschätzt werden. Was jedoch noch wichtiger ist: Den betreffenden Erwartungen und Einstellungen sind möglichst ermutigende Merksätze für die eigene Berufsinterpretation und -ausübung anzufügen. Lohnend ist außerdem, die zutage tretenden Überforderungstendenzen mit anderen Menschen zu besprechen.

© Dr. H. Klippert

M 5 — Erfolge und Fortschritte bilanzieren

Ziele	Diese Ziele sind mir ...			Anzeichen für persönliche Erfolge/Fortschritte ...
	sehr wichtig	eher wichtig	nicht so wichtig	
Verbesserung des Klassenklimas				
Förderung der Schülermotivation				
Einsatz neuer Unterrichtsmethoden				
Integration schwieriger Schüler/innen				
Förderung von Schlüsselqualifikationen				
Verbesserung der Fachleistungen				
Das Renommee der Schule mehren				
Erfolgreiche Elternarbeit betreiben				
Die Kolleg/innen beeindrucken				
Das Wohlwollen der Schulleitung sichern				
Zusammenarbeit im Kollegium fördern				

Erläuterungen
Die Checkliste gibt Gelegenheit, einige zentrale Zielsetzungen des Lehrerberufs dahingehend zu prüfen, ob und inwieweit ihnen erfolgreich Rechnung getragen werden konnte. Damit diese Bilanz möglichst konkret ausfällt, wird nur eine Woche unter die Lupe genommen. Selbstverständlich können auch noch weitere Zielsetzungen sondiert werden. Wichtig ist nur, dass dezidiert darauf geschaut wird, was persönlich an kleineren oder größeren Erfolgen bzw. Fortschritten erzielt werden konnte. Die Bewusstmachung gerade dieser kleineren Erfolge hilft und ermutigt.

© Dr. H. Klippert

M 6 — Den »Zeitdieben« auf den Grund gehen

Diese Verhaltensweisen kosten mich eine Menge Zeit	Stimmt voll	Stimmt teilweise	Stimmt nicht	Das will ich so!
Ich trödele herum und drücke mich gerne vor unangenehmen Arbeiten				
Ich telefoniere oft und lange mit Freunden, Bekannten und/oder Kolleg/innen				
Ich bin sehr spontan und tue mich schwer, mich an klare Zeitpläne zu halten				
Ich kann schwer Nein sagen, wenn andere mich von der Arbeit abzuhalten versuchen				
Ich habe keine rechte Ordnung und suche oft lange nach irgendwelchen Dingen				
Ich schiebe Aufgaben und Entscheidungen vor mir her und komme zu keinem Abschluss				
Ich mache alles allein und tue mich schwer, das Prinzip der Arbeitsteilung zu nutzen				
Ich unterbreche meine Arbeit oft und gerne, um persönlichen Hobbys nachzugehen				
Ich neige zum Perfektionismus und arbeite oftmals viel zu aufwändig				
Ich bin ein kommunikativer Mensch und lasse mich gerne durch Besucher ablenken				
Ich arbeite in der Regel unter Zeitdruck und verliere dadurch leicht den Überblick				

Erläuterungen
Die Checkliste gibt Gelegenheit, die eigene Zeitverwendung während der häuslichen Vor- und Nachbereitung selbstkritisch unter die Lupe zu nehmen. Sie soll Nachdenken erzeugen und Gespräche mit Freunden, Bekannten und/oder Kolleg/innen anstoßen. Selbstverständlich können auch noch weitere »Zeitdiebe« fixiert und daraufhin abgeklopft werden, ob und inwieweit sie das eigene Zeitmanagement beeinträchtigen. Wichtig ist nur, dass jeder für sich entscheidet, was er als Zeitverschwendung einschätzt und was er ganz bewusst zeitaufwändiger angehen möchte (siehe rechte Spalte).

© Dr. H. Klippert

M 7   Die eigene Zeitverwendung bilanzieren

Uhrzeit	Mo	Di	Mi	Do	Fr	Sa	So
13.00							
13.30							
14.00							
14.30							
15.00							
15.30							
16.00							
16.30							
17.00							
17.30							
18.00							
18.30							
19.00							
19.30							
20.00							
20.30							
21.00							
21.30							
22.00							
22.30							
23.00							

Erläuterungen
Die Checkliste gibt Gelegenheit, die eigene berufsbezogene Zeitverwendung einmal näher zu protokollieren und zu überdenken. Welche Woche herausgegriffen wird, muss jeder für sich entscheiden. Sinnvoll dürfte es sein, in gewissem zeitlichen Abstand sowohl eine besonders stressige Woche zu nehmen als auch eine solche, in der es vergleichsweise geruhsam zugeht. Wichtig ist ferner, die Relation von berufsbezogen und privat genutzter Zeit zu ermitteln und zu reflektieren. Gespräche über praktische Veränderungsmöglichkeiten können die persönliche Bilanz abrunden.

© Dr. H. Klippert

M 8 — Eine einfache Entspannungsübung

Setzen Sie sich aufrecht auf einen Stuhl, schließen Sie die Augen und versuchen Sie alles um sich herum zu vergessen

⬇

Lassen Sie Ihre Arme seitlich herunterhängen und stellen Sie Ihre Füße in Parellelposition auf den Fußboden

⬇

Atmen Sie jetzt tief ein, halten Sie die Luft ca. 5 Sekunden an und atmen Sie danach ganz langsam wieder aus

⬇

Wiederholen Sie diesen Vorgang mehrere Male hintereinander, bis Sie das Gefühl haben, innerlich zur Ruhe gekommen zu sein

⬇

Konzentrieren Sie sich jetzt auf Ihre seitlich herunterhängenden Arme und spüren Sie das Prickeln/die Wärme in Ihren Händen

⬇

Ballen Sie nun Ihre Hände zu Fäusten zusammen und halten Sie den Druck ca. 5 Sekunden aufrecht. Danach langsam entspannen

⬇

Konzentrieren Sie sich sodann auf Ihre Füße und wippen Sie mit den Fersen so weit wie möglich nach oben und halten Sie die entstehende Spannung ca. 5 Sekunden

⬇

Wechseln Sie nun von den Zehen auf die Fersen und liften Sie Ihre Zehen und Ballen so weit wie möglich nach oben. Nach ca. 5 Sekunden entspannen

⬇

Wiederholen Sie diese »Wipp-Bewegung« mehrere Male und starten Sie die beschriebene Übungsfolge gegebenenfalls aufs Neue

⬇

Erläuterungen
Die beschriebenen Entspannungsschritte sind in der Schule wie zu Hause relativ problemlos zu realisieren. Man braucht nur einen Stuhl mit fester Rücklehne und ein ruhiges Plätzchen, wo man die besagten Übungen machen kann. Selbstverständlich sind auch noch andere Übungen denkbar – so z.B. das Gegeneinanderpressen von Händen und Hinterkopf in der Weise, dass Spannung im Nacken und in den Armen entsteht. Nach ca. 5 Sekunden wird der Druck gelöst. Die Arme werden ausgeschüttelt; danach werden die gefalteten Hände erneut kräftig gegen den Hinterkopf gepresst etc.

© Dr. H. Klippert

M 9 — Das kleine 1 x 1 der Arbeitsökonomie

Diese Verhaltensweisen praktiziere ich ...	oft	zu selten	viel zu selten	Meine Vorsätze ...
Ich stehe zeitig genug auf, um in Ruhe frühstücken und mich sammeln zu können				
Ich plane zeitliche Puffer ein, um nicht zu spät in der Schule zu erscheinen				
Ich organisiere mein Arbeitszimmer so, dass ich den Überblick behalte				
Ich erledige die anstehenden Aufgaben in der Regel sehr direkt und unmittelbar				
Ich achte bei meiner Arbeit auf den Wechsel von Anspannung und Entspannung				
Ich belohne mich und meine Familie nach getaner Arbeit mit etwas Schönem				
Ich lege zu Hause viel Wert auf eine angenehme Arbeitsatmosphäre				
Ich setze mir klare Zeitlimits und halte mich auch daran (z.B. bei Korrekturen)				
Ich nutze das Prinzip der Arbeitsteilung konsequent aus				
Ich vermeide es, den Schülern im Unterricht vorschnell zu helfen				
Ich schlafe ausreichend und fühle mich am nächsten Morgen meist recht fit				

Erläuterungen

Die Checkliste gibt Gelegenheit, die eigene Arbeitsökonomie selbstkritisch unter die Lupe zu nehmen und anhand der verschiedenen Items zu überprüfen, ob und inwieweit fragwürdiges Arbeitsverhalten praktiziert wird. Die ermittelten Befunde sollen Gespräche mit Freunden, Bekannten und/oder Kolleg/innen anstoßen und Überlegungen auslösen, wie die eigene Arbeitsökonomie verbessert werden kann. Wichtig dabei ist, dass nicht bei Problemanzeigen stehen geblieben, sondern zugleich darangegangen wird, persönliche Vorsätze bzw. Handlungsschritte zu formulieren.

© Dr. H. Klippert

M 10 — Prioritäten setzen und einhalten

	Zu erledigende Aufgaben	Erfasst am ...	Erledigt am ...
Priorität A			
Priorität B			
Priorität C			

Erläuterungen

Das Raster gibt Gelegenheit, die anfallenden Aufgaben fortlaufend zu erfassen, zu datieren und nach ihrer Wichtigkeit einzustufen. *A-Aufgaben* sind sehr wichtig und sollten möglichst noch am gleichen Tag erledigt werden; *B-Aufgaben* sind ebenfalls relativ wichtig und sollten innerhalb von 2–3 Tagen erledigt sein; *C-Aufgaben* sind weniger wichtig und können bei Gelegenheit angegangen werden – z.B. innerhalb von zwei Wochen. Am besten, die besagten Aufgaben werden auf kleinen Karteikarten notiert und in einer 3-Fächer-Kartei archiviert und nach Erledigung in den Papierkorb geworfen.

© Dr. H. Klippert

M 11 — Rituale zur Stressvermeidung

Mögliche Rituale im Tagesablauf	Das klappt schon ganz gut	Das muss noch besser werden	Das liegt mir nicht
Zu möglichst festen Zeiten zu Bett gehen und lange genug schlafen			
Morgens zeitig genug aufstehen und in Ruhe das Frühstück einnehmen			
Früh genug zur Schule fahren und beruhigenden Zeitpuffer einplanen			
Während der Pausen kurze Entspannungsphasen vorsehen (s. M 8)			
Nach Unterrichtsschluss mit netten Kolleg/innen etwas trinken und kurz plaudern			
Zu Hause eine »Stille Stunde« zur persönlichen Regeneration einrichten			
Die anstehenden A-Aufgaben feststellen und zügig abarbeiten (s. M 10)			
An zwei Wochentagen bestimmte Sportart/en betreiben (z.B. Joggen)			
Lerntagebuch zur Aufarbeitung der alltäglichen Geschehnisse schreiben			
Lehrerstammtisch als feste Gesprächsrunde einrichten			
Den Tag mit einer angenehmen Tätigkeit ausklingen lassen			

Erläuterungen
Die Checkliste gibt Gelegenheit, gängige Rituale für die eigene Person zu prüfen sowie gezielt zu überlegen, inwieweit sich dadurch Entlastung bzw. Entspannung im Tagesablauf erreichen lässt. Die Bilanz kann selbstverständlich durch weitere persönliche Rituale ergänzt werden, die sich in praxi bewährt haben. Wichtig ist vor allem, jene Rituale herauszuarbeiten, die noch zu wenig genutzt werden, wohl aber positive Effekte versprechen (mittlere Spalte). Die ermittelten Einschätzungen können Anlass zu Gesprächen mit Freunden, Bekannten und/oder Kolleg/innen sein.

© Dr. H. Klippert

M 12 — Mit Schüler/innen Rituale pflegen

Mögliche Rituale im Unterricht	Hat sich eingespielt	Klappt noch nicht	Ist mir unbekannt
Kurze Konzentrationsphase zu Beginn der Unterrichtsstunde (»Stille Minute«)			
Feste Melde- und Gesprächsregeln einführen und überwachen (Regelwächter)			
Wechselseitige Hausaufgabenkontrolle und -beratung zu Stundenbeginn			
Bestimmte Ämter an Schüler/innen delegieren (Materialwart, Ordnungswart etc.)			
Montagmorgen-Kreis mit Berichten zum Wochenende etablieren			
Das Wort mittels Erzählstein oder Mikrofon weitergeben			
Klare Abläufe und Zuständigkeiten für Gruppenarbeit festlegen (Zeitwächter etc.)			
Mit dem Glöckchen Regelverstöße (z.B. Lärm) bzw. Phasenwechsel anzeigen			
Gruppenbildung und/oder Sprecherwahl mittels Losverfahren regeln			
Klatschen bei anspruchsvolleren Präsentationsleistungen			
Wöchentliche Klassenratssitzung zur Lösung spezifischer Klassenprobleme			

Erläuterungen

Die Checkliste gibt einen Überblick über mögliche Rituale, die zur Strukturierung des Unterrichts eingesetzt werden können. Die betreffenden Rituale sorgen für wiederkehrende Abläufe und tragen dazu bei, dass die Schüler/innen zielstrebiger und disziplinierter werden. Die jeweiligen Rituale müssen auf Klassen- und Lehrerebene abgestimmt werden. Das obige Raster soll Denkanstöße vermitteln und praktische Gesprächsanlässe für die schulinterne Meinungsbildung in Sachen »Ritualisierung des Schulalltags« liefern. Natürlich sind neben den angeführten Ritualen auch noch andere Rituale denkbar.

© Dr. H. Klippert

M 13 — Worum es in der Supervision gehen kann

	Einige mögliche Fragestellungen
Leistungsstörungen	Hyperaktive Kinder – Gewähren lassen oder Grenzen ziehen?
	Lese-Rechtschreib-Förderung: Was ist praktisch zu tun?
	Migrantenkinder – Wie gehen wir mit ihren Problemen um?
Verhaltensstörungen	Wie begegnet man aggressiven Schülerinnen und Schülern?
	Suizidandrohung – Erpressung oder alarmierender Hilferuf?
	Sexuell missbrauchte Kinder – Wer ist Ansprechpartner?
Problemfeld Elternarbeit	Gesprächsführung mit Eltern – Wie sollte man vorgehen?
	Erziehungsprobleme – Welchen Anteil haben die Eltern?
	Wie gestaltet man einen konstruktiven Elternabend?
Störungen im Kollegium	Cliquenbildung im Kollegium – Wo ist mein Platz?
	Mobbing – Wie begegnet man Diffamierungskampagnen?
	Wie lässt sich eine neue Konferenzkultur erreichen?
Problemfeld Lehrerrolle	Wie schaffe ich den Spagat zwischen Helfen und Warten?
	Ausgebrannt – Wie entgehe ich dem Burn-out-Syndrom?
	Vorurteile gegenüber Lehrern – Wie geht man damit um?

Erläuterungen

Die angeführten Fragestellungen geben einen Überblick über mögliche Themen, wie sie im Rahmen von Supervisionsveranstaltungen behandelt werden können. Die Veranstaltungen dauern in der Regel ca. 3 Stunden und zeichnen sich dadurch aus, dass 5–8 interessierte Lehrkräfte am einen oder anderen Thema arbeiten. Im Vordergrund stehen Erfahrungstausch, Gespräche sowie gemeinsame Beratungen und Strategieabsprachen. Die Einbeziehung eines erfahrenen Moderators/Gesprächsleiters ist empfehlenswert, damit etwaige Störungen konstruktiv abgefangen werden können.

© Dr. H. Klippert

M 14 — Kurz- und mittelfristige Aktionsplanung

	Kurz- und mittelfristige Maßnahmen zur Verbesserung der persönlichen Zeit- und Arbeitsökonomie
Kurzfristige Maßnahmen (innerhalb der nächsten Woche)	
Mittelfristige Maßnahmen (innerhalb des nächsten Monats)	

Erläuterungen

Das Raster fordert zum Rückblick auf Kapitel II.1 heraus. Es eröffnet die Möglichkeit, aus den vielfältigen Anregungen, die in diesem Kapitel gegeben wurden, diejenigen auszuwählen, die als wichtige Entlastungsschritte einzustufen sind. Die Leitfrage dabei: Wo kann und soll in den nächsten Wochen konkret angesetzt werden? Die persönlichen Vorsätze, die dabei herauskommen, können Wegweiser und Gesprächsanlässe zugleich sein. Wegweiser für das eigene Handeln in Schule und Privatsphäre. Gesprächsanlässe für die gemeinsame Reflexion mit Freunden und Bekannten.

© Dr. H. Klippert

2. Entlastung durch gezielte Schülerqualifizierung

Ein zweites großes Aktionsfeld zur Entlastung der Lehrkräfte betrifft den Unterricht. In dem Maße nämlich, wie es Lehrkräften gelingt, die Schülerinnen und Schüler zum selbsttätigen und kooperativen Lernen zu qualifizieren, treten Entlastungseffekte ein. Das bringt Chancen mit sich, impliziert aber auch Verpflichtungen. So zum Beispiel die Verpflichtung, die Lern-, Arbeits- und Sozialkompetenzen der Schüler/innen systematisch zu fördern. Oder aber die Verpflichtung, in ebenso kleinen wie konsequenten Schritten die Unterrichtsmethodik so zu verändern, dass die Schüler/innen verstärkt in die Pflicht genommen und zum eigenverantwortlichen Arbeiten und Lernen angehalten werden. Diesbezüglich können Lehrkräfte eine Menge erreichen, wie sich in den nachfolgenden Abschnitten zeigen wird.

2.1 Förderung zentraler Lernkompetenzen

Selbstständigkeit, Selbstdisziplin und Selbststeuerung der Schüler/innen hängen entscheidend davon ab, ob tragfähige Lernkompetenzen vorhanden sind. Gleiches gilt für das Erreichen von Lerneffizienz und Lernerfolg im Rahmen des Fachunterrichts. Je versierter und disziplinierter die Schülerinnen und Schüler ihr Lernen zu managen verstehen und je geübter sie in methodischer, kommunikativer und kooperativer Hinsicht sind, desto weniger brauchen sie die Unterstützung und/oder Beaufsichtigung ihrer Lehrkräfte und desto mehr tragen sie zu deren Entlastung bei. So gesehen ist die Vermittlung grundlegender Lernkompetenzen eine ebenso wichtige wie Erfolg versprechende Schlüsselstrategie, um den Dauerstress der Lehrkräfte im Unterricht wirksam zu reduzieren und ein Mehr an Ruhe und Gelassenheit für Schüler wie Lehrer einkehren zu lassen. Dass dieses dringend nötig ist, lässt sich aus den alarmierenden Befunden in den Abschnitten I.2.3 und I.3.3 ersehen.

Ein zentraler Stressfaktor für viele Lehrkräfte ist, dass die Schüler/innen die in sie gesetzten Erwartungen nicht hinreichend erfüllen (vgl. M 15 auf Seite 120). Sei es nun, dass ihre intellektuellen Leistungen nicht stimmen, oder sei es auch, dass das gezeigte Lern-, Arbeits- und/oder Sozialverhalten zu wünschen übrig lässt. Daraus erwächst nur zu oft eine »Kultur des Misstrauens«, die auf Lehrerseite Skepsis, Unsicherheit und gelegentlich auch Angst hervorruft. Die Folgen sind fatal: Überzogene Kontrollen und Interventionen gehören ebenso dazu wie permanente Anspannung und Aufregung auf Seiten der verantwortlichen Lehrkräfte. Die Gefahr der Hyperaktivität ist groß. Wer den Schüler/innen zu wenig zutraut, muss eben vieles selber machen und ständig auf der Hut sein, dass die Schülerinnen und Schüler nichts falsch machen und/oder keine störenden Verhaltensweisen an den Tag legen. Kein Wunder also, dass sich viele Lehrkräfte im Unterricht in hohem Maße gestresst und belastet fühlen.

Was tun? Ein bewährtes Mittel zur Überwindung dieser chronischen Stresssituation ist die systematische Förderung von Lernkompetenzen im Unterricht (vgl. Abbildung 9). Mit Lernkompetenz sind hierbei alle möglichen Basisfertigkeiten gemeint, die erfolgreiche und disziplinierte Lernhandlungen der Schüler/innen gewährleisten (vgl. Solzbacher 2003, S. 64ff., sowie Czerwanski u.a. 2002). Das beginnt beim Einüben elementarer Lern- und Arbeitstechniken und reicht über das Training grundlegender Kommunikations- und Präsentationstechniken bis hin zur konsequenten Förderung konstruktiver, regelgebundener Gruppenarbeit (vgl. Klippert 1994, 1995, 1998). Selbstständigkeit, Selbststeuerung und Selbstverantwortung müssen eben gelernt und immer wieder geübt und gefestigt werden. Diese Trias von Methodenkompetenz, Kommunikationskompetenz und Teamkompetenz ist Voraussetzung und Gewähr zugleich für eine wirksame Entlastung von Lehrerinnen und Lehrern im alltäglichen Unterricht. Nur wenn die Schüler/innen in diesen Kompetenzbereichen halbwegs fit sind, werden sie ihr Lernen auch so steuern können, dass sie über größere Strecken alleine zurechtkommen und ohne das permanente Zutun ihrer Lehrkräfte Erfolg haben (vgl. M 16 auf Seite 121).

Typisch für die angesprochene Kompetenzförderung ist die konsequente Verzahnung von Methodentraining und fachspezifischer Methodenpflege. Während beim *Methodentraining* die jeweilige Lern-, Kommunikations- oder Kooperationstechnik im Zentrum steht und Schritt für Schritt geklärt wird, konzentriert sich die Lernarbeit im Rahmen der *Methodenpflege* auf die Klärung der jeweiligen Lerninhalte. Methodenlernen und inhaltliche Durchdringung sind also zwei Seiten der gleichen Medaille. Sie bilden die Basis für selbstständiges und eigenverantwortliches Arbeiten und Lernen der Schüler/innen und damit auch die Grundlage für die hier in Rede stehende Lehrerentlastung. Wenn die Schülerinnen und Schüler in methodischer Hinsicht verstärkt gefordert und gefördert werden, dann werden sie nicht nur selbstbewusster und zielstrebiger, sondern auch unabhängiger und eigenständiger. Das ist die klare Erkenntnis, die sich im Rahmen diverser Unterrichtsentwicklungsprojekte während der letzten Jahre eingestellt hat. Wie diese Methodenschulung praktisch angegangen werden kann, lässt sich aus den Trainingshandbüchern des Verfassers ersehen (vgl. Klippert 1994, 1995, 1998, 2003).

Ein einfaches Beispiel mag die Möglichkeiten und Chancen dieser Kompetenzförderung verdeutlichen. Gibt man den Schüler/innen z.B. den Auftrag, einen Text selbstständig zu markieren und zu exzerpieren, so löst man oft mehr Fragen und Gezeter aus, als das dem eigenen Nervenkostüm gut tut. Viele Schüler/innen wissen weder, was und wie sie markieren sollen, noch gehen sie hinreichend konzentriert und diszipliniert an die Arbeit. Meist wird viel zu viel markiert und/oder die Lehrkraft durch vorgeschobene Fragen in Beschlag genommen. Soll sich an dieser verbreiteten Hilflosigkeit und/oder Unselbstständigkeit etwas ändern, muss das zielführende Markieren viel konsequenter als bisher geübt werden. Wie? Indem die Schüler/innen z.B. in einem ersten Trainingsschritt einen bestimmten Sachtext ohne jede Vorgabe markieren und

Überblick über grundlegende Lernkompetenzen		
Elementare Lern- und Arbeitstechniken	Elementare Kommunikationstechniken	Elementare Kooperationstechniken
■ Gehirngerecht markieren ■ Rasch und gezielt lesen ■ Routiniert nachschlagen ■ Geschickt fragen können ■ »Eselsbrücken« bauen ■ Stoff zusammenfassen ■ »Mindmaps« erstellen ■ Plakate/Folien gestalten ■ »Spickzettel« schreiben ■ Mitschrift anfertigen ■ Verständlich schreiben ■ Protokoll führen ■ Ordnung halten ■ Zeit einteilen ■ Prüfungen vorbereiten ■ Heft/Mappe gestalten ■ Arbeitsplan erstellen ■ Referat anfertigen ■ Pinnwand gestalten *etc.*	■ In ganzen Sätzen reden ■ Frei sprechen können ■ Bericht nacherzählen ■ Laut und deutlich reden ■ »Idioms« beherrschen ■ Meinungen begründen ■ Beim Thema bleiben ■ Präzise argumentieren ■ Blickkontakt halten ■ Interview durchführen ■ Verständnisvoll zuhören ■ Melderegeln beachten ■ Auf Vorredner eingehen ■ Ein Gespräch leiten ■ Konstruktiv diskutieren ■ Fair und sachlich bleiben ■ Andere ausreden lassen ■ Vortrag halten ■ Mimik/Gestik einsetzen *etc.*	■ »Ämter« verteilen ■ Teamregeln beachten ■ Aufgabenstellung klären ■ Arbeit präzise planen ■ Zielstrebig arbeiten ■ Zeit genau einteilen ■ Alle aktiv einbeziehen ■ Bilanzphasen vorsehen ■ Konflikte ansprechen ■ Andere Ideen zulassen ■ Gut zuhören können ■ Wechselseitig helfen ■ Fragen offen ansprechen ■ Beleidigungen vermeiden ■ Mitschüler ermutigen ■ Regelverstöße kritisieren ■ Kritik offen annehmen ■ Kooperativ präsentieren ■ Teamfähigkeit bewerten *etc.*

Abb. 9 © Dr. H. Klippert

dabei natürlich eine Reihe von Unzulänglichkeiten an den Tag legen. Im zweiten Trainingsschritt werden Zufallsgruppen gebildet und die betreffenden Texte auf den Boden gelegt, verglichen und zum Anlass genommen, drei wichtige Regeln fürs gute Markieren abzuleiten. Im dritten Trainingsschritt erhalten die Gruppenmitglieder einen weiteren Sachtext und markieren diesen unter Beachtung der gefundenen Regeln. Die gewählten Markierungsweisen werden im vierten Trainingsschritt erneut überprüft, nötigenfalls modifiziert und auf z.B. fünf zentrale Regeln erweitert. Diese fünf Regeln werden im fünften Trainingsschritt auf Folien übertragen und im Plenum präsentiert, diskutiert und bei Bedarf von Lehrerseite kommentiert/ergänzt. So entsteht ein Katalog von fünf bis sieben Regeln, die von einigen Schüler/innen in häuslicher Nacharbeit als »Regelplakat« aufbereitet werden. Auf dieser Basis werden in den nächsten Unterrichtsstunden weitere Sachtexte markiert und reflektiert.

Derartige »*Trainingsspiralen*« lassen sich selbstverständlich auch zu anderen Lern-, Kommunikations- und Kooperationstechniken entwickeln (vgl. Abb. 9). Kennzeichnend für ihren Aufbau ist das konsequente Wechselspiel von Üben → Reflektieren → Regeln entwickeln → Regeln anwenden → Regeln verfeinern → Regeln erneut anwenden etc. (vgl. M 17 auf Seite 122). Auf diese Weise entstehen so genannte Metakompetenzen, d.h., die Schüler/innen vermögen nach einigen Übungen und Reflexionen zu erklären, warum sie bestimmte methodische Verfahrensweisen wählen und in bestimmten Lernsituationen anwenden. Erfolgreiches eigenverantwortliches Arbeiten und Lernen sind auf derartige metakognitive Fähigkeiten und Einsichten ganz elementar angewiesen. Schülerinnen und Schüler, die in eigener Regie arbeiten und ihre Lehrkräfte wirksam entlasten sollen, müssen methodisch durchdacht und versiert zu operieren verstehen. Das ist eine ebenso wichtige wie wegweisende Erkenntnis. Die skizzierte Methodenschulung gibt den Schüler/innen immer wieder Gelegenheit, das eigene Lernen, Kommunizieren, Präsentieren und Kooperieren selbstkritisch unter die Lupe zu nehmen und auf diesem Wege die eigenen Lernkompetenzen Schritt für Schritt weiterzuentwickeln.

So gesehen hat die besagte Methodenschulung gleich mehrere positive Effekte: Sie gewährleistet erstens eine breit gefächerte Bildungsarbeit, die sowohl inhaltliches als auch methodisches Lernen begünstigt; sie fördert zweitens das Selbstbewusstsein und Selbstwertgefühl der betreffenden Kinder und Jugendlichen aufgrund der eindringlichen Trainingsarbeit; sie führt drittens infolge der wiederholten Metareflexionen zum relativ souveränen Umgang mit den einzelnen Methoden und Aufgabenstellungen im Unterricht; sie trägt viertens nicht nur den modernen Bildungsstandards und Prüfungsanforderungen Rechnung, sondern auch den neueren Erkenntnissen der Lern- und Gehirnforschung; und sie induziert fünftens – als Folge davon – eine beträchtliche Entlastung für die verantwortlichen Lehrerinnen und Lehrer in ihren Klassen. Fazit also: Die systematische Förderung der skizzierten Lernkompetenzen nützt nicht nur den Schüler/innen auf ihrem Weg zu mehr Selbstständigkeit und Lernerfolg; sie ist auch und nicht zuletzt ein probates Mittel, um den auf Entlastung und Stressvermeidung bedachten Lehrkräften ganz konkret weiterzuhelfen. Die vorliegenden Evaluationsergebnisse bestätigen dieses Fazit (vgl. Klippert 2004, S. 233ff.).

Was passiert, wenn die Schüler/innen methodisch versiert sind, zeigt die folgende Begebenheit: Schauplatz ist das Foyer einer Grundschule in Nordrhein-Westfalen – einer Grundschule, in der die angedeutete Methodenschulung zum festen Bestandteil der schulischen Arbeit geworden ist. Die Kinder einer dritten Klasse sind beim Eintritt des Verfassers in das Foyer gerade dabei, in mehreren Trios das Entstehen von Niederschlägen (Regen, Graupel, Schnee) zu klären. In einem der Trios sieht das z.B. so aus, dass Anna ihrem Mitschüler Lars anhand eines selbst gefertigten »Spickzettels« zu erklären versucht, wie es zu den besagten Niederschlägen kommt. Der dritte Schüler im Bunde – Micha – hat währenddessen offenbar die Aufgabe, darauf zu achten, dass Lars und Anna bestimmte Regeln und Rituale befolgen. So fordert Micha den zuhörenden Lars am Ende von Annas Vortrag z.B. dazu auf, verbliebene Fragen zu stellen und sodann Annas Ausführungen noch mal in eigenen Worten zusammenzufassen. Das geschieht denn auch. Methoden wie Spickzettel erstellen, freies Vortragen, aktives Zuhören und gegenseitiges Helfen sind dem Trio offenbar recht gut geläufig, wie das zielstrebige Vorgehen der betreffenden Schüler/innen bestätigt.

Doch damit nicht genug: Nachdem Lars seinen Part erfüllt hat, holt er aus seiner Schultasche einige handgeschriebene Fragekärtchen heraus und stellt nun seinerseits diverse Fragen zum Thema »Niederschläge« an Micha. Das alles geschieht ohne Zutun der Lehrkraft. Während dieser Frage-Antwort-Phase ist Anna die Regelwächterin, denn sie weist Micha bereits nach seiner ersten Antwort freundlich darauf hin, dass er vergessen habe, zunächst die gestellte Frage zu wiederholen und erst dann seine Antwort zu geben. Von diesem Interventionsrecht macht sie etwas später noch mal Gebrauch, als sie die Richtigkeit einer Antwort anzweifelt und deren Überprüfung anhand des vorliegenden Textes veranlasst. Das Interessante und Ermutigende an diesem Arbeitsprozess ist, dass das alles höchst konzentriert, engagiert und diszipliniert abläuft – ohne direkte Lehrerpräsenz. Und die übrigen Trios im Foyer? Für sie gilt das Gleiche. Kein Lärm, keine Balgereien, keine sichtbaren Motivations- und/oder Disziplinprobleme. Entlastung pur also für die betreffende Lehrkraft. Kein Wunder also, dass diese beim anschließenden Gespräch recht entspannt wirkt. Sie habe gründlich investiert, so ihr Kommentar; nun ernte sie die Früchte ihrer Arbeit und könne einzelne Schüler/innen stressfreier beobachten und unterstützen, als das ansonsten möglich sei.

Ein zweites Beispiel aus einer 8. Klasse Hauptschule unterstreicht diesen Effekt. Auch hier gilt, dass die betreffende Klasse methodisch recht gut geschult wurde. Das Thema: Ernährungslehre. Das Besondere in dieser Klasse ist, dass die betreffende Lehrerin zu einer zweitägigen Fortbildungsveranstaltung gemeldet ist und sich angesichts der personellen Engpässe in der Schule traut, ihre Klasse mit nur einem Rahmenauftrag zurückzulassen, nämlich dem, in den vier Stunden ihrer Abwesenheit in den bestehenden Zufallsgruppen möglichst knifflige Lernspiele zur Ernährungslehre zu entwickeln. Dazu stehen den Schüler/innen als Informationsbasis das Schulbuch sowie eine einschlägige Broschüre zur Ernährungslehre zur Verfügung. Mit der Schulleitung ist vereinbart, dass die Klassenlehrerin der Nachbarklasse bei Bedarf nach dem Rechten sehen wird. Die Klasse selbst ist also gehalten, in eigener Regie zu arbeiten und die anstehende Aufgabe möglichst eigenständig zu bewältigen. Die Ergebnisse dieses »autonomen Lernens« sind zwei Tage später ebenso überzeugend wie ermutigend zu sehen. Die betreffenden Schüler/innen sind nicht nur störungsfrei über die Runden gekommen; sie haben auch gleich mehrere pfiffige Lernspiele entwickelt, die der intensiven Auseinandersetzung mit dem Lernfeld Ernährungslehre dienen. Erstellt wurden Würfelspiele und Kreuzworträtsel, Quiz-Spiele und Quartettspiele, Arbeitsblätter und Rollenspiele, Lückentexte und Detektivspiele. So gesehen spricht einiges dafür, dass die Schüler/innen bei entsprechender Lernkompetenz ein beträchtliches Maß an Selbstständigkeit und Selbstverantwortung gewährleisten können.

Eine dritte Positiv-Szene betrifft das Schüler-Schüler-Gespräch im Rahmen eines Stuhlkreises. Ort des Geschehens ist die 3. Klasse einer Grundschule – auch diese methodisch recht gut geübt. In der betreffenden Unterrichtsstunde geht es um das Thema »Hunde«. Die Lehrerin bittet die Kinder, im Zuge einer kurzen »Fantasiereise« doch einmal genauer zu schauen, was ihnen zum besagten Thema so alles einfällt. Ferner erinnert sie daran, dass in der anschließenden Erzählphase auf die vereinbarten Gesprächsregeln zu achten sei (diese sind auf einem Plakat an der Außenwand des Klassenraumes veranschaulicht). Dann geht das Kreisgespräch los. Fast alle Schülerinnen und Schüler melden sich, um das eine oder andere Vorwissen und/oder Erlebnis zum Thema »Hunde« zum Besten zu geben. Die Lehrerin erteilt zuerst Katja das Wort, indem sie ihr den in der Klasse eingeführten »Erzählstein« überreicht. Katja schaut kurz in die Schülerrunde und berichtet dann knapp und gut verständlich von ihrem Boxer »Bully«. Alsdann schaut sie, wer sich für einen weiteren Beitrag meldet, und gibt sodann den Erzählstein an die schräg gegenübersitzende Christiane weiter. Christiane nimmt ebenfalls Blickkontakt zur Schülerrunde auf und berichtet dann über ihren Schäferhund »Samson«. Erneut melden sich zahlreiche Schüler/innen für einen weiteren Beitrag, darunter auch Heiko mit zwei erhobenen Armen. Dieses Signal weiß Christiane sofort zu deuten und gibt ihren Erzählstein umgehend an Heiko. Dieser hat nämlich an Christianes Ausführungen zum Schäferhund etwas auszusetzen und zu ergänzen. Denn seine Eltern haben zu Hause ebenfalls einen Schäferhund, allerdings keinen deutschen, sondern einen schottischen Schäferhund – auch Colly genannt. Und für den gelten Christianes Ausführungen nur sehr begrenzt – deshalb der Einspruch. Nach dieser Intervention und Klarstellung gibt Heiko den Erzählstein an Katrin weiter, die über ihren Pekinesen »Daysi« zu berichten weiß usw. Die Vielfalt der Beiträge und Vorkenntnisse ist beeindruckend.

Bemerkenswert an diesem über rund zwanzig Minuten laufenden Stuhlkreis-Gespräch sind gleich mehrere Aspekte: Erstens fällt auf, dass die Schüler/innen kaum zur Lehrerin, sondern überwiegend zu den Mitschüler/innen hin sprechen; zweitens sprechen sie nicht nur frei, sondern in der Regel auch gut verständlich; drittens klappt die Weitergabe des Rederechts mittels Erzählstein recht reibungslos, viertens ist die Gesprächsdisziplin ausgesprochen beeindruckend; fünftens sind die unterschiedlichen Meldeformen (eine Hand hoch = normaler Redebeitrag, 2 Hände hoch = Einspruch/Kritik/Korrektur) offenbar gut eingespielt, und sechstens ist die Breite der mündlichen Beteiligung geradezu beispielhaft. Fast alle Schülerinnen und Schüler leisten kleine Beiträge, ohne dass ihnen irgendwelche Vielredner oder Besserwisser das Wort streitig machen. Unverkennbar ist, dass die Kinder dieser Klasse mit diversen Gesprächsregeln und -ritualen eingehend vertraut sind und diese ebenso selbstbewusst wie routiniert anzuwenden verstehen. Dass dies alles der verantwortlichen Lehrkraft gut tut und Entlastung bringt, ist im Unterrichtsverlauf unschwer zu erkennen.

2.2 Die Schüler als Helfer und Miterzieher

Ein weiterer Hebel, um die Entlastung der Lehrkräfte im Unterricht zu fördern, betrifft das Unterstützungs- und Erziehungssystem in der jeweiligen Klasse. Wer sorgt dafür, dass die Schüler/innen diszipliniert und effektiv lernen? Wenn diese Aufgabe allein den Lehrkräften obliegt, ist deren Überlastung nachgerade programmiert. Denn von Lehrerseite kann nun einmal nicht allen hilfsbedürftigen Schüler/innen hinreichend unter die Arme gegriffen werden. Das ist bei 28–30 Kindern pro Klasse schlechterdings nicht möglich. Vielmehr braucht es verstärkt Hilfe, Anleitung und/oder Disziplinierung durch die Mitschülerinnen und Mitschüler. »Schüler helfen Schülern« – das ist das Motto, auf das hier abgestellt wird (vgl. Greaf/Preller 1994). Die Schüler/innen sind allerdings nicht nur gehalten, sich wechselseitig zu helfen; sie werden auch und zugleich gebraucht, um als »Mitzieher« darauf hinzuwirken, dass in der jeweiligen Klasse Disziplin und Ordnung, Motivation und Konzentration, Fairness und Lernerfolg Einzug halten (vgl. M 18 auf Seite 123).

Von daher empfiehlt sich das gezielte Arbeiten an und mit leistungs- und verhaltensheterogenen Gruppen. Das ist in Deutschland nach wie vor zwar ein heikles Thema, deshalb allerdings kein unwichtiger oder gar abwegiger Ansatz. Spätestens seit PISA und IGLU ist klar geworden, dass Heterogenität mehr Chancen als Bedrohungen mit sich bringt. Die Unterschiedlichkeit der Kinder ist ganz offenbar die Würze für erfolgreiches Lernen. Denn wenn alle Schüler/innen gleich sind, passiert vergleichsweise wenig Produktives und Kreatives. Je unterschiedlicher sie dagegen sind, desto größer sind die wechselseitigen Anregungen und Herausforderungen. Das kann jeder beobachten und/oder erfahren, der Nachhilfeunterricht erteilt. Der jeweilige »Nachhilfelehrer« lernt bei seiner Unterstützungsarbeit fachlich in der Regel zwar nichts Neues, wohl aber steigert er aufgrund der vielfältigen Fragen und Erklärungsversuche sowohl die eigene fachliche Souveränität als auch solche persönlichen Kompetenzen wie Selbstvertrauen und Selbstwertgefühl, Eigeninitiative und Problemlösungsvermögen, Kommunikationsfähigkeit und Sozialkompetenz, Ausdauer und Frustrationstoleranz – Kompetenzen also, die im Zeitalter der neuen Bildungsstandards wichtiger und perspektivreicher sind als all das träge Wissen, auf das traditionell so viel Wert gelegt wird.

Die Stärkeren helfen den Schwächeren, die verhaltensstabileren Kinder erziehen und disziplinieren jene, die von Hause aus über kein hinreichendes Sozialverhalten verfügen. Vielen ist ein Rätsel, warum diese pädagogische Option hierzulande nicht konsequenter verfolgt wird. Die entsprechenden Nachhilfe- und Erziehungspotenziale der Schüler/innen sind auf jeden Fall enorm. Sie verstärkt abzurufen und zu nutzen ist nicht nur eine Perspektive für die Kinder und Jugendlichen, sondern auch und zugleich eine Chance für die betreffenden Lehrkräfte, die nervenaufreibenden Störungen im Unterricht zu reduzieren. Das bringt Entlastung für die Lehrerseite und breitenwirksame Lernzuwächse auf der Schülerseite. Die vorliegenden PISA-Ergebnisse bestätigen diese wohltuenden Effekte der Heterogenität. Wenn starke Schüler/innen z.B. Rechenaufgaben entwickeln und diese nach Bearbeitung durch andere Schüler/innen nicht nur korrigieren, sondern dazu auch noch gezielt Nachhilfe erteilen, dann bringt dieses Verfahren allen Betroffenen etwas. Den Lehrkräften hilft es, das Problem der »inneren Differenzierung« besser in den Griff zu bekommen, und die Schüler/innen unterstützt es dabei, den eigenen fachlichen und methodischen Durchblick zu steigern.

Voraussetzung ist nur, dass die Schüler/innen und ihre Eltern die dahinter stehenden pädagogischen Absichten und Chancen hinreichend verstehen und akzeptieren. Das ist bislang leider nicht überall der Fall. Viele Eltern und Schüler/innen tendieren vielmehr dazu, die Zusammenarbeit in Gruppen- und Partnerformationen eher skeptisch einzuschätzen. Wechselseitiges Helfen und Erziehen gelten gerade bei den leistungsstarken »Einzelkämpfern« unter den Schüler/innen als altruistische Tat ohne rechte Gegenleistung. Diese Haltung blockiert und signalisiert, dass noch eine Menge Überzeugungsarbeit zu leisten ist, wenn die skizzierten Helfer- und Erziehungssysteme in Deutschlands Schulen tatsächlich Platz greifen sollen. Mag sein, dass sich die vorhandene Skepsis angesichts der neuen Kompetenz- und Prüfungsanforderungen in den nächsten Jahren allmählich verlieren wird; gleichwohl bedarf es noch beträchtlicher Trainings- und Überzeugungsleistungen, sollen die bestehenden Vorbehalte in Sachen Kooperation und Gruppenarbeit vom Tisch kommen.

Dabei ist die Sachlage doch eigentlich recht evident. Gute Teamarbeit meint natürlich mehr als das landläufige Zusammensitzen an Gruppentischen. Gute Teamarbeit bedeutet auch und vor allem, dass die Schüler/innen bereit und in der Lage sind, regelgebunden zusammenzuarbeiten und die jeweilige Aufgabe gemeinsam zu lösen. Das schließt ein, dass sie im besten Sinne des Wortes aufeinander angewiesen sind und sich bei der anstehenden Lernarbeit wechselseitig unterstützen und bestärken müssen. Teamarbeit verlangt aber auch und zugleich, dass in den jeweiligen Gruppen zielstrebig und konstruktiv gearbeitet wird und unnötige Störungen und/oder Trödeleien gruppenintern unterbunden werden. Nötig sind von daher einschlägige Regeln und Ablaufpläne, Zeitwächter und Regelbeobachter, die für effektive Arbeitsabläufe und Arbeitsbeziehungen sorgen (vgl. M 19 auf Seite 124). Und nötig sind natürlich auch gelegentliche Reflexions- und Kritikphasen, die den Kindern Anlass geben, sich über Gelungenes und Problematisches im Rahmen der abgelaufenen Gruppenarbeitsphasen zu verständigen.

Fazit also: Die Schüler/innen müssen verstärkt üben und lernen, konstruktiv und regelgebunden in Partner- und Gruppenformationen zusammenzuarbeiten sowie durchdacht zu intervenieren, wenn sich Gruppenmitglieder verhaken oder fruchtlos im Kreis drehen sollten. Durch konsequente Teamentwicklungsmaßnahmen lässt sich diesbezüglich Besserung erreichen (vgl. Klippert 1998). Von daher ist es wichtig, dass die Schüler/innen lernen,

... eine gewisse Leistungs- und Verhaltensheterogenität zu akzeptieren, damit sich die anvisierten Helfer- und Erziehungssysteme etablieren können; dazu wird u.a. auf das Losverfahren abgestellt, das immer neue soziale Konstellationen entstehen lässt;
... die geltenden/vereinbarten Regeln konsequent zu überwachen und einzuhalten; dafür gibt es spezielle »Ämter« (Gesprächsleiter, Fahrplanüberwacher, Regelwächter, Zeitwächter, Präsentator), die von den Gruppenmitgliedern im Wechsel wahrzunehmen sind;
... Gruppenergebnisse in kooperativer Weise unter Beteiligung von zwei oder mehr Gruppenmitgliedern zu präsentieren; das steigert das »Wir-Gefühl« in der jeweiligen Gruppe und verhindert, dass einzelne Schüler/innen zu dominant werden;
... sich wechselseitig zu ermutigen und die eingeräumten Freiheitsgrade konstruktiv zu nutzen. Das wird u.a. dadurch begünstigt, dass die Lehrkräfte Fehlertoleranz zeigen und/oder anerkennendes Klatschen nach größeren Präsentationen anregen.

Wenn die Kinder und Jugendlichen als Helfer und Mitzieher geübt sind und Gruppenarbeit geschickt zu gestalten verstehen, dann führt das nach aller Erfahrung zu einer Reihe von Pluspunkten, die selbst die Skeptiker überzeugen. Der erste Pluspunkt ist der, dass die Schüler/innen durch ihre verantwortliche Beteiligung im Rahmen des

Gruppenprozesses relativ intensiv lernen und Verständnis aufbauen. Zweitens sind sie in ihren Gruppen vergleichsweise gut in der Lage, selbstständig zu arbeiten und auftretende Lernschwierigkeiten zu überwinden, da sie auf die »Solidarität« ihrer Mitschüler/innen rechnen können. Drittens trägt die zu vermittelnde Regelungskompetenz dazu bei, dass sich die Schüler/innen wechselseitig kontrollieren, korrigieren, ermahnen, aufmuntern und in sonstiger Weise in die Pflicht nehmen. Viertens stärkt die konsequente Gruppeneinbindung der Schüler/innen ihre sozialen und emotionalen Fähigkeiten und Neigungen; das ist gut für ihr Selbstwertgefühl. Fünftens hilft die gezielte Förderung von Teamfähigkeit und Teambereitschaft, das Zusammengehörigkeitsgefühl und die Lernmotivation in den betreffenden Klassen zu stärken. Und sechstens schließlich wirkt die soziale Einbettung der Schüler/innen ihren verbreiteten Versagensängsten entgegen. Das alles kommt freilich nicht nur den Kindern und Jugendlichen zugute, sondern ist auch und nicht zuletzt wichtige und wirksame Quelle von Lehrerentlastung.

2.3 Die Lernspirale als »Selbstlernskript«

Lehrerentlastung lässt sich allerdings auch noch auf andere Weise organisieren, nämlich durch die gezielte Delegation von Arbeit und Verantwortung im Fachunterricht. Was damit gemeint ist, lässt sich aus Abbildung 10 ersehen. Bei näherer Betrachtung der beiden dokumentierten *Lernspiralen* lässt sich unschwer erkennen, dass die Schüler/innen mehr und die Lehrkräfte deutlich weniger arbeiten, als das im herkömmlichen Unterricht gemeinhin der Fall ist. Festgeschrieben ist eine relativ defensive Lehrerrolle, gepaart mit einer ebenso vielseitigen wie eindringlichen Lernarbeit der Schülerinnen und Schüler in Verbindung mit unterschiedlichen Lehrerinputs. Die Schüler/innen müssen variantenreich arbeiten und lernen, und die Lehrkräfte können sich stärker zurücknehmen. Die Schüler/innen müssen lesen und markieren, exzerpieren und strukturieren, kooperieren und visualisieren, fragen und antworten, planen und entscheiden, organisieren und präsentieren, vortragen und diskutieren, Probleme lösen und Kompromisse finden, Feedback geben und Feedback nehmen – kurzum: Sie müssen vielseitig aktiv werden und Verantwortung übernehmen. Die viel beschworene Methodenvielfalt ist also im besten Sinne des Wortes gewährleistet (vgl. M 20 auf Seite 125).

Im Gegensatz zu den im vorletzten Abschnitt angesprochenen »Trainingsspiralen« zeichnen sich die besagten *Lernspiralen* dadurch aus, dass nicht die Methodik, sondern der jeweilige Fachinhalt im Zentrum der unterrichtlichen Lernarbeit steht. Die inhaltliche Auseinandersetzung und Klärung hat also Priorität. Zusätzlich geht es darum, elementare Arbeits-, Kommunikations- und Kooperationstechniken anwenden und festigen zu lassen. So gesehen gehen inhaltliches und methodisches Lernen Hand in Hand. Der Entlastungseffekt, der daraus für die Gruppe der Lehrkräfte resultiert, ist beeindruckend. Die Schüler/innen sind nicht nur konsequent angehalten, eigenverantwortlich zu arbeiten und zu lernen. Sie müssen sich auch gegenseitig helfen und in die

Lernspirale rund um einen Lehrervortrag

1. Lehrervortrag zur Flächenberechnung mit unterstützendem Tafelanschrieb
2. Nachhilfephase in 3er-Zufallsgruppen: Fragen und Klärungen zur Lehrerdarbietung
3. Gleiche Gruppen: Entwicklung von Fragestellungen, auf die im Lehrervortrag Antwort gegeben wurde
4. Plenum: Gezieltes Frage-Antwort-Spiel zur vertiefenden Klärung von Begriffen, Maßeinheiten etc.
5. Einzelarbeit: Berechnung zweier unterschiedlicher Flächen (Arbeitsblatt bearbeiten)
6. Erläuterung der gewählten Rechenwege gegenüber wechselnden Zufallspartnern (Doppelkreis)
7. Plenar-Präsentation durch ausgeloste Tandems aus der letzten Arbeitsphase
8. Vertiefende Hinweise und Erläuterungen von Lehrerseite

Lernspirale rund um zwei Sachtexte

1. Lesen und markieren der beiden Komplementär-Texte zur betrieblichen Mitbestimmung
2. Besprechung der aufgetretenen Unklarheiten in textgleichen 3er-Gruppen (Zufallsgruppen)
3. Erstellen textspezifischer Strukturmuster bzw. »Spickzettel« in Einzelarbeit
4. Partnervorträge anhand der erstellten »Spickzettel« im Rahmen eines Doppelkreises
5. Mischgruppen: Folie zur Arbeit des Betriebsrates und der Jugendvertretung gestalten
6. Präsentation ausgeloster Folien durch verantwortliche Gruppenmitglieder (Tandem-Präsentation)
7. Feedback zur dargebotenen Präsentation unter sachlichen, methodischen und rhetorischen Gesichtspunkten
8. Vertiefende Hinweise und Erläuterungen von Lehrerseite

Abb. 10 © Dr. H. Klippert

Pflicht nehmen; sie müssen produktiv und kreativ tätig werden und immer wieder versuchen, den nötigen fachlichen Durchblick zu erreichen. Die Lernspirale gibt dieser »eindringlichen« Arbeitsweise Gestalt. Sie sorgt dafür, dass sich die Schüler/innen mehrstufig in die jeweilige Aufgabenstellung hineinbohren und dabei breit gefächerte Kompetenzen aufbauen. Deshalb der Begriff der Lernspirale in Analogie zum Spiralbohrer.

Wie dieses »Sich-Hineinbohren« aussehen kann, zeigen die beiden Lernspiralen in Abbildung 10. Ausgangspunkt ist im ersten Fall ein Lehrervortrag im Fach Mathematik zum Lernfeld »Flächenberechnung«. Der erste Arbeitsschritt ist noch recht traditionell. Die zuständige Lehrkraft präsentiert einige Grundinformationen zur Flächenberechnung an der Tafel. Die Schüler/innen müssen ihrerseits zuhören und gezielt mitschreiben. Dann beginnt der eigentliche Arbeitszyklus der Schülerseite, der sich über rund eine Unterrichtsstunde erstreckt. Und darin steckt der Kern der Lehrerentlastung. Gestartet wird dieser Arbeitszyklus mit der so genannten Nachhilfephase. Diese gibt den Schüler/innen Gelegenheit, in leistungsheterogenen Zufallsgruppen persönliche Fragen und Unklarheiten ohne persönlichen Gesichtsverlust zur Sprache zu bringen und mit Hilfe der Mitschüler/innen auszuräumen. Wird nicht gefragt, so hat das absehbar unangenehme Folgen. Denn in den Phasen 3–7 gilt es, die vorgestellten Grundinformationen und Operationen in unterschiedlicher Weise auszuwerten und anzuwenden. Das beginnt mit dem Entwickeln und Beantworten themenspezifischer Fragestellungen und reicht über das versuchsweise Berechnen ausgewählter Flächen bis hin zum Präsentieren persönlicher Rechenwege zunächst in Zufallstandems und dann im Plenum. Abgerundet wird dieser Arbeitszyklus mit einigen vertiefenden Hinweisen und Erläuterungen des Lehrers.

Ähnlich vielseitig sind die Schüleraktivitäten im Rahmen der zweiten Lernspirale zur innerbetrieblichen Mitbestimmung. Lerngegenstand sind diesmal zwei komplementäre Texte zu (a) der praktischen Arbeit des Betriebsrates sowie (b) den speziellen Aufgaben und Zuständigkeiten der innerbetrieblichen Jugend- und Auszubildendenvertretung. Der Arbeitszyklus der Schüler/innen beginnt damit, dass sie ihren jeweiligen Text lesen und markieren müssen. Dann kommt die aus der ersten Lernspirale bereits bekannte Nachhilfephase mit wechselseitigen Anfragen und Erklärungen. Darauf folgen die Strukturierung und Verbalisierung des Textinhalts durch die Schüler/innen sowie das Erstellen und Präsentieren einer zusammenfassenden Folie zu den beiden genannten Mitbestimmungsorganen. Das alles ist nicht nur anspruchsvoll, sondern verlangt von den Schülerinnen und Schülern auch recht vielseitige Lernaktivitäten – Lernaktivitäten, die infolge der eingebauten Anwendungs-, Kontroll- und Unterstützungsphasen zumeist recht gut zu bewältigen sind. Die hier in Rede stehende Lehrerentlastung liegt exakt in dieser Gelingenswahrscheinlichkeit begründet.

Die Lehrerrolle ist demnach eine deutlich defensive. Sie ist auf Arbeitsökonomie gerichtet sowie darauf, unnötige Mehrarbeit zu vermeiden. Indem auf gängige Lehrerinputs und/oder Medien (Texte, Vortrag) zurückgegriffen wird, wird der Vorbereitungsaufwand der Lehrkräfte im besten Sinne des Wortes minimiert. Allerdings: Normalerweise folgt nach der Vortrags- bzw. Lesephase das lehrergelenkte Unterrichtsgespräch, was in praxi vor allem eines bedeutet: höchste Konzentration, Anspannung und vielseitige verbale Beteiligung und Steuerung durch die jeweilige Lehrperson. Das ist Belastung pur. Gleiches gilt für die lehrerzentrierten Phasen der Tafelbildentwicklung sowie der Ergebnissicherung und -kontrolle im Plenum. Die Arbeit liegt bei alledem vor allem beim Lehrer, während sich die Schüler/innen mehr oder weniger folgenlos aus dem Unterrichtsgeschehen ausklinken oder sogar Störmanöver starten können. Die Stresswahrscheinlichkeit für die Lehrkräfte ist also relativ hoch. Sie rackern sich ab, übernehmen Verantwortung, zeigen Initiative und kämpfen mehr oder weniger mühsam gegen die offenen oder verdeckten Flucht- bzw. Störversuche der Schülerinnen und Schüler.

Ganz anders die Rollenverteilung im Rahmen der skizzierten Lernspiralen. Die Schüler/innen arbeiten über weite Strecken eigenständig und eigenverantwortlich. Dazu tragen sowohl die eingebauten Helfersysteme und Kontrollmechanismen als auch die abwechslungsreichen Arbeitsweisen bei, die für relativ hohe Motivation und Konzentration auf Schülerseite sorgen. Hinzu kommt, dass den Schüler/innen zu Beginn einer Lernsequenz vor Augen geführt wird, wie sehr sie im anstehenden Arbeitsprozess gefördert und gefordert werden. Auch das stärkt ihre Anstrengungsbereitschaft. Die meisten Schüler/innen finden dieses Verfahren fair und anerkennenswert. Sie sehen zum einen, dass ihnen Hilfe und Unterstützung zuteil wird. Sie sehen andererseits aber auch, dass ihnen nach anfänglichen Versuchs- und Nachhilfephasen ein verbindliches Maß an Selbstständigkeit und Selbstverantwortung zugemutet und abverlangt wird. Das verpflichtet und motiviert. So gesehen, folgen die skizzierten Lernspiralen im Kern der von Maria Montessori ausgegebenen Maxime »Hilf mir, es selbst zu tun«. Gute Lehrerinnen und Lehrer sind danach nicht diejenigen, die omnipräsent und hyperaktiv das Feld bestellen, sondern jene, die die Schüler/innen zunehmend einbinden und für ihren eigenen Lernprozess Verantwortung übernehmen lassen. Die skizzierten Lernspiralen gewährleisten diesen Mix aus Fordern und Fördern.

Das besagte Spiralkonzept hat aber noch eine Reihe weiterer Vorteile. Dazu gehört erstens, dass es den Schüler/innen Halt und Orientierung gibt, indem es transparent macht, wie die Lernprozesse ablaufen und was von den betreffenden Lernern konkret erwartet wird. Zweitens stellt es sicher, dass die Lerninhalte variantenreich erschlossen werden und vielfältige Methoden zur Anwendung gelangen, die unterschiedliche Begabungen zur Geltung kommen lassen. Drittens fördert das Spiralkonzept vielseitige Aktivitäten der Informationsbeschaffung und -verarbeitung und begünstigt damit das nachhaltige Begreifen und Behalten des jeweiligen Lernstoffs. Hinzu kommt: Die mehrstufige Vorgehensweise führt dazu, dass sich die Schüler/innen sukzessive vergewissern können. Die eingebauten Helfer- und Kontrollmechanismen begünstigen diszipliniertes Lernen und fördern die soziale Integration innerhalb der Klassen. Und nicht zuletzt stellt das skizzierte Spiralkonzept sicher, dass durch die differenzierte methodische Ausrichtung den neuen Bildungsstandards Rechnung getragen wird, die längst nicht mehr nur Wissen fordern, sondern vor allem eines verlangen, nämlich lebens- und berufsrelevante Kompetenzen ins Zentrum der unterrichtlichen Arbeit zu rücken.

2.4 Die Strategie der kleinen Schritte

Eine weitere zentrale Voraussetzung für wirksame Lehrerentlastung ist das sehr dosierte Fordern und Fördern im Unterricht. »Fordern, ohne zu überfordern«, das ist die korrespondierende Maxime. Wer den Schüler/innen aus dem Stand heraus zu viel abverlangt, der wird sich nicht wundern müssen, wenn am Ende weder die Ergebnisse noch die Motivation stimmen. Das verbreitete Scheitern vieler Schülerinnen und Schüler im Rahmen von Projektarbeiten ist ein deutliches Indiz dafür, dass der Sprung von der lehrerzentrierten Bevormundung hin zum selbst organisierten Projektlernen schwieriger ist, als sich das viele Protagonisten des Offenen Lernens vorstellen. Vor allem aber: Diese Art des Lernens verlangt vielfältige elementare Vorübungen und Klärungen im Sinne des angloamerikanischen »Skill-Trainings«, die aber in Deutschlands Schulen bislang noch viel zu selten vorkommen (vgl. M 17 auf Seite 122). Stattdessen werden die Schüler/innen nur zu oft in Lernsituationen gestellt, in denen sie methodische und intellektuelle Höchstleistungen erbringen sollen, obwohl es ihnen noch ganz eklatant an Basisfertigkeiten mangelt. Die Folgen sind bekannt: Die Schüler/innen kapitulieren und fallen über kurz oder lang in die gewohnte Passivität und Ratlosigkeit zurück. Oder anders ausgedrückt: Sie suchen und finden alle möglichen Gründe, um das Offene Lernen zu diskreditieren und die Lehrkräfte in gewohnt pfiffiger Weise in Beschlag zu nehmen, sich selbst aber mit Nachdruck aus der zugewiesenen Verantwortung herauszustehlen.

Das erklärt, warum Projektarbeit und andere anspruchsvolle Formen des offenen Lernens für viele Schüler/innen einfach nur »blöd« sind und/oder als ungebührliche Zumutung »fauler Lehrkräfte« wahrgenommen werden. Soll sich an dieser fatalen Einstellung etwas ändern, muss sehr viel konkreter als bisher beim methodischen und inhaltlichen »Handwerkszeug« der Schüler/innen angesetzt werden. Damit ist gemeint, dass die Schüler/innen in kleinen Schritten an elementare Fähigkeiten und Fertigkeiten herangeführt werden müssen, mit denen sie späterhin anspruchsvolle Projekt-, Gruppen-, Stationen-, Wochenplan- und/oder Freiarbeiten bestreiten können. Ohne kleine Schritte wird es auch keine großen Leistungen geben, ohne »Skill-Training« auch keine wirksame Lehrerentlastung. Wer dieses »pädagogische Grundgesetz« ignoriert, hat schon verloren. Zwar ist es durchaus möglich, mit 10–20 Prozent der Schülerschaft auch ohne die Doktrin der Kleinschrittigkeit erfolgreich über die Runden zu kommen; aber ob diese Verfahrensweise vertretbar ist, das mag dahingestellt bleiben. Auch die übrigen Kinder und Jugendlichen vermögen erfolgreich zu lernen; sie müssen nur anders herangeführt und aufgebaut werden.

Die hier in Rede stehende Kleinschrittigkeit der Lern- und Methodenschulung trägt dieser Erkenntnis Rechnung. Sie sieht vor, dass die Schüler/innen methodisch wie inhaltlich relativ klein anfangen, um nach und nach zu den Hochformen des Offenen Lernens vorzustoßen. Progression ja, aber doch so, dass die Schüler/innen in der Breite mitkommen und möglichst ausgeprägte Erfolgserlebnisse haben. Diesem Grundgedanken entsprechen die in Abschnitt II.2.1 dargelegten Hinweise zur Förderung elementarer methodischer, kommunikativer und teamspezifischer Kompetenzen; dieser

Grundgedanke deckt sich aber auch mit dem, was die »pragmatische Koppelung von Lehrerlenkung und selbsttätigem Lernen« genannt werden kann. Im Klartext: Erfolgreiches Lernen gibt es nur selten ohne gezielte Lehrerlenkung. Vor allem dann nicht, wenn die Schüler/innen noch recht unsicher und unselbstständig sind. *Lehrerlenkung* meint hierbei freilich etwas anderes als die landläufige Lehrerzentrierung bzw. Lehrerdarbietung. Lehrerlenkung heißt im besten Sinne des Wortes Rahmenlenkung, d.h. Lenkung durch Zeit-, Produkt-, Verfahrens- und Materialvorgaben.

Die Schülerinnen und Schüler werden also nicht einfach in eine diffuse Freiheit hinein entlassen, sondern von Lehrerseite dosiert geführt und angeleitet. Ihnen werden gewisse Rahmendaten und -arrangements vorgegeben; die Produkt-, Prozess- und Ergebnisverantwortung indes bleibt bei ihnen. So gesehen sind die Schülerinnen und Schüler nicht *allein*verantwortlich, sondern in gewissem Umfang *mit*verantwortlich. Lautet die Lehrervorgabe im Rahmen eines Arbeitsvorhabens z.B., eine Tabelle zu erstellen, so bleibt u.a. offen, ob die Schüler/innen diese Tabelle zweispaltig oder vielleicht vierspaltig gestalten, welche Spalten-Überschriften sie wählen, wie sie die betreffenden Daten recherchieren und exzerpieren und welche dieser Daten sie wo und wie eintragen. Das mag für manchen Unterrichtsexperten zwar eine relativ einfache Konstruktionsaufgabe sein, gleichwohl ist darin ein beträchtliches Maß an Eigenverantwortlichkeit und Selbststeuerung der Kinder und Jugendlichen aufgehoben. Franz E. Weinert spricht diesbezüglich von der Instruktionsaufgabe des Lehrers und meint damit, dass die jeweilige Lehrkraft die Schüler/innen einfühlsam zu instruieren und zu lenken habe; der Unterricht selbst bleibe jedoch schülerzentriert (vgl. Weinert 1999, S. 33f.). Diese Klarstellung ist deshalb wichtig, weil damit unterstrichen wird, dass die Lehrkräfte in erster Linie »Hilfe zur Selbsthilfe« leisten. Sie bahnen die Lernkorridore für die Schüler/innen, lassen diesen jedoch ein erhebliches Maß an Selbst- und Mitverantwortung (vgl. M 21 auf Seite 126).

Die besagte »Strategie der kleinen Schritte« zielt auf diese Selbst- und Mitverantwortung. Sie unterstützt und erleichtert das Erlernen entsprechender »Skills« und setzt daher ganz zentral bei der Lernorganisation und Lernmoderation der Lehrkräfte an. Kennzeichnend für die betreffende Lernarbeit sind Redundanz und Routinebildung. Damit ist gemeint, dass die Schülerinnen und Schüler durch die kleinschrittige, variantenreiche Anwendung und/oder Wiederholung der jeweiligen Lerninhalte bzw. Methoden zu relativ nachhaltigen Einsichten und Routinen gelangen. Sie begreifen die Lerngegenstände, statt sie nur oberflächlich zu behandeln. Das ist die Quintessenz des skizzierten Ansatzes. Die in Abschnitt II.2.3 dokumentierten Lernspiralen unterstreichen diese Sichtweise. Das in diesen Lernspiralen aufgehobene Prinzip der kleinen Schritte sorgt dafür, dass die Schüler/innen recht intensiv in die jeweilige Aufgabe eindringen. Durch die elementare Schrittfolge sichern sie sich nicht nur den nötigen Überblick, sondern bringen auch und zugleich unterschiedliche Sinne ins Spiel, die das eigene Lernen stützen und intensivieren.

Die Analogie zum Sportunterricht liegt auf der Hand. Lernspiralen sind mehrstufige Lernvorgänge, die Systematik und Redundanz aufweisen. Darin ähneln sie den Trainingsabläufen im sportlichen Bereich. Kein Sportlehrer käme z.B. auf die Idee, die

Schüler/innen ohne ausgiebiges Training über 1,50 Meter springen zu lassen. Genau das aber geschieht permanent in den übrigen Schulfächern, wenn z.B. anspruchsvolle Projekt-, Stationen- oder Wochenplanarbeiten angesagt sind, ohne dass die Schüler/innen elementare Vorübungen absolviert haben. Anders der Sportunterricht. Hier gehört es zu den selbstverständlichen Gesetzmäßigkeiten, den Schülerinnen und Schülern über längere Zeit Gelegenheit zu geben, sich wieder und wieder zu üben, bevor sie endlich an die besagte Zielhöhe herangeführt werden. Dementsprechend wird mit niedrigen Sprunghöhen begonnen, damit sich die Bewegungsabläufe sukzessive einspielen können. Dieses Prinzip der Kleinschrittigkeit und Redundanz lässt sich auf das inhaltliche wie auf das methodische Lernen in den Fächern übertragen. Die Trainings- und Lernspiralen, die in den Abschnitten II.2.1 und II.2.3 umrissen wurden, liefern Beispiele dafür. Ihre Botschaft: Wer nachhaltige Lernfortschritte erreichen will, der muss den Kindern und Jugendlichen zunächst Sicherheit, Routine und Kompetenzmotivation vermitteln. Das stützt den Lernerfolg und sichert Lehrerentlastung.

Zur skizzierten Strategie der kleinen Schritte gehört aber noch ein Weiteres: die *Regelmäßigkeit* des Übens und Anwendens der anstehenden Inhalte bzw. Verfahrensweisen. Denn wenn die Schüler/innen ihre methodischen und inhaltlichen Kompetenzen im Kleinen wie im Großen entwickeln sollen, dann müssen sie möglichst oft und konsequent Gelegenheit erhalten, entsprechende Lernhandlungen durchzuführen. Dementsprechend müssen die Lehrkräfte im Rahmen ihrer Unterrichtsvorbereitung immer wieder geeignete Lernsituationen suchen und einplanen, die diese Übungsarbeit gewährleisten. Dieses planvolle Vorgehen der Lehrerseite ist Voraussetzung und Gewähr für Verbindlichkeit und Routinebildung, für Kompetenzmotivation und Lehrerentlastung. Dazu ein Beispiel aus dem Bereich des Methodentrainings: Texte sinnfällig zu markieren ist bekanntlich eine der Grundfertigkeiten, die den Schüler/innen im Rahmen des eigenverantwortlichen Lernens geläufig sein muss. Gesetzt den Fall, derartige Übungen werden mehrfach pro Woche durchgeführt und in der Klasse gemeinsam reflektiert, dann trägt die daraus erwachsende Routine nicht nur dazu bei, dass die Schüler/innen das Markieren besser beherrschen lernen, sondern auch dazu, anspruchsvollere Aufgaben der Informationsbeschaffung, -auswertung und -aufbereitung bewältigen zu können.

Diese Einsicht ist zwar weder neu noch spektakulär. Dennoch ist sie wichtig und wegweisend, wenn es um den Zusammenhang von kleinschrittigem Lernen und nachhaltiger Kompetenzvermittlung auf Schülerseite geht. Vieles spricht dafür, dass dem Gros der Lehrkräfte die grundlegende Bedeutung der angesprochenen »Mikrokompetenzen« nur unzureichend bewusst ist. Von daher mangelt es vielen Schüler/innen z.B. beim Einsatz von Projekt-, Wochenplan- oder Stationenarbeit nur zu oft am methodisch-strategischen Unterbau. Die Folge ist, dass viele Lehrkräfte aus der Not heraus immer wieder selbst aktiv werden, um die Unzulänglichkeiten der Schüler/innen kompensieren zu können. Auf diese Weise werden Projekte schon mal schnell zu lehrerzentrierten Lehrgängen, und Wochenplanarbeit degeneriert schon mal rasch zur flachen Arbeitsblattpädagogik mit dem Lückentext als Paradebeispiel. Dass das so nicht sein sollte, ist klar. Nur, wie lässt sich dieses Dilemma beheben? Einzelne Versuche zur gezielten Methodenförderung hat es in der Vergangenheit zwar immer mal wieder gegeben, nur bewirkt haben sie meist wenig. Die eine Lehrkraft hat vielleicht am Montag eine einfache Tabelle zeichnen lassen, die zweite hat am darauf folgenden Freitag einige Lernkärtchen zur Wiederholung des Lernstoffes in Auftrag gegeben, und die dritte hat möglicherweise eine Woche später mehrere Tandem-Vorträge zum anstehenden Unterrichtsthema eingefordert. Sporadische Aktivitäten und Anforderungen dieser und anderer Art gibt es in Deutschlands Schulen seit Jahr und Tag. Weniger verbreitet ist dagegen die dezidierte kleinschrittige Kompetenzförderung im Sinne dieses Buches, die Regelmäßigkeit, Verbindlichkeit und Nachhaltigkeit aufweist. Kein Wunder also, dass viele Schüler/innen vergleichsweise unselbstständig sind und viele Lehrkräfte sich chronisch überlastet fühlen. Mit dem skizzierten kleinschrittigen Lern- und Methodentraining lässt sich an diesem unbefriedigenden Status quo einiges verändern und verbessern.

2.5 Das Auslosen als Motivationshebel

Wenn die Lehrerentlastung im Unterricht greifen soll, dann kann als weiterer Erfolg versprechender Ansatz das Losverfahren gelten, das den Schüler/innen in regelmäßigem Wechsel Verantwortung und Aufgaben zuweist. Mittels Los- bzw. Zufallsverfahren lässt sich erreichen, dass ungünstige soziale Konstellationen im Klassenverband aufgelöst und tragfähigere Lern- und Arbeitsbeziehungen hergestellt werden können. Das fördert die Motivation und stärkt die Arbeitseffizienz. Bleiben nämlich die Schüler/innen auf Dauer in Neigungsgruppen zusammen, so hat das oftmals fatale Folgen. Die guten Schüler/innen bleiben meist unter sich und verlieren sich über kurz oder lang in intelligenter Einzelarbeit; die schwächeren Schüler/innen finden sich ebenfalls zusammen und bilden mehr oder weniger unergiebige »Notgemeinschaften«. Und die verhaltensschwierigen Schüler/innen schließlich will gleichfalls niemand haben, sodass auch sie als »Problemgruppe« unter sich bleiben und nur zu oft verschärfte Störmanöver starten. So gesehen hat das Lernen der Schüler/innen nur begrenzte Erfolgsaussichten, solange sich an diesen Gruppierungsstrategien nichts ändert.

Das Zufallsverfahren ist ein taugliches Gegenmittel. Das zeigen die Erfahrungen in zahlreichen Schulen und Klassen während der letzten Jahre. Wer auf den Zufall setzt, hat gute Chancen, die Schüler/innen aus ihren sozialen Netzen herauszulösen, ohne dass es zu zermürbenden Querelen und Widerständen kommt. Wer den Zufall nutzt, kann mit Fug und Recht erwarten, dass die soziale Integration in den Klassen voranschreitet und die korrespondierende Motivation der Schüler/innen zunimmt. Eigentlich ist es ein Phänomen: Während die direkte Intervention und Versetzung durch die Lehrkraft in aller Regel eine Menge Unmut und Protest bei den betroffenen Schüler/innen auslöst, wird das Losverfahren meist recht klaglos hingenommen und gleichsam als Ausdruck höherer Gerechtigkeit gewertet. Das Losverfahren gilt offenbar als fair und kann daher mit Zustimmung der meisten Schülerinnen und Schüler zur leistungs- und disziplinfördernden Reglementierung von Zuständigkeiten und Verantwortlichkeiten im Lernprozess genutzt werden (vgl. M 22 auf Seite 127).

Das bestätigt nicht zuletzt der Erfahrungsbericht einer rheinland-pfälzischen Grundschullehrerin. »An das Prinzip der Zufallsgruppenbildung gewöhnen sich die Kinder sehr schnell«, so weiß sie zu berichten. Und weiter: Die Schüler/innen lernten sehr schnell, dass jeder mit jedem über eine kurze Zeitspanne zusammenarbeiten kann und muss, auch wenn es ansonsten wenig Kontakte gibt. Auf diese Weise würden die Außenseiter recht gut eingebunden. Als Lehrerin habe sie daher wenig Anlass, korrigierend und disziplinierend einzugreifen und einzelne Schüler/innen zur Räson zu bringen. Diese Stellungnahme bestätigt, dass das Zufallsverfahren sowohl erzieherische als auch motivationale Kraft besitzt und zudem dazu beiträgt, den Lehrkräften das Leben zu erleichtern. Sie fühle sich im Unterricht entlastet, so gibt die besagte Lehrerin unumwunden zu. Die Kinder arbeiteten motivierter und trauten sich mehr zu. Darüber hinaus hätten sie gelernt, sich gegenseitig zu fragen und zu helfen. Das soziale Miteinander in der Klasse sei deutlich harmonischer geworden und werde weniger durch Vorurteile und Ausgrenzungstendenzen beeinträchtigt. Auf diese Weise bleibe mehr Zeit für die Beobachtung, Beratung und Kontrolle einzelner Schülerinnen und Schüler.

Woher rührt diese wundersame Wirkung des Zufallsverfahrens? Der entscheidende Punkt ist wohl die dem Verfahren innewohnende Gerechtigkeit. Indem die Schüler/innen ein Los ziehen dürfen, gewinnen sie offenbar das Gefühl, dass sie die daraus erwachsende soziale Zuordnung selbst in der Hand haben. Sie zählen eine bestimmte Ziffer oder ziehen eine spezifische Ziffern- oder Spielkarte und legen damit für sich und andere verbindlich fest, wem sie im anschließenden Arbeitsprozess zugeordnet sind. Nicht der Lehrer dirigiert und manipuliert also, sondern das Ergebnis ist im besten Sinne des Wortes selbst gewählt und selbst zu verantworten. So gesehen kann auch niemand kritisiert werden. Die Lehrkraft nicht, denn sie hat nur das Rahmenarrangement geboten, nicht aber die Einzelentscheidung beeinflusst. Und die Mitschüler/innen nicht, da auch sie dem Zufallsprinzip unterliegen. Von daher stecken im Zufallsverfahren hoch wirksame Momente von Fairness, Chancengleichheit und Gerechtigkeit, die von den Schüler/innen offenbar genauso empfunden und bewertet werden. Proteste und/oder subtile Versuche, den Losentscheid zu unterlaufen, sind auf jeden Fall äußerst selten. Und wenn sie mal auftreten, dann meist in der Anfangsphase, wenn der Sinn und Zweck des Losverfahrens noch nicht recht durchschaut wird.

So gesehen ist das Los- bzw. Zufallsverfahren ein probates Mittel, um die Schülerinnen und Schüler stärker in die Pflicht zu nehmen. Es wirkt sowohl disziplinierend als auch motivierend. Disziplinierend deshalb, weil durch das Losverfahren Schüler/innen zusammenkommen und Aufgaben zugewiesen werden, die den einzelnen Schüler/innen ein Ausbüchsen nahezu unmöglich machen. Und motivierend wirkt es insofern, als die Schüler/innen durch das Los bzw. durch die daran gekoppelten Leistungserwartungen der Mitschüler/innen genötigt werden, ihr Bestes zu geben sowie die zugewiesene Verantwortung wahrzunehmen. So gesehen beruht die Motivationswirkung des Losverfahrens auf intrinsischen wie extrinsischen Quellen. Zu den intrinsischen Quellen der Schülermotivation gehört das Gefühl, einem fairen Verfahren durch persönliche Anstrengungen gerecht werden zu müssen. Einen Lospartner im Stich zu lassen ist schließlich etwas, was dem »Ehrenkodex« der meisten Schüler/innen sehr widerspricht. Die extrinsische Quelle der Schülermotivation kann so gesehen werden, dass mit dem Auslosen von Verantwortlichkeiten ein vergleichsweise ausgeprägter Erwartungsdruck der Mitschüler/innen entsteht. Die Lospartner sind aufeinander angewiesen und erwarten daher voneinander, dass jeder seine Sache möglichst gut macht. Damit wird der zuständigen Lehrkraft das nervenaufreibende Appellieren, Kontrollieren und Kritisieren zu einem nicht unerheblichen Teil abgenommen. Das entlastet.

Das Losverfahren selbst kann unterschiedlich ausgestaltet werden. Das beginnt mit dem Abzählen im Klassenverband und reicht über das fortlaufende Zuordnen von Farbpunkten oder speziell gekennzeichneten Arbeitsblättern hin zum richtiggehenden Verlosen von Karten oder Gegenständen der verschiedensten Art. Was die erstgenannte Variante des Abzählens betrifft, so gibt es selbstverständlich eine Vielzahl von Möglichkeiten. Wird z.B. bei einer Klassenstärke von 30 zweimal von 1–15 gezählt, so erhält man fünfzehn Zufallspaare (1-1; 2-2 ...) die den einen oder anderen Arbeitsauftrag gemeinsam erledigen müssen. Lässt man dagegen in einer Klasse mehrfach von 1–6 zählen und die Schüler/innen mit der gleichen Ziffer zusammengehen, so entstehen sechs Zufallsgruppen mit je gleicher Ziffer. Auch spezifische Mischgruppen sind denkbar, indem man z.B. veranlasst, dass sich zwei Teilgruppen (z.B. Jungen-Mädchen oder Pro-Kontra) als »polare Gruppen« rechts und links im Raum postieren und dann intern jeweils mehrfach z.B. von 1–5 zählen. Gehen anschließend alle 1er, alle 2er etc. zusammen, so gelangt man zu Zufallsgruppen mit einer optimalen Rechts-Links-Mischung. Wohlgemerkt, die Variationsmöglichkeiten sind vielfältig. Auf diese Weise kann man unter anderem Tischgruppen bilden oder Tandems definieren, Zufallstrios konstituieren oder Stationszugehörigkeiten regeln, Regelwächter auszählen oder Präsentationsverantwortlichkeiten abstecken. Der Vorteil des Abzählens ist, dass es schnell geht, keine besonderen Materialien braucht und situationsgebunden recht flexibel variiert werden kann.

Das ist beim richtigen Losverfahren anders. Egal, ob man Karten (Rommeekarten, Ziffernkarten, Symbolkarten o.Ä.) verlost oder Bonbons aus einem Losgefäß ziehen lässt, ob man Puzzleteile zwecks Verlosung verdeckt auf dem Fußboden auslegt oder Tandemkärtchen (Romeo-Julia ...) ziehen lässt – stets müssen die entsprechenden Losgegenstände erst einmal vorbereitet/gekauft und dann in entsprechender Anzahl und Mischung für die unterrichtliche Ernstsituation bereitgehalten werden. Das ist natürlich deutlich aufwändiger als das oben genannte Abzählverfahren. Ähnliches gilt für das angesprochene Zuordnungsverfahren, das z.B. so aussehen kann, dass unterschiedlich farbige Klebepunkte oder speziell gekennzeichnete Blätter in willkürlicher Reihenfolge an die Schüler/innen gegeben werden, und zwar an einzelne Gruppen (z.B. die Farben rot, grün, gelb, blau und weiß) oder auch an den gesamten Klassenverband (Arbeitsblätter mit unterschiedlichen Kennungen auf den Rückseiten). Eine der größten Schwierigkeiten dabei ist die Logistik, d.h. die auf die jeweilige Schülerzahl abzustimmende Materialkennzeichnung und -bereitstellung.

Das alles lässt sich jedoch lernen. Man muss nur anfangen. Das beginnt mit dem Sammeln, Erstellen und Laminieren unterschiedlicher Kartensets und reicht über das Einrichten einer speziellen Materialbox mit den gängigen Utensilien bis hin zum konsequenten Archivieren der getesteten Verfahren und Tricks auf Karteikärtchen oder speziell eingerichteten Computerdateien. Das macht am Anfang zwar mehr Arbeit, lohnt sich auf mittlere Sicht jedoch in höchstem Maße, da man später nur noch auf die vorbereiteten Karteien und/oder Materialien zurückgreifen muss. Der spätere Vorbereitungsaufwand ist minimal, die Ideenvielfalt enorm und der daraus abgeleitete Nutzen im Unterricht in aller Regel recht überzeugend. Man braucht die besagten Karteikärtchen nur noch durchzublättern und kann im Handumdrehen die besten Varianten des Zufallsprinzips wiederbeleben. Das ist Arbeits- und Zeitökonomie im besten Sinne des Wortes.

2.6 Konsequente Reflexionsaktivitäten

Ein weiteres wichtiges Moment der Schülerqualifizierung ist die gezielte Metareflexion im Unterricht. Damit gemeint ist die kritische und selbstkritische Auseinandersetzung mit dem alltäglichen Lernverhalten der Schüler/innen. Nur die reflektierte Lernarbeit kann auf Dauer auch eine erfolgreiche und lehrerentlastende sein. Von daher ist das gelegentliche Nachdenken über das praktizierte Lern-, Arbeits-, Kommunikations- und/oder Teamverhalten im Unterricht dringend vonnöten. Andernfalls wird es um die Eigenverantwortlichkeit und Zielstrebigkeit der Schüler/innen im Unterricht noch lange schlecht bestellt bleiben. Werden nämlich bestimmte Verfahrensweisen von den Kindern und Jugendlichen nur weisungsgebunden genutzt und mehr oder weniger »bewusstlos« angewandt, so werden diese schwerlich dazu kommen, tragfähige Routinen und Kompetenzen zur Organisation selbstständigen Lernens auszubilden. Gezielte Bilanz- und Reflexionsphasen sind daher eine entscheidende Voraussetzung dafür, dass die Schüler/innen mehr und besser lernen, in eigener Regie zu arbeiten und unterrichtliche Aufgaben selbstständig zu lösen. Der Bilanzbogen in Abbildung 11 zeigt, wie diese Metakommunikation und -reflexion in Gang gebracht werden kann.

Derartige Reflexionsphasen können am Ende einer bestimmten Unterrichtsstunde stehen oder auch im Anschluss an eine spezifische Arbeitsphase erfolgen. Sie können aber auch zum Abschluss einer Woche angesetzt oder als Rückblick auf noch größere Arbeitsepochen genutzt werden (vgl. M 23 auf Seite 128). Die Hauptsache ist, dass die Schüler/innen Gelegenheit erhalten, hin und wieder kriteriumsorientiert zu bilanzieren und zu diskutieren, inwieweit die jeweilige Lern- bzw. Trainingsarbeit gelungen ist und was gegebenenfalls unternommen werden muss, damit die Arbeit zukünftig (noch) effektiver verläuft. Diese Bewusstseinsschärfung ist Stütze und Gewähr dafür, dass die Schülerinnen und Schüler ihr Lernverhalten verbessern und ihr Repertoire so erweitern, dass mit Fug und Recht Lehrerentlastung erwartet werden kann. Die Crux bisher ist nämlich die, dass viele Kinder und Jugendliche ein Lernverhalten an den Tag legen, das weder hinreichend reflektiert noch planvoll gestaltet ist – im Gegenteil: Sie

Nachdenken über das alltägliche Lernen

Arbeitsverhalten unter der Lupe

Lernaktivitäten	klappt sehr gut	klappt gut	klappt eher nicht	klappt gar nicht
Einen Text übersichtlich markieren				
In Büchern rasch etwas nachschlagen				
Heftseiten sauber und präzise gestalten				
Schaubilder und Tabellen entwickeln				
»Spickzettel« für einen Vortrag erstellen				
Fragekärtchen erstellen und damit üben				
Das Gelesene stichwortartig notieren				
Klassenarbeiten planvoll vorbereiten				
Hausaufgaben selbstständig erledigen				
Plakate/Folien übersichtlich gestalten				

Gruppenarbeit unter der Lupe

Gruppenverhalten	klappt sehr gut	klappt gut	klappt eher nicht	klappt gar nicht
Jeder akzeptiert jeden				
Wir lesen den Arbeitsauftrag genau				
Wir planen, bevor wir loslegen				
Wir arbeiten alle engagiert mit				
Wir helfen/fragen uns gegenseitig				
Wir gehen fair miteinander um				
Wir verteilen die Arbeit gerecht				
Wir lassen keine links liegen				
Wir regeln unsere Konflikte direkt				
Wir respektieren andere Ideen				
Wir beachten die Gruppenregeln				
Wir halten die Zeitvorgaben ein				
Wir achten auf ein gutes Ergebnis				

Abb. 11 — © Dr. H. Klippert

praktizieren nur zu oft Verhaltensmuster, die weit hinter dem zurückbleiben, was sie aufgrund ihres vorhandenen Lern- und Leistungspotenzials zuwege bringen könnten. Von daher kommt es immer wieder zu den hinlänglich bekannten Störungen und Leistungseinbrüchen im Unterricht, die vielen Lehrerinnen und Lehrern so sehr zusetzen.

Dieses zu ändern liegt nicht nur im Interesse der Lehrkräfte, sondern auch im Interesse der Schüler/innen. Denn es kann ja nicht das Anliegen der Schüler/innen sein, die eigene Unmündigkeit, Unselbstständigkeit und Erfolglosigkeit immer weiter zu kultivieren. Das mag für manchen zwar pathetisch klingen, deshalb ist es aber keineswegs falsch. Das Gros der Schüler/innen kann und muss mehr Arbeitsdisziplin und Lernerfolg an den Tag legen, als das gemeinhin der Fall ist. Nur bedarf es dazu sowohl erweiterter Kompetenzen und Routinen als auch eines entsprechenden Bewusstseins vom eigenen Können und Wollen. Dieses Bewusstsein aufzubauen ist Ziel und Chance der skizzierten Reflexionsphasen. Je vertrauter die Schüler/innen mit den besagten Bilanz- und Reflexionsinstrumenten sind, desto ergiebiger fallen die betreffenden Reflexionsphasen in der Regel auch aus. Das zeigt die Evaluationspraxis in rheinland-pfälzischen und anderen Schulen. So gesehen haben auch Feedback- und Reflexionsphasen etwas mit Übung und Routinebildung zu tun. Außerdem: Je elementarer die einzelnen Items in den Bilanzbögen formuliert sind, desto besser (vgl. M 24 auf Seite 129). Andernfalls entstehen unnötige Irritationen und Blockaden.

Der Ablauf der besagten Feedback-Phasen sieht üblicherweise so aus, dass zunächst die jeweilige Lehrkraft die Handhabung des eingesetzten Bilanzbogens bzw. Feedback-Plakats erläutert; im zweiten Schritt bringen die Schüler/innen ihre Wertungen und Kommentare an; im dritten Schritt vergleichen und besprechen sie ihre eigenen Einschätzungen in Zufallsgruppen, im vierten Schritt halten sie persönliche Vorsätze fest; und im fünften Schritt schließlich veröffentlichen und besprechen sie ihre Optionen mit Lehrer/in und Mitschüler/innen im Plenum. So gesehen erhalten die Schüler/innen recht intensiv Gelegenheit, ihr jeweiliges Lern-, Arbeits- und Sozialverhalten gemeinsam mit anderen zu überdenken und zu besprechen sowie auf diese Weise mehr Klarheit darüber zu gewinnen, ob und inwiefern die eigene Lernarbeit verbessert werden kann und muss. Am besten ist es, wenn die daraus erwachsenden Einsichten und Vorsätze in einem speziellen »Lerntagebuch« festgehalten werden, damit sie nicht spurlos in Vergessenheit geraten.

2.7 Motivierende Unterrichtsarrangements

Selbstverständlich sind die Schüler/innen nicht nur dann »pflegeleicht«, wenn sie kleinschrittig, systematisch und anregend an tragfähige Lern- und Sozialkompetenzen herangeführt werden. Sie sind es auch und nicht zuletzt dann, wenn die Lehrkräfte ihnen motivierende Lehr- und Lernarrangements anbieten. Je abwechslungsreicher und vielseitiger die Lerntätigkeiten der Schüler/innen sind, desto besser. Was Schüler/innen hören, bringt ihnen nur sehr begrenzte Erfolge, was sie lesen, ist ebenfalls wenig geeignet, nachhaltige Erfolgserlebnisse zu vermitteln. Was sie jedoch im besten

Lehrermethoden und Schülermethoden		
Lernarrangements des Lehrers	Arbeitsmethoden der Schüler	Soziale Methoden der Schüler
■ Gruppenarbeit ■ Wochenplanarbeit ■ Stationenarbeit ■ Projektarbeit ■ Lernkarteiarbeit ■ Rollen-/Planspiel ■ Metaplanarbeit ■ Arbeiten am PC ■ Befragung/Interview ■ Hearing/Talkshow ■ Betriebserkundung ■ Zukunftswerkstatt ■ Medienproduktion ■ Referaterstellung ■ Fallstudie *etc.*	■ Markieren ■ Rasch lesen ■ Gezielt nachschlagen ■ Fragen formulieren ■ Auswendig lernen ■ Stringent schreiben ■ Wissen strukturieren ■ Visualisieren/Gestalten ■ Protokoll führen ■ Gliedern/Ordnen ■ Richtig zitieren ■ Die Zeit einteilen ■ Arbeitsplatz gestalten ■ Ausschneiden/Lochen/ ■ Aufkleben/Abheften *etc.*	■ Verständlich reden ■ Vortrag halten ■ Interview führen ■ Präzise fragen ■ Aktiv zuhören ■ Gespräch leiten ■ Diskussion führen ■ Gut argumentieren ■ Wort weitergeben ■ Blickkontakt halten ■ Feedback geben ■ Mitschülern helfen ■ Teamregeln beachten ■ Zu zweit präsentieren ■ Konflikte lösen *etc.*

Abb. 12 © Dr. H. Klippert

Sinne des Wortes tun, das trägt erwiesenermaßen dazu bei, dass die Schüler/innen vielseitig bestätigt und motiviert werden (vgl. Witzenbacher 1985, S. 17). Die in der linken Spalte von Abbildung 12 angeführten Lehr-/Lernarrangements gehören zu dieser letztgenannten Kategorie von eigenverantwortlichem Lernen. Sie im Unterricht verstärkt einzubauen eröffnet beträchtliche Chancen sowohl für die Effektivierung des Unterrichts als auch für die Entlastung der Lehrkräfte. Warum? Wenn die Schüler/innen im Rahmen von Gruppenarbeit, Projektarbeit, Planspielen oder Wochenplanarbeit über längere Strecken arbeiten und Aufgaben lösen müssen, dann schaffen sie damit die Basis, dass sich die Lehrkräfte stärker zurücknehmen und punktuellen Beobachtungs- und Beratungsaufgaben widmen können – vorausgesetzt, die Schüler/innen sind methodisch hinreichend fit, um die betreffenden Lernarrangements konstruktiv ausfüllen zu können.

Das aber ist genau das Problem, mit dem sich viele Lehrkräfte herumschlagen. Die Organisation komplexer Lernarrangements (s. linke Spalte) ist lediglich eine günstige und sicherlich auch wünschenswerte Voraussetzung für ausgedehnteres eigenverantwortliches Arbeiten der Schüler/innen, nicht aber eine hinreichende. Denn ob die Schüler/innen tatsächlich in eigener Regie zu arbeiten und zu lernen beginnen, das hängt nicht nur von der Offenheit der jeweiligen Lernsituation ab, sondern auch und vor allem davon, ob die Schülerseite die benötigten Basiskompetenzen beherrscht. Welche damit gemeint sind, lässt sich überblickshaft aus den beiden rechten Spalten von Abbildung 12 ersehen. Damit schließt sich Kreis. Je versierter die Schüler/innen die ausgewiesenen Mikromethoden anzuwenden verstehen, desto hilfreicher und motivierender sind auch die angeführten Lernarrangements wie Projektarbeit, Planspiele, Lernzirkel und Wochenpläne.

So gesehen müssen zwei Dinge unbedingt zusammengebracht werden, nämlich erstens das elementare Kompetenztraining mit den Schüler/innen und zweitens die konsequente Öffnung des Unterrichts hin zu anspruchsvolleren Hochformen des offenen und eigenverantwortlichen Arbeitens und Lernens, wie sie aus der linken Spalte von Abbildung 12 zu ersehen sind. Da dieser Spagat in praxi nicht so leicht zu bewerkstelligen ist, empfiehlt sich die allmähliche Öffnung des Unterrichts im Sinne der in Abschnitt II.2.3 thematisierten Lernspiralen. Die Besonderheit dieser Lernspiralen ist, dass den Schüler/innen das eigenverantwortliche Arbeiten und Lernen in relativ überschaubaren Portionen zugemutet und abverlangt wird – allerdings so, dass diese Portionen sukzessive anspruchsvoller werden, bis hin zu den besagten Hochformen in Abbildung 12. Diese graduelle Ausweitung des »EVA-Unterrichts« bietet die Chance und Gewähr dafür, dass die Schüler/innen ihre Kompetenzmotivation steigern und ihre Fähigkeit ausbauen können, komplexere Lernaufgaben in eigener Regie zu bewältigen.

Grundsätzlich gilt: Je abwechslungsreicher und aktivitätsfördernder die Lehr-/Lernangebote der Lehrkräfte sind, desto größer ist in aller Regel auch die Motivation der Schülerinnen und Schüler, und desto ausgeprägter fallen die Entlastungseffekte auf Lehrerseite aus. Diese pädagogische Grunderkenntnis ist zwar alles andere als neu, gleichwohl wird sie bis heute in Deutschlands Schulen nur unzureichend befolgt und umgesetzt. Obwohl die Forderung nach Methodenvielfalt, Lerntraining und motivierenden Aufgabenkulturen seit Jahr und Tag auf dem Tisch liegt, sind viele Unterrichtsstunden in Deutschlands Schulen nach wie vor über Gebühr einförmig und langweilig. Daher ist es wenig verwunderlich, dass die Störmanöver der Schüler/innen immer wieder überhand nehmen und die erzielten Lernerfolge zu wünschen übrig lassen. Wenn sich an der daraus erwachsenden Lehrerbelastung etwas ändern soll, dann muss tunlichst darauf geachtet werden, dass der Unterricht möglichst lebendig, kurzweilig und handlungsorientiert gestaltet wird. Oder anders ausgedrückt: Die zuständigen Lehrkräfte tun gut daran, verstärkt Lernarrangements anzubieten, die den Schüler/innen vielseitig Gelegenheit geben, produktiv und interaktiv tätig zu werden (vgl. M 25 auf Seite 130). Das motiviert, ermutigt und trägt dazu bei, dass die Lehrerseite spürbar Entlastung erfährt.

Ob und inwieweit diese Entlastung allerdings tatsächlich eintritt, hängt von den erwähnten Basiskompetenzen der Schüler/innen ab. Bei den in Abbildung 12 angeführten Lehrermethoden sind zumindest partiell Zweifel angebracht, da sie doch recht komplex und anspruchsvoll sind. Kinder und Jugendliche, die dieser Komplexität gewachsen sind, werden davon fraglos nur profitieren können und ebenso motiviert wie selbstständig darangehen, die besagten Lehrermethoden mit Verstand und Geschick auszufüllen. Nur, was ist mit den vielen anderen, die vielleicht ängstlicher, phlegmatischer und/oder leistungsschwächer sind? Auch sie brauchen motivierende Lernarrangements der Lehrkräfte, allerdings nicht gleich in der Art, wie sie in der linken Spalte von Abbildung 12 genannt sind. Diese methodischen Hochformen stehen unverkennbar in der Gefahr, einen Teil der Schülerschaft schlichtweg zu überfordern. Deshalb nochmals der Hinweis auf die in Abschnitt II.2.3 skizzierten Lernspiralen. Die darin aufgehobenen Arbeitsschritte der Schüler/innen stellen begrenztere Anforderungen, bieten aber gerade deswegen eine gewisse Gewähr dafür, dass sich die Schüler/innen »freischwimmen« und sukzessive dahin gelangen, in eigener Regie auch komplexere Aufgaben anzugehen und erfolgreich zu bewältigen (vgl. M 26 auf Seite 131).

2.8 Materialien und Tipps zur Vertiefung

In diesem abschließenden Abschnitt werden diverse Arbeitsblätter und Checklisten zur persönlichen Vertiefung und Konkretisierung der skizzierten Entlastungsstrategien dokumentiert. Sie sind fortlaufend nummeriert und korrespondieren mit den in den vorstehenden Abschnitten genannten Materialhinweisen. Die einzelnen Materialien sollen Denkanstöße geben, Zusatzinformationen bieten, Fragen aufwerfen, persönliche Schwachpunkte erkennbar machen, Bilanzen ermöglichen, Handlungsalternativen aufzeigen, Gespräche initiieren, und Veränderungskompetenzen aufbauen helfen.

M 15 — Wie kompetent sind die Schüler/innen?

Gängige Lernkompetenzen	Das beherrschen die Schüler/innen ...			
	gut	mittelmäßig	eher schlecht	noch gar nicht
Selbstständig Probleme lösen				
Wichtige Stellen im Text markieren				
Unbekannte Wörter nachschlagen				
Zügig und konzentriert arbeiten				
Spickzettel/Schaubilder erstellen				
Plakat oder Wandzeitung erstellen				
Wichtiges aus Text herausziehen				
Einen Sachverhalte klar gliedern				
Heft/Mappe übersichtlich gestalten				
Sachen ordnen und Ordnung halten				
Zu einem Thema recherchieren				
Ein (einfaches) Referat anfertigen				
Protokoll/Mitschrift anfertigen				
Vor der Klasse frei vortragen				
Die Gesprächsregeln befolgen				
Überzeugend argumentieren				
Mit Partner/n zusammenarbeiten				
Anderen helfen und Mut machen				
Eine Gesprächsrunde leiten				
Zeit- bzw. Arbeitsplan erstellen				
Überzeugend präsentieren				
Konflikte offen ansprechen				
Selbst- und Fremdkritik üben				
Klassenarbeit gezielt vorbereiten				

Erläuterungen
Die Checkliste greift einige elementare Lernkompetenzen auf, wie sie die Schüler/innen nach und nach erlernen sollten. Je nach Altersstufe und Fachzugehörigkeit kann der Katalog unter Umständen verändert bzw. erweitert werden. Die betreffenden Items sollen Denkanstöße vermitteln und eine persönliche Bilanz ermöglichen, die ggf. zum Gegenstand von Gesprächen und Beratungen im Lehrerzimmer wie im Klassenverband werden kann. Auch können die Schüler/innen aufgefordert werden, sich selbst einzuschätzen. Das kann zu einem reizvollen Vergleich von Fremd- und Selbsteinschätzung führen.

© Dr. H. Klippert

M 16 — Wo soll das Lerntraining ansetzen?

	Welche Lernkompetenzen wollen Sie dringend nachbessern?
1.	
2.	
3.	
4.	
5.	

	Welche Lernkompetenzen der Schüler/innen sind gut gefestigt?
1.	
2.	
3.	
4.	
5.	

Erläuterungen
Das Raster dient dazu, die Auseinandersetzung mit der Lernkompetenz der Schüler/innen weiter voranzutreiben. Welche Teilkompetenzen sollen mit Priorität nachgebessert werden und in welchem Kompetenzbereichen sind die Schüler/innen auf einem recht guten Stand? Indem diesbezüglich Bilanz gezogen wird, lassen sich konkrete Ansatzpunkte für die unterrichtliche Kompetenzförderung gewinnen. Vorteilhaft wäre es, wenn die daraus erwachsenden Trainingsakzente nicht im Alleingang verfolgt, sondern mit anderen Lehrkräften der betreffenden Klasse abgestimmt werden. Das begünstigt eine »konzertierte Aktion«.

© Dr. H. Klippert

M 17 — Wie die Trainingsarbeit ablaufen kann

Trainingsspirale zum Methodenfeld »Heftgestaltung«

- Vorbefragung der Schüler/innen zur alltäglichen Heftgestaltung (»Fällt es dir eher schwer oder eher leicht ...?«)

- Besprechung der getroffenen Einschätzungen im Rahmen eines »Hyde-Park-Szenarios« (Zufallsgruppen)

- Nun erhalten die Schüler/innen eine schlecht gestaltete Heftseite zu einem vertrauten Thema und müssen diese neu gestalten

- In Zufallsgruppen vergleichen sie ihre Produkte und leiten daraus einige zentrale Gestaltungsregeln ab (z.B. je 5)

- Auf der Basis dieser Regeln entwerfen sie zu einem aktuellen Thema eine neuerliche Heftseite (Basistext liegt vor)

- Die erstellten »Entwürfe« werden in Zufallsgruppen verglichen und (selbst)kritisch besprochen

- Danach folgt die endgültige Gestaltung der betreffenden Heftseite in Einzelarbeit (Lernpartner können gefragt werden)

- Die Endprodukte werden im Klassenraum ausgehängt und im »Rundlauf« gesichtet und schriftlich kommentiert

- Den Abschluss bildet eine mehr lehrerzentrierte Phase mit gezielten Nachfragen und Erläuterungen der Lehrperson

Erläuterungen
Derartige Trainingsspiralen werden im Rahmen spezifischer mehrtägiger Sockeltrainings umgesetzt. Sie sind ein bewährter Orientierungsrahmen für die Unterrichtsplanung und stellen sicher, dass die Schüler/innen methodisch konsequent gefördert und ihre Lehrkräfte tendenziell entlastet werden. Tipp: Stellen Sie die obige Trainingsspirale einem Kollegen oder einer Kollegin vor und versuchen Sie möglichst konkret zu beschreiben und zu begründen, inwiefern diese Trainingsarbeit der Lehrerseite kurz-, mittel- und längerfristig Entlastung und erweiterte Regenerationsmöglichkeiten bringt.

© Dr. H. Klippert

M 18 — Schüler/innen als Miterzieher

Aufgaben bzw. Zuständigkeiten des Gesprächsleiters	
Wortmeldungen registrieren und das Wort erteilen	Darauf achten, dass die Diskutanten beim Thema bleiben

Aufgaben bzw. Zuständigkeiten des Regelbeobachters	
Hin und wieder an die geltenden Gesprächsregeln erinnern (Regelplakat)	Regelverstöße konsequent ansprechen und kritisieren

Aufgaben bzw. Zuständigkeiten des Zeitwächters	
Darauf achten, dass vor Arbeitsbeginn der Zeitplan geklärt wird	Bei Abweichungen vom Zeitplan direkt darauf hinweisen

Aufgaben bzw. Zuständigkeiten des Fahrplanüberwachers	
Die verabredeten Arbeitsschritte immer mal wieder benennen (s. M 19)	Darauf achten, dass nicht der dritte vor dem ersten Schritt getan wird

Erläuterungen
Die vier angeführten »Ämter« werden im Wechsel von unterschiedlichen Schüler/innen wahrgenommen (besonders bei GA). Es gibt also eine Art »Ämterrotation«, damit sich die Schüler/innen nicht über Gebühr spezialisieren können. Bewährt hat sich ein einfacher Protokollbogen mit vier »Ämter-Spalten«, in die die betreffenden Schülernamen im Wechsel eingetragen werden. Natürlich lohnt dieser Aufwand nur bei längeren Arbeitsphasen von mindestens 20 Minuten. Tipp: Tragen Sie in die freien Kästchen mögliche weitere »Spezialaufgaben« der Ämterinhaber ein. Besprechen Sie Ihre Liste mit Kolleg/innen.

© Dr. H. Klippert

M 19 — Mit Fahrplan geht vieles besser!

	Die wichtigsten Schritte des Arbeitsprozesses
▼	Die zu bearbeitende Aufgabenstellung lesen und in der Gruppe klären
▼	Die einzelnen »Ämter« (s. M 18) verteilen und ins Protokoll eintragen
▼	Die weitere Arbeitsweise präzise absprechen (Wer hat was zu tun?)
▼	Den Zeitbedarf für die einzelnen Arbeitsschritte abschätzen (Zeitplan!)
▼	Die jeweiligen Materialien durcharbeiten (evtl. arbeitsteilig vorgehen)
▼	Auftretende Fragen und Probleme gemeinsam besprechen und beheben
▼	Die erzielten Arbeitsergebnisse vergleichen und ggf. zusammentragen
▼	Die Präsentation rechtzeitig und gründlich vorbereiten und absprechen
▽	Den abgelaufenen Arbeitsprozess kritisch überdenken und besprechen
▽	Das Verhalten der einzelnen Gruppenmitglieder kritisch reflektieren
▽	Das Arbeitsergebnis/Arbeitsprodukt kritisch unter die Lupe nehmen
▽	Vorsätze für die nächste Gruppenarbeit fassen und protokollieren

Erläuterungen
Der abgebildete Arbeitsfahrplan umfasst die Planungsphase (schwarze Pfeile), die Durchführungsphase (graue Pfeile) und die Auswertungsphase (helle Pfeile). Die ausgewiesenen Arbeitsschritte können selbstverständlich modifiziert werden. Wichtig ist nur, dass die Schüler/innen eine klares »Geländer« haben, an dem sie sich entlanghangeln können. Das bringt Sicherheit und Zielstrebigkeit und trägt dadurch zur Entlastung der Lehrkräfte bei. Überwacht und immer wieder ins Bewusstsein gehoben werden die besagten Arbeitsschritte durch den so genannten Fahrplanüberwacher (s. M 18).

© Dr. H. Klippert

M 20 — Die Lernspirale als Königsweg

Themenzentrierte Lernspirale zur Förderung der Recherche- und Präsentationsfähigkeit

1. Je 2 Tandems recherchieren in Büchern, Lexika und/oder im Internet zu einem zugelosten Thema (z.B. Diabetes)

2. Anschließend werden die Rechercheergebnisse in der »Themen-Gruppe« verglichen und etwaige Unklarheiten beseitigt

3. Gleiche Gruppen: Die Gruppenmitglieder entwerfen 2 Schaubilder für die spätere Power-Point-Präsentation

4. Themengleiche Tandems: Jedes Tandem erstellt 2 entsprechende Folien am PC (vorgesehene Präsentationsdauer 3 bis 5 Minuten)

5. Präsentationsphase: Die Tandems präsentieren ihre beiden Folien im Plenum (Präsentation wird mit Video gefilmt)

6. Spontane Rückmeldungen der »Zuhörer« zur inhaltlichen und methodischen Qualität der Präsentation

7. Zur vertiefenden Analyse der Präsentation wird der Videomitschnitt herangezogen (je 2 Mitschnitte werden gezeigt)

8. Abgeschlossen wird die Lernspirale mit vertiefenden Hinweisen und Anregungen des Lehrers/der Lehrerin

Erläuterungen
Die skizzierte Lernspirale zeigt einen über 4–6 Unterrichtsstunden laufenden Lernprozess, der mit ausgeprägten Schüleraktivitäten und vergleichsweise geringen Lehreraktivitäten verbunden ist. Die Lehrerentlastung liegt also auf der Hand – vorausgesetzt, die Schüler/innen sind methodisch einigermaßen fit. Zwei weitere (einfachere) Lernspiralen finden sich in Abbildung 10 auf Seite 105. Tipp: Stellen Sie die obige Lernspirale einem Kollegen oder einer Kollegin vor und arbeiten sie gemeinsam die immanenten Lernchancen und Entlastungseffekte für Schüler- und/oder Lehrer/innen heraus.

© Dr. H. Klippert

M 21 — Kleinschrittiges Lernen vorbereiten

Lernspirale rund um ...	Mögliche Arbeitsschritte? (stichwortartig)
... einen Informationsfilm	
... Schaubilder zu Thema X	
... einen speziellen Sachtext	
... eine Lehrererzählung	
... einen Chemie-Versuch	
... eine provokative These	
... einen Mathe-Beweis	
... eine Fotokartei (20 Fotos)	
... eine Broschüre zu Thema X	
... ein Gedicht in Deutsch	

Erläuterungen

Typisch für viele Lernspiralen ist, dass die Schüler/innen in kleinen Schritten am einen oder anderen Lehrerinput arbeiten müssen. Das bringt Entlastung. Einige mögliche Lehrerinputs sind in der linken Spalte angeführt. Die Kunst der Unterrichtsvorbereitung ist nun, derartige Lehrerinputs so in Arbeitsschritte zu zerlegen, dass die betreffenden Schüler/innen methodisch wie inhaltlich vielseitig gefordert und gefördert werden. Tipp: Skizzieren Sie zu den angeführten Lehrerinputs in Kurzform mögliche Arbeitsschritte. Anregungen dazu geben die Lernspiralen in M 20 sowie in Abbildung 10 auf Seite 105.

© Dr. H. Klippert

M 22 — Varianten des Los- bzw. Abzählverfahrens

Nr.	Ziel	Kurzbeschreibung der Verfahrensweise/n	Material? Merkposten?
1	6er-Gruppen bilden		
2	Zufalls-Tandems bilden		
3	Mischgruppen bilden		
4	Gruppensprecher auslosen		
5	Nachhilfe-Trios bilden		
6	Neue Tischgruppen bilden		
7	Drei Texte zulosen		
8	Fünf Stationen per Los besetzen		

Erläuterungen

Beim Losverfahren muss man auf vieles achten, soll am Ende die Logistik stimmen. Andernfalls kann es leicht zum Chaos kommen. Wichtig ist ferner, dass nicht immer nur abgezählt wird. Losvorgänge können sehr unterschiedlich und abwechslungsreich gestaltet werden. Nur braucht man dazu entsprechende Kartenspiele, selbst erstellte Kartensets, Würfel, Farbpunkte, Puzzles und sonstige Utensilien. Der Kreativität sind hierbei kaum Grenzen gesetzt. Tipp: Überlegen, besprechen und notieren Sie, wie zu den oben genannten Standardsituationen das Los- bzw. Abzählverfahren gestaltet werden kann.

© Dr. H. Klippert

M 23 — Feedback anregen – aber wie?

Methode	Hinweise zum Ablauf
Blitzlicht	Wer will, äußert sich kurz und bündig zum Lerngeschehen (1–2 Sätze); evtl. kann Satzanfang vorgegeben werden
Ampelspiel	Durch Hochheben von roten, grünen oder gelben Kärtchen wird die Bewertung angezeigt; das bringt ein rasches Meinungsbild
Kartenabfrage	Die Schüler notieren auf vorbereiteten DIN-A6-Karten, was sie rückmelden möchten (evtl. Impulssätze vorgeben)
Punktabfrage	Jeder klebt seine/n Punkt/e auf das von Lehrerseite vorbereitete Feedback-Plakat; so ergibt sich z.B. ein »Stimmungsbarometer«
4-Ecken-Spiel	Jede Ecke steht für eine bestimmte Bewertung/Sichtweise. Die Schüler/innen ordnen sich zu und diskutieren ihre Position
Symbolkarten	Auf dem Fußboden liegen unterschiedliche Symbolkarten. Jeder wählt eine aus und nutzt sie als »Feedback-Stütze«
Fishbowl	Ausgeloste Schüler/innen diskutieren stellvertretend für die Klasse. Ein freier Stuhl eröffnet anderen den Zugang (Schleudersitz!)
Schneeball	Jeder notiert z.B. 3 Punkte, dann einigen sich zwei Schüler auf 4 Punkte, denn sechs auf 5 Punkte. So wird das Feedback präzisiert
Fragebogen	Durch gezielte Fragen und sonstige Vorgaben wird ein differenziertes Meinungsbild erhoben (vgl. z.B. M 24)
Hearing	Bestimmte Beobachter (z.B. Regelbeobachter) erstatten vor der Klasse Bericht. Berichterstatter können auch ausgelost werden

Erläuterungen
Die skizzierten Feedback-Verfahren sind bis auf den Fragebogen und die Symbolkarten ohne größeren Vorbereitungsaufwand einzusetzen. Gelegentliches Feedback fördert die Anteilnahme und Kompetenz der Schüler/innen und begünstigt die Entlastung der Lehrkräfte. Klebepunkte oder schriftliche Rückmeldungen alleine reichen nicht; vertiefende Erläuterungen und Gespräche sollten sich unbedingt anschließen. Tipp: Wählen Sie drei der genannten Feedback-Verfahren aus und setzen Sie diese in der nächsten Woche einfach mal in einer Klasse um. Besprechen Sie die Ergebnisse mit Schüler/innen und Kolleg/innen.

© Dr. H. Klippert

M 24 — Bilanzbogen für Schüler/innen

Ein Bilanzraster in Sachen Gruppenarbeit (0 = stimmt überhaupt nicht; 5 = stimmt voll)	Grad der Zustimmung					
	0	1	2	3	4	5
Ich ...						
... habe mich in der Gruppe wohl gefühlt						
... fühlte mich beachtet und ernst genommen						
... habe gut und interessiert mitgearbeitet						
... habe während der Gruppenarbeit viel gelernt						
... finde unser Arbeitsergebnis überzeugend						
Wir ...						
... haben keinen links liegen gelassen						
... sind fair miteinander umgegangen						
... haben einander geholfen und Mut gemacht						
... haben zugehört und jeden ausreden lassen						
... haben zielstrebig gearbeitet und diskutiert						
... haben Probleme offen angesprochen						
Die Aufgabe ...						
... wurde nie aus den Augen verloren						
... wurde eingehend besprochen und geklärt						
... wurde zügig und planvoll erledigt						
... war interessant und motivierend						
... hat neue Erkenntnisse gebracht						

Erläuterungen
Der obige Feedback-Bogen ist ein Beispiel, wie man eine gezielte Rückmeldung zur abgelaufenen Gruppenarbeit einholen kann. Derartige Bilanzbögen können auch mit anderer Ausrichtung und in anderer Form eingesetzt werden. Das beginnt mit offenen Punktabfragen und reicht über halb offene Kartenabfragen bis hin zu gezielten Fragebögen. Weitere Anregungen und Beispiele finden sich in Klippert 1998, S. 130ff., sowie in Klippert/Müller 2003, S. 51ff.). Tipp: Testen Sie den obigen Bogen mal in einer Ihrer Klassen und/oder entwickeln Sie analog dazu weitere alternative Feedback-Raster

© Dr. H. Klippert

M 25 — Ansätze zum produktiven Lernen

Mögliche Lernprodukte der Schüler/innen		
Zeichnung	Mappe	Rollenspiel
Collage	Zeitungsartikel	Schattenspiel
Freier Text	Leserbrief	Theaterspiel
Schaubild	Plakat	Planspiel
Tabelle	Kommentar	Pantomime
Diagramm	Referat	Würfelspiel
Spickzettel	E-Mail	Ratespiel
Fragebogen	Folie	Quartettspiel
Karteikarten	Zeitung	Hörspiel
Gedicht	Wandzeitung	Videofilm
Märchen	Flugblatt	Fotoserie
Comic	Werkstück	Diaserie
Übungstest	Versuchsaufbau	Kreuzworträtsel
Arbeitsblatt	Technische Zeichnung	Tonreportage

Erläuterungen

Ein wichtiger Hebel zur Förderung der Lernintensität und Lernmotivation der Schüler/innen ist der Ausbau des produktiven Lernens. Wenn die Schüler/innen auf ein konkretes Produkt hinarbeiten, bringen sie verschiedene Sinne ins Spiel und arbeiten erwiesenermaßen mit mehr Konzentration, Ausdauer und Lernerfolg. Das trägt zur Entlastung der Lehrkräfte bei. Von daher ist es wichtig, die Schüler/innen stärker zu Konstrukteuren von Lernergebnissen und Lernprodukten werden zu lassen (Konstruktivismus!). Tipp: Planen Sie Ihre nächsten Stunden einmal konsequent auf das eine oder andere Lernprodukt hin.

© Dr. H. Klippert

M 26 — Abschließender Zufriedenheitscheck

Mit der Selbstständigkeit meiner Schüler/innen bin ich ...

sehr zufrieden ○—○—○—○ sehr unzufrieden

Mit der Methodenkompetenz meiner Schüler/innen bin ich ...

sehr zufrieden ○—○—○—○ sehr unzufrieden

Mit der Kommunikationsfähigkeit meiner Schüler/innen bin ich ...

sehr zufrieden ○—○—○—○ sehr unzufrieden

Mit der Teamfähigkeit meiner Schüler/innen bin ich ...

sehr zufrieden ○—○—○—○ sehr unzufrieden

Mit der Grundmotivation meiner Schüler/innen bin ich ...

sehr zufrieden ○—○—○—○ sehr unzufrieden

Mit der Arbeitsdisziplin meiner Schüler/innen bin ich ...

sehr zufrieden ○—○—○—○ sehr unzufrieden

Mit dem fachlichen Durchblick meiner Schüler/innen bin ich ...

sehr zufrieden ○—○—○—○ sehr unzufrieden

Mit der Problemlösungsfähigkeit meiner Schüler/innen bin ich ...

sehr zufrieden ○—○—○—○ sehr unzufrieden

Erläuterungen
Die obige Checkliste gibt Gelegenheit, zentrale Schlüsselkompetenzen der Schüler/innen unter die Lupe zu nehmen und zu bilanzieren, inwieweit die Schüler/innen die genannten Kompetenzen zufrieden stellend beherrschen. Sollte das Pendel in Richtung »unzufrieden« ausschlagen, so ist das ein deutlicher Hinweis darauf, dass verstärkt qualifiziert werden muss. Wie, das zeigen die Ausführungen in Abschnitt II.2. Tipp: Besprechen Sie Ihre Einschätzungen mit Kolleginnen und Kollegen aus der jeweiligen Klasse und entwickeln sie gemeinsam ein Aktionsprogramm mit z.B. 5 konkreten Ansatzpunkten

© Dr. H. Klippert

3. Entlastung durch verstärkte Lehrerkooperation

Ein drittes großes Aktionsfeld zur Förderung von Lehrerentlastung und Berufszufriedenheit betrifft die Zusammenarbeit im jeweiligen Kollegium. Fest steht, dass der in Kapitel I, Abschnitte 2 und 3, skizzierte Innovationsdruck nicht im Alleingang zu bewältigen ist. Eine Lehrperson kann ihr Selbst- und Unterrichtsmanagement noch so intelligent und engagiert weiterentwickeln, ohne konzertierte Aktion auf Fach-, Klassen- und Schulebene sind die persönlichen Erfolgsaussichten eher begrenzt. Lehrerkooperation ist zwar keine hinreichende Voraussetzung für wirksame Lehrerentlastung in Schule und Unterricht, wohl aber eine notwendige. Wo und wie mit dem Ausbau der schulinternen Kooperationsbeziehungen konkret angesetzt werden kann, wird in den nächsten Abschnitten erläutert.

3.1 Unterschiedliche Kooperationsebenen

Die Zusammenarbeit von Lehrerinnen und Lehrern kann auf verschiedenen Ebenen intensiviert werden. Das beginnt bei den Führungszirkeln und reicht über die Kooperation auf Jahrgangs- bzw. Stufenebene bis hin zur systematischen Zusammenarbeit auf Klassen- und Fachebene. Abbildung 13 gibt einen Überblick über diese vier Kooperationsebenen, die in der Einzelschule zentral sind und beträchtliche Chancen für Lehrerinnen und Lehrer eröffnen, Entlastung und Arbeitserleichterung für sich und andere zu erreichen. Trotz dieser absehbaren Vorzüge (vgl. den nächsten Abschnitt) wird in Deutschlands Schulen nach wie vor relativ wenig Zusammenarbeit praktiziert. Tonangebend sind in erster Linie die Einzelkämpfer. Zwar gibt es hin und wieder Fachkonferenzen oder gelegentliche Zusammenkünfte auf Klassenebene, nur haben diese meist wenig mit produktiver Kooperation und gemeinsamer Problemlösung zu tun. Vielmehr geht es vorrangig um formale Abstimmungen und Verabredungen und weniger darum, konzertierte Maßnahmen zur Weiterentwicklung von Schule und Unterricht zu starten und arbeitsteilig voranzubringen. Im Gegenteil: Arbeitsteilung ist in unseren Schulen bis heute eher ein Fremdwort. Jeder versucht, sich auf seine Weise durchzuwursteln und seine individuellen »Reförmchen« irgendwie zu bewerkstelligen. Genau das aber führt zu wachsendem Stress und zunehmender Lehrerbelastung. Was tun? Die Perspektive ist klar: Besserung wird nur dann eintreten, wenn es gelingt, in der jeweiligen Einzelschule eine Kultur der konstruktiven und produktiven Zusammenarbeit zu etablieren.

Eine Zusammenkunft von Lehrerinnen und Lehrern, die nicht mehr bringt, als zu Hause im Alleingang zu erreichen ist, muss sich mit Fug und Recht infrage stellen las-

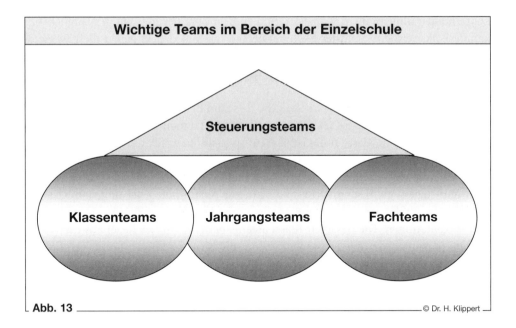

Abb. 13 © Dr. H. Klippert

sen und wird in der Regel auch nicht von Dauer sein. Nur, so plausibel diese Feststellung auch ist, sie löst das beschriebene Dilemma noch lange nicht. Vorbehalte gegenüber Lehrerkooperation lassen sich letztlich nur dadurch abbauen, dass überzeugende Gegenerfahrungen gesammelt werden können. Und genau daran muss im Schulalltag viel konsequenter gearbeitet werden, als das bislang der Fall ist. In vielen Schulen werden die Möglichkeiten und Chancen wirksamer Lehrerkooperation leichtfertig verspielt, indem Teamsitzungen weder hinreichend strukturiert noch vorbereitet werden. Vieles dreht sich im Kreis; nicht selten wird mehr gegen- als miteinander gearbeitet; Zeit wird verplempert; vieles bleibt vage, klare Absprachen fehlen; jeder redet irgendwie mit, aber nur wenige sind am Ende auch bereit, Verantwortung zu übernehmen und gefasste Beschlüsse konsequent umzusetzen. Derartige Unzulänglichkeiten kennt jeder. Allerdings sprechen sie weniger gegen die Lehrerkooperation schlechthin, sondern primär dafür, dass die Zusammenarbeit in den Kollegien stringenter und zielführender als bisher gestaltet werden muss.

Zu dieser Stringenz gehört u.a. die aus Abbildung 13 zu ersehende Arbeits- bzw. Aufgabenteilung zwischen Klassen-, Fach-, Jahrgangs- und Steuerungsteams. Diese Teams sind für unterschiedliche Aufgaben zuständig und eröffnen den Mitgliedern des jeweiligen Kollegiums damit die Möglichkeit, sich auf das eine oder andere Aufgabenfeld zu konzentrieren und auf diese Weise für sich selbst eine gewisse Entlastung zu erreichen. Lehrkräfte nämlich, die überall ein bisschen mitzumischen versuchen, stehen unverkennbar in der Gefahr, sich zu überfordern und zu verzetteln. Wer sich für alle möglichen Teams und Aufgabenfelder verantwortlich wähnt, wird letztlich nichts richtig anpacken und zu Ende führen können. Diese Binsenweisheit ist innerhalb der Lehrerschaft zwar bekannt, wird landauf, landab aber viel zu wenig beherzigt. Erfolgreiche

Lehrerkooperation braucht Konzentration und Spezialisierung. Die hinlänglich bekannte Volksweisheit »Schuster bleib bei deinen Leisten« drückt genau diese wegweisende Maxime aus. Daher das Fazit: Wer Teamarbeit erfolgreich erleben will, der sollte sich tunlichst darauf verlegen, *entweder* im einen *oder* im anderen Team konsequent mitzuarbeiten, nicht aber überall.

Zu den Aufgaben der *Klassenteams* gehört es zum Beispiel, all das zu regeln und auf den Weg zu bringen, was an fächerübergreifenden Maßnahmen und Weichenstellungen in der jeweiligen Klasse nötig ist. Darauf spezialisieren sich die Klassenteams. Das beginnt bei der lernfördernden Gestaltung des Klassenraums und der Sitzordnung und reicht über die Vorbereitung, Durchführung und Evaluation spezifischer Trainingswochen und -tage (vgl. Abschnitt II.2.1) bis hin zur Abstimmung der üblichen Klassengeschäfte sowie der Initiierung und Moderation einschlägiger Elternveranstaltungen und -hospitationen. Die besagten Klassenteams bestehen in der Regel aus drei Lehrkräften (darunter der/die Klassenlehrer/in), die sich dezidiert darauf verpflichtet haben, das eigenverantwortliche Arbeiten und Lernen in der betreffenden Klasse zu fördern. Diese »Trios« unterrichten nicht nur Hauptfächer, sondern möglichst auch noch das eine oder andere Nebenfach, um im Ergebnis möglichst viele Stunden pro Woche in ihrer Klasse abzudecken. Der Hintergedanke dabei: Je massiver die Präsenz der Klassenteam-Lehrkräfte in der jeweiligen Klasse ist, desto nachhaltiger können diese darauf hinwirken, dass sich die intendierten neuen Lernformen und Entlastungseffekte einspielen.

Die *Fachteams* haben insofern einen anderen Aufgabenschwerpunkt, als sie in erster Linie für die fachspezifischen Belange und Qualifizierungsmaßnahmen zuständig sind. Sie kümmern sich u.a. um die Materialerstellung und Methodenpflege in ihrem Fach, um korrespondierende Stoffverteilungsmaßnahmen und fachbezogene Workshops, um fachspezifische Hospitationsangebote, Vergleichstests und sonstige Prüfungsverfahren. Als Fachteams unterscheiden sie sich von den traditionellen Fachgruppen dadurch, dass sie nicht alle Fachlehrer/innen einer Schule »zwangsweise« umfassen, sondern nur diejenigen, die sich der Förderung des eigenverantwortlichen Arbeitens und Lernens in besonderer Weise verschrieben haben. Das ist eine der zentralen Klammern der hier in Rede stehenden Fachteams. Die einzelnen Teammitglieder eint, dass sie gemeinsame Ziele verfolgen, einen gemeinsamen Arbeitsschwerpunkt im Bereich Unterrichtsentwicklung haben und diesbezüglich bereit und in der Lage sind, als »Interessensgemeinschaft« konstruktiv zusammenzuarbeiten und die anstehenden Innovationen voranzutreiben (vgl. dazu auch Rolff u.a. 1998, S. 175f).

Die *Jahrgangsteams* überschneiden sich von ihrem Aufgabenspektrum her mit den Klassen- und Fachteams. Ein Jahrgangsteam kann z.B. aus der Gesamtheit der Klassenlehrer/innen einer Jahrgangsstufe bestehen oder aber die parallel unterrichtenden Lehrkräfte eines bestimmten Faches umfassen. Im Grundschulbereich können Jahrgangsteams unter Umständen auch zu *Stufenteams* werden, die z.B. die Jahrgangsstufen 1 und 2 oder 3 und 4 umfassen. Die spezifische Funktion dieser »Querschnittsteams« besteht darin, auf Jahrgangsebene dafür zu sorgen, dass die pädagogisch-methodischen Ziele und Arbeitsweisen möglichst konsequent koordiniert und synchronisiert werden. Denn schließlich kann es nicht angehen, dass jede Parallelklasse ihr spezifisches Eigenleben führt, ohne dass die geltenden Standards und Anforderungen abgestimmt werden. Gerade im Zeitalter von Parallel- und Vergleichsarbeiten ist die Annäherung der pädagogisch-methodischen Programme eine unabdingbare Voraussetzung dafür, dass überhaupt Leistungsvergleiche angestellt werden können. Hinzu kommt, dass das Gebot der Chancengerechtigkeit nachgerade dazu zwingt, dass die Schüler/innen der Parallelklassen in ähnlicher Weise gefordert und gefördert werden. Richtig angepackt, wird aus dieser Koordinationsarbeit sogar Lehrerentlastung – vorausgesetzt, die betreffenden Teammitglieder verstehen es, ihre Gesamtaufgaben arbeitsteilig anzugehen.

Das *Steuerungsteam* schließlich hat die übergreifende Aufgabe, in der jeweiligen Schule für ein möglichst effizientes Schul- und Innovationsmanagement zu sorgen. Dem Steuerungsteam, wie es hier verstanden wird, gehören der/die Schulleiter/in sowie der/die Stundenplanverantwortliche als gesetzte Mitglieder an. Hinzu kommen ein Vertreter des örtlichen Schulpersonalrats sowie – je nach Schulgröße – zwei bis vier weitere in Sachen Innovationsmanagement interessierte Lehrkräfte. Zu den vordringlichen Aufgaben des Steuerungsteams gehört es, den innovationsbereiten Lehrkräften Steine aus dem Weg zu räumen, für ermutigende Rahmenbedingungen und Anreize zu sorgen, Zeit- und Arbeitsökonomie zu gewährleisten, Transparenz zu sichern, etwaigen Widerständen sensibel entgegenzutreten sowie insgesamt für mehr Verbindlichkeit und Arbeitsteilung im Innovationsprozess Sorge zu tragen.

Die Kooperationsanlässe und -aktivitäten der genannten Teams können verschieden sein. Workshops der Fachteams gehören ebenso dazu, wie spezifische Teamklausurtage der Klassenteams. Während die erstgenannten Workshops vorrangig dazu dienen, themenzentrierte Lernarrangements und Materialien für den Fachunterricht zu entwickeln, zielen die letztgenannten Teamklausurtage der Klassenteams primär darauf, methodenzentrierte Trainingstage und Trainingswochen für die eine oder andere Jahrgangsstufe vorzubereiten. Hinzu kommt eine Reihe weiterer Maßnahmen zur Förderung von Teamgeist und Kooperationsvermögen im jeweiligen Kollegium – angefangen bei exklusiven Fortbildungsseminaren für Klassen- oder Jahrgangsteams über regelmäßig stattfindende Teambesprechungen und gelegentliche Teamhospitationen bis hin zum gezielten Teamteaching einzelner Lehrkräfte sowie zur Durchführung von Studientagen für ganze Kollegien und/oder zur Realisierung einschlägiger Evaluationsmaßnahmen und -sitzungen in Sachen Teamarbeit.

Fazit: Die skizzierten Kooperationsfelder und -instanzen machen dreierlei deutlich: Erstens unterstreichen sie die Notwendigkeit, das schulische Aufgaben- und Innovationsfeld planvoll zu reduzieren und überschaubare Arbeitsschwerpunkte zu bilden (vgl. M 27 auf Seite 148) zweitens zeigen sie an, dass das Moment innerschulischer Arbeitsteilung nicht nur wichtig, sondern fraglos auch praktikabel und chancenreich ist. Und drittens schließlich lassen die vorstehenden Ausführungen erahnen, dass in unseren Schulen in Sachen Teambildung und Teamentwicklung noch eine Menge initiiert, organisiert und gelernt werden muss, soll die hier in Rede stehende Lehrerentlastung durch verstärkte Zusammenarbeit im Kollegium tatsächlich erreicht werden.

3.2 Gemeinsam lässt sich mehr erreichen

Die Vorzüge der Teamarbeit liegen auf der Hand – vorausgesetzt, die betreffenden Lehrkräfte verfügen über ein hinreichendes Maß an Kooperationsbereitschaft und Kooperationsfähigkeit. Abbildung 14 umreißt schlaglichtartig, worin die wichtigsten Pluspunkte schulinterner Zusammenarbeit zu sehen sind. Zwar tun sich viele Lehrkräfte hierzulande nach wie vor recht schwer damit, konstruktiv und produktiv zusammenzuarbeiten; gleichwohl ändert das nichts daran, dass die Kooperation von Lehrerinnen und Lehrern eine unabdingbare Voraussetzung für wirksame Lehrerentlastung ist. Sie muss nur verstärkt in Gang kommen und so angeleitet und begleitet werden, dass auf Lehrerseite tragfähige soziale Routinen im besten Sinne des Wortes entstehen. Teamfähigkeit und Teambereitschaft sind lernbar – keine Frage. Sie entwickeln sich in dem Maße, wie positive Erfahrungen gesammelt und alltagstaugliche Strategien kultiviert werden, die effektives Kooperieren in Schule und Kollegium sicherstellen. Wie die entsprechende Teamentwicklung im Kollegium angegangen und vorangetrieben werden kann, wird im nachfolgenden Abschnitt II.3.5 noch zu skizzieren sein.

Welches sind die konkreten Vorzüge der Lehrerkooperation? Dazu nur einige Eindrücke und Streiflichter aus der praktischen Schulentwicklungsarbeit. Ein erster Positiveffekt, der immer wieder auffällt, betrifft die inspirierende und ermutigende Wirkung von Gruppenprozessen. Selbst wenn die Gruppenarbeit kontrovers und ergebnisoffen verlaufen sollte, so bewirkt sie bei den meisten Mitwirkenden doch eine größere Abgeklärtheit und Handlungssicherheit im Hinblick auf die Umsetzung der anstehenden Reformmaßnahmen. Was ist denn die Alternative? Ein Alleingang zu Hause ist meist die schlechtere Variante, da sie die vorhandene Unsicherheit und Ratlosigkeit nur noch weiter steigert. Durch das gruppeninterne Brainstorming dagegen entsteht das, was Heinrich von Kleist in einem berühmten Essay »die allmähliche Verfertigung der Gedanken beim Reden« nennt. Gespräche unter Lehrer/innen sind demnach eine zentrale Voraussetzung für das Entstehen von Sicherheit, Kreativität, Durchhaltevermögen, Motivation, Mut und Problemlösungsfähigkeit. Diese Effekte zu erzielen ist

	Warum Lehrerkooperation wichtig ist
1	Sie fördert den methodischen Ideenreichtum der Lehrerinnen und Lehrer
2	Sie stärkt die einzelne Lehrkraft bei ihren konkreten Reformversuchen
3	Sie ermöglicht arbeitsteilige Vorgehensweisen und höhere Produktivität
4	Sie begünstigt anregende Unterrichtsbesprechungen und -reflexionen
5	Sie führt zu hilfreichen Lern- und Trainingsspiralen für den Unterricht
6	Sie erleichtert das konzertierte Arbeiten auf Klassen- und Fachebene
7	Sie steigert die Verbindlichkeit und Konsequenz im Innovationsprozess
8	Sie fördert die Problemlösungsfähigkeit und -bereitschaft der Lehrkräfte

Abb. 14 © Dr. H. Klippert

ungleich schwieriger, wenn man auf sich alleine gestellt ist und das notwendige Um- und Weiterdenken immer wieder aus der eigenen Person heraus speisen muss.

Diese individuelle Begrenztheit gilt insbesondere im Zusammenhang mit der Aufgabe der Unterrichtsentwicklung. Denn jeder Einzelne hat natürlich die tradierten Muster und Rituale der Unterrichtsplanung vergleichsweise tief verinnerlicht und tendiert daher dazu, an den eingespielten Gewohnheiten festzuhalten. Ohne konstruktive und produktive Teamarbeit gibt es diesbezüglich meist nur wenig Bewegung. Dies umso mehr nicht, als eine Menge Arbeit ansteht. Da müssen u.a. Lern- und Trainingsspiralen entwickelt, neue Materialien erstellt, Klassenräume verändert, Sitzordnungen modifiziert, Bewertungsverfahren umgestellt, Zufallsverfahren eingeführt, neue Ansätze der Elternarbeit gewagt, persönliche Rollenvorstellungen infrage gestellt, neue Methoden umgesetzt, neue Prüfungen abgenommen, auftretende Probleme gelöst, etwaige Widerstände verarbeitet, Schulleitungen und Eltern überzeugt, Kolleg/innen als Mitstreiter/innen gewonnen, anstehende Evaluations- und Inspektionsprogramme bestanden werden etc. Das alles braucht Zuspruch und Inspiration, setzt verständnisvolle Dialoge mit Kolleginnen und Kollegen voraus. Man fragt sich unwillkürlich, wie all diese Herausforderungen ohne verstärkte Teamarbeit bewerkstelligt werden können. Wohl kaum! Elmar Oswald hat bereits 1990 das entsprechende Leitmotto für die anstehende Schul- und Unterrichtsentwicklung ausgegeben, nämlich: »Gemeinsam statt einsam« (vgl. Oswald 1990). Dieses Motto hat bis heute nichts von seiner Aktualität eingebüßt.

Auch Peter Senge, renommierter Bildungsforscher in den USA, unterstreicht die hilfreiche Kraft des dialogischen Arbeitens in Gruppen. Gruppengespräche begünstigten »kollektives Lernen« und brächten Menschen in ungewöhnlichem Maße auf neue Ideen (vgl. Senge 1999, S. 290). Senge verweist auf Werner Heisenberg und andere Koryphäen der Naturwissenschaften, die erst durch den Dialog mit anderen Berufskolleg/innen zu bahnbrechenden Erfindungen bzw. Erkenntnissen gelangt seien. Diese magische Kraft des Dialogs sei bereits in der Antike bewusst gewesen: »Für die Griechen bedeutete *dia-loges*«, so Senge, »das ungehinderte Fluten von Sinn, von Bedeutung in einer Gruppe, wodurch diese zu Einsichten gelangen kann, die dem Einzelnen verschlossen sind.« (Ebenda, S. 19) Diese Sinn spendende Kraft des Brainstormings gilt natürlich auch für die Innovationsfelder Schule und Unterricht. Ohne konstruktive Dialoge in Kollegien und Schulteams wird es schwerlich gelingen, die anvisierten Schulreformen und Entlastungsstrategien nachhaltig voranzutreiben.

Damit jedoch kein falscher Eindruck entsteht: Lehrerkooperation ist zwar eine notwendige Voraussetzung für gelingende Reformen, doch noch längst keine hinreichende. Wie Hans-Günter Rolff zu Recht anmerkt, sind Gruppen einzelnen »... Individuen keineswegs auf allen Gebieten überlegen. Und nicht alle Individuen entfalten ihr Leistungspotenzial in Gruppen eher als in Einzelarbeit.« (Rolff u.a. 1998, S. 174) Allerdings zeigen einschlägige Forschungsergebnisse, dass Gruppenarbeit immer dann überlegen ist, wenn es um die Sicherung von Arbeitszufriedenheit, Lehrermotivation und Lehrergesundheit geht (vgl. ebenda). Gleichwohl ist Lehrerkooperation keineswegs immer ergiebig und nützlich für den Einzelnen. Mag sein, dass die einzelnen

Gruppenmitglieder mit den Spielregeln guter Gruppenarbeit noch zu wenig vertraut sind und daher sowohl im emotionalen wie im instrumentellen Bereich Störungen produzieren. Es kann aber auch sein, dass die jeweilige Aufgabe einfach nicht gruppengeeignet ist, sondern sich viel effektiver in Einzelarbeit erledigen lässt. Von daher muss man sich die Bedingungen und Aufgaben in der jeweiligen Einzelschule sehr genau anschauen, bevor man Gruppenarbeit ausruft. Gleichwohl ändert das nichts daran, dass eine verstärkte Lehrerkooperation das Gebot der Stunde ist, sollen Reformerfolge, Berufszufriedenheit und Lehrerentlastung in der Breite vorangebracht werden.

3.3 Was wirksame Teamarbeit auszeichnet

Die landläufigen Gruppenarbeiten in den Schulen haben mit guter Teamarbeit oft wenig zu tun. Das ist zwar bedauerlich, kann als Herausforderung und Problemanzeige aber nicht einfach ignoriert werden. Viele Lehrkräfte tun sich sowohl von ihrer Einstellung als auch von ihrem strategischen Repertoire her schwer damit, zielstrebig und erfolgreich in Gruppen zusammenzuarbeiten. Das Schlimme dabei: Es mangelt ihnen nicht nur an Kompetenz und Bereitschaft; es fehlt ihnen häufig auch schlicht die Einsicht, worauf es bei guter Gruppenarbeit = Teamarbeit ankommt. Deshalb im Klartext: Teamarbeit ist etwas anderes als das landläufige Zusammensitzen an Gruppentischen sowie das unverbindliche Palavern über mehr oder weniger nebensächliche Fragen und Probleme des Schulalltags. Gute Teamarbeit meint mehr, nämlich das konstruktive, regelgebundene Zusammenarbeiten mehrerer Personen, die gemeinsame Ziele verfolgen, eine gemeinsame Aufgabe haben und von einem stabilen »Wir-Gefühl« getragen sind, das ihnen hilft, auch bei Gegenwind Kurs zu halten und anstehende Aufgaben verlässlich zu erledigen. So weit die Definition.

Die gemeinsame Aufgabe ist also der Focus, um den herum sich Teamarbeit entwickeln und bewähren kann und muss. Ohne konkrete Aufgaben und Ziele ist alle Gruppenarbeit nichts. Deshalb wird hier für die dezidierte Anbindung der Teamentwicklung an das konkrete Aufgabenfeld »Unterrichtsentwicklung« plädiert. Indem interessierte Lehrkräfte an der Implementierung innovativer Lehr- und Lernverfahren arbeiten, wachsen sie auch zusammen. Sie steigern ihre Motivation und ihre Leistungsfähigkeit. Wie Hans-Günter Rolff unter Berufung auf einschlägige wissenschaftliche Studien zu berichten weiß, haben leistungsstarke Gruppen »... ein entspanntes, unbürokratisches Klima. Gleichgültigkeit und Langeweile treten kaum auf. Aufgaben und Ziele sind klar und finden breite Zustimmung. Die Kommunikation ist spontan, offen und horizontal. Konflikte und Meinungsverschiedenheiten werden offen ausgetragen. Entscheidungen beruhen nach Möglichkeit auf Konsens. Zu Beginn einer Aufgabe werden klare Anordnungen getroffen, die auch befolgt werden. Kritik wird ohne Angst geäußert und gelassen entgegengenommen. Gefühle werden, so weit sie die Aufgaben und Themen der Gruppe betreffen, offen gezeigt und genau beschrieben.« (Ebenda, S. 179f.)

So gesehen sind zentrale Kriterien guter Teamarbeit klare »Aufgabenorientierung«, »Zielorientierung«, »Konsensorientierung«, »Offenheit« und »Problemlösungsfähigkeit«. Das ist jedoch nur die eine Seite des Erfolgs. Die andere Seite ist die, dass die Mitarbeit in einer Gruppe für die beteiligten Lehrkräfte nützlich und bereichernd sein muss. Eine der am häufigsten gestellten Fragen zielt daher auf den persönlichen Nutzen von Lehrerkooperation. »Was ist der Benefit?«, so formulierte unlängst ein Lehrer seine ebenso berechtigte wie verräterische Anfrage zum Sinn und Zweck von Lehrerkooperation. Berechtigt ist diese Anfrage insofern, als Gruppenbefürworter häufig allzu blauäugig davon ausgehen, dass Lehrerkooperation als Plattform des sozialen Miteinanders aus sich selbst heraus nützlich und legitimiert sei. Dahinter muss mit Fug und Recht ein Fragezeichen gesetzt werden. Andererseits ist die besagte Anfrage aber auch verräterisch, signalisiert sie doch eine recht vordergründige Benefit-Erwartung, die den vielschichtigen Anliegen und Chancen schulinterner Lehrerkooperation ebenso wenig gerecht wird wie die apodiktische Setzung, dass Gruppenarbeit »an sich« etwas Gutes sei. Dennoch: Wer die Forderung nach persönlichem Benefit ignoriert, hat den Kampf um vermehrte Teamarbeit im Kollegium schon verloren.

Teamarbeit muss ohne Wenn und Aber nützlich sein und dem Einzelnen spürbar etwas bringen. Andernfalls wird die latente Skepsis in den Kollegin nicht zu überwinden sein. Lehrerkooperation muss gewährleisten, dass ein überzeugender Output entsteht, der in der Regel größer sein sollte als das, was in häuslicher Alleinarbeit zu erreichen ist. Das stellt Anforderungen in mehrerlei Hinsicht. Erstens wird der besagte Output nur dann überzeugend sein können, wenn von den Gruppenmitgliedern verbindlich, zielstrebig und produktiv mitgearbeitet wird. Das ist bereits eines der Problemfelder schulinterner Gruppenarbeit. Zweitens steht und fällt die Nützlichkeit von Teamarbeit mit der möglichst günstigen Gestaltung des Aufwand-Ertrags-Verhältnisses. Wird in den Gruppen zu aufwändig und/oder zu umständlich gearbeitet, so steht die persönliche Nützlichkeit in Frage, d.h., die Zeit- und Arbeitsökonomie wird als unzureichend erlebt. Drittens braucht erfolgreiche Teamarbeit Mut machende Unterstützung und Anerkennung seitens der Schulleitung und des Kollegiums – z.B. durch wohlwollende Freistellungs- und/oder Vertretungsmaßnahmen. Auch das ist in vielen Schulen ein wunder Punkt. Und viertens schließlich braucht überzeugende Lehrerkooperation selbstverständlich auch Regeln und konsequente Prozesssteuerung, soll sie nicht fruchtlos und »geschwätzig« dahingleiten. Die nachfolgenden Ausführungen zur fach- und/oder klassenbezogenen Workshoparbeit werden deutlich machen, wie Prozesssteuerung, Arbeitsökonomie, Unterstützung und Produktivität zusammengebracht werden können.

3.4 Effektive Teamarbeit will gelernt sein

Die gängigen Kooperationsveranstaltungen in den Schulen lassen oft zu wünschen übrig. Das gilt für Gesamtkonferenzen wie für Fach-, Klassen- oder Stufenkonferenzen. Das Image dieser Konferenzen ist alles andere als gut. Geklagt wird über vieles, vor allem aber darüber, dass zeitraubende Profilierungsversuche, Reibereien und Grundsatzdebatten den Konferenzerfolg beeinträchtigten. Es komme bei den gängigen Konferenzen einfach zu wenig heraus, so die ebenso knappe wie ernüchternde Bilanz einiger Lehrkräfte anlässlich eines kürzlich durchgeführten Schulbesuchs. Mag sein, dass es in anderen Schulen auch Positiveres zu berichten gibt. Im Großen und Ganzen dürfte die angeführte kritische Sicht jedoch recht typisch für das Meinungsbild in den Schulen sein. Konferenzen lösen viel Skepsis aus – keine Frage. Da finden sich z.B. nach Schulschluss einige Menschen für 1–2 Stunden zusammen, um die eine oder andere schulische »Pflichtaufgabe« in mehr oder weniger hektischer Atmosphäre zu erledigen; eingehendere pädagogische Gespräche und Vorbereitungsarbeiten sind in aller Regel die Ausnahme und keinesfalls die Regel. Stattdessen dominieren formale Pflichtübungen, die dem Einzelnen nur selten das Gefühl vermitteln, etwas Hilfreiches und Nützliches für die eigene schulische Arbeit geleistet zu haben.

Wie sich aus den einzelnen Problemaufnahmen in Abbildung 15 ersehen lässt, sind es gerade die eingespielten »Rituale«, die viel Zeit und Nerven kosten. Das beginnt mit subtilen Kommunikationsstörungen und reicht über mangelhafte Zielklarheit und Konfliktfähigkeit bis hin zu wechselseitigen Schuldzuweisungen, zu unklaren/unverbindlichen Entscheidungen und zu gravierenden Nachlässigkeiten bei der Reflexion und Auswertung abgelaufener Konferenzen bzw. Teamsitzungen. Vieles von dem findet sich zwar auch bei anderen Berufsgruppen, deshalb ist es jedoch nicht weniger brisant und ernst zu nehmen. Teamfähigkeit ist offenbar weder eine Selbstverständlichkeit, noch wird sie im Zuge der gängigen Lehrersozialisation hinreichend vorbereitet und eingeübt. Im Gegenteil: Vorbildliche Teamarbeit und eingehende Teamreflexionen kommen im Alltag bundesdeutscher Lehrerinnen und Lehrer bis heute eher selten vor. Von daher ist es wenig verwunderlich, dass viele Gruppenprozesse in den Schulen vergleichsweise defizitär verlaufen.

Die Rückmeldungen von insgesamt 52 Steuerungsteams zum Gelingen oder Nichtgelingen schulinterner Teamsitzungen sind auf jeden Fall alarmierend (vgl. den Fragebogen in M 31 auf Seite 152). Geklagt wird eigentlich auf der ganzen Linie. Den Beobachtungen und Einschätzungen der Befragten zufolge werden die meisten Teamsitzungen nur unzureichend vorbereitet. Sie würden spontan gestaltet und moderiert. Vielen Sitzungen mangele es an klarer Ziel- und Ergebnisorientierung mit der Folge, dass fruchtlose Diskussionen und Ränkespiele hochkommen und über Gebühr Zeit absorbieren. Eine straffe Moderation und Erfolgskontrolle scheint in den meisten Schulen ebenso die Ausnahme zu sein wie die überzeugende produktive Ausrichtung der betreffenden Teamsitzungen. Beschlüsse werden vielleicht noch gefasst, aber ob sie tatsächlich umgesetzt werden, das steht vielerorts in den Sternen. Selbst in formaler Hinsicht scheint manches im Argen zu liegen. So wird von Seiten der befragten Steuerungsteams darüber geklagt, dass die Fluktuation innerhalb der Gruppen zu groß sei. Die Teilnahme sei eher unverbindlich, die Zeitdauer vieler Teamsitzungen werde zu knapp bemessen, und die Regelmäßigkeit der Sitzungen lasse deutlich zu wünschen übrig. »Wir treffen uns zu selten und entwickeln deshalb wenig Routine« – so lautet das Fazit fasst aller Befragten. Ein Alarmzeichen.

Schwachpunkte im Rahmen schulinterner Gruppenarbeit

Wenn es in einer Organisation nicht klappt, kann man in der Regel feststellen...

...es wird nicht offen kommuniziert

...es werden keine Probleme gelöst
Dafür herrscht Beschuldigung vor

...es besteht keine Zielklarheit

...es werden keine Entscheide gemeinsam und nach bestimmten Regeln getroffen

...Konflikte werden unter den Tisch gekehrt

...Feedback fehlt
Es findet keine Auswertung von Gruppenprozessen und -leistungen statt

Abb. 15

So gesehen sind sowohl in formaler Hinsicht als auch im Hinblick auf die gruppeninterne Moderation und Arbeitsweise Verbesserungen vonnöten. Das entsprechende Motto lautet »Teamentwicklung im Kollegium«. Unstrittig ist, dass die Lehrkräfte verstärkt Gelegenheit erhalten müssen, grundlegende Kooperationskompetenzen einzuüben und entsprechende Regeln und Verfahrensweisen zu klären. Dazu können spezielle Fortbildungstagungen beitragen; dazu dienen aber auch und nicht zuletzt regelmäßige Reflexionsaktivitäten im Anschluss an einzelne Teamsitzungen. Wie kann die Teamarbeit effektiver gestaltet werden? Wo liegen die aktuellen Schwachpunkte? Worauf kommt es bei guter Lehrerkooperation an? Was sollte wie geändert werden? Welche Regeln und Verfahrensweisen sind anzupeilen? Was heißt das z.B. für die Workshoparbeit? Was passiert, wenn wichtige Teamregeln verletzt werden? Welches können die ersten Schritte sein, um den fälligen Teamentwicklungsprozess in Gang zu bringen? Auf diese und andere Fragen wird im Anhang zu diesem Kapitel mittels verschiedener Zusatzmaterialien näher eingegangen (vgl. M 28 bis M 42). Diese Materialien zeigen an, in welche Richtung die angesprochene Reflexions- und Klärungsarbeit vorangebracht werden muss und kann. Vertiefende praktische Übungen können diese individuelle Reflexionsarbeit ergänzen und das entsprechende strategische Repertoire weiterentwickeln helfen (siehe z.B. M 28, M 31, M 34, M 36, M 37; vgl. auch Philipp 1996).

3.5 Workshops als Dreh- und Angelpunkt

Wie oben bereits erwähnt, ist das A und O motivierender Teamarbeit ihre produktive Ausrichtung. Lehrkräfte müssen erleben können, dass sich Lehrerkooperation lohnt und zur Entlastung im alltäglichen Schulbetrieb beiträgt. Die hier in Rede stehenden Workshops setzen genau an dieser Stelle an. Sie sind produktive Veranstaltungen und zielen darauf, interessierten Lehrkräften die Möglichkeit zu bieten, gemeinsam mit Gleichgesinnten innovative Lernarrangements, Materialien, Arbeitsprogramme, Problemlösungsszenarien, Evaluationsverfahren etc. zu entwickeln (vgl. M 41 auf Seite 162). Dazu gibt es feste Zeitfenster, die von den betreffenden Lehrergruppen genutzt werden können. Gerade im Zeitalter der neuen Bildungsstandards, Kernlehrpläne, Vergleichsarbeiten, Parallelarbeiten und zentralen Abschlussprüfungen ist diese Art der Lehrerkooperation nachgerade unverzichtbar, soll die einzelne Lehrkraft nicht in eine klassische Überforderungssituation hineingeraten. Die anvisierten Workshops wirken dieser Überforderungsgefahr entgegen und stellen sicher, dass die Lehrkräfte den anstehenden Innovationsdruck relativ unbeschadet überstehen können.

Die Konzentration der Workshoparbeit auf das Innovationsfeld Unterricht hat indes noch einen anderen Grund. Der Vorteil der Workshops ist, dass sie als Arbeitsform wenig vorbelastet sind. Sie spielen in den meisten Schulen bis dato eine eher nachgeordnete Rolle. Fachkonferenzen und gelegentliche Klassenkonferenzen gibt es zwar; doch diese dienen vorrangig dazu, formale Angelegenheiten abzustimmen. Produktive Workshops dagegen sind die Ausnahme. Von daher gibt es auch keine eingefahrenen Gleise und Gewohnheiten, die den Workshopteilnehmer/innen eigen sind.

Vieles ist offen und neu zu profilieren. Dadurch bietet sich die bemerkenswerte Chance, ein richtiggehendes Trainingsfeld in Sachen Lehrerkooperation zu eröffnen. Das gilt sowohl im Hinblick auf die Entwicklung einschlägiger Lernspiralen (vgl. Abschnitt II.2.3), als auch hinsichtlich der Vorbereitung methodenzentrierter Trainingswochen und Trainingstage. Und das gilt natürlich auch bezüglich der Erprobung, Reflexion und Überarbeitung der gemeinsam erstellten Lehr- und Lernhilfen.

Inwieweit die besagte Lehrerkooperation jedoch produktiv wird, hängt nicht nur vom Teamgeist der Teilnehmer/innen ab, sondern auch davon, wie der Workshopablauf gestaltet ist. Grundsätzlich gilt: Je straffer ein Workshop organisiert ist, desto größer ist die Chance, dass am Ende auch ein befriedigendes Ergebnis für die Teilnehmer/innen herauskommt. Abbildung 16 zeigt einen möglichen Fahrplan, der sich in praxi bewährt hat. Der insgesamt 5-stündige Workshop ist zeitlich wie inhaltlich recht straff organisiert und gewährleistet dadurch eine relativ ausgeprägte Produktivität und Arbeitserleichterung für die beteiligten Lehrkräfte. Effektive Workshops dieser Art sind ein wichtiger Hebel, um den aktuellen »Reformberg« in zeit- und arbeitsökonomischer Art und Weise abtragen zu können. Mag sein, dass der dokumentierte Zeitplan dazu führt, dass hier oder dort interessante Diskussions- und Reflexionsprozesse abgeschnitten werden müssen; aber das ist immer noch besser, als am Ende eines Workshops außer einigen vagen Notizen und Denkanstößen nichts in der Hand zu haben. Workshops müssen produktiv enden! Diese Maxime sollte tunlichst beachtet werden.

Ziel des skizzierten Workshops ist es, schüleraktivierende Lernspiralen zu entwickeln (vgl. Abb. 16). Ausgangspunkt ist ein bestimmtes Lehrplanthema. Dieses wird in unterschiedliche Arbeitsfelder der Schülerinnen und Schüler aufgegliedert, die ihrerseits wiederum in mehrere Arbeitsschritte zerlegt werden. Auf diese Weise entsteht ein mehrstufiges Arbeitsverfahren, das die Schüler/innen unter Nutzung alternativer Medien und Materialien auszufüllen haben. Wichtig dabei: Die Schüler/innen sollen nicht nur tätig werden; sie sollen im Zuge ihres Arbeitsprozesses auch unterschiedliche Arbeits-, Kommunikations-, Präsentations- und Kooperationsmethoden anwenden. Dementsprechend planen die betreffenden Workshopteilnehmer/innen ihre Arbeitsfelder und Arbeitsschritte. Damit das Ganze auch zeit- und arbeitsökonomisch abläuft, werden die betreffenden Gruppen in mehrere Tandems aufgelöst, deren Aufgabe es ist, die eine oder andere Lernspirale praxisgerecht auszuarbeiten. Auf diese Weise wird der Gesamtoutput der Gruppe vervielfacht. Hinzu kommt, dass die erstellten Lernspiralen mittels PC so archiviert werden, dass später jedes Gruppenmitglied recht problemlos darauf zurückgreifen kann. Das erleichtert die Nutzung und führt dazu, dass die Akzeptanz der Workshops in den Kollegien ansteigt.

Zu den Besonderheiten der skizzierten Workshoparbeit gehört noch ein Weiteres: Die Workshops müssen nicht nur wirksam gestaltet werden; sie müssen auch durchdacht vorbereitet werden. Andernfalls verlaufen sie sehr schnell im Sande. Wenn ein Workshop gelingen soll, muss u.a. rechtzeitig und verbindlich geklärt werden, wer was mit wem erarbeiten möchte und welche Materialien und sonstige Hilfsmittel zu diesem Zweck benötigt werden. Je präziser die Vorabsprachen sind, desto effektiver verläuft in aller Regel auch der jeweilige Workshop (vgl. M 41 auf Seite 162). In diesem

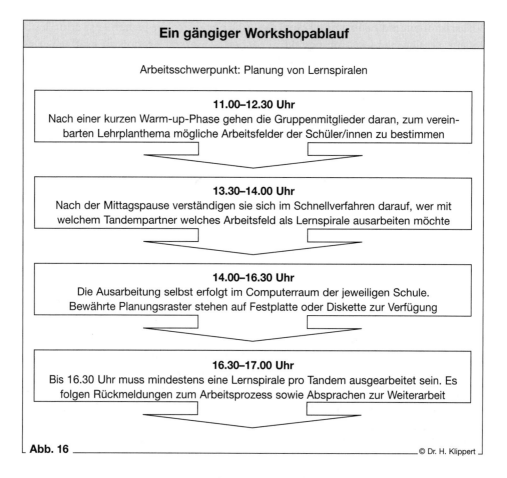

Abb. 16 © Dr. H. Klippert

Punkt hapert es in Deutschlands Schulen ganz erheblich. Ratsam ist ferner, dass auf Zeit- und Arbeitsökonomie geachtet wird. Workshops, in deren Rahmen zu aufwändig gearbeitet wird, haben meist eher abschreckenden als ermutigenden Charakter. Ermutigung aber ist dringend vonnöten, wenn die Workshoparbeit positiv erlebt werden soll. Die Schritte zur Ermutigung können unterschiedlich sein. Ermutigung lässt sich u.a. dadurch sicherstellen, dass konstruktiv kommuniziert und respektvoll miteinander umgegangen wird. Aber auch dadurch, dass Schüleraktivierung mit Lehrerlenkung oder traditionelle Verfahrensweisen mit neuen Methoden gekoppelt werden. Die Hauptsache ist, dass es gelingt, eine zeit- und arbeitssparende Reformarbeit hinzubekommen.

Fazit: Workshops sind wichtige und wegweisende Lernfelder in Sachen Lehrerkooperation. Sie eröffnen den interessierten Lehrerinnen und Lehrern die Möglichkeit, sich mit dem Regelwerk konstruktiver Teamarbeit vertraut zu machen und den eigenen Vorbereitungsaufwand in Sachen Unterrichtsplanung und -vorbereitung zu minimieren. Sie sichern Inspiration und Ermutigung und sorgen dafür, dass die einzelnen Workshopteilnehmer/innen neue Lehr- und Lernverfahren entdecken und erschließen. Sie helfen, wegweisende Lernspiralen und/oder Trainingsspiralen zu entwickeln, die das eigenverantwortliche Arbeiten und Lernen der Schüler/innen im Unterricht unterstützen und konkretisieren. Sie steigern den Output für jeden Einzelnen und tragen auf diese Weise dazu bei, dass mehr Innovationsbereitschaft und Innovationserfolg entstehen. Sie fördern Kommunikation, Kreativität und Arbeitsteilung im Kollegium und begünstigen damit größere Verbindlichkeit bei der Umsetzung der gemeinsam vorbereiteten Lehr- und Lernarrangements. Sie stellen sicher, dass zeit- und arbeitsökonomisch verfahren und ein vergleichsweise günstiges Aufwand-Ertrags-Verhältnis erreicht wird. Kurzum: Konstruktive Workshoparbeit ist Chance und Gewähr zugleich, dass die beteiligten Lehrkräfte ein Mehr an Entlastung, sozialer Einbettung und persönlicher Berufszufriedenheit erfahren können.

3.6 Teamarbeit als Stütze der Schulreform

Angesichts der vielfältigen Reformvorhaben, die derzeit angesagt sind (vgl. Abb. 17), führt letztlich kein Weg an verstärkter Teamarbeit vorbei. Lehrkräfte, die unverändert auf Alleingänge setzen und ihre pädagogische Autonomie bis zum Letzten zu verteidigen versuchen, sind über kurz oder lang zum Scheitern verurteilt. Das verbreitete Einzelkämpfertum in Deutschlands Schulen gleicht perspektivloser Sisyphusarbeit. Jeder versucht auf seine Weise, den aktuellen Reformerfordernissen Rechnung zu tragen und *irgendwie* zu reagieren. Doch bei genauerem Hinsehen ist das vielerorts nichts anders als »individueller Masochismus«. Die einzelne Lehrperson ist in ihrer Klasse in aller Regel weder zeitlich noch strategisch in der Lage, nachhaltige unterrichtliche Veränderungen durchzusetzen und durchzuhalten. Ohne flankierende Unterstützung durch andere Lehrkräfte hilft die beste Unterrichtsorganisation und -moderation nur wenig. Die sporadischen Impulse verpuffen immer wieder und hinterlassen, auf längere Sicht gesehen, kaum Spuren. Michael Fullan spricht diesbezüglich vom »Glühwürmcheneffekt« der Unterrichtsentwicklung. Und er hat Recht damit.

Eine Unterrichtsreform, die nachhaltig Wirkung zeigen soll, verlangt nach einer konzertierten Aktion der Lehrerinnen und Lehrer. Das gilt für die Klassen- und Fachebene genauso wie für die übergeordnete Ebene der Führungskräfte. Konsequente Kooperation und Koordination sind der Schlüssel zum Innovationserfolg. Michael Fullan bestätigt dieses vor dem Hintergrund seiner Schulentwicklungsforschungen in den USA und in Kanada. Fullans Fazit: »Bildungsreformen schlagen hauptsächlich aus zwei Gründen fehl: Zum einen sind die Probleme komplex und hartnäckig. Es ist schwer, sich wirksame Lösungen einfallen zu lasen, und noch schwerer, sie tatsächlich in die Praxis umzusetzen. Der zweite Grund ist, dass die verwendeten Strategien nicht die Dinge in Angriff nehmen, die wirklich wichtig wären. Sie sind weder auf eine grundlegende Unterrichtsreform noch auf die damit verbundene Entwicklung einer neuen pädagogischen Teamkultur ausgerichtet.« (Fullan 1999, S. 85)

Unterrichtsreform und Teamkultur gehören also zusammen. Man muss sich nur die Auflistung der aktuellen Reformansätze in Abbildung 17 anschauen, um eine Ah-

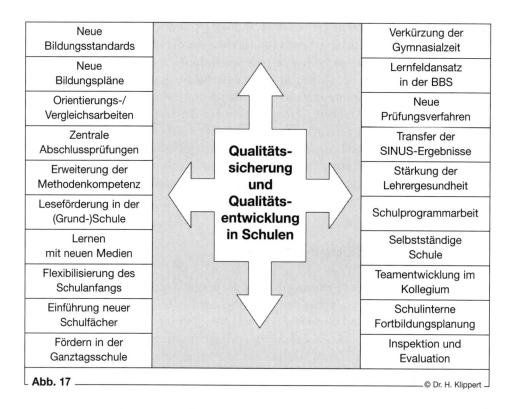

Abb. 17 © Dr. H. Klippert

nung davon zu bekommen, wie aussichtslos es ist, als Einzelkämpfer anzutreten. Wer die skizzierten Reformansätze einigermaßen nachhaltig realisieren möchte, der muss die Zusammenarbeit mit anderen Lehrkräften suchen. Ohne konsequente Lehrerkooperation ist die anstehende Unterrichtsreform ein absehbarer Flop. Das scheint mittlerweile auch immer mehr Politikern klar zu werden. Daher sind Teamarbeit und Teamentwicklung in den Kollegien gefragt. Die in den letzten Jahren erschienenen Richtlinien zur Schul- bzw. Qualitätsprogrammentwicklung stellen durchweg heraus, dass Unterrichtsentwicklung der konsequenten Lehrerkooperation bedarf. Diese Klarstellung ist wichtig und ermutigend zugleich. Wichtig ist sie deshalb, weil sie der Teamarbeit in den Kollegien die gebührende Bedeutung beimisst. Und ermutigend ist sie insofern, als sie zur Hoffnung Anlass gibt, dass die anvisierte Teamentwicklung in den Kollegien durch Bereitstellung spezifischer Ressourcen (Freistunden, Fortbildungsseminare etc.) unterstützt wird. Nötig sind diese Ressourcen gewiss. Das beginnt bei der forcierten Teamfortbildung und reicht über die Einrichtung fester Teamstunden und Teambesprechungen bis hin zu gelegentlichen Hospitationen und Workshops von interessierten Lehrerteams. Natürlich geht das nicht ohne partielle Freistellung der engagierten Lehrkräfte.

Wer die Unterrichtsgarantie über alles andere stellt, der muss sich nicht wundern, wenn die angesagten Unterrichtsreformen nicht so recht in Gang kommen. Denn Neues zu wagen setzt neue Erfahrungen und Kompetenzen auf Lehrerseite voraus.

Dieses innovative Repertoire lässt sich aber nur zum Teil im Rahmen des Selbststudiums während der unterrichtsfreien Zeit erwerben. Zum Teil muss während des Schulvormittags dafür gesorgt werden, dass praktische Übungsfelder entstehen. Diese Notwendigkeit gilt insbesondere für den Erwerb von Teamfähigkeit und Teambereitschaft. Teamkompetenz aufzubauen geht nämlich letztlich nicht ohne praktische Teamarbeit. Nur wer Gelegenheit erhält, mit anderen Kolleginnen und Kollegien sehr konkret im Team zu arbeiten und die zutage tretenden Interaktions- und Arbeitsweisen gemeinsam zu reflektieren, wird in puncto Teamfähigkeit auch weiterkommen können. Wer hingegen über Teamarbeit nur liest oder redet, der wird erfahrungsgemäß weder Teamgeist noch Teamfähigkeit kultivieren können. Von daher ist konsequentes Arbeiten und Lernen im Team dringend vonnöten – auch und nicht zuletzt während des Schulvormittags.

3.7 Materialien und Tipps zur Vertiefung

In diesem abschließenden Abschnitt werden diverse Arbeitsblätter und Checklisten zur persönlichen Vertiefung und Konkretisierung der skizzierten Entlastungsstrategien dokumentiert. Sie sind fortlaufend nummeriert und korrespondieren mit den in den vorstehenden Abschnitten genannten Materialhinweisen. Die einzelnen Materialien sollen Denkanstöße geben, Zusatzinformationen bieten, Fragen aufwerfen, persönliche Schwachpunkte erkennbar machen, Bilanzen ermöglichen, Handlungsalternativen aufzeigen, Gespräche initiieren und Veränderungskompetenzen aufbauen helfen.

M 27 — Aufgaben wichtiger Schulteams

Welches sind die Aufgaben und Zuständigkeiten der Klassenteams?
1
2
3
4

Welches sind die Aufgaben und Zuständigkeiten der Fachteams?
1
2
3
4

Welches sind die Aufgaben und Zuständigkeiten der Jahrgangsteams?
1
2
3
4

Welches sind die Aufgaben und Zuständigkeiten des Steuerungsteams?
1
2
3
4

Erläuterungen

Das Frageraster gibt Gelegenheit, die Arbeitsteilung der einzelnen Schulteams nochmals genauer unter die Lupe zu nehmen. Wofür sind die einen primär verantwortlich, wofür die anderen? In Abschnitt II.3.1 finden sich nähere Hinweise dazu. Klar ist, dass eine Lehrperson formal Mitglied mehrerer Teams ist. Ratsam ist es jedoch, Prioritäten zu setzen. Tipp: Besprechen Sie Ihre Aufgabenzuweisungen mit anderen Lehrkräften Ihrer Schule. Präzisieren und ergänzen Sie nötigenfalls und überlegen sie gemeinsam, wie das Thema »Arbeitsteilung« in die Gesamtkonferenz eingebracht werden kann.

© Dr. H. Klippert

M 28 — Assoziationen zum Thema Teamarbeit

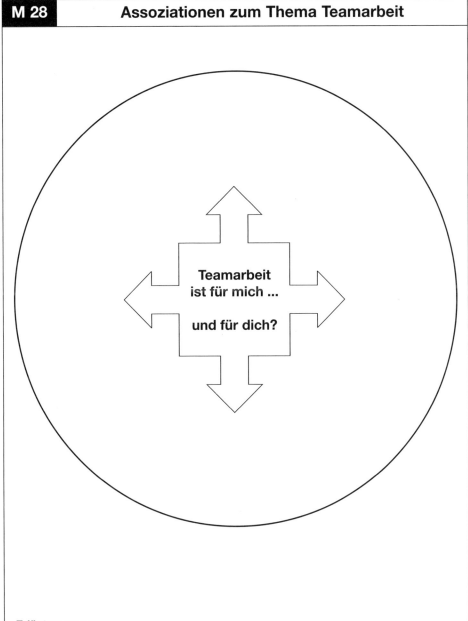

Erläuterungen
Die obige Impulsfrage kann als Ausgangspunkt eines »Stummen Schreibgesprächs« dienen. Rund um diesen Kern werden in beliebiger Anordnung und Verknüpfung Gedanken oder Erfahrungen zum Thema »Teamarbeit« aufgeschrieben. Das kann mit Einzelarbeit auf einem DIN-A4-Blatt beginnen. Dann jedoch sollte die Impulsfrage ins Zentrum eines großen Plakats geschrieben und von einer Gruppe ein »assoziatives Netzwerk« entwickelt werden. Dabei wird nicht gesprochen. Nach vielleicht 10 Minuten kann dann mit der Auswertung und Besprechung der notierten Assoziationen begonnen werden.

© Dr. H. Klippert

M 29 — Lehrerkooperation mit Fragezeichen

Was halten Sie von diesen Ansichten?	Volle Zustimmung ↓					Volle Ablehnung ↓
Die gängigen Schulkonferenzen sind viel zu zeitaufwändig und langatmig!						
Lehrerkooperation richtet häufig mehr Schaden an, als dass sie Nutzen bringt!						
Ich arbeite am liebsten alleine. Da habe ich weniger Stress und Ärger!						
Bei den Konferenzen, die ich miterlebt habe, ist in der Regel wenig herausgekommen!						
Die meisten Lehrkräfte sind weder bereit noch in der Lage, gescheite Gruppenarbeit zu machen!						
Typisch für die schulische Teamarbeit ist die Formel »Toll, ein anderer macht's«!						
Wenn ich schon mal Gruppenarbeit gemacht habe, dann war das meist chaotisch und frustrierend!						
Gruppenarbeit hat nur dann Sinn, wenn Leute zusammenarbeiten, die sich auch mögen!						
Ein Grundübel der Lehrerkooperation ist die Unverbindlichkeit und Beliebigkeit!						
Es sollte jedem Lehrer freigestellt bleiben, ob er mit anderen kooperieren möchte oder nicht!						
Lehrkräfte sind Einzelkämpfer und sollten es auch bleiben dürfen!						

Erläuterungen

Die angeführten Sichtweisen sollen zur (selbst)kritischen Auseinandersetzung mit der innerschulischen Gruppen- bzw. Konferenzarbeit führen. Die Bewertungsskala gibt Gelegenheit, die eigenen Eindrücke und Erfahrungen einzubringen und persönliche Einschätzung zum Thema Lehrerkooperation kenntlich zu machen. Tipp: Gehen Sie die einzelnen Ansichten durch und setzen Sie Ihre Kreuzchen. Vergleichen und besprechen Sie Ihre Einschätzungen alsdann mit anderen Lehrkräften Ihrer Schule. Diskutieren Sie etwaige Handlungs- bzw. Veränderungsmöglichkeiten für den Schulalltag.

© Dr. H. Klippert

M 30 — Gute Teams – schlechte Teams

Merkmale guter Teams	Merkmale schlechter Teams
Andere Ansichten und Erfahrungen werden respektiert und toleriert	Andersdenkende werden schnell ausgegrenzt und/oder diffamiert

Erläuterungen
Die Struktur der Tabelle gibt Gelegenheit, Polaritäten zu bilden. Auf der linken Seite steht eine Positivversion, auf der rechten Seite die entsprechende Negativversion als Gegenpol. Durch das Ausfüllen der Tabelle soll zweierlei erreicht werden: Erstens sollen die Anforderungen und Chancen guter Teamarbeit ins Bewusstsein gehoben werden, und zweitens soll das Ausfüllen der Tabelle dazu beitragen, eine konstruktive Kriterien- bzw. Regelfindung in Gang zu bringen. Tipp: Füllen Sie die Tabelle nach dem vorgegebenen Muster aus und besprechen Sie die Ergebnisse mit Kolleginnen und Kollegen Ihrer Schule.

© Dr. H. Klippert

M 31 — Teamsitzungen unter der Lupe

Problemanzeigen	stimmt voll (4)	stimmt teilweise (2)	stimmt nicht (0)	Gruppen-bewertung (Summe)
1 Wir bereiten uns nicht genügend auf unsere Teamsitzungen vor				
2 Wir treffen uns zu selten und entwickeln deshalb keine rechten »Routinen«				
3 Die Sitzungsteilnahme ist zu unverbindlich und führt zu störender Fluktuation				
4 Den Sitzungen mangelt es an klarer Ziel- und Ergebnisorientierung				
5 Wir fassen Beschlüsse, die nur zu oft nicht umgesetzt werden				
6 Triviale Diskussionen und Ränkespiele nehmen zu viel Raum ein				
7 Wir kontrollieren die Fortschritte während der Sitzungen zu wenig				
8 Die Zeitdauer der Teamsitzungen ist meist zu kurz bemessen				

Erläuterungen

Der Fragebogen gibt Gelegenheit, die gängigen schulinternen Teamsitzungen kritisch unter die Lupe zu nehmen und typische Defizite einzugrenzen. Zum Prozedere: Zunächst wird individuell angekreuzt. Dann wird zwecks Aussprache eine Gruppe gebildet. Die Gruppenmitglieder erläutern sich wechselseitig ihre Einschätzungen und addieren alsdann die Ziffern ihrer Einzelvoten. Der so ermittelte Gruppenpunktwert entscheidet über die Brisanz der jeweiligen Problemanzeige. Die drei Problemanzeigen mit den höchsten Punktwerten werden daraufhin untersucht, wie Abhilfe geschaffen werden kann.

© Dr. H. Klippert

M 32 — Umgang mit Vorurteilen

Gängige Vorurteile	Mögliche Gegenargumente
Vermehrte Lehrerkooperation beschneidet die pädagogische Freiheit des Einzelnen!	
Vermehrte Lehrerkooperation ist eine subtile Form der Arbeitszeitverlängerung!	
Vermehrte Lehrerkooperation schafft Konflikte und bringt wenig!	
Vermehrte Lehrerkooperation scheitert an den schulischen Rahmenbedingungen!	
Vermehrte Lehrerkooperation ist angesichts der Lehrerbelastung unzumutbar!	
Vermehrte Lehrerkooperation begünstigt lediglich die »Trittbrettfahrer«!	
Vermehrte Lehrerkooperation zielt auf »pädagogische Gleichschaltung«!	
Vermehrte Lehrerkooperation ist nur machbar, wenn Freistellung erfolgt!	
Vermehrte Lehrerkooperation muss scheitern, weil Lehrer nicht ausgebildet sind!	
Vermehrte Lehrerkooperation soll vom Versagen der Politik ablenken!	

Erläuterungen
Zu den Hindernissen der schulinternen Teamentwicklung zählen die vielfältigen Vorurteile, wie sie in den Kollegien kursieren. Manche Einwände mögen durchaus berechtigt sein, andere dienen lediglich dem Zweck, den lieb gewordenen Einzelkämpferstatus zu verteidigen. Wie kann bzw. sollte man mit derartigen Vorurteilen umgehen? Die obige Tabelle gibt Gelegenheit, einige gängige »Killerphrasen« zu kontern. Tipp: Tragen Sie in die rechte Spalte mögliche Gegenargumente ein und überlegen Sie, wie der Dialog seinen Fortgang nehmen könnte. Besprechen Sie Ihre Überlegungen mit interessierten Kolleg/innen.

© Dr. H. Klippert

M 33 — Vom Nutzen der Teamarbeit

	7 persönliche Gründe, die für mehr Zusammenarbeit mit anderen Kolleginnen und Kollegen sprechen ...
1	
2	
3	
4	
5	
6	
7	

Erläuterungen

Die Gretchenfrage beim Nachdenken über Teamarbeit und Teamentwicklung ist immer wieder die nach dem persönlichen »Benefit«. Was habe ich als Lehrerin oder Lehrer davon, wenn ich zusammen mit anderen Unterricht vorbereite, Schülerprobleme bespreche, Elternseminare plane, Vergleichsarbeiten entwickele oder in sonstiger Weise kooperiere? Darauf müssen überzeugende Antworten gesucht und gefunden werden. Tipp: Notieren Sie unter Berücksichtigung von Abschnitt 3.3, welches für Sie die 7 wichtigsten Vorzüge bzw. Nutzeffekte der Lehrerkooperation sind. Tauschen Sie sich dazu mit Kolleg/innen aus.

© Dr. H. Klippert

M 34 — Fallstudie analysieren

Ein Workshop mit Fragezeichen

Sechs Deutschlehrer/innen haben einen Workshop verabredet, in dem es darum gehen soll, zum Thema »Groß- und Kleinschreibung« mehrere Lernspiralen zu entwickeln. Der Workshop ist auf Donnerstag, 11.15 Uhr, anberaumt und soll bis 17.00 Uhr dauern. Um 11.15 Uhr sind jedoch nur vier der sechs Teilnehmer/innen zur Stelle; die beiden anderen haben ausrichten lassen, dass sie ihren Unterricht nun doch noch bis 13.00 Uhr halten möchten, da zuletzt so viel ausgefallen sei. Die Planungsarbeit beginnt demnach mit einer dezimierten Mannschaft.

Bei den ersten Vorüberlegungen zur Groß- und Kleinschreibung stellt sich zudem heraus, dass zwei der anwesenden Lehrer/innen vergessen haben, verfügbare Schulbücher und sonstige Materialien zum Thema mitzubringen. Das war zwar verabredet, ist aber im Trubel des Schulalltags ganz verschwitzt worden.

Mit einigen Worten des Bedauerns wird dieses Versäumnis zur Kenntnis genommen und mit viel Improvisation darangegangen, die Planung möglicher Arbeitsaufgaben der Schüler/innen in Angriff zu nehmen. Diese Stegreifsituation bringt es mit sich, dass sich zunächst einmal vieles im Kreis dreht. Jeder hat irgendwelche spontanen Ideen und möchte auf jeden Fall, dass diese bei der weiteren Planung gebührend berücksichtigt werden. Herr Klotz und Frau Krämer geraten sich sogar kräftig in die Haare, da sie unterschiedliche Verlaufsplanungen mitgebracht haben, von denen sie auf keinen Fall abrücken möchten. Frau Krämer weist auf einen neuen fachdidaktischen Ansatz hin, der ihren Verlaufsplan stütze, und wird daraufhin von Herrn Klotz der »gedankenlosen Theoriegläubigkeit« bezichtigt. Das alles beeinträchtigt natürlich Stimmung und Arbeitsfortschritt. Zum Glück kommt dann die Mittagspause.

Um 14.00 Uhr geht's mit der kompletten 6er-Mannschaft weiter. Eigentlich war die arbeitsteilige Ausarbeitung der Lernspiralen im Computerraum vorgesehen, aber weil sich der Ablauf verzögert hat, wird die Grobplanung möglicher Arbeitsfelder auf unbestimmte Zeit fortgeführt.

Das dauert schließlich noch bis 15.30 Uhr. Ein richtiger Konsens ist zwar immer noch nicht erzielt, aber auf zwei auszuarbeitende Lernspiralen kann man sich denn doch verständigen. Eine dieser Lernspiralen wird von einer 4er-Gruppe ausgearbeitet, die zweite von einem Tandem. Da sich der Umzug in den Computerraum nicht mehr lohnt, einigt man sich darauf, die Ausarbeitung handschriftlich vorzunehmen und später dann auf den PC zu übertragen. 14 Tage später ist noch immer nichts im PC.

Erläuterungen
Die Fallstudie zeigt einige typische Unzulänglichkeiten schulinterner Gruppen- bzw. Konferenzarbeit. Welche sind das wohl? Tipp: Analysieren Sie den skizzierten Arbeits- und Interaktionsprozess und überlegen Sie, was falsch läuft und was man in welcher Weise anders und besser machen könnte. Wie sehen Ihre 5 Vorschläge für den nächsten Workshop aus? Notieren Sie Ihre Anregungen und besprechen Sie Ihre Optionen mit potenziellen Workshoppartnern. Rekonstruieren Sie ferner weitere defizitäre schulinterne Konferenzabläufe, an denen Sie teilgenommen haben.

© Dr. H. Klippert

M 35 — Wie beurteilen Sie dieses Teamverhalten?

Gezeigtes Verhalten (– – sehr negativ; + + sehr positiv)	Bewertung – –	–	+	+ +
Herr A berichtet den Gruppenmitgliedern ausführlich über einen gescheiterten Unterrichtsversuch				
Frau B kommt 20 Minuten zu spät zur Teamsitzung, entschuldigt sich aber				
Herr C teilt mit, dass er den verabredeten Zeitplan auf keinen Fall einhalten kann und will				
Schulleiterin E ermutigt die Gruppe zu unkonventionellen Planungen und Entscheidungen				
Herr F nervt die anderen mit seinem ständigen »Wer macht was bis wann?«				
Herr G ist ein Moderationsprofi und drängt sich gerne in den Vordergrund				
Frau H bringt hin und wieder ihre emotionale Befindlichkeit ins Spiel				
Herr J neigt dazu, andere Gruppenmitglieder forsch, aber herzlich zu kritisieren				
Frau K ist bekannt für ihre ironisch-sarkastischen Kommentare zu allem und jedem				
Herr L ist sehr belesen und lässt andere gerne an seinen Erkenntnissen teilhaben				
Frau M meidet Ich-Botschaften und spricht lieber in der allgemeineren »Man-Form«				
Herr N droht mit seinem Auszug aus der Gruppe, wenn sein Vorschlag kein Gehör findet				
Die Gruppe X kehrt Probleme gerne unter den Tisch, damit der Frieden nicht gestört wird				

Erläuterungen

Der Fragebogen gibt Gelegenheit, über verschiedene Verhaltens- bzw. Interaktionsweisen von Gruppenmitgliedern kritisch und selbstkritisch nachzudenken. Was ist positives Teamverhalten? Diese Frage ist leichter gestellt als beantwortet. Mit der Bearbeitung des obigen Fragebogens kann das Gespür für positives Gruppenverhalten verbessert werden. Tipp: Nehmen Sie die geforderten Bewertungen vor und machen Sie sich ggf. Notizen, wie das von Ihnen kritisch eingeschätzte Verhalten positiv gewendet werden kann. Überlegen Sie sich weitere Beispiele für positives Gruppenverhalten.

© Dr. H. Klippert

M 36 — Umgang mit Störungen und Störern

Problemtypen	Wie kann man ihn/sie für die Teamarbeit gewinnen?
Besserwisser	
Bedenkenträger	
Arbeitsminimierer	
Reformskeptiker	
Reformeuphoriker	
Laisser-faire-Typ	
Einzelkämpfer	
Superpädagoge	
Formalist	
Traditionalist	

Erläuterungen
Eines der größten Probleme der Teamentwicklung ist die Einbindung bzw. Motivierung schwieriger Kolleginnen und Kollegen in den Gruppenprozess. Die obige »Typologie« zeigt, dass es unterschiedliche Sperren gibt, die einer engagierten und konstruktiven Mitarbeit in Lehrergruppen im Wege stehen. Tipp: Versetzen Sie sich in die Situation einer Lehrperson, die andere für verstärkte Teamarbeit gewinnen möchte. Wie würden Sie den genannten »Problemtypen« begegnen? Wie würden Sie diese zu überzeugen und einzubinden versuchen? Notieren Sie Ihre strategischen Ideen.

© Dr. H. Klippert

M 37 — Die Teamentwicklungsuhr

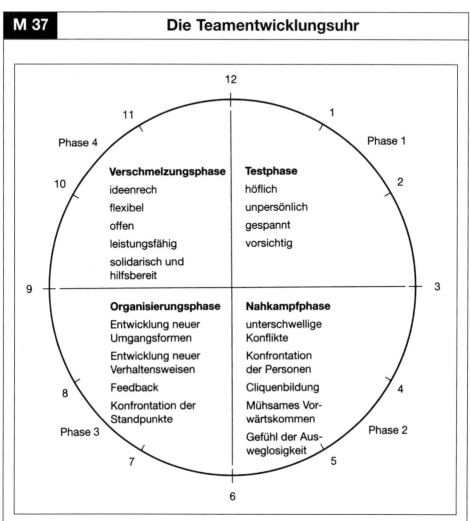

(aus: Philipp 1996, S. 32)

Erläuterungen
Die obige Teamentwicklungsuhr stammt von Francis und Young und kann zur Analyse von Teamentwicklungsprozessen verwendet werden. Die Frage »Wie spät ist es in unserem Team?« verweist auf die unterschiedlichen Etappen der Teamentwicklung. Tipp: Nehmen Sie die eine oder andere Lehrergruppe, in der Sie mitarbeiten, näher unter die Lupe. Welche Phasen der Teamentwicklung hat die Gruppe durchlaufen? Was hat sich in diesen Phasen konkret zugetragen? Wo steht die Gruppe jetzt? Was könnte getan werden, um die Zusammenarbeit weiter zu verbessern? Fassen sie in der Gruppe 3 konkrete Vorsätze.

© Dr. H. Klippert

M 38 — Teamregeln – kurz und bündig

Ein mögliches Regelwerk für Teamveranstaltungen

1. Die Ziele und Arbeitsfelder der jeweiligen Teamveranstaltung rechtzeitig abstimmen und festlegen!
2. Etwaige Vorbereitungsarbeiten präzise absprechen und bestimmten Personen zuweisen! (Wer bereitet was bis wann vor?)
3. Die Anfangs- und Schlusszeiten der Teamveranstaltung verbindlich regeln und zuverlässig einhalten!
4. Die Veranstaltungsdauer ausreichend bemessen, damit die Arbeit auch wirklich produktiv werden kann!
5. Für angenehme/motivierende Arbeitsbedingungen sorgen – einschließlich Kaffe, Raumgestaltung und Arbeitsmittel!
6. Zielstrebig und problemlösend operieren und eine entsprechend straffe Ablaufmoderation sicherstellen!
7. Andere Meinungen und Ideen zulassen, ohne gleich zu werten, zu problematisieren und/oder zu kritisieren!
8. Aktiv zuhören und andere Gruppenmitglieder so ansprechen, dass diese motiviert und integriert werden!
9. Auftretende Probleme und/oder Konflikte offen ansprechen und gelegentliches Feedback vorsehen!
10. Die Ergebnisse/Produkte der jeweiligen Teamveranstaltung zuverlässig dokumentieren, archivieren und anderen zugänglich machen!

Erläuterungen
Gute Teamarbeit braucht Regeln und Regelwächter, braucht Verbindlichkeit und Toleranz, Kreativität und Produktivität. Der obige Regelkatalog zeigt an, welches die Maximen sein können, an denen sich eine Lehrergruppe orientiert. Natürlich kann der vorliegende Katalog auch modifiziert werden. Wichtig ist nur, dass die jeweiligen Gruppenmitglieder rechtzeitig und verbindlich klären, welche Spielregeln gelten sollen und wie sie zu überwachen sind. Tipp: Besprechen sie den vorliegenden Regelkatalog in Ihrer Gruppe und verständigen sie sich auf 7 zentrale Regeln für die weitere Zusammenarbeit.

© Dr. H. Klippert

M 39 — Wie verhalten sich gute Teammitglieder?

- offen
- kompromissbereit
- selbstkritisch
- zielstrebig
- konstruktiv

Erläuterungen
Das A und O erfolgreicher Teamarbeit ist das konstruktive Verhalten des Einzelnen. Wer sich in einer Gruppe ständig in den Vordergrund spielt, stets Recht behalten möchte, mit nichts zufrieden ist, über Gebühr zum Lamentieren neigt oder um die Exklusivität seiner persönlichen Ideen und/oder Praktiken fürchtet, der wird jeden Gruppenprozess behindern oder gar zum Erliegen bringen können. Tipp: Vervollständigen Sie die obige »Wunschliste« und erstellen Sie auf diese Weise ein knappes Profil des »guten Teamarbeiters«. Besprechen Sie Ihren Wunschkatalog im einen oder anderen Team.

© Dr. H. Klippert

M 40 — Was tun, wenn ...?

Störverhalten	Was tun?
Herr A wirft Frau B vor, keine Ahnung zu haben	
Frau C führt ständig Seitengespräche und lenkt andere dadurch ab	
Herr D findet bei seinen Ausführungen einfach kein Ende	
Frau E bringt wenig in die Gruppe ein, mosert aber ständig herum	
Herr G moniert, dass die Sitzungen reine Zeitverschwendung seien	
Frau H fällt anderen Gruppenmitgliedern immer wieder ins Wort	
Herr J kommt mal wieder 20 Minuten zu spät zur Teamsitzung	
Frau K beschwert sich über die miesen Arbeitsumstände im Gruppenraum	
Herr L weigert sich, das Arbeitsergebnis sauber zu dokumentieren	
Frau M ist eigentlich Gesprächsleiterin, tut aber nichts	
Herr N hat die Sitzungsunterlagen nicht gelesen und beantragt eine Lesepause	
Frau O beschwert sich, dass die Teamsitzung nicht am Vormittag liegt	
Herr P will partout nicht mit Frau R im Tandem arbeiten	

Erläuterungen
Wenn sich die Teamarbeit im Kollegium verbessern soll, dann muss nicht zuletzt dafür gesorgt werden, dass vereinbarte Regeln eingehalten und etwaige Störungen unterbunden werden. Die Frage ist nur »Wie?«. Das obige Arbeitsblatt gibt Gelegenheit, über mögliche Reaktionen auf die angeführten »Störmanöver« nachzudenken. Was kann die Gruppe tun? Was kann der Einzelne tun? Tipp: Tragen Sie Ihre Interventionsvorschläge in die rechte Spalte ein und besprechen Sie diese mit anderen Gruppenmitgliedern. Sondieren Sie ferner weitere Störmanöver, die Sie in letzter Zeit beobachtet haben.

© Dr. H. Klippert

M 41 — Das kleine 1 x 1 der Workshoparbeit

Lernspiralen im Team erarbeiten

1. Lehrplanthema und Fachgruppe rechtzeitig festlegen!
2. Gängige Medien und Materialien zum Thema mitbringen und nutzen!
3. Bei der Ausarbeitung der Lernspiralen die vorliegenden Raster beachten!
4. Die Workshops sollten einem straffen Zeit- und Arbeitsplan folgen!
5. Didaktische Grundsatzdebatten sollten möglichst vermieden werden!
6. Einige Lernspiralen sollten am Ende komplett ausgearbeitet sein!
7. Für die Ausarbeitung der Lernspiralen hat sich der PC-Raum bewährt!
8. Die ausgearbeiteten Lernspiralen sollten zeitnah erprobt werden!
9. Bei der Erprobung sollten Teammitglieder hospitieren können!

Erläuterungen

Die obigen »Merkposten« zur Workshoparbeit zeigen, wie die betreffende Lehrerkooperation straff und ergebnisorientiert gestaltet werden kann. Im Mittelpunkt des skizzierten Workshops stehen die Planung, Konzipierung und Ausarbeitung von Lernspiralen für den Fachunterricht (vgl. Abschnitt II.2.3). Entscheidend für den Erfolg der Workshoparbeit ist, dass zeit- und arbeitsökonomisch vorgegangen wird. Dementsprechend wird nicht nur straff gesteuert, sondern auch darauf geachtet, dass vorliegende Planungsraster genutzt sowie gängige Medien und Lehrerinputs ins Zentrum der Lernspiralen gestellt werden.

© Dr. H. Klippert

M 42 — Anfangen – aber wie?

Mögliche nächste Schritte an der eigenen Schule	Rangplatz

Erläuterungen
Das Wichtigste an der Teamentwicklung ist, dass man möglichst bald konkret beginnt und für das eine oder andere Schulteam nächste Schritte festlegt, die das Lernen im Team voranbringen können. Welche Schritte halten Sie eingedenk der Ausführungen in Kapitel II.3 für zentral? Tipp: Notieren Sie Ihre strategischen Vorsätze in die linke Spalte der obigen Tabelle. Tauschen Sie dann Ihr Blatt mit dem eines anderen Gruppenmitglieds und ordnen Sie den Vorschlägen Ihres Gruppenpartners die Rangziffern 1ff. zu! Diskutieren sie anschließend ihre Rangfolgen und vereinbaren sie drei erste Schritte.

© Dr. H. Klippert

4. Entlastung durch intelligentes Schulmanagement

Ein viertes großes Aktionsfeld zur Förderung der Lehrerentlastung betrifft das Management der Schulleitung. Schulleitungen können ihren Lehrkräften Erleichterung bescheren, indem sie die vorhandenen Gestaltungs- und Entlastungsspielräume offensiv und kreativ zu nutzen verstehen. Sie können aber auch vieles erschweren, indem sie über Gebühr formalistisch und restriktiv verfahren und es versäumen, den engagierten Lehrkräften die nötige Unterstützung zukommen zu lassen. So gesehen sind die Schulleitungen wahre Schlüsselinstanzen hinsichtlich der Be- bzw. Entlastung von Lehrkräften. Wie sie zur Zeit- und Arbeitsersparnis in der Einzelschule beitragen und spürbare Entlastungseffekte für Lehrerinnen und Lehrer organisieren können, wird in den nächsten Abschnitten gezeigt.

4.1 Effektivierung der Konferenzarbeit

Viele Konferenzen in unseren Schulen verlaufen eher unergiebig und unbefriedigend. Das Aufwand-Ertrags-Verhältnis stimmt nicht. Das gilt für die gängigen Gesamtkonferenzen genauso wie für viele Fach- und Klassenkonferenzen. Die entsprechende Mängelliste beginnt bei der unzureichenden Vorbereitung und Steuerung der Konferenzen und reicht über langatmige Informationsphasen und unverbindliche Arbeitsprozesse bis hin zu ritualisiert ablaufenden Scheingefechten rivalisierender Lehrkräfte bzw. Lehrergruppen. Triviale Diskussionen und Ränkespiele nehmen nur zu oft eine Menge Raum ein und kosten die Anwesenden über Gebühr Zeit und Nerven. Vielerorts mangelt es nicht nur an klarer Ziel- und Ergebnisorientierung, sondern auch an stringenter Konferenzmoderation. Das gilt vor allem für die landläufigen »Verkündungskonferenzen«, die vornehmlich dazu dienen, dass sich die jeweilige Schulleitung lang und breit in Szene setzen kann. Derartige Unzulänglichkeiten lassen sich im Schulalltag immer wieder beobachten und fordern nachgerade dazu heraus, effektivere Formen der Konferenzgestaltung zu finden.

Der erste Hebel zur Effektivierung der Konferenzgestaltung betrifft die Vorbereitung und Füllung der jeweiligen Konferenz. Im Klartext: Nicht alles, was auf die Tagesordnung genommen werden kann, sollte auch tatsächlich dort erscheinen. Im Gegenteil: Weglassen ist das oberste Gebot der Arbeitsökonomie. Viele Informationen, die üblicherweise lang und breit in Konferenzen verhandelt werden, lassen sich unter Umständen viel effektiver und zeitsparender kommunizieren, indem tragfähige Informationssysteme und -wege in der Schule installiert werden, die den Lehrkräften Raum zur selbstverantwortlichen Verarbeitung dieser »News« geben. Das beginnt mit bestimmten Ablagesystemen im Lehrerzimmer und reicht über gut strukturierte und zentral platzierte Info-Zonen im Schulgebäude bis hin zu verbindlichen Delegationsverfahren auf Kollegiumsebene, die dazu beitragen, dass sich nicht alle Lehrkräfte mit allem befassen müssen. Auf diese Weise kann der Konferenzbedarf erheblich reduziert und ein beträchtliches Maß an Lehrerentlastung erreicht werden.

Ein weiterer Ansatzpunkt zur Effektivierung der Konferenzarbeit betrifft die Konferenzmoderation selbst. Effektive Konferenzen verlangen nach zielgerichteter Prozesssteuerung durch die je Verantwortlichen. Das beginnt bei den anfänglichen Inputs der Konferenzleitung und reicht über die straffe Moderation und Visualisierung der je anstehenden Meinungsbildungs- und Entscheidungsprozesse durch die Schulleitung bis hin zur Sicherstellung verbindlicher Beschlüsse und Zuständigkeiten bezüglich der schulinternen Umsetzungsarbeit. Darin eingeschlossen sind solche Fragen wie: Wer moderiert, und wie wird moderiert? Welches sind die Ziele der jeweiligen Konferenz und wie werden die erreichten Zwischenergebnisse visualisiert? Welche Möglichkeiten zur Teilnehmeraktivierung bestehen und welche methodischen Verfahrensweisen bieten sich diesbezüglich an? Welche Konferenzergebnisse werden anvisiert und wie sind diese gegebenenfalls zu dokumentieren bzw. zu visualisieren? Diese und andere Fragen umreißen, worauf es bei der Moderation schulinterner Konferenzen ankommt, nämlich auf die ebenso straffe wie teilnehmerzentrierte Steuerung pädagogischer Meinungsbildungs-, Entscheidungs- und/oder Problemlösungsprozesse. Näheres dazu lässt sich aus den gängigen Moderationshandbüchern ersehen.

Wie ein konkreter Moderationsablauf aussehen kann, zeigt Abbildung 18 am Beispiel einer Gesamtkonferenz zur Entscheidungsfindung in Sachen »Workshoparbeit«. Die entsprechende Leitfrage lautet: Wie können die Workshops zur Entwicklung neuer Unterrichtsmaterialien und -arrangements schulintern optimiert werden? Der dokumentierte Konferenzablauf beginnt damit, dass drei Mitglieder der erweiterten Schul-

Möglicher Moderationsablauf zum Thema »Gestaltung zukünftiger Workshops?«		
Moderations-phase	Moderations-instrumente	Konkrete Informations- bzw. Arbeitsaktivitäten
1	Vortrag mit Visualisierung	Schulleitung informiert über die Bedeutung der Workshoparbeit
2	Fragebogen	Bestandsaufnahme in Zufallstandems und -gruppen
3	Brainstorming	Entwickeln von Verbesserungsvorschlägen in Zufallsgruppen
4	Clustern und bewerten	Präsentieren, Clustern und Bewerten der Vorschläge
5	Kommentar und Aussprache	Überlegungen zur schulinternen Umsetzungsarbeit

Abb. 18 © Dr. H. Klippert

leitung kurz darlegen, warum eine verstärkte Workshoparbeit auf Fach- und Jahrgangsebene sinnvoll und notwendig ist. Dabei stützen sie sich auf eine vorbereitete Visualisierung und bringen sowohl theoretische als auch praktische Befunde mit ein. Danach sind die Teilnehmer/innen selbst an der Reihe. Sie erhalten Gelegenheit, sich zunächst in Zufallstandems und dann in Zufallsgruppen über die Positiva und Negativa der zurückliegenden Workshops zu verständigen und die wichtigsten Punkte auf Kärtchen festzuhalten und anschließend im Plenum zu präsentieren.

Im dritten Moderationsschritt werden die herausgearbeiteten Kritikpunkte zum Anlass genommen, um in neuen Zufallsgruppen konkrete Veränderungs- und Verbesserungsvorschläge für die zukünftige Workshoparbeit zu entwickeln und diese auf gängigen Visualisierungskärtchen festzuhalten. Diese Vorschläge werden im vierten Moderationsschritt vor dem Plenum präsentiert und so geclustert und bewertet, dass sich neue Arbeitsmaximen für die Weiterarbeit abzeichnen. Diese Maximen betreffen sowohl die gewünschten Arbeitsinhalte und -verfahren als auch die Häufigkeit, mit der die anvisierten Workshops zukünftig stattfinden sollen. Nun ist erneut die Schulleitung an der Reihe. Sie bilanziert den Arbeitsprozess und kommentiert die vorliegenden Verbesserungsvorschläge hinsichtlich ihrer Machbarkeit. Ihr Credo ist eindeutig: Die Vorschläge des Kollegiums werden als Verpflichtung angenommen, der beantragten Workshoparbeit den Weg zu bahnen und entsprechende Ressourcenverschiebungen in der Schule vorzunehmen.

Dieses Moderationsbeispiel zeigt, wie sich Prozesssteuerung und Teilnehmerzentrierung, Ergebnisorientierung und Arbeitsökonomie verbinden lassen. Die Schulleitung steuert, gibt Inputs, lässt andererseits aber auch Raum zur kollegiumsinternen Meinungsbildung und Workshopplanung. Dieser Moderations- und Arbeitsprozess kostet zwar einige Zeit, diese Zeit ist jedoch sinnvoll angelegt, wenn man die unterschiedlichen Kooperations-, Klärungs-, Präsentations- und Kommunikationsaktivitäten der teilnehmenden Lehrerinnen und Lehrer in Rechnung stellt. So gesehen geht es bei der Effektivierung der Konferenzarbeit nicht allein um Zeitersparnis schlechthin, sondern auch und vor allem darum, ein möglichst günstiges Aufwand-Ertrags-Verhältnis zu erreichen. Und wenn das Konferenzergebnis stimmt, dann kann selbst ein relativ hoher Zeit- und Arbeitsaufwand ein sinnvoller Aufwand sein.

Gleichwohl geht es bei der Etablierung einer neuen Konferenzkultur immer auch darum, unnötigen Zeitaufwand zu vermeiden. Das kann mittels der erwähnten Konferenzvorbereitung und -steuerung passieren; das kann aber auch dadurch erreicht werden, dass zeitraubende »dysfunktionale« Interventionen und/oder Kontroversen einzelner Kollegiumsmitglieder im Konferenzablauf auf ein Minimum reduziert werden. Kontroversen also, bei denen sich vieles im Kreis dreht und jeder unumwunden das loswerden möchte, was ihm gerade als Frage, Einwand oder sonstige Störung auf der Zunge liegt. Als probates Instrument zur Vermeidung derartiger »Störungen« hat sich der *Frage- bzw. Problemspeicher* erwiesen. Seine Besonderheit besteht darin, dass die Konferenzteilnehmer/innen etwaige spontane Anfragen bzw. Problemanzeigen auf bereitliegende Kärtchen schreiben und zwecks späterer Thematisierung an die betreffende Pinnwand anheften können. Die Abarbeitung der angepinnten Punkte erfolgt spätestens gegen Ende der Konferenz. Wie die Erfahrung zeigt, haben sich viele der angepinnten Fragen bzw. Problemanzeigen bis dahin von selbst erledigt. Das hilft Zeit sparen und fragwürdige Debatten und Kontroversen vermeiden.

4.2 Förderung produktiver Konferenzen

Entlastungseffekte bringen indes nicht nur gut moderierte Konferenzen; entlastend wirken auch all jene Zusammenkünfte, die dezidiert produktiv angelegt sind. Produktive Konferenzen sind demnach Konferenzen mit Workshopcharakter. Sie zeichnen sich dadurch aus, dass die betreffenden Konferenzteilnehmer/innen in konzertierter Weise daran arbeiten, innovative Lern- und Problemlösungsstrategien für den pädagogischen Alltag zu entwickeln. Damit wird der häuslichen Verzagtheit und Ideearmut vieler »Einzelkämpfer« entgegengewirkt und ein nicht unwesentliches Stück Rückenstärkung für den Einzelnen erreicht. Was der Einzelne zu Hause nur schwer schafft, geht im Rahmen produktiver Konferenzen meist viel leichter und wirksamer von der Hand. Arbeitsteilung ist ebenso vorgesehen wie die gemeinsame Vorbereitung innovativen Unterrichts. Produktiv können die besagten Konferenzen insofern genannt werden, als die Arbeit dezidiert darauf zielt, am Ende überzeugende »Produkte« zu haben. Das kann eine fertige Unterrichtsstunde sein, ein Arbeitsplan, eine Klassenarbeit, ein bestimmtes methodisches Arrangement, ein Lernzirkel, ein Rollenspiel, ein Arbeitsblatt oder irgendeine andere Lehr- und Lernhilfe für die alltägliche Arbeit.

Wie die Erfahrung zeigt, müssen produktive Konferenzen mindestens 3 Stunden dauern, wenn sie wirklich produktiv werden sollen. Wer also spürbare Erleichterung für den nächsten Unterrichtstag erreichen möchte, der muss den Zeitansatz so wählen, dass die angedachten Lehr- und Lernarrangements auch wirklich zu Ende produziert werden können. Denn die meisten Lehrkräfte erwarten von einer guten Fach- oder Klassenkonferenz, dass sie spürbare Arbeitserleichterung und/oder -bereicherung mit sich bringt. Das ist nicht nur plausibel, sondern auch legitim. Von daher darf die Konferenzarbeit nicht beim bloßen Reden und/oder unverbindlichen Planen stehen bleiben. Auch handschriftliche Notizen und/oder vage Absichtserklärungen bewirken wenig, sondern führen eher dazu, dass die Konferenzarbeit bereits kurz nach ihrem Abschluss dem Vergessen anheim fällt. Von daher ist Unzufriedenheit programmiert. Unzufriedenheit, die demotivierend wirkt und nur zu oft den hinlänglich bekannten Rückzug in die zermürbende Alleinarbeit am häuslichen Schreibtisch verstärkt.

Produktive Konferenzen sollten allerdings nicht nur ertragreich sein; sie sollten auch dazu beitragen, die Routine und Arbeitseffizienz der Konferenzteilnehmer/innen zu steigern. Routinebildung wirkt in hohem Maße entlastend – vorausgesetzt, die betreffenden Lehrkräfte arbeiten mit einer gewissen Regelmäßigkeit und Verbindlichkeit am Aufbau dieser neuen pädagogisch-methodischen Kompetenzen – eine Grunderkenntnis, gegen die in praxi leider nur zu oft verstoßen wird. Die meisten Lehrkräfte sind bestenfalls bereit, in größeren Abständen schulinterne Fach- bzw. Klassenkonferenzen mitzumachen. Kein Wunder also, dass sie weder in puncto Kooperation noch in puncto Innovation und Arbeitseffizienz die nötigen Fortschritte erzielen. Die sporadisch anberaumten Kurzkonferenzen sind und bleiben Sisyphusarbeit und werden daher vielerorts auf ein Minimum reduziert. Und genau das ist falsch. Falsch deshalb, weil sich auf diese Weise das viel zitierte »Flow-Stadium« nur schwer erreichen lässt, in dem kreatives und produktives Arbeiten flott von der Hand gehen. Stattdessen dominieren lange Anlaufzeiten, ausgeprägte Frustrationsphasen und unbefriedigende Konferenzergebnisse. Wer diese Sisyphusarbeit vermeiden möchte, tut gut daran, verstärkt auf regelmäßige, arbeitsintensive und ertragreiche »produktive Konferenzen« zu setzen.

Diese Konferenzarbeit in Gang zu bringen ist nicht zuletzt Aufgabe und Herausforderung für die Schulleitung. Produktive Konferenzen müssen ermöglicht und wohlwollend eingefädelt werden. Das ist Teil des hier in Rede stehenden Schulmanagements. Schulleitungen müssen Verbindlichkeit, Regelmäßigkeit, Zielgerichtetheit und überzeugende Produktorientierung sicherstellen und für die nötigen Ablaufpläne, Ressourcen und Archivierungssysteme Sorge tragen (vgl. Abb. 16 auf Seite 144). Sie müssen aber auch darauf hinwirken, dass motivierende »Anreize« geschaffen werden, die Lehrkräfte dazu animieren, der produktiven Konferenzarbeit verstärkt Beachtung zu schenken. Wie können derartige Anreize aussehen? Eine ebenso praktikable wie bewährte Strategie ist z.B. die, feste Zeitfenster im Monats- oder Jahresverlauf zu definieren, die interessierte Lehrerteams zur produktiven Konferenzarbeit nutzen können. Diese Zeitfenster umfassen in der Regel 3–5 Stunden und werden gezielt durch Freistellungsmaßnahmen für engagierte Lehrkräfte unterstützt – vorausgesetzt, der jeweilige Workshop dauert länger als drei Zeitstunden und ist so angelegt, dass die erstellten Produkte verbindlich der Schulgemeinschaft zugänglich gemacht werden.

Dieses Beispiel zeigt, wie sehr die Effektivierung der Konferenzarbeit auf unterstützende schulorganisatorische Maßnahmen angewiesen ist. Im Klartext: Es bedarf pfiffiger Regelungen der Schulleitungen, wenn der Umfang der produktiven Konferenzen zunehmen soll. Mut machen, Freiräume schaffen, Kooperation stiften und Ressourcen bereitstellen ..., das sind richtungsweisende Hebel, mit denen Schulleitungen ansetzen können. Bestätigt und konkretisiert wird diese Überlegung u.a. durch die folgenden Begebenheiten in einer rheinland-pfälzischen Hauptschule. Die Ausgangssituation in dieser Schule ist die, dass der Schulleiter neu ans System kommt und auf ein Kollegium trifft, in dem viel geklagt, aber wenig getan wird, um den bestehenden Belastungen wirksam entgegenzutreten. Als eine der Belastungsquellen werden die unergiebigen und langweiligen Gesamtkonferenzen genannt, die durchschnittlich sechsmal pro Jahr stattfinden. Sie dauern in der Regel zweieinhalb bis drei Stunden und werden üblicherweise von der Schulleitung dahingehend dominiert, dass die neuesten Erlasse, Richtlinien und/oder sonstigen Pflichtaufgaben der Schule relativ breit dargelegt, kommentiert und der Diskussion im Kollegium anheim gestellt werden.

Daneben gibt es die sporadisch anberaumten Fach- und Klassenkonferenzen, die meist nach Schulschluss von 13.30–14.30 Uhr stattfinden und vornehmlich dazu dienen, anstehende pädagogisch-organisatorische Maßnahmen abzustimmen und so zu regeln, dass den formalen Anforderungen der Schulaufsicht Genüge getan ist. Diese

Kurzkonferenzen werden von Seiten des Kollegiums zwar gutwillig toleriert, leiden aber erkennbar unter dem Image, wenig bis gar nichts zur praktischen Arbeitserleichterung und/oder -bereicherung im Schulalltag beizutragen. Von daher ist der Unmut über die zeitraubenden Konferenzrituale und -verfahren im Kollegium recht groß. Die daraus erwachsende Forderung nach weniger und kürzeren Konferenzen wird von der alten Schulleitung jedoch abgelehnt.

Was tut der neue Schulleiter? Er sucht nach einer konsensfähigen Neuorientierung und regt nach Rücksprache mit dem örtlichen Personalrat kurzerhand an, die bisherige Zahl der Gesamtkonferenzen versuchsweise von 6 auf 3 pro Jahr zu reduzieren und zur Sicherstellung des nötigen Informationsflusses farbige Mitteilungsblätter einzuführen, die nach Dringlichkeit gestaffelt sind. Ein rotes Blatt im Fach des jeweiligen Lehrers heißt, dass es sofort gelesen und nötigenfalls mit dem/den Unterzeichner/n besprochen werden muss; ein grünes Blatt signalisiert reduzierte Dringlichkeit und sollte innerhalb einer Woche gelesen sein; gelbe Blätter schließlich dienen lediglich zur Kenntnisnahme und besitzen keine unmittelbare Handlungs- bzw. Entscheidungsrelevanz. Im Gegenzug sollen die freiwerdenden 3 Konferenznachmittage genutzt werden, um produktive Fachkonferenzen mit dem Ziel durchzuführen, innovative Unterrichtsmaterialien und -arrangements zu entwickeln.

Dieses »Tauschgeschäft« wird vom Kollegium mit großer Mehrheit akzeptiert und führt dazu, dass einen Monat später der erste dreistündige Workshop stattfindet. Verabredet ist, dass die Entwicklung produktiver Arbeitsblätter zu ausgewählten Fachthemen im Vordergrund stehen soll. Dieses relativ überschaubare Arbeitsvorhaben wird fest terminiert und zwecks näherer Vorbereitung an die Steuergruppe der Schule verwiesen. Der Steuergruppe gehören sowohl der Schulleiter als auch vier weitere Mitglieder des Kollegiums an. Dieses Team kümmert sich zum einen um die Anschaffung wegweisender Materialien und Beispiele für die Orientierungsphase zu Beginn des Workshops, zum anderen um die Umgestaltung des vorgesehenen Konferenzraumes zu einer Art »Werkstatt« mit Gruppentischen, Materialtheke und unmittelbarem Zugang zum Kopiergerät der Schule.

Einen Monat später findet dann der besagte Workshop statt. Das Lehrerzimmer ist umgeräumt. In lockerer Verteilung stehen Sechsertische im Raum. Auf den Fensterbänken liegen vielfältige Arbeitsmaterialien und -mappen renommierter »Freiarbeitsverlage«, die zum »Schmökern« und Ideen-Abholen einladen sollen. Außerdem haben alle Lehrkräfte zum vereinbarten Thema eigene Schulbücher und Unterrichtsmaterialien mitgebracht. Der Kopierer ist aus dem Hoheitsbereich des Hausmeisters herausgelöst und am Eingang zum Lehrerzimmer aufgestellt worden. Darüber hinaus ist im Vorraum zum Lehrerzimmer eine kleine Kaffee- und Kuchentheke errichtet worden, die zu Workshopbeginn sowie in der Pause genutzt werden kann. Das alles ist nicht nur ungewohnt; es trägt auch dazu bei, dass eine recht positive Atmosphäre unter den Anwesenden entsteht.

Die vorab gebildeten Fachgruppen gehen nach dem anfänglichen »Kaffeeplausch« zügig daran, die vorliegenden Arbeitsmittel zu sichten und erste Ideen zur Gestaltung guter Arbeitsblätter zu generieren. Zur Fundierung dieser Meinungsbildung stehen ihnen korrespondierende Beispiele und Kriterienraster zur Verfügung (vgl. Klippert 1999). Nach vielleicht dreißig Minuten wird vom Vorbereitungsteam die Richtlinie ausgegeben, dass jede Fachgruppe bis zum Ende des Workshops mindestens zwei »produktive Arbeitsblätter« als Kopiervorlage fertig gestellt haben sollte. Der PC-Raum der Schule steht offen; einige Lehrkräfte haben ihre Laptops dabei. Darüber hinaus sind konventionelle Arbeitsmittel wie Scheren, Klebstifte, Lineale, einfache Zeichenbretter u.a.m. auf einem separaten Tisch gerichtet und können bei Bedarf genutzt werden. Die entstehende Arbeitsatmosphäre ist mehr als überzeugend.

Im Ergebnis führt die skizzierte »produktive Konferenz« zu einer Reihe anregender Arbeitsblätter, die in den nächsten Tagen im Unterricht »getestet« werden sollen. Um Hospitationen zu ermöglichen, hat die Schulleitung darüber hinaus die Regelung ausgegeben, dass hospitationswillige Lehrkräfte in ihrem eigenen Unterricht großzügig vertreten werden. Diese Regelung führt in den nächsten Wochen dazu, dass immer mal wieder hospitiert und/oder Teamteaching praktiziert wird. Das führt nicht nur zu gemeinsamen Erfahrungen der betreffenden Lehrkräfte, sondern trägt auch und zugleich dazu bei, dass der erlebte Unterricht gemeinsam besprochen, Materialien revidiert, Zeitansätze verändert sowie konkrete Überlegungen zur Vorbereitung und Durchführung weiterer Workshops angestellt werden.

Der nächste Workshop findet ca. drei Monate später statt und hat auf Wunsch des Kollegiums erneut den Schwerpunkt »themenzentrierte Arbeitsblätter entwickeln«. Diesmal werden zwar andere Themen bearbeitet, aber die Arbeitsweise und Zielsetzungen bleiben die gleichen wie beim ersten Mal. Desinteressierte Lehrkräfte sind beim zweiten Workshop kaum noch wahrnehmbar, was möglicherweise an den zwischenzeitlich gelaufenen Gesprächen und Erprobungsberichten liegt. Auf jeden Fall vermag der zweite Workshop die Erwartungen der Teilnehmer/innen erneut so zu erfüllen, dass es einen dritten, einen vierten und schließlich noch mehrere weitere Workshops mit unterschiedlicher fachlicher und methodischer Ausrichtung gibt. Nach der Produktion von Arbeitsblättern kommt die Entwicklung von Lernspielen an die Reihe, dann die Vorbereitung einfacher Lernarrangements zur Kommunikationsförderung und schließlich die facettenreiche Planung und Ausarbeitung fachspezifischer Lernspiralen mit integrierter Methodenpflege (vgl. die Abschnitte II.2.1 und II.2.3).

So gesehen wird die Workshoparbeit zum Markenzeichen und Programm der betreffenden Hauptschule. Zwei- bis dreistündige Workshops wechseln sich ab mit ganztägigen Workshopveranstaltungen im Rahmen schulinterner Studientage. Diese Studientage bieten Raum, um zeitgleich in mehreren Fachgruppen einen ganzen Tag lang innovative Lehr- und Lernarrangements zur Umsetzung neuer Methoden und/oder Bildungsstandards zu entwickeln. Das ist im wahrsten Sinne des Wortes intelligentes Schul- und Konferenzmanagement. Die Folge dieser schulinternen »Schachzüge« ist, dass es ohne nennenswerte zeitliche Mehrbelastung der Lehrkräfte gelingt, zu einer imposanten Steigerung des Konferenz-Outputs zu gelangen. Straffe Workshopvorbereitung und -moderation tragen ebenso zu diesem Effekt bei wie die gezielte Freistellung engagierter Lehrkräfte sowie die Sicherstellung motivierender Ressourcen und »Hygienefaktoren« (Kopierer, Materialien, Arbeitsmittel, Kaffee und Kuchen etc.).

4.3 Freistellung engagierter Lehrkräfte

Die Möglichkeiten zur schulinternen Freistellung engagierter Lehrkräfte sind mit den angesprochenen Ansatzpunkten aber noch längst nicht erschöpft. Weitere Ansatzpunkte sind denkbar und an einzelnen Schulen auch durchaus üblich. Wie sich im Rahmen der Qualifizierung schulischer Steuerungsteams herausgestellt hat, sind die Gestaltungsspielräume der Schulleitungen hinsichtlich der Freiblockung einzelner Lehrkräfte für innovative Schulvorhaben ganz beträchtlich. Wie die in Abbildung 19 zusammengefassten Brainstormingergebnisse rheinland-pfälzischer Steuerungsteams zeigen, bedarf es nicht einmal besonders riskanter Operationen, um Lehrkräfte gezielt zu entlasten. Mit ein wenig Kreativität und unkonventionellem Denken lassen sich bei laufendem Schulbetrieb immer wieder Möglichkeiten finden, um einzelne Lehrerteams für spezifische innovative Vorbereitungsarbeiten freizustellen. Diese Innovationsaktivitäten können von der Ausarbeitung fachspezifischer Arbeitspläne über die Vorbereitung methodenzentrierter Trainingstage und -arrangements bis hin zur Entwicklung alternativer Klassenarbeiten und sonstiger Prüfungsszenarios reichen.

Wichtig ist nur, dass die jeweilige Schulleitung mit der nötigen Entschiedenheit nach praktikablen Entlastungsperspektiven für ihre »Pioniere« sucht. Das alleine ist für viele Lehrkräfte bereits höchst ermutigend und entlastend – ganz gleich, ob die gefundenen Ansatzpunkte am Ende auch tatsächlich realisiert werden oder nicht. Einige der in Abbildung 19 skizzierten Entlastungsstrategien mögen in manchen Kollegien durchaus kontrovers diskutiert und unter Umständen auch abgelehnt werden. Gleichwohl müssen sie auf den Tisch kommen, wenn die schulinternen Handlungs- und Entlastungsspielräume der Schulleitungen offensiv ausgelotet und genutzt werden sollen. Die Botschaft von Abbildung 19 ist eindeutig: Entlastung von Lehrkräften ist nicht nur nötig; sondern schulintern auch möglich – vorausgesetzt, die jeweilige Schulleitung geht in mutiger und kreativer Weise daran, gangbare Freistellungsvarianten zu suchen und zu finden, die sowohl der Schulaufsicht als auch den Eltern, Schülern und etwaigen kritischen Kolleg/innen plausibel gemacht werden können.

Ein Beispiel aus einem bayerischen Gymnasium zeigt, welche Dynamik mutige Schulleitungsentscheidungen unter Umständen auszulösen vermögen. In diesem Gymnasium hat es sich zum betreffenden Zeitpunkt eine größere Gruppe von Lehrkräften zum Ziel gesetzt, in ausgewählten Jahrgangsstufen und Klassen methodenzentrierte Trainingswochen durchzuführen, um die Schüler/innen in puncto Lern- und Arbeitstechniken verstärkt zu fördern und zu fordern. Die betreffenden Trainingstage werden für die dritte Woche nach den Sommerferien angesetzt und müssen zuvor natürlich gründlich vorbereitet werden. Darin sind sich in der Planungsphase alle einig. Doch dann geschieht das, was für den alltäglichen Schulbetrieb ziemlich typisch ist. Vor den Sommerferien stehen höchst turbulente Zeiten an. Die letzten Klassenarbeiten müssen geschrieben, Noten gemacht, Klassenfahrten organisiert und Notenkonferenzen absolviert werden. Kurzum: Die geplante Vorbereitung der Trainingstage gerät angesichts dieser Aufgabenfülle rasch in den Hintergrund und wird nur von einigen wenigen Lehrkräften notdürftig »angedacht«.

	Ansatzpunkte zur gezielten Entlastung engagierter Lehrkräfte (Ergebnisse eines Brainstormings verschiedener Steuerungsteams)
1	*Grundsätzlich:* Durch gezielte Elternveranstaltungen darauf hinwirken, dass der gezielten Lehrerfreistellung mit mehr Verständnis begegnet wird
2	Engagierte Lehrkräfte können z.B. dadurch »belohnt« werden, dass sie vom Vertretungsunterricht bzw. von der Pausenaufsicht entbunden werden
3	Die üblichen Verfügungs- bzw. Poolstunden können gezielt umverteilt und verstärkt an tatkräftige Unterrichtsreformer gegeben werden
4	Die Zahl der Gesamtkonferenzen kann zugunsten produktiver Fachkonferenzen (Workshops) zurückgefahren werden (vgl. Abschnitt 4.2)
5	Das Instrument des pädagogischen Tages (Studientages) kann genutzt werden, um zeitgleich verschiedene Workshops laufen zu lassen (evtl. mit Hospitationen)
6	Sportfeste, Wandertage oder andere Sonderveranstaltungen bieten die Möglichkeit, bestimmte Lehrergruppen für spezifische Vorbereitungsarbeiten freizublocken
7	Durch Doppelbesetzungen oder gezielte Mitführungsmaßnahmen kann einzelnen Lehrkräften Raum zum Erledigen innovativer »Pionierarbeiten« eröffnet werden
8	Lehrkräfte von Abschlussklassen können in den letzten Wochen des Schuljahres verstärkt zu Vertretungs- und/oder Innovationsaktivitäten herangezogen werden
9	Feste Zeitfenster für Teambesprechungen, Workshops etc. erleichtern die effektive Zusammenarbeit im Kollegium (z.B. Blockung der 6. und 7. Stunde)
10	Zur Unterstützung schulinterner Hospitationsaktivitäten können Lehrkräften feste Hospitationskontingente zugewiesen werden (z.B. 3 Stunden pro Jahr)
11	Bei der Lehrereinsatzplanung ist auf gemeinsame Freistunden/Springstunden für kooperierende Lehrkräfte achten. Das erleichtert flexible Zusammenkünfte
12	Die Individualfortbildung kann zugunsten ganztägiger oder 5-stündiger schulinterner Workshops zurückgefahren werden (schulinterne Fortbildungsplanung)
13	Engagierte Lehrerteams können zum Zwecke der Teamfortbildung und/oder der schulinternen Materialentwicklung gezielt freigestellt werden
14	Zusätzliche Verfügungsstunden (Poolstunden) begünstigen die Implementierung innovativer Vorhaben bzw. Projekte
15	Der Unterrichtsausfall durch Schülertrainings kann dadurch reduziert werden, dass diese Trainings in etablierte Projektwochen eingebunden werden
16	Durch die gezielte Zusammenarbeit mit anderen Schulen können zeit- und arbeitssparende Synergieeffekte erzielt werden
	etc.

Abb. 19 © Dr. H. Klippert

Die Situation nach den Sommerferien ist kaum besser. Neue Klassen sind zu betreuen, schulorganisatorische Umstellungen zu verkraften etc. Auf jeden Fall gelingt es den verantwortlichen Lehrerteams auch zu Schuljahresbeginn nicht, die ins Haus stehenden Trainingstage hinreichend gründlich vorzubereiten. Vieles muss daher nach Trainingstart aus dem Ärmel geschüttelt werden. Zahlreiche Materialien und Trainingsarrangements hätten gut und gerne noch eine Überarbeitung gebraucht. Auch die kalkulierten Zeitansätze erweisen sich immer wieder als zu optimistisch. Von daher laufen die anberaumten Trainingstage bei weitem nicht so reibungslos und motivierend ab, wie sich das die verantwortlichen Lehrkräfte erhofft haben. Dementsprechend selbstkritisch fällt das Fazit im Rahmen der abschließenden Bilanzkonferenz aus. Beklagt wird u.a. die unzulängliche Vorbereitung. Kritisiert werden aber auch das mangelhafte Zeitmanagement sowie die hektische Improvisation während der einzelnen Trainingstage. Und Enttäuschung wird formuliert, weil es einmal mehr nicht gelungen ist, die eigenen Ansprüche umzusetzen.

Die Reaktion des Schulleiters auf dieses ganze Lamento ist im besten Sinne des Wortes beispielhaft und ermutigend. Mit wenigen Worten schafft er es, die »kollektive Depression« der versammelten Lehrkräfte aufzubrechen. Seine ebenso nachdenkliche wie wegweisende Intervention lautet: »Wenn ihr das Vorhaben schon nicht geschafft habt, dann geht das so nicht! Dann müssen wir offenbar neue Wege suchen und gehen. Ich höre aus all euren Klagen heraus, dass ihr mehr Vorbereitungs- und Kooperationszeit gebraucht hättet. Das nehme ich euch ab. Wie wär's daher, wenn sich einige von euch zur Vorbereitung der nächsten Trainingswoche für 1–2 Tage in Klausur begeben, um die entsprechenden Planungen, Übungen und Arbeitsmaterialien rechtzeitig und gründlich in Angriff zu nehmen. Ich denke da an die Fortbildungsstätte in Achatswies. Dort seid ihr rundum versorgt, habt euer Essen und nötigenfalls auch euer Bett und könnt euch voll und ganz auf das konzentrieren, was ihr vorzubereiten habt. Wäre das eine Erfolg versprechende Lösung?«

Die Reaktion der Teilnehmer/innen ist eine Mischung aus Irritation und Sprachlosigkeit, ist doch die vorgeschlagene Variante eigentlich gar nicht erlaubt. Unterrichtsausfall zum Zwecke der kooperativen Unterrichtsvorbereitung ist in den schulrechtlichen Bestimmungen des Landes nicht vorgesehen. Doch den Schulleiter ficht dies nicht an. Seine ebenso unkonventionelle wie Mut machende Richtungsentscheidung lautet: »Wir fragen niemanden. Wir binden die Eltern ein und stimmen uns im Kollegium ab. Und wenn doch jemand von der Schulaufsicht anfragen sollte, dann können wir unser Vorgehen doch begründen – oder!?« So gesagt, so getan. Die nächste Trainingswoche wird mit ausreichender Vorlaufzeit und Intensität vorbereitet und verläuft im Ergebnis ungleich erfolgreicher als der erste Versuch. Von daher wird die gefundene Entlastungsregelung mit großem Selbstbewusstsein fortgeschrieben und situationsgerecht weiterentwickelt. Ein Schulleiter, der Schule machen sollte!

Ähnliche Entlastungsvarianten finden sich selbstverständlich auch in anderen Schulen. Allerdings sind »grenzwertige« Entscheidungen der skizzierten Art eher die Ausnahme und keinesfalls die Regel. Vielen Schulleiterinnen und Schulleitern mangelt es sowohl an strategischer Courage als auch an praktikablen Ideen. Gleichwohl ist den meisten Praktikern in unseren Schulen längst klar geworden, dass die anstehenden Reformprozesse ohne verstärkte Freistellungsmaßnahmen für die engagierten Lehrkräfte wohl kaum zu bewältigen sein werden. Wer nicht investiert und »Lernzeit« für die betreffenden Lehrerinnen und Lehrer organisiert, der muss sich nicht wundern, wenn die hehren Reformziele und -projekte unserer Tage folgenlose Absichtserklärungen bleiben. Die in Abbildung 19 skizzierten Ideen signalisieren, wie mit relativ simplen »Bordmitteln« spürbare und Mut machende Lehrerentlastung organisiert werden kann. Interessierte Schulleitungen sind aufgefordert, den besagten Ideenkatalog situationsgerecht weiterzuentwickeln und zu modifizieren.

4.4 Unterstützung der Teamfortbildung

Intelligentes Schulmanagement muss auf verstärkte Teamqualifizierung zielen. Dazu sind in Abschnitt II.3 bereits erste Anmerkungen gemacht worden. Teamqualifizierung kann sowohl innerschulisch organisiert und realisiert werden; Teamqualifizierung betrifft aber auch die systematische Fortbildung interessierter Fach- und Klassenteams im Rahmen landesweiter bzw. regionaler Seminarreihen. Entscheidend ist nur, dass die Lehrkräfte nicht als Einzelkämpfer zur Fortbildung gehen, sondern die Gelegenheit erhalten, sich im Verbund mit mehreren weiteren Lehrkräften zu qualifizieren. Die jeweilige Teamstärke reicht vom Klassenteam mit in der Regel drei Lehrkräften über Fachteams und Steuerungsteams mit vielleicht 4–6 Personen bis hin zu größeren Abteilungsgruppen oder ganzen Schulkollegien, die Studientage oder spezifische Langkonferenzen zur konzertierten Fortbildung nutzen.

Die Entsendung derartiger Teams muss von der Schulleitung gewollt und ermöglicht werden. Das ist die Erkenntnis, die sich im Zuge langjähriger Schulentwicklungsarbeit eingestellt hat. Andernfalls kommt es in den meisten Schulen weder zur nötigen Teambildung noch zur anvisierten konzertierten, Arbeit sparenden Umsetzung der je anstehenden Arbeits- bzw. Innovationsvorhaben. Teamfortbildung ist der Schlüssel zur wirksamen Teamarbeit – keine Frage. Und effektive Teamarbeit wiederum ist die Quelle schulinterner Lehrerentlastung (vgl. Abschnitt II.3). So gesehen tun vorausschauend arbeitende Schulleitungen gut daran, der Teamfortbildung verstärkt Raum und Nachdruck zu geben und den betreffenden Klassen-, Fach-, Jahrgangs- oder Steuerungsteams gegebenenfalls gezielte Signale zu geben, dass die eine oder andere konzertierte Fortbildung sinnvoll und erwünscht ist.

Doch genau solche Signale und Weichenstellungen sucht man in den meisten bundesdeutschen Schulen nach wie vor vergebens. Angesichts der absoluten Priorität, die der schlichten Unterrichtsversorgung beigemessen wird, geraten besagte Teamfortbildungen leicht in den Verdacht, in fahrlässiger Weise Unterrichtsausfall zu produzieren – eine Sichtweise, die ebenso kurzsichtig wie falsch ist. Falsch ist sie deshalb, weil sie unterstellt, dass jede gehaltene Unterrichtsstunde auch eine wirksame Stunde ist, was nachweislich nicht stimmt (siehe PISA, TIMSS etc.). Und kurzsichtig ist sie insofern, als sie übersieht, dass punktuelle Fortbildungen einzelner Lehrkräfte noch selten dazu geführt haben, dass dadurch nachhaltige Innovationen in Schule und Unterricht angestoßen und gesichert wurden. Im Gegenteil: Viele Fortbildungsteilnahmen von Einzelkämpfern verpuffen seit Jahr und Tag immer wieder recht spurlos.

Trotzdem halten sich bis heute viele Schulleitungen einiges darauf zugute, dass sie immer nur einzelne Lehrkräfte zu Fortbildungsseminaren schicken, die anschließend dem Kollegium berichten müssen. Mag sein, dass diese Strategie für die reine Fachfortbildung noch angeht; für die auf Schul- und Unterrichtsentwicklung zielende Fortbildungsarbeit ist sie indes mehr als fragwürdig. Sie ist weder besonders wirksam, noch eröffnet sie die nötigen Möglichkeiten zur konzertierten und arbeitsteiligen Umsetzung der jeweiligen Fortbildungsimpulse. Vielmehr wurstelt in der Regel jeder Seminarteilnehmer irgendwie vor sich hin, setzt kurzzeitig vielleicht das eine oder andere um, kehrt zumeist aber recht schnell wieder zum gewohnten Repertoire zurück, ohne dass irgendjemand an dieser Wirkungslosigkeit Anstoß nimmt. So gesehen sind viele Seminarbesuche ein »Nullsummenspiel«, bei dem einem relativ geringen Aufwand Einzelner ein gegen null gehender Ertrag fürs Gesamtkollegium gegenübersteht. Dieser Sisyphusarbeit gilt es entgegenzuwirken, soll das erwähnte Aufwand-Ertrags-Verhältnis in Schule und Lehrerfortbildung verbessert werden.

Im Klartext: Fortbildungsveranstaltungen, die übergreifenden pädagogischen Zuschnitt haben und die Lehr-/Lernkultur einer ganzen Schule betreffen, machen erfahrungsgemäß nur dann Sinn, wenn gleich mehrere Lehrkräfte derselben Schule daran teilnehmen. Dieser Maxime folgt der Verfasser seit Jahr und Tag, indem er Seminare so ausschreibt, dass nur teilnehmen kann, wer mindestens 2–5 weitere Lehrkräfte der eigenen Schule zu überzeugen versteht und zum Seminar mitbringt. Auf diese Weise werden die betreffenden Schulleitungen gezwungen, Prioritäten zu setzen und das jeweilige Fortbildungsanliegen ihrer Lehrerteams sorgfältig daraufhin zu überprüfen, ob es im Kontext des geltenden Schul- bzw. Innovationsprogramms den nötigen Stellenwert hat, um die beantragte Teamfreistellung zu rechtfertigen. Das Erstaunliche ist, dass es offenbar eine Menge Schulleiterinnen und Schulleiter gibt, die diese Konditionen nicht nur akzeptieren, sondern sogar ausdrücklich gutheißen.

Wo liegt der Vorteil dieser konzertierten Fortbildung? Teamfortbildungen erhöhen die Durchsetzungsfähigkeit der betreffenden Seminarteilnehmer/innen und steigern die schulinterne Problemlösungskompetenz. Darüber hinaus sichern sie eine gewisse soziale Kontrolle und Inspiration, die dazu beitragen, dass die aufgenommenen Fortbildungsimpulse mit mehr Nachdruck und Kreativität umgesetzt werden. Das wiederum mehrt die Erfolgsaussichten, fördert das »Wir-Gefühl« und verbessert die Entlastungsperspektiven für die betreffenden Lehrkräfte. Die gemeinsam Fortgebildeten können auf verständnisvolle Gesprächspartner in der eigenen Schule rechnen, die im Bedarfsfall mit Rat und Tat zur Seite stehen. Auch gegenüber Eltern und Schülern tun sich Klassen- und Fachteams in der Regel deutlich leichter, gemeinsam gewonnene pädagogische Erkenntnisse und Optionen durchzusetzen und als konzertierte Aktion plausibel zu machen. Deshalb: Schulleiter/innen, die bei der Entsendung von Lehrerteams zu Fortbildungsseminaren sparen, machen einen Fehler und schaden über kurz oder lang der gesamten Schulgemeinschaft.

Ähnliches gilt für die schulinterne Teamfortbildung im Rahmen selbst organisierter Workshops, Hospitationen und sonstiger Teamveranstaltungen. Auch diesbezüglich sind Schulleiterinnen und Schulleiter als Unterstützer, Ermutiger und Ermöglicher gefordert. Die in den beiden vorstehenden Abschnitten skizzierten Beispiele und Anregungen zeigen, in welcher Weise Schulleitungen zur Förderung von Innovationsbereitschaft und Lehrerentlastung im Schulalltag beitragen können. Gezielte Freistellungsmaßnahmen sind diesbezüglich ebenso zu nennen, wie die verbindliche Organisation von Teamteaching und Teamhospitationen. Werden z.B. schulinterne Hospitationen nicht gezielt eingefädelt, so finden sie in der Regel nicht statt. Sollen sie dennoch als gemeinsames Lernfeld etabliert und aktiv genutzt werden, so muss die jeweilige Schulleitung die nötigen Weichen stellen und die hospitationsinteressierten Lehrerteams unmissverständlich unterstützen.

Dazu gehört zum einen die Konsensbildung in Sachen Unterrichtsgestaltung durch regelmäßige Workshops und Unterrichtsbesprechungen, damit die Gefahr einer unfairen Kritik durch einzelne Hospitanten minimiert wird (»Studienseminar-Trauma«). Dazu gehört zum anderen aber auch, dass die hospitationswilligen Lehrkräfte von Schulleitungsseite offiziell autorisiert werden, bei Teammitgliedern z.B. dreimal pro Jahr zu hospitieren und dafür ganz selbstverständlich Vertretung zu beanspruchen. Diese Kontingent-Regelung hat sich in mehreren Schulen bestens bewährt. Ihre Besonderheit: Es gibt ein gemeinsam beschlossenes *Recht auf Hospitationen* und nicht nur eine stillschweigende Duldung durch die Schulleitung. Unterrichtsversuche und -besprechungen im Team dürfen also ganz selbstverständlich wahrgenommen werden, ohne dass dieses als »asoziale Tat« gegenüber den eventuell zur Vertretung heranzuziehenden Kolleg/innen gewertet wird. Im Klartext: Wenn jeder das Recht zur Hospitation hat, kann sich hernach auch niemand beschweren, wenn er als »Nicht-Hospitant« gelegentlich zugunsten anderer Lehrkräfte Vertretung übernehmen muss. Auch das ist ein Beispiel für intelligentes Schulmanagement.

4.5 Organisation von Synergieeffekten

Ein auf Lehrerentlastung zielendes Schulmanagement kann aber auch noch anders ansetzen. Lehrkräfte können einmal durch gezielte Freistellung, mehr Arbeitsteilung und effektivere Konferenzmoderation entlastet werden. Sie können aber auch dadurch Entlastung erfahren, dass unterschiedliche innovative Aufgabenfelder zusammengeführt werden. Bisher ist es in unseren Schulen eher so, dass viele Ansätze von unterschiedlichen Gruppen nebeneinander verfolgt werden, ohne dass nach rechts oder links geschaut wird. Die erste Gruppe schwört z.B. auf Soziales Lernen, die zweite vertritt die Montessori-Pädagogik, die dritte kümmert sich um Streitschlichterprogramme, die vierte will mit »Lions Quest« das Erwachsenwerden fördern, die fünfte konzentriert sich auf neue Formen der Elternarbeit, und die sechste schließlich verschreibt sich dem Teamtraining im Rahmen eines umfassenden Methodenschulungsprogramms. Derartige Konstellationen gibt es viele. Alle engagieren sich irgendwie und irgendwo – oftmals, ohne ernsthaft voneinander zu wissen, was die jeweils anderen Gruppen denn gerade so treiben. Von daher verläuft vieles asynchron, zufällig, sporadisch, beliebig und im Ergebnis nur zu oft höchst wirkungslos.

Dieser »Separatismus« ist typisch für die deutsche Schullandschaft. Das Gros der Lehrerschaft ist wohl aktiv, aber in der Regel mehr neben- als miteinander, mehr punktuell als systematisch, mehr vordergründig als nachhaltig. Die einen haben dieses Steckenpferd, die anderen ein anderes. Eine Bündelung der Kräfte sucht man in den meisten Schulen vergebens. Das liegt allerdings nicht nur an den eigenwilligen, auf Abgrenzung bedachten Lehrerinnen und Lehrern, sondern auch und nicht zuletzt an den verantwortlichen Führungskräften, die dieses Missmanagement zulassen oder sogar noch dezidiert fördern, indem sie dem skizzierten Aktionismus das Etikett der Fortschrittlichkeit anheften. Begriffe wie »lebendige Schule« oder »lernende Schule« laden geradezu dazu ein, einem vordergründigen Aktionismus zu verfallen, der für die betreffenden Kollegien in aller Regel hochgradig strapaziös ist, ansonsten aber außer dem hinlänglich bekannten »Katzenjammer« langfristig nur wenig bringt. Je mehr Aktivitäten zeitgleich und unkoordiniert laufen, desto größer ist erwiesenermaßen die Gefahr, dass Überforderungs- und Frustrationseffekte Einzug halten, die den vorhandenen Elan der betreffenden Lehrkräfte über kurz oder lang ausbremsen.

Von daher ist es dringend an der Zeit, dass Kräfte gebündelt und laufende Projekte nach Möglichkeit zusammengeführt werden, um mehr Arbeitsökonomie und Nachhaltigkeit zu erreichen. Die auf diese Weise erzielbaren Synergieeffekte sind beträchtlich. Schaut man sich nur einmal an, welche unterschiedlichen Vorhaben den Schulen derzeit von der Bildungspolitik »verordnet« werden, dann wird klar, dass deren Bewältigung ohne entschiedenes »Lean Management« wohl kaum gelingen wird – müsste andernfalls doch jede Lehrkraft auf so vielen Hochzeiten tanzen, dass ihre Überforderung mit ziemlicher Wahrscheinlichkeit programmiert wäre. Dieses Überforderungsproblem betrifft vor allem die Unterrichtsentwicklung, die derzeit nicht nur ein Innovationsschwerpunkt ist, sondern auch und zugleich in der Gefahr steht, dass gigantische Arbeitsbeschaffungsmaßnahmen initiiert werden, die bei Fortdauer des skizzierten »Separatismus« in die kollektive Krise führen müssen. Die Anzeichen für diese Krise sind bereits erkennbar (vgl. Abschnitt I.2).

Was tun? Die Handlungsperspektive ist recht eindeutig zu bestimmen. »Weniger ist mehr«, so lautet die strategische Devise. Wer die Schule fit für die Zukunft machen will, der muss die bestehenden Innovationserfordernisse so bündeln, dass sie mit einem minimalen Mehraufwand zu realisieren sind. Daraus erwachsen solche Grundsätze wie: Prioritäten setzen, Gemeinsamkeiten suchen, tradierte Steckenpferde aufgeben, Profilierungsstreben überwinden, Arbeitsökonomie im Auge behalten, Ressourcen bündeln etc. Diese und andere Grundsätze müssen nicht nur die Lehrkräfte verinnerlichen, sondern auch und besonders die schulischen Führungskräfte. Sie sind es, die sich den nötigen Überblick verschaffen und schonungslos darauf drängen müssen, dass laufende Vorhaben und Optionen zusammengeführt und personell wie finanziell ggf. gezielt aufgestockt werden. Ihre Verantwortung ist es, dafür zu sorgen, dass im besten Sinne des Wortes »hausgehalten« wird. Dazu bedarf es eines durchdachten Innovationsmanagements, das in vielen Schulen bislang allerdings noch fehlt.

Wie dieses Innovationsmanagement aussehen kann, lässt sich am Beispiel von Abbildung 20 verdeutlichen. Diese Abbildung umreißt die zentralen Eckpunkte des »Qualitätsmanagements an Grundschulen« für ein bestimmtes Bundesland. Das Fragwürdige an dieser Übersicht ist, dass die einzelnen Aktionsbereiche so nebeneinander

Abb. 20 © Dr. H. Klippert

gestellt sind, dass man annehmen könnte, sie müssten jeder für sich in Angriff genommen werden. Die betreffenden Grundschullehrer/innen müssten also in allen 13 Feldern aktiv werden, wenn sie ihre formale Pflicht erfüllen wollten. Das aber ist nicht nur illusorisch; es ist strategisch auch zu kurz gegriffen. Schaut man sich nämlich die einzelnen Aktionsfelder genauer an, so lassen sich die meisten von ihnen unter den Block »Methodenkompetenz von Lehrern und Schülern erweitern« subsumieren. Denn mit diesem Block ist letztlich nichts anderes gemeint, als die systematische Förderung einer neuen Lehr- und Lernkultur in der Schule.

Operationalisiert man diese Neue Lernkultur, so stellt man fest, dass die meisten der 13 Arbeitsfelder tangiert sind. Konkret: Das entsprechende Unterrichtsentwicklungsprogramm verbindet sich mit vielfältiger Teamarbeit und Teamentwicklung und ist zugleich ein mögliches Schulprogramm. Es impliziert weiterhin neue Evaluationsverfahren und Standards, zielt u.a. auf die Förderung der Lesekompetenz, unterstützt die Entwicklung von Orientierungs- und Vergleichsarbeiten, trägt den aktuellen SINUS-Erkenntnissen Rechnung, gewährleistet eine ausgeprägte unterrichtszentrierte Fortbildung und fördert nicht zuletzt den Erhalt der Lehrergesundheit. So gesehen hat die Konzentration auf das fett umrandete Arbeitsfeld »Methodenkompetenz von Lehrern und Schülern erweitern« zur Folge, dass sich 9 der 13 Aktionsfelder angemessen subsumieren lassen, d.h., die schulische Qualitätssicherung und Qualitätsentwicklung sind arbeits- und zeitsparend fokussiert. Die Lehrkräfte müssen also nicht alle möglichen Aktivitäten nebeneinander bewältigen, sondern können sich sicher sein, dass mit der Konzentration auf die Entwicklung und Umsetzung neuer Lehr- und Lernmethoden das Gros der übrigen Innovationsaufgaben gleichsam automatisch mit angegangen und erledigt wird. Das ist Kräftebündelung im besten Sinne des Wortes.

Die Schulleitungen müssen solche Klärungs- und Fokussierungsprozesse im Auge behalten und bei Bedarf gezielt anstoßen. Das wirkt dem verbreiteten Jammern entgegen und trägt nicht zuletzt dazu bei, dass der hier in Rede stehenden Lehrerentlastung verstärkt Nachdruck verliehen wird. Je mehr es gelingt, den oben erwähnten »Separatismus« und »Egozentrismus« auf Lehrerseite einzudämmen und je intensiver daran gearbeitet wird, die schulische Innovationsarbeit auf einige wenige Kernaufgaben zu konzentrieren, desto größer werden die Chance und die Gewähr, dass das Ganze mit vertretbarem Aufwand zu bewältigen sein wird. Mit anderen Worten: Die chronisch zunehmende Mehrarbeit der Lehrerinnen und Lehrer lässt sich durch die skizzierte »Bündelung der Kräfte« zwar nicht wirklich verhindern, wohl aber lässt sich auf diese Weise erreichen, dass die innovationsbedingte Mehrbelastung der Lehrkräfte in überzeugender Weise minimiert wird – eine Perspektive, die im Zeitalter des »Burn-out« durchaus tröstlich und ermutigend wirkt.

4.6 Abbau bürokratischer Hemmnisse

Entlastung für Lehrerinnen und Lehrer lässt sich schließlich auch dadurch erreichen, dass unnötige formale Gängelungen abgebaut werden. Nur, was ist nötig und was ist unnötig? Was macht Sinn und was kann als eher sinnlos eingestuft werden? Darüber gehen die Meinungen innerhalb der Lehrerschaft natürlich auseinander. Ist das Führen von Klassenbüchern bereits eine Gängelung? Wohl kaum! Sind die vielen Statistiken, Tabellen und Berichte, die Lehrkräfte Jahr für Jahr zu erstellen haben, tatsächlich notwendig? Müssen die vielen Wettbewerbe, Sammlungen, Tests und Sonderprojekte wirklich sein, wie sie mittlerweile in vielen Schulen Einzug gehalten haben? Eine pauschal passende Antwort gibt es gewiss nicht. Manche formalen Auflagen und Berichtspflichten sind einfach unerlässlich, soll das alltägliche Lehrerhandeln nicht zur reinen Willkür verkommen. Andere sind möglicherweise verzichtbar. Nicht verzichtbar sind fraglos die diversen »vertrauensbildenden Maßnahmen« gegenüber Eltern, Schülern und Kolleg/innen, die im gleichen Klassenverband unterrichten. Von daher sind Eintragungen ins Klassenbuch oder differenzierte Begründungen hinsichtlich der erteilten Noten sicherlich notwendig und sinnvoll.

Gleichwohl gibt es auch fragwürdige »Formalismen«, die sich irgendwie »eingebürgert« haben. Formalismen, die ebenso selbstverständlich wie zeitraubend abgearbeitet werden – Jahr für Jahr, Woche für Woche. Dazu gehören die inflationären Tests und Hausaufgabenüberprüfungen genauso wie das aufwändige Ausfüllen unzähliger Listen und Formblätter oder auch der umfängliche Formalkram in Verbindung mit irgendwelchen Wettbewerben, Sammlungen oder sonstigen schulischen Initiativen und

Projekten. Diese Dinge gehören auf den Prüfstand. Denn nicht alles, was zur Gewohnheit geworden ist, ist deshalb auch sinnvoll. Vielmehr müssen immer wieder Wege gesucht und gefunden werden, wie sich das innerschulische Verwaltungsaufkommen reduzieren und minimieren lässt. Schule muss gestaltet werden und darf nicht nur verwaltet werden. Das muss die Devise sein! Die Gestaltungsspielräume der Schulleitungen sind de facto ganz beträchtlich.

Die betreffenden Schulleiterinnen und Schulleiter müssen sich nur trauen, kritisch und selbstbewusst zu filtern und nach wirksamen Möglichkeiten zum Abbau zeitraubender Formalitäten im Schulalltag zu fahnden. Die Möglichkeiten dazu haben sie. Auch die Chancen sind da. Auf welche Ansatzpunkte sie dabei freilich stoßen werden, lässt sich nicht genau voraussagen. Doch dass sie fündig werden, das lässt sich nach den bisherigen Erfahrungen mit Fug und Recht konstatieren. Formblätter, Arbeitsteilung und Spezialisierung gehören ebenso zu den Perspektiven der »Entbürokratisierung« wie das Auslassen von Wettbewerben und Projekten oder das verstärkte Nutzen des PC zur »automatischen« Datenerfassung, Punkteermittlung oder Notenfeststellung. Diesbezüglich können sich Schulleiterinnen und Schulleiter als wichtige Pioniere und ermutigende Wegbereiter einer pädagogisch akzentuierten Schule hervortun – vorausgesetzt, sie trauen sich und gehen selbst mit gutem Beispiel voran.

Doch genau das ist das Problem. Viele Schulleiter/innen tun sich nachweislich schwer damit, der verbreiteten Kontroll- und Dokumentationsmanie mutig und ideenreich entgegenzutreten. Im Gegenteil: Viele von ihnen tendieren selbst dazu, sich als »Oberbuchhalter« zu verstehen und die formalen Berichtspflichten und Kontrollen ihrer Lehrkräfte extensiv einzufordern und zu pflegen. Von daher sind es längst nicht nur die übergeordneten politischen Instanzen, die in Sachen »Entbürokratisierung« dazulernen müssen, auch die Schulleitungen selbst sind nur zu oft noch weit davon entfernt, ihre formalen Pflichtenkataloge wirksam zu minimieren. Sei es nun, weil sie durch die formalen Reglementierungen und Auflagen ihre eigene Macht demonstrieren wollen. Sei es, weil sie Angst vor irgendwelchen formalen Pflichtverletzungen haben oder sei es auch, weil sie durch imposante Aktenberge und/oder Rechenschaftsberichte ihren vorgesetzten Dienstbehörden imponieren möchten.

So gesehen betrifft die Forderung nach Entbürokratisierung nicht nur die Bildungsadministration, sondern auch und nicht zuletzt die Schulleitungen in den Einzelschulen. Was kann weggelassen und was vereinfacht werden? Was kann delegiert und was zeitsparend standardisiert werden? Was kann ausgesessen und was zurückgewiesen werden? Das sind die Fragen, mit denen sich die Schulleiterinnen und Schulleiter verstärkt auseinander setzen müssen, wenn sie ihrer Verantwortung für die längst überfällige Reduzierung der schulinternen »Verwaltungsaufgaben« gerecht werden wollen. Einfach auf »die da oben« zu schimpfen, hilft in der Regel nicht weiter – zumindest nicht kurzfristig. Zwar ist es richtig, dass die Bildungsbehörden mit gutem Beispiel vorangehen und das tradierte »Korsett von Reglementierungen, Vorschriften und nicht selten Bevormundungen« (Schaarschmidt 2004, S. 148) kräftig lockern sollten. Gleichwohl entlässt dies die Schulleitungen nicht aus ihrer grundlegenden Verantwortung für das »Verwaltungshandeln« in Schule und Unterricht.

Dies umso mehr nicht, als den Schulleitungen seit einigen Jahren nahe gelegt wird, verstärkt auf Selbstverantwortung und Selbstorganisation zu setzen – eine bildungspolitische Richtungsentscheidung, die fraglos wichtig und sinnvoll ist. Die Crux bei dieser Option ist nur, dass parallel zur Forderung nach mehr Selbstverantwortung in der Einzelschule das Netz der extern gesteuerten Kontrollen und Tests so ausgeweitet wird, dass das Autonomieversprechen deutlich ausgehöhlt wird. Statt Autonomie und Selbstverantwortung erleben viele Lehrkräfte in praxi vor allem eines: Kontrolle, Evaluation, Inspektion, Vergleichsarbeiten, zentrale Abschlussprüfungen sowie ein derart einschneidendes und aufwändiges Berichtswesen, dass sich die meisten von ihnen zunehmend weniger in der Lage sehen, den geforderten pädagogischen, methodischen und erzieherischen Aufgaben wirksam nachzukommen. Entwicklungsberichte, Portfolios, Lernstandserhebungen und Evaluationsberichte müssen geschrieben, Vergleichsarbeiten, Arbeitspläne, Projektanträge und Förderprogramme konzipiert und nicht zuletzt immer neue Statistiken und Tabellen erstellt werden. Das alles geht vielen Pädagogen mittlerweile über die berühmt-berüchtigte »Hutschnur«.

Von daher bleibt den pädagogischen Akteuren in den Schulen mittelfristig eigentlich nur eines, nämlich die schulinterne Filterung und Reduzierung der formalen Aufgaben und Prozeduren nach dem Motto »Weniger ist Mehr«. Zuständig für diese »Entbürokratisierung« des Lehreralltags ist zuerst und besonders die Schulleitung. Vereinfachung ist angesagt, aber auch die Reduzierung und Standardisierung der betreffenden Dokumentations- und Berichtspflichten der Lehrerinnen und Lehrer. Dazu muss es Vorschläge und Vorlagen der betreffenden Schulleitung geben. Dazu müssen aber auch grundlegende Meinungsbildungsprozesse in den Kollegien in Gang gebracht werden, die dazu beitragen, dass ein Bewusstsein für die Notwendigkeit und Machbarkeit veränderten »Verwaltungshandelns« in Schule und Unterricht entsteht. Nicht zuletzt müssen die Schulleitungen bereit sein, auch mal unkonventionelle Auslegungen des geltenden Schulrechts zu wagen.

Statthaft ist das sehr wohl. Keine schul- bzw. verwaltungsrechtliche Bestimmung ist so eng definiert, dass es nicht Möglichkeiten gäbe, die daraus erwachsenden formalen Pflichten und Aufgaben unterschiedlich auszulegen. Niemand schreibt z.B. die Zahl der Tests und Hausaufgabenüberprüfungen vor. Niemand verweigert Lehrkräften die Möglichkeit, die Hausaufgabenkontrolle an die Schülerschaft zu delegieren. Niemand zwingt Lehrkräfte dazu, ihre Klassenarbeiten im Alleingang zu konzipieren und zu korrigieren. Niemand hindert Lehrkräfte daran, sich zu spezialisieren und unterschiedliche formale Aufgaben arbeitsteilig anzugehen. Niemand verwehrt Lehrkräften die Möglichkeit, formale Arbeiten so zu standardisieren, dass sie schneller von der Hand gehen. Niemand besteht darauf, dass inflationär an Wettbewerben oder sonstigen öffentlichkeitswirksamen Schulveranstaltungen und Projekten teilgenommen wird. Niemand verlangt, dass jede Lehrkraft ihr eigenes Konzept für Elterngespräche und Elternabende entwickelt. Niemand spricht Lehrkräften das Recht ab, sich mit Hilfe des PC das Leben zu erleichtern und formale Aufgaben schneller zu erledigen ... So gesehen haben es die schulischen Akteure bis zu einem gewissen Grad selbst in der Hand, sich ihrer formalen Pflichten zeit- und arbeitssparend zu entledigen.

4.7 Materialien und Tipps zur Vertiefung

In diesem abschließenden Abschnitt werden diverse Arbeitsblätter und Checklisten zur persönlichen Vertiefung und Konkretisierung der skizzierten Entlastungsstrategien dokumentiert. Sie sind fortlaufend nummeriert und korrespondieren mit den Ausführungen in den vorstehenden Abschnitten. Die einzelnen Materialien sollen Denkanstöße geben, Zusatzinformationen bieten, Fragen aufwerfen, persönliche Schwachpunkte erkennbar machen, Bilanzen ermöglichen, Handlungsalternativen aufzeigen, Gespräche initiieren und Veränderungskompetenzen aufbauen helfen.

M 43 — Das A-B-C des Schulmanagements

	Welche Begriffe fallen Ihnen zum Schulmanagement in Ihrer Schule ein?	
	Assoziationsbegriff	**Erläuterungen dazu**
A		
B		
C		
D		
E		
F		
G		
H		
I		
J		
K		
L		
M		
N		
O		
P		
R		
S		
T		
U		
V		
W		
Z		

Erläuterungen

Die Schule soll geschickt gemanagt werden. Das betrifft die Schul- und Unterrichtsorganisation genauso wie Konferenzen, Personalentwicklung, Fortbildungsplanung, Ressourcenverteilung und vieles andere mehr. Die Hauptverantwortung dafür liegt bei der Schulleitung. Sie soll wirksame und arbeitsökonomische Verfahrensweisen und Regelungen sicherstellen. Und die Praxis? Notieren Sie spontan jene Begriffe, die Ihnen eingedenk des erlebten Schulmanagements zu den angeführten Anfangsbuchstaben einfallen (z.B. A wie Ambitioniert). Vergleichen und besprechen Sie Ihre Assoziationen mit Ihren Kolleg/innen.

© Dr. H. Klippert

M 44 — Zeitdiebe im Schulalltag

»Verwaltungsarbeiten«	Der dafür übliche Zeitaufwand ist ...			Bemerkungen
	voll gerechtfertigt	teilweise gerechtfertigt	nicht gerechtfertigt	
Klassenbucheinträge				
Elternabende				
Elternbenachrichtigungen				
Geld-Sammelaktionen				
Hausaufgabenbeurteilung				
Schulwettbewerbe				
Notenaufzeichnungen				
Protokollführung				
Statistiken erstellen				
Dienstbesprechungen				
Fachkonferenzen				
Klassenkonferenzen				
Gesamtkonferenzen				
Schulfeste und -feiern				
Fortbildungsteilnahmen				
Vertretungsunterricht				
Pausenaufsicht				
Schulinterne Studientage				
Klassenfahrten				
Vergleichsarbeiten				

Erläuterungen

Lehrkräfte sind nicht nur Unterrichtende, sondern haben in der Regel noch eine Fülle weiterer formaler Aufgaben zu erfüllen. Aufgaben, die nicht selten eine Menge Zeit kosten und vom eigentlichen Bildungs- und Erziehungsauftrag ablenken. Manche dieser Aufgaben werden gelegentlich in Frage gestellt, von anderen wird zumindest gefordert, dass sie zeit- und arbeitssparender angegangen werden sollten. Wie schätzen Sie die angeführten »Verwaltungsaufgaben« ein? Inwieweit sind sie gerechtfertigt? Wo sehen Sie Rationalisierungsmöglichkeiten? Vielleicht machen Sie das mal zum Konferenzthema.

© Dr. H. Klippert

M 45 — Vorsicht! Beschäftigungsprogramme

Bildungspolitisch »verordnete« Programme	Die entsprechenden Aktivitäten haben unserem Kollegium ...				Hat es bei uns nicht gegeben
	viel gebracht	einiges gebracht	wenig gebracht	gar nichts gebracht	
Entwicklung von Schulprogrammen					
Entwicklung von Leitbildern					
Schulinspektion und -evaluation					
Öffnung von Schule					
Organisationsentwicklung					
Qualitätsmanagement (TQM, EFQM etc.)					
Selbstverantwortliche Schule					
Unterrichtsentwicklung					
Ganztagsschule					
Neue Bildungspläne					

Erläuterungen

Wenn Lehrkräfte über zu viel unterrichtsferne Aufgaben und Arbeiten klagen, dann liegt die Ursache dafür nicht zuletzt bei der Bildungspolitik. Die Vielzahl der schulpolitischen Sonderprogramme, die Schulen in den letzten Jahren »angedient« wurden, ist gewaltig. Ob und inwieweit diese Programme den Lehrkräften tatsächlich Nutzen bringen, ist indes umstritten. Moniert wird vor allem, dass die entsprechenden Aktivitäten in der Regel viel zu abstrakt bleiben. Wie sehen Sie das? Versuchen Sie den Nutzen der Ihnen bekannten »Sonderprogramme« zu bilanzieren und mit interessierten Kolleg/innen zu besprechen.

© Dr. H. Klippert

M 46 — Schulleitungen auf dem Prüfstand

Aussagen zur Arbeit der Schulleitung	stimmt voll	stimmt teilweise	stimmt nicht	Brennpunkte?
Initiiert ständig neue Projekte und »Showprogramme«				
Erwartet, dass alles perfekt gemacht wird				
Fördert die Teamarbeit im Kollegium zu wenig				
Fasst einsame Beschlüsse, die nicht vermittelt werden				
Hat Probleme mit der Delegation von Verantwortung				
Mischt sich in alles ein und weiß alles besser				
Agiert als »Transmissionsriemen« der Schulaufsicht				
Erfindet ständig neue Formulare und Berichtspflichten				
Verhindert alles, was zu Unterrichtsausfall führen könnte				
Liebt es, in Konferenzen endlos zu monologisieren				
Setzt sich zu wenig für die Entlastung des Kollegiums ein				
Geizt mit Lob und Anerkennung für die Kolleg/innen				

Erläuterungen

Schulleitungen haben es schwer. Sie haben sowohl den »Druck von oben« auszuhalten, als auch dem Druck aus dem Kollegium gerecht zu werden. Oft machen sie es sich jedoch auch selbst schwer, indem sie Verhaltensweisen zeigen, die nachgerade Kritik provozieren müssen. Einige dieser Verhaltensweisen sind im obigen Schema angeführt. Schätzen Sie bitte im ersten Schritt ein, inwieweit Ihre Schulleitung derartige Verhaltensweisen zeigt, und markieren Sie im zweiten Schritt in der letzten Spalte die fünf Problemanzeigen, die Sie für besonders gravierend halten (bitte die Rangziffern 1–5 zuweisen!).

© Dr. H. Klippert

M 47 — Zehn »Merkposten« zum Schulmanagement

- Unwichtiges wird zurückgestellt
- Wichtiges wird zügig angepackt
- Neues muss vermittelt werden
- Gut geplant ist halb gewonnen
- Aufwand – Ertrag müssen stimmen

Erläuterungen

Das Management in den meisten Schulen ist wenig professionell. Die verantwortlichen Führungskräfte verstehen sich eher als Lehrer/innen und Kolleg/innen und weniger als straff organisierende und fordernde Führungspersonen. Von daher kommt es immer wieder zu Nachlässigkeiten, die nicht sein müssten. Wie ein effektives Schulmanagement ausgerichtet sein muss, wird oben mit einigen Kriterien umrissen. Bitte tragen Sie in die übrigen Denkblasen weitere Kriterien ein, die Ihnen für ein überzeugendes Schulmanagement wichtig erscheinen. Sprechen Sie darüber mit Ihrer Schulleitung.

© Dr. H. Klippert

M 48 — Mutige Schulleiter können vieles tun

Was in einzelnen Schulen durchaus üblich ist	Bewertung			
	−	+1	+2	+3
Lehrkräfte vorrangig im Team zur Fortbildung entsenden, damit die betreffenden Fortbildungsimpulse besser zurückfließen können				
Engagierte Lehrkräfte gezielt vom Unterricht freistellen, falls sie Leistungen erbringen, die der Schulgemeinschaft zugute kommen				
»Verkündungskonferenzen« minimieren und dafür mehr Zeit auf produktive Fach- und Klassenkonferenzen verwenden				
Sicherstellen, dass das schulintern entwickelte Know-how und Material verlässlich archiviert und für alle zugänglich gemacht wird				
Prioritäten setzen und nicht alles aufgreifen, was an bildungspolitischen »Glühwürmchen« in die Welt gesetzt wird				
Dafür sorgen, dass überzeugende Formulare und Checklisten entwickelt werden, die die Erledigung formaler Aufgaben beschleunigen				
Studientage dafür einsetzen, dass zeitgleich in vielen Lehrerteams innovative Unterrichtsarrangements und -materialien entwickelt werden				
Die Einführung von Doppelstunden als Grundtakt unterstützen, damit der Unterricht effektiver wird und der Lehrerstress nachlässt				
Mentorat für Neueintretende einrichten, damit das Know-how der Erfahrenen rasch und wirksam weitergegeben wird				
Für ein höchstmögliches Maß an Arbeitsteilung und Spezialisierung sorgen, damit nicht jeder alles machen muss				
Hospitationskontingente einführen, die jeder Lehrkraft das Recht geben, z.B. 3 Stunden pro Jahr bei Teamkolleg/innen zu hospitieren				
»Pflichthospitationen« in der 5./6. Stunde in mehreren Pilotklassen organisieren, um die Unterrichtsentwicklung transparent zu machen				
Die Bildung von Lehrerteams auf Klassenebene unterstützen, die pro Woche und Klasse mindestens 15 Stunden unterrichten				
Im Rahmen der Jahresarbeitsplanung feste Zeitfenster für die Durchführung produktiver Konferenzen einrichten (z.B. 1x pro Monat)				
Gemeinsame Springstunden für Teammitglieder verankern, damit diese flexibel kooperieren können				

Erläuterungen

Die Schulleiter/innen sind Schlüsselpersonen, wenn es um das Herausfinden zeit- und arbeitssparender Wege der Schulorganisation und Schulverwaltung geht. Dabei sind »schlitzohrige« Lösungen innerhalb der Grauzonen des Schulrechts durchaus erwünscht. Die oben angeführten Maßnahmen gehören z.T. in diese Kategorie des »unkoventionellen« Schulleiterhandelns. Wie finden Sie die Maßnahmen? Bitte ankreuzen. Gibt es ähnliche Verfahrensweisen an Ihrer Schule? Wenn ja, bitte die entsprechenden Zeilen markieren. Ergänzen Sie den Katalog ggf. durch weitere pfiffige Maßnahmen aus Ihrem Erfahrungsfeld.

© Dr. H. Klippert

M 49 — Das magische Viereck des Projektmanagements

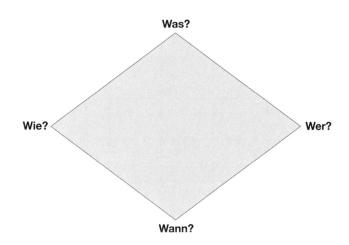

Das Grundmuster einer »Netzplankarte«

Was ist zu tun?	**Wann** läuft die Aktion?
Wer ist zuständig?	**Wie** ist der Zeitrahmen?

Erläuterungen

Zum Schulmanagement gehört das Projektmanagement. Egal, ob es sich um Arbeitsvorhaben auf Kollegiums- oder Klassenebene handelt oder um solche, die z.B. die Elternarbeit betreffen – stets ist es wichtig, dass eindeutige Abläufe und Zuständigkeiten gesichert werden. Die vier W-Fragen tragen ebenso dazu bei wie die skizzierte Netzplankarte, die als Mosaikstein der Jahresarbeitsplanung einer Schule gesehen werden kann. Erstellen Sie für einige in Ihrer Schule anstehende Arbeitsvorhaben entsprechende Netzplankarten. Besprechen Sie Ihre Planungsüberlegungen mit anderen Betroffenen.

© Dr. H. Klippert

M 50 — Fragebogen zur Konferenzarbeit

Inwieweit treffen die folgenden Aussagen zu?	trifft voll zu	trifft teilweise zu	trifft nicht zu	Welche Konferenzen?
Unsere Konferenzen sind schlecht vorbereitet				
Sie verlaufen in der Regel langatmig und langweilig				
Manche Konferenzen dauern zu lang, andere sind zu kurz				
Es fehlt die nötige Lenkung und Moderation				
Von Teilnehmeraktivierung ist wenig zu sehen				
Es mangelt an klarer Ziel- und Ergebnisorientierung				
Es werden Beschlüsse gefasst, die nicht umgesetzt werden				
Triviale Diskussionen und Ränkespiele nehmen zu viel Raum ein				
Der Fortschritt wird im Konferenzverlauf zu wenig kontrolliert				
Das Aufwand-Ertrags-Verhältnis stimmt nicht				
Die Konferenzatmosphäre lässt zu wünschen übrig				
Ein Feedback am Ende der jeweiligen Konferenz fehlt völlig				

Erläuterungen

Das Image der landläufigen Schulkonferenzen ist eher schlecht. Viele Lehrkräfte haben eine Menge zu monieren, wenn sie zu ihren gängigen Konferenzen befragt werden. Einige der vorgebrachten Kritikpunkte sind oben aufgeführt worden. Inwieweit treffen sie auf die von Ihnen erlebten Konferenzen in Ihrer Schule zu. Kreuzen Sie bitte an. Überlegen Sie dabei, ob Ihre jeweilige Einschätzung für alle Konferenzen zutrifft oder nur für bestimmte. Tragen Sie die betreffende/n Konferenzen in die letzte Spalte ein. Notieren Sie geeignete Vorschläge, wie man den festgestellten Schwachpunkten abhelfen könnte.

© Dr. H. Klippert

M 51 — Wovon der Konferenzerfolg abhängt

Gute Vorbereitung

Produktive Ausrichtung

Methodenwechsel

Zielstrebige Moderation

Geeignete Sitzordnung

Straffer Ablaufplan

Hygienefaktoren (Kaffee ...)

Verfügbare Ressourcen

Pinnwand als Problemspeicher

Erläuterungen
Natürlich reicht es nicht hin, die Konferenzarbeit in den Schulen pauschal zu kritisieren und zu problematisieren. Nötig ist es vielmehr, an der Effektivierung der Konferenzabläufe und -ergebnisse zu arbeiten. Es gibt sehr wohl gelungene Konferenzen. Wodurch zeichnen sich diese aus? Die oben angeführten Eckdaten zeigen einige bewährte Ansätze bzw. Kriterien. Bitte ergänzen Sie diese Auflistung durch weitere Kriterien und tragen Sie diese in die freien Kästchen ein. Den Ausführungen in den Abschnitten 4.1 und 4.2 können Sie dazu die eine oder andere Anregung entnehmen.

© Dr. H. Klippert

M 52 — Konferenzen leiten – Konferenzen moderieren

Die Konferenzverantwortlichen sollten ...

- ☐ Als Team auftreten
- ☐ Den Ablauf erläutern
- ☐ Gut vorbereitet sein
- ☐ Gezielt visualisieren
- ☐ Kompakt informieren
- ☐ Vorlagen/Inputs liefern
- ☐ Klar Position beziehen
- ☐ Überzeugend argumentieren
- ☐ Die Teilnehmer aktivieren   ☐ ....
- ☐ Reflexionen zulassen
- ☐ Die Diskussion stringent leiten   ☐ ....
- ☐ Integrieren und vermitteln
- ☐ Auf Zeitökonomie achten   ☐ ....
- ☐ Ergebnisorientiert steuern
- ☐ Mit Konflikten umgehen können   ☐ ....

Erläuterungen

Effektive Konferenzen verlangen nicht nur geschickte Moderation und Gesprächsführung, sondern auch und nicht zuletzt eine straffe Leitung und Lenkung. Andernfalls sind Endloskonferenzen nachgerade programmiert. Von daher sollten die Konferenzverantwortlichen sowohl das Moderationshandwerk verstehen als auch gut vorbereitete und überzeugende Inputs zu geben verstehen (Vorlagen, Vorschläge etc.). Kreuzen Sie bitte die 7 Teilqualifikationen an, von denen Sie sagen, dass Konferenzverantwortliche sie unbedingt beherrschen sollten. Ergänzende Qualifikationen tragen Sie bitte rechts ein.

© Dr. H. Klippert

M 53 — Produktive Konferenzen als Perspektive

Mögliche Produkte am Ende von ...	
Fachkonferenzen	**Klassenkonferenzen**

Erläuterungen
Konferenzen müssen möglichst produktiv verlaufen, wenn sie von den beteiligten Lehrkräften als sinnvoll und hilfreich akzeptiert werden sollen. Was das im Einzelnen heißt und voraussetzt, geht aus den Ausführungen im vorstehenden Abschnitt 4.2 hervor. Produktivität verlangt eine gewisse Zeitdauer, erfordert konstruktive Teamarbeit, setzt geeignete Ressourcen und verlässliche Archivierungsverfahren voraus etc. Definieren Sie bitte mögliche »Produkte«, wie sie am Ende einer Fachkonferenz oder einer Klassenkonferenz stehen können, und tragen Sie diese in die obige Tabelle ein (vgl. auch M 41 auf Seite 162).

© Dr. H. Klippert

M 54 — Pro und kontra Lehrerfreistellung

Fortbildung während der Unterrichtszeit?	
Gängige Einwände	**Mögliche Gegenargumente?**
Es fällt in den Schulen ohnehin schon zu viel Unterricht aus	
Auf Fortbildung kann verzichtet werden; auf Unterricht nicht	
Die Lehrkräfte haben in den Ferien genug Zeit, um sich fortzubilden	
Die Lehrkräfte sollen Ihre Fortbildung nachmittags machen	
Die Lehrkräfte sollen mehr kooperieren; dann brauchen sie keine Seminare	
Fortbilden kann man sich auch durch Bücher und sonstige Medien zu Hause	
Zu Seminaren sollte bestenfalls ein »Multiplikator« gehen. Das reicht	
Die Freistellung von Lehrerteams ist ein Verstoß gegen die Unterrichtsgarantie	
Andere Berufsgruppen müssen sich auch in ihrer Freizeit fortbilden	
Teambesprechungen können in Freistunden oder nach Schulschluss laufen	

Erläuterungen

Die Teilnahme von Lehrkräften an Seminaren, Workshops und sonstigen Fortbildungsveranstaltungen während der Unterrichtszeit ist umstritten. Einwände kommen nicht nur von Elternseite, sondern auch von Seiten der Politik und der Wirtschaft. Einige typische Vorbehalte sind oben angeführt worden. Inwieweit sind diese Argumente berechtigt und an welchen Stellen greifen sie zu kurz? Notieren Sie in der rechten Spalte korrespondierende Gegenargumente, die für eine dosierte Freistellung von Lehrkräften und Lehrerteams für spezielle Fortbildungszwecke sprechen! Diskutieren Sie Ihre Argumente mit Kolleg/innen.

© Dr. H. Klippert

M 55 — Der Bundeselternrat zum Unterrichtsausfall

»**Die Erteilung von 100 Prozent Unterricht alleine bedeutet keine Qualitätsverbesserung von Schule**

Viel zu oft werden Fragen der Qualität von Unterricht und Schule mit der schlichten Aufrechnung der erteilten Unterrichtsstunden verbunden. Natürlich wollen wir Eltern, dass möglichst wenig Unterricht ausfällt. Aber wir möchten auch deutlich machen, das es manche Unterrichtstunden gibt, die besser nicht erteilt würden. Es gibt Unterricht, der demotivierend und frustrierend wirkt. Manchmal wären weniger, aber gut erteilte Unterrichtsstunden für den Lernerfolg der Kinder und Jugendlichen deutlich besser.«

(Presseerklärung des Bundeselternrates vom 12.9.1999)

Erläuterungen
Grundsätzlich muss es im Schulalltag darum gehen, den Unterrichtsausfall zu minimieren und Fortbildungsmaßnahmen nicht leichtfertig zu Lasten der Unterrichtsversorgung gehen zu lassen. Das heißt anderseits aber nicht, dass Fortbildung während der Unterrichtszeit unter keinen Umständen stattfinden darf. Eine solche Selbstbeschränkung wäre schon deshalb falsch, weil Lehrerfortbildung und effektiver Unterricht in einem engen Wechselverhältnis stehen. Das sieht offenbar auch der Bundeselternrat so. Was halten Sie vom obigen Statement? Bringen Sie es in eine der nächsten Konferenzen ein.

© Dr. H. Klippert

M 56 — Entlastungsmaßnahmen beurteilen

Was halten Sie von diesen (Entlastungs-) Maßnahmen?	sehr viel	viel	einiges	wenig	nichts
Mehr Doppel- statt Einzelstunden					
Mehr Projekttage und -wochen					
Reduzierung der Klassenarbeiten					
Weniger Gesamtkonferenzen					
Produktive Fachkonferenzen					
Förderung von Teamfortbildung					
Workshops z.B. in der 6.–8. Stunde					
Studientage als Workshoptage					
Vertretungsanspruch bei Hospitationen					
Weniger unterrichtsferne Aktivitäten					
Hohe Stundenzahl für Klassenteams					
Feste Zeitfenster für Teamsitzungen					
Gemeinsame »Springstunden«					
Entlastung für besonders Aktive					
Mehr Arbeitsteilung im Jahrgang					
Umverteilung von Ressourcen					

Erläuterungen

Lehrerentlastung ist nicht nur nötig, sondern auch möglich. Das gilt nicht zuletzt für die interne Arbeit in der Einzelschule. Gesucht sind pfiffige Ideen und Strategien, um die Alltagsbelastung von Lehrern zu reduzieren. Dazu zählen unkonventionelle Freistellungs- und Vertretungsregelungen genauso wie veränderte schul- und unterrichtsorganisatorische Rahmenbedingungen (z.B. Doppelstunden statt des stressigen 45-Minuten-Takts). Bitte beurteilen Sie die angeführten Maßnahmen und notieren Sie sich ggf. weitere Maßnahmen zur Entlastung von Lehrkräften auf der Ebene der Einzelschule.

© Dr. H. Klippert

M 57 — Wie man Kräfte bündeln kann

In einer Schule laufen u.a. die folgenden Initiativen/Projekte, die unterschiedliche Lehrergruppen binden. Welche Gruppen sollten sich zusammentun?

1	Streitschlichterprogramm	11	Projektwochen
2	Montessori-Klassen	12	Vorbereitung Schuljubiläum
3	SINUS-Transfer	13	Wettbewerb »Schüler debattieren«
4	Neue Formen der Elternarbeit	14	Austausch mit Frankreich
5	Leseförderung	15	Präsentationsprüfungen
6	Kommunikationstraining	16	Betriebspraktikum
7	Teamentwicklung im Kollegium	17	Projekt Selbstständige Schule
8	Vergleichsarbeiten entwickeln	18	Erwachsen werden (Lions-Quest)
9	Anti-Gewalt-Programm	19	Eine-Welt-Projekt
10	Kooperation mit der Wirtschaft	20	Austausch mit England

Erläuterungen
In vielen Schulen herrscht ein zermürbender Aktionismus vor. Viele Projekte laufen mehr nebeneinander als in einem durchdachten Verbund. Sie binden unterschiedliche Lehrergruppen und tragen dazu bei, dass für systematische/konzertierte Aktivitäten nur zu oft die »Man-Power« fehlt. Weniger wäre mehr! Gehen Sie die obigen Initiativen/Projekte einmal durch und kreuzen Sie an, welche Sie zusammenfassen würden, um mit weniger Aufwand zu mehr Nachhaltigkeit zu gelangen. Gibt es ähnliche Konstellationen in Ihrer Schule? Welche Möglichkeiten der Kräftebündelung sehen Sie?

© Dr. H. Klippert

M 58 — Übung zur Fortbildungsplanung

Beantragte Veranstaltungen	Zahl der Interessenten	Priorität? A	B	C
Organisationsentwicklung in Schulen	2			
Konfliktmanagement in der Schule	1			
Wie unser Gehirn lernt	3			
Umsetzung der neuen Bildungsstandards	2			
Perspektiven der Ganztagsschule	1			
Burn-out und Stressmanagement	3			
Methodentraining mit Schülern	5			
Neue Formen der Leistungsmessung	1			
Von Montessori-Schulen lernen	2			
Präsentieren lehren und lernen	4			
Leseförderung im Deutschunterricht	3			
Schulqualität und Evaluation	1			
Zusammenarbeit Schule – Betrieb	1			
Verkehrserziehung in der Sek. I	2			
Schnupperkurs Internet	5			
Schulklima verbessern – aber wie?	3			
Grundkurs Windows	4			
Einführung in die Streitschlichtung	3			
Grundlagen des Islam	1			
Umweltbildung in der Schule	1			
Teamentwicklung im Klassenraum	5			
Alternative Klassenarbeiten vorbereiten	2			
Zoom auf – Lernen mit Medien	2			
Kommunikationstraining mit Schülern	5			

Erläuterungen
Lehrerfortbildung will geplant sein, wenn unnötige Belastungen fürs jeweilige Kollegium vermieden werden sollen. Manche Fortbildungsveranstaltungen sind eher verzichtbar, andere haben größere Dringlichkeit, da sie die Schul- und Unterrichtsentwicklung voranzubringen versprechen. Gehen Sie die oben angeführten Fortbildungswünsche durch und kreuzen Sie bitte an, welche Prioritätsstufe Sie zuweisen würden. Wählen Sie schließlich jene 7 Veranstaltungen aus, von denen Sie meinen, dass sie unbedingt besucht werden sollten. Reflektieren Sie Ihre Prioritätensetzungen mit Kolleg/innen Ihrer Schule.

© Dr. H. Klippert

M 59 — Von der Kunst der Arbeitsteilung

Übergreifende pädagogische Aufgaben	Möglichkeiten zur Arbeitsteilung?
Klassenarbeiten vorbereiten	
Neue Bildungsstandards operationalisieren	
Schulfeste und -feiern vorbereiten	
Notenlisten/Zeugnisse ausfüllen	
Elternabende vorbereiten und gestalten	
Beratungsgespräche vorbereiten	
Projektwochen planen und betreuen	
Vergleichsarbeiten entwickeln	
Methoden-Trainingstage vorbereiten	
Klassenfahrten organisieren + betreuen	
Evaluationsberichte schreiben	
Betriebspraktika organisieren + betreuen	
Materialien zur Leseförderung entwickeln	
Fachkonferenzen durchführen	
Schulprogramm entwickeln	

Erläuterungen

Zu den zentralen Versäumnissen vieler Kollegien gehört, dass das Prinzip der Arbeitsteilung zu wenig beherzigt wird. Jeder ist bemüht, die überbordenden Aufgaben irgendwie im Alleingang zu bewältigen. Die Folgen sind überhöhter Zeitaufwand und drohende Überforderung. Mit ein wenig Fantasie und Kooperationsbereitschaft lässt sich dagegen eine Menge ausrichten. Überlegen Sie bitte, welche Möglichkeiten der Arbeitsteilung es in den oben angeführten Fällen gibt. Notieren Sie mögliche Strategien und beraten Sie diese mit interessierten Kolleginnen und Kollegen.

© Dr. H. Klippert

M 60 — Wege zur Entbürokratisierung

Fragwürdige bürokratische Vorgaben und Auflagen ...	Kann man was ändern? ja	Kann man was ändern? nein	Wenn ja, was sollte getan werden?
45-Minuten-Takt (Einzelstunden)			
Schulbücher zum »Weitervererben«			
Lehrereinsatz nach Studienfächern			
Feste Anzahl von Klassenarbeiten			
Feste Struktur des Klassenbuches			
Altershomogene Lerngruppen			

Erläuterungen
Viele Lehrkräfte klagen über bürokratische Setzungen und/oder Konventionen, die ihnen die pädagogische Arbeit erschweren. Manche dieser Klagen sind gewiss berechtigt, andere sind voreilig formuliert. Denn zahlreiche administrative Regelungen sind durchaus gestaltbar – vorausgesetzt, das jeweilige Kollegium vermag sich auf abweichende Verfahrensweisen zu verständigen. Gehen Sie die genannten Setzungen bitte daraufhin durch, ob Veränderungen möglich sind und wie diese ggf. aussehen können. Ergänzen Sie die Liste der »bürokratischen Hemmnisse« und notieren Sie weitere Handlungsalternativen.

© Dr. H. Klippert

M 61 — Wünsche an die Schulleitung

Die 7 »goldenen Wünsche«

1. ....

2. ....

3. ....

4. ....

5. ....

6. ....

7. ....

Erläuterungen
Schulleitungen können einiges tun, um Lehrkräfte im Schulalltag zu entlasten. Das zeigen die Ausführungen und Beispiele in Abschnitt II.4. Welche Maßnahmen möchten Sie in Ihrer Schule angepackt bzw. realisiert sehen? Notieren Sie bitte die sieben Ansatzpunkte, die Ihre Schulleitung unbedingt aufgreifen und umsetzen sollte. Lesen Sie dazu nötigenfalls nochmals Abschnitt II.4 durch. Machen Sie Ihre »Wunschliste« zum Gegenstand von Gesprächen mit Kolleginnen und Kollegen. Tragen Sie Ihre Vorschläge der Schulleitung vor und bringen Sie sie ggf. in die eine oder andere Konferenz ein.

© Dr. H. Klippert

5. Entlastung durch offensive Öffentlichkeitsarbeit

Ein fünftes Aktionsfeld zur Förderung der Lehrerentlastung betrifft die Erweiterung des schulischen Handlungs- und Gestaltungsspielraums durch offensive Eltern- und Öffentlichkeitsarbeit. Viele Lehrkräfte fühlen sich nämlich unter anderem dadurch belastet, dass ihnen von außen zu wenig Anerkennung und Verständnis zuteil wird. Sie fürchten den ausgeprägten Erwartungsdruck von Seiten der Eltern, der Betriebe, der Schulträger und anderer Erziehungspartner und erleben diesen nicht selten als störende Gängelung und Reglementierung. Das alles erzeugt Stress, Unsicherheit und mehr oder weniger tief greifende Konflikte und Missverständnisse, die den Schulalltag erheblich beeinträchtigen können. In den nächsten Abschnitten wird gezeigt, wie Lehrkräfte, Kollegien und Schulleitungen diesen Belastungen und Missverständnissen entgegenwirken können.

5.1 Vertrauensbildende Elternseminare

Die Elternarbeit ist ein zentraler Hebel zur Entlastung der Lehrkräfte. Das hat sich in den zurückliegenden Schulentwicklungsprozessen immer wieder gezeigt. In dem Maße, wie die Eltern Einblicke in die pädagogische Arbeit der Lehrkräfte gewinnen und nachvollziehen können, warum welche Akzente in Schule und Unterricht gesetzt werden, entsteht in aller Regel eine eher unverkrampfte, vertrauensvolle Atmosphäre. Transparenz zu schaffen ist also eine ebenso notwendige wie lohnende Maßnahme zur Harmonisierung des Eltern-Lehrer-Verhältnisses. Ärger mit Eltern entsteht in der Regel nämlich immer dann, wenn die betreffenden Erziehungsberechtigten andere Erwartungen und Vorstellungen haben, als die verantwortlichen Lehrkräfte im Schulalltag zu erfüllen in der Lage sind. Von daher sind Eltern leicht zu enttäuschen und zu bewegen, aus Solidarität mit ihrem Kind Druck auf die Lehrerschaft zu machen. Druck, der nicht nur zu zeitraubenden Auseinandersetzungen führen, sondern auch erhebliche psychische und nervliche Belastungen zur Folge haben kann.

Viele Eltern ärgern sich z.B. darüber, dass immer wieder Unterricht ausfällt, ohne dass plausibel wird, warum das so sein muss und welche pädagogischen Planungen und Absichten möglicherweise dahinter stehen. Viele tun sich ferner schwer damit, allenthalben zu hören und zu sehen, dass die traditionelle Paukschule ausgedient habe und nun alles plötzlich anders sei als früher. Dadurch wird nicht nur die häusliche Nachhilfearbeit in Frage gestellt, die sich in vielen Elternhäusern eingebürgert hat. Es wird auf diese Weise auch eine hohes Maß an Unsicherheit und Ratlosigkeit auf Elternseite produziert, das manche »ungehobelte Aktion« einzelner Eltern erklärt. Die

Kettenreaktion ist bekannt: Verunsicherung führt zu Misstrauen. Und Misstrauen ist nicht selten die Ursache für überzogene Elternkritik und Elterninterventionen – Interventionen, die unter Umständen so weit führen können, dass einzelne Eltern mit allen möglichen formaljuristischen Mitteln versuchen, die betreffenden Lehrkräfte unter Druck zu setzen und zu gewünschten Kurskorrekturen zu veranlassen. Die daraus erwachsenden Belastungen für die Betroffenen sind oft enorm.

Wer diesen Druck vermeiden und etwaigen Missverständnissen der Elternseite präventiv entgegenwirken will, der ist gut beraten, die »pädagogische Fortbildung« der Eltern rechtzeitig und konkret genug in Angriff zu nehmen. Bloße Informationsschreiben oder sonstige Elternbenachrichtigungen reichen erfahrungsgemäß nicht aus. Nötig sind vielmehr gezielte Elternveranstaltungen mit überzeugenden pädagogischen Präsentationen, Reflexionen, Beispielen und Übungen, die den betreffenden Eltern Gelegenheit geben, mit den pädagogischen Intentionen und Verfahrensweisen der Schule besser vertraut zu werden. Die hier in Rede stehenden themenzentrierten Elternabende und Elternseminare haben sich diesbezüglich als Foren und »Clearing-Veranstaltungen« bewährt. Zwei Veranstaltungsbeispiele sollen dieses belegen und konkretisieren. Das erste Beispiel betrifft einen 2,5-stündigen Elternabend zum Thema »Lernen lernen«, das zweite ein samstägliches Elternseminar zum Problemfeld »Für die Zukunft lernen – aber wie?«, welches von 10.00–16.00 Uhr dauerte (vgl. Abb. 21).

Wie sich aus den beiden Programmübersichten in Abbildung 21 ersehen lässt, sind die betreffenden Eltern nicht nur passive Veranstaltungsteilnehmer/innen, sondern werden immer wieder auch aktiv eingebunden – sei es nun durch praktische Übungen oder sei es auch dadurch, dass Erfahrungen ausgetauscht, wechselnde Gruppenarbeiten durchgeführt oder gezielte Reflexions- und Aussprachephasen angesetzt werden. So gesehen, ist die skizzierte Elternarbeit stärker auf Dialog, Kooperation und Erfahrungslernen angelegt und weniger auf bloße Instruktion und Belehrung seitens der Lehrerinnen und Lehrer. Damit hebt sie sich deutlich von den gängigen Elternabenden und -sprechtagen ab, die vorrangig das Ziel verfolgen, der formalen Informationspflicht gegenüber der Elternschaft nachzukommen und über die Leistungsentwicklung der Kinder und/oder über besondere schulische Vorkommnisse und/oder Vorhaben zu berichten. Tiefer gehende Einsichten in die pädagogische Arbeit der jeweiligen Schule werden auf diesem Wege in aller Regel nicht vermittelt.

Letzteres aber wäre vonnöten, wenn das Vertrauensverhältnis zwischen Lehrkräften und Elternschaft verbessert und durch ein höheres Maß an Verständnis gestützt werden soll. Die gängigen Elternrundbriefe und sonstigen Pflichtinformationen sind nämlich wenig geeignet, die Eltern pädagogisch zu sensibilisieren und für die aktuellen Notwendigkeiten und Erfordernisse schulischen Handelns aufzuschließen. Warum das Pauken nicht mehr hinreicht, lässt sich auf diese Weise ebenso wenig plausibel machen wie die Einführung von Projektarbeit, Freiarbeit, Trainingswochen, Teamentwicklung oder sonstigen schulischen Neuerungen, die aus dem traditionellen Rahmen herausfallen. Noch stärker gilt dieses Verständnisproblem im Zusammenhang mit dem gelegentlichen Ausfall von Unterricht aufgrund schulinterner Fortbildungsmaßnahmen

Elternabend
zum Thema »Lernen lernen«

▶ Zeitrahmen: 19.30–22.00 Uhr   ▶ Zielgruppe: Eltern der Klasse 5a

Programm
- Informationsphase: Erläuterungen der verantwortlichen Lehrkräfte zu den Zielen des anstehenden Methodentrainings
- Übungsphase: Durchspielen einer ausgewählten Trainingssequenz zum Methodenfeld »Klassenarbeiten vorbereiten«
- Reflexionsphase: Rückmeldungen und Aussprache zum erlebten Trainings- und Kooperationsgeschehen
- Ausblick: Hinweise und Erläuterungen zu den nach den Sommerferien stattfindenden Trainingstagen der Klasse 5a

Elternseminar
zum Thema »Für die Zukunft lernen – aber wie?«

▶ Samstag, 10.00–16.00 Uhr   ▶ Zielgruppe: Interessierte Eltern der Schule X

Programm
- Begrüßung/Erläuterungen zum Seminarablauf/Einführende Anmerkungen zum Tagungsthema
- Gezielter Erfahrungsaustausch zur Frage »Welche Qualifikationen brauchen Schulabsolventen heute und morgen?« (mehrstufiges Brainstorming mit anschließender Visualisierung und Präsentation)
- Vortrag: »Von der Wissens- zur Kompetenzvermittlung – Wie die Schule auf die neuen Qualifikationsanforderungen reagiert« (mit Aussprache)
- Schnupperphase: Praktische Beispiele und Übungen zur Konkretisierung des schulischen Kompetenztrainings
- Tagesbilanz: Rückmeldungen und Anfragen zum vorgestellten Lern- und Trainingsprogramm

Abb. 21 © Dr. H. Klippert

und/oder Sonderprojekte. Wenn Eltern nicht verstehen, warum und wofür Unterricht ausfällt, dann werden sie auch schwerlich bereit sein, den betreffenden Lehrkräften den Rücken zu stärken, wenn ungewohnte Vorhaben bzw. Maßnahmen gestartet werden sollen. Die daraus erwachsenden Missverständnisse können leicht zur zermürbenden Dauerbelastung für manche Lehrkräfte werden.

Von daher liegt es nahe, in die Offensive zu gehen, und die betreffenden Eltern frühzeitig und möglichst überzeugend in das einzuweihen, was schulpolitisch angesagt ist. Das beginnt bei neuen Lehr- und Lernmethoden und reicht über veränderte Prüfungs- und Beurteilungsverfahren bis hin zu korrespondierenden Aktivitäten in den Bereichen Schulentwicklung, Unterrichtsentwicklung und Lehrerfortbildung. Wichtig ist, dass die Eltern hinreichend verstehen und einsehen, warum bestimmte Reformen im Interesse ihrer Kinder sein müssen und weshalb es dazu einschlägiger Fortbildungs- und Kooperationsmaßnahmen der Lehrkräfte bedarf, die unter Umständen zum Ausfall der einen oder anderen Unterrichtsstunde führen können. Verständnis schafft Vertrauen; Einsicht schafft Akzeptanz und Unterstützung. Wer wollte bestreiten, dass dieser »Goodwill« der Eltern gerade in der aktuellen Umbruchsituation Not tut, in der viele Lehrkräfte hochgradig verunsichert sind und sich auf der Suche nach neuen Handlungsmustern und -routinen befinden. Ohne die verständnisvolle Unterstützung und Begleitung der Eltern ist dieser Umbruch schwerlich zu bewerkstelligen.

5.2 Hospitationsmöglichkeiten für Eltern

Als weitere vertrauensbildende Maßnahme kommen Hospitationen von Eltern in der einen oder anderen Unterrichtstunde in Frage. Das können Stunden sein, in denen das eigene Kind zu sehen ist; das können aber auch methodenzentrierte »Demonstrationsstunden« sein, die dazu dienen, den Eltern die »Neue Lernkultur« der Schule näher zu bringen. Dadurch werden Chancen auf gleich drei Ebenen eröffnet: Erstens gewinnen die betreffenden Eltern nähere Einblicke in die Anforderungen und Abläufe des alltäglichen Unterrichts; zweitens können sie auf der Basis der gesammelten Hospitationsbeobachtungen Gespräche mit den verantwortlichen Lehrkräften aufnehmen; und drittens schließlich bieten diese Beobachtungen Gelegenheit, um mit dem eigenen Kind über Schule und Unterricht zu reden und etwaige Lernschwierigkeiten vertiefend zu thematisieren. So gesehen eröffnen gelegentliche Elternhospitationen nicht unerhebliche Chancen, um die Elternseite für die pädagogischen und erzieherischen Anliegen und Anforderungen der Schule zu sensibilisieren sowie etwaigen Missverständnissen bereits im Frühstadium entgegenzuwirken. Das praktische Erleben von Unterricht versetzt die betreffenden Eltern erfahrungsgemäß recht gut in die Lage, eine sehr viel realistischere und verständnisvollere Vorstellung von modernem Unterricht zu entwickeln, als ihnen das aufgrund der eigenen Schulerfahrungen und Vorurteile möglich ist. Das gilt umso mehr, als die über die Kinder laufenden Informationen bezüglich Schule und Unterricht oft nur sehr begrenzt das widerspiegeln, was sich im Schulalltag tatsächlich abspielt.

Trotz dieser unbestreitbaren Chancen gezielter Elternhospitationen sind die entsprechenden Aktivitäten in den Schulen bislang eher dünn gesät. Unterrichtsbesuche von Eltern sind bis dato eher die Ausnahme und keinesfalls die Regel. Das liegt zum einen daran, dass viele Eltern den Schulunterricht lieber meiden, als dass sie sich offen damit auseinander setzen. Das hängt mit den oft angstbesetzten Erfahrungen aus der eigenen Schulzeit zusammen. Der zweite Grund ist der, dass viele Lehrkräfte gar nicht auf die Idee kommen, interessierten Eltern den Zugang zum eigenen Unterricht zu eröffnen. Gelegentliche Hospitationen entspringen eher dem Zufall und sind nur selten Ausdruck durchdachter pädagogischer Planung und bewusster Elternarbeit. Schade eigentlich, denn gerade für die ambitionierten Eltern wäre es wichtig, verstärkt Zugang zum pädagogischen Alltagsgeschäft der Lehrerinnen und Lehrer zu bekommen und entsprechende Einsichtnahme und Aufklärung zu erfahren. Auf diese Weise ließe sich das »Schwarze-Peter-Spiel« mancher Eltern entscheidend eindämmen.

Zwei Varianten von Elternhospitationen sollen hier beispielhaft erwähnt und konkretisiert werden, die sich in praxi gut bewährt haben. Die erste Variante betrifft den *»Tag der Offenen Tür«*, der in der Regel am Samstag stattfindet und so organisiert ist, dass interessierte Eltern u.a. alternative Unterrichtsstunden mit unterschiedlichen methodischen und fachlichen Schwerpunkten aufsuchen können und anschließend Gelegenheit zur Aussprache mit den verantwortlichen Lehrkräften erhalten. Unterrichtet wird in ausgewählten Klassen und Jahrgangsstufen. Die betreffenden Schüler/innen müssen also ausnahmsweise am Samstag erscheinen, was in der Regel jedoch keine Schwierigkeiten bereitet. Die Vorbereitung der angebotenen Unterrichtsstunden erfolgt in Lehrerteams, die sowohl die inhaltlichen und methodischen Schwerpunkte festlegen als auch regeln, wer den eigentlichen Unterricht moderiert. Die Zeitdauer der Hospitationsphasen beträgt in der Regel 60 Minuten (Unterricht + Aussprache). Das eröffnet die Möglichkeit, unter Umständen zwei Hospitationsrunden hintereinander zu setzen, um den betreffenden Eltern ein erweitertes pädagogisch-methodisches Spektrum zu eröffnen (Runde 1 z.B. von 9.30–10.30; Runde 2 von 11.00–12.00 Uhr).

Das Kernanliegen dieses »Tags der Offenen Tür« ist es, moderne Lern- und Moderationsverfahren transparent zu machen, die zeigen, wie den Schülerinnen und Schülern zukunftsweisende Kompetenzen vermittelt werden können. Das eröffnet Eltern wie Lehrern wichtige Klärungschancen. Zum einen wird den anwesenden Eltern vor Augen geführt, wie sehr sich die unterrichtlichen Verfahren und Anforderungen gegenüber der eigenen Schulzeit verändert haben. Zum anderen müssen die verantwortlichen Lehrerteams im Vorfeld des jeweiligen Hospitationstages tatkräftig daran arbeiten, sich möglichst eingehend darüber zu verständigen, wie kompetenzorientierter Unterricht aussehen soll und wie er konkret zu moderieren ist. Von daher ergeben sich Gesprächs- und Reflexionsanlässe auf Lehrer- wie auf Elternseite. Reflexionsanlässe, die sowohl die neue Lehrerrolle beleuchten und transparent machen, als auch den betreffenden Eltern Gelegenheit geben, ihre persönlichen Erwartungen an Schule und Unterricht (selbstkritisch) zu überprüfen und nötigenfalls auch zu revidieren. Dass diese Reflexions- und Klärungsarbeit hilft, Missverständnisse zu vermeiden und Lehrkräfte vom Druck kritischer Eltern zu befreien, steht außer Frage.

Letzteres gilt in noch stärkerem Maße, wenn die angebotenen Hospitationen den Unterricht der eigenen Kinder betreffen. Daher sieht die *zweite Variante der Elternhospitationen* so aus, dass Eltern gelegentlich eingeladen werden, an der einen oder anderen Unterrichtsstunde teilzunehmen. Auch für diese Hospitationsstunden gilt die Besonderheit, dass der betreffende Unterricht innovativen Zuschnitt haben und dazu beitragen sollte, den anwesenden Eltern Einblicke in moderne Lehr- und Lernverfahren zu gewähren. So bietet es sich z.B. an, Hospitationsmöglichkeiten in Sachen Leseförderung, Methodentraining, Freiarbeit, Hausaufgabenbetreuung oder soziales Lernen zu eröffnen. Der Hintergedanke bei diesen Akzentsetzungen: Auf diese Weise lassen sich den Eltern nicht nur die schulischen Ziele und Verfahrensweisen verdeutlichen, sondern es werden dadurch auch und zugleich Impulse und Gesprächsanlässe geboten, die zur verbesserten Synchronisation von schulischer und elterlicher Erziehungsarbeit beitragen können. Das dient der Harmonisierung des Eltern-Lehrer-Verhältnisses und hilft, die aktuelle Lehrerbelastung zu mindern.

Ein konkretes Beispiel für diese letztgenannte Hospitationsvariante betrifft die Einladung der Eltern zur Teilnahme am Methodentraining ihrer Kinder. Typisch für dieses Methodentraining ist, dass die Kinder über mehrere Tage hinweg in elementare Lern- und Arbeitstechniken eingeführt werden. Die Eltern sollten zwar nicht gleich am ersten oder zweiten Tag auf der Matte stehen, damit sich die Trainingsarbeit erst mal einspielen kann. Ab dem dritten Tag jedoch ist es durchaus möglich und sinnvoll, interessierte Eltern an einzelnen Trainingsstunden teilnehmen zu lassen. Welche Stunde/n vorgesehen werden und welche Lern- und Arbeitstechniken dabei jeweils im Zentrum stehen, muss von den verantwortlichen Lehrkräften entschieden werden. Wichtig ist nur, dass die angesprochenen Eltern nicht kommen und gehen, wann sie wollen, sondern feste Zeitfenster mitgeteilt bekommen, die sie für ihre Unterrichtsbesuche nutzen können. Zwar zeigt die Erfahrung, dass sich der Andrang der Eltern bei derartigen Veranstaltungen in relativ engen Grenzen hält, gleichwohl gibt es einzelne Eltern (meist Mütter), die das besagte Hospitationsangebot gerne wahrnehmen und auch sehr zu schätzen wissen. Auf sie als Fürsprecher und Multiplikatoren können die verantwortlichen Lehrkräfte in praxi auf jeden Fall rechnen. Der davon ausgehende vertrauensbildende Effekt kann gar nicht hoch genug eingeschätzt werden.

5.3 Arbeit mit Eltern- und Schülervertretern

Was vorstehend zur Einbindung der Eltern einzelner Klassen und Jahrgänge gesagt wurde, gilt nicht minder für die Gruppe der Elternvertreter/innen. Sind die Elternvertreter/innen nicht rechtzeitig eingeweiht, wenn schulische Neuerungen anstehen, so muss mit offiziösem Druck gerechnet werden. Und dieser Druck hat oft noch eine andere Qualität und Bedeutsamkeit als der Unmut einzelner Väter oder Mütter auf Klassenebene. Legen Elternvertretungen erst mal ihr Veto ein, so kann es leicht dazu kommen, dass schulinterne Planungen und Maßnahmen über den Haufen geworfen oder zumindest unnötig hinausgezögert werden. Beides ist nicht nur unangenehm, sondern kann für die zuständigen Lehrkräfte und/oder Schulleitungen insofern auch höchst belastend werden, als daraus einschneidende Reibungen und sonstige Scharmützel erwachsen können, die schulinterne Entscheidungsprozesse in nervenaufreibender Weise beeinträchtigen. Querelen dieser Art lassen sich in nicht wenigen Schulen Tag für Tag beobachten und schaden eigentlich immer beiden Seiten – den Lehrerinnen und Lehrern genauso wie den betreffenden Eltern und ihren Kindern.

Von daher ist es ratsam, die offiziellen Elternvertretungen bei bedeutsamen schulpolitischen Weichenstellungen frühzeitig und möglichst einvernehmlich einzubinden. Das gilt für den Schulelternbeirat genauso wie für die Elternvertretungen auf Klassenebene. Die korrespondierenden vertrauensbildenden Maßnahmen beginnen bei der rechtzeitigen Information und Berichterstattung in den offiziellen Gremien und reichen über spezielle Sitzungen und Seminare zur vertiefenden Meinungsbildung in Sachen Schulentwicklung bis hin zur Beteiligung der Elternvertretungen an öffentlichkeitswirksamen Schulveranstaltungen wie dem oben erwähnten »Tag der Offenen Tür«. Mag sein, dass die Einlösung dieses Partizipationsanspruchs manchmal etwas mühsam und zeitaufwändig ist, die darin steckenden Chancen sollten jedoch nicht unterschätzt werden. Elternvertretungen können zwar selten etwas verhindern, sie können aber sehr wohl den Schulleitungen und Lehrkräften das Leben schwer machen, wenn erst mal Misstrauen und Dissens Einzug gehalten haben.

Vertrauensbildender Maßnahmen bedarf es ferner im Verhältnis zu den Schülervertretungen – besonders der höheren Klassen. Nimmt man das Gebot der Demokratisierung von Schule wirklich ernst, so sind die betreffenden Schülersprecher/innen in zahlreichen schulischen und unterrichtlichen Angelegenheiten nicht nur zu informieren, sondern auch gebührend anzuhören bzw. in sonstiger Weise in die laufenden schulischen Planungs- und Entscheidungsprozesse einzubinden. Dieses »Demokratiegebot« wird in den meisten Schulen zwar gesehen und akzeptiert, häufig aber nur sehr halbherzig oder auch gar nicht eingelöst. Der daraus erwachsende Vertrauensschwund kann sich unter Umständen bitter rächen, und zwar immer dann, wenn Schülersprecher/innen aus dem Gefühl heraus, nicht ernst genommen zu werden, auf subtile Opposition schalten und selbst Dinge blockieren, für die sie ansonsten leicht zu gewinnen wären. Derartige Zerwürfnisse lassen sich vor allem in Gymnasien immer wieder beobachten. Sie kosten die betreffenden Lehrkräfte und Schulleitungen nicht nur Zeit und Nerven, sondern bringen unter Umständen auch eine Menge Unruhe in den alltäglichen Schulbetrieb hinein, die einer gedeihlichen pädagogischen Arbeit im Wege steht.

Dass es auch anders geht, zeigt u.a. das Beispiel eines Seminars für Schülervertreter/innen zum Thema »Erfolgreich lernen – aber wie? Warum Lehrkräfte ihren Unterricht verändern müssen«. Dieses Seminar wurde als Tagesseminar von 9.00–15.00 Uhr durchgeführt. Die Zielsetzung dabei: Die Schülersprecher/innen der betreffenden Schule sollten nähere Einblicke in die angelaufene Unterrichtsentwicklung erhalten. Sie sollten Hintergrundinformationen bekommen, um die neuen Lehr-, Lern- und Prüfungsverfahren ihrer Lehrkräfte besser einschätzen und den Mitschülern gegenüber vertreten zu können. Der Seminarablauf selbst sah so aus, dass einschlägig informiert und durch ausgewählte praktische Beispiele und Übungen konkretisiert wurde, wie und warum sich die unterrichtlichen Verfahrensweisen und Anforderungen verändern müssen und welche Konsequenzen das für die Lernarbeit der Schüler/innen hat. Das Ganze lief sehr praxis- und handlungsorientiert ab und wurde von ausgewählten Lehrkräften (Methodenexperten) moderiert. Die Teilnahme am Seminar war freiwillig, wurde aber von den meisten Schülersprecher/innen der betreffenden Jahrgangsstufen wahrgenommen. Das Interesse der Teilnehmerinnen und Teilnehmer war beeindruckend, ihre Fragehaltung ebenfalls. Der Tenor am Ende: »Schade, dass wir solche konkreten Erklärungen und Aussprachemöglichkeiten nicht häufiger im normalen Unterricht bekommen; das hätte manchen Unmut auf Schülerseite verhindern können.« (Vgl. dazu auch das Protokoll eines ähnlich gelagerten Seminars in Abbildung 22.)

> **Erfolgreicher Schülerworkshop
> zum Thema »Lernen – aber wie und wofür?«**
>
> Rund 60 Schülerinnen und Schüler von zwölf weiterführenden Schulen in Leverkusen befassten sich in der Gesamtschule Schlebusch mit neuen Lehr- und Lernformen, wie sie im Rahmen des Reformprojekts »Schule & Co« an der Tagesordnung sind. Mit dieser großen Resonanz hatten die Veranstalter nicht gerechnet. Schülervertreter hatten nämlich bereits vor längerer Zeit angeregt, nicht nur mit den Lehrern, sondern auch mit den Betroffenen selbst, den Schülern, die im Projekt erprobten neuen Unterrichtsmethoden zu thematisieren. Nun war es so weit. Mit Unterstützung der regionalen Koordination luden die Initiatoren andere Schüler zu einem ganztägigen Workshop ein und viele kamen. Kurzreferate, Gespräche, praktische Übungen und gezielte Schülerpräsentationen wechselten sich ab. Die anwesenden Schülervertreter mussten eine ganze Menge arbeiten und lernten auf diese Weise diverse neue Methoden sehr praktisch und anschaulich kennen. Gleichzeitig erhielten sie Hintergrundinformationen und konnten ihre eigenen Fragen und Bedenken einbringen.
>
> In der Abschlussdiskussion waren sich alle einig: es lohnt sich, nicht nur über die Quantität von Unterricht, sondern auch über dessen Qualität nachzudenken. Einige Teilnehmerinnen und Teilnehmer stellten fest, wie erstaunlich viele Informationen in kurzer Zeit verarbeitet und weitergegeben werden können, wenn Schülerinnen und Schüler im Unterricht selbst aktiv werden. Angemerkt wurde auch, dass erst jetzt deutlich geworden sei, welchem Ziel die Methodenschulung im Unterricht diene und wie langfristig und langwierig so ein Prozess in der Umsetzung sei. Der Workshop habe einen guten Einblick in die Bedingungen und Ziele der Reformarbeit gegeben und den Schülerinnen und Schülern einen Eindruck davon vermittelt, was im Projekt »Schule & Co« Qualitätsverbesserung von Unterricht heißt.

Abb. 22 — (Text erstellt in Anlehnung an die Seminardokumentation)

Ein derartiges Seminar ließe sich selbstverständlich auch für Elternsprecher/innen anbieten und hätte sicherlich auch dort gute Chancen, als hilfreiches »Clearingangebot« wahrgenommen und eingeschätzt zu werden. Man muss derartige Veranstaltungen nur initiieren und organisieren. Das gilt für die Schülerseite genauso wie für die Elternseite. Die Verantwortlichkeit dafür liegt maßgeblich bei den Lehrkräften bzw. bei den Schulleitungen. Sie müssen die skizzierten vertrauensbildenden Maßnahmen und Seminare anstoßen und realisieren helfen – einschließlich der zugehörigen Moderation und Organisation. Tun sie dieses, so kommt in der Regel eine Menge zurück, was die pädagogische Arbeit im schulischen Alltag erleichtert und etwaige Blockaden und Missverständnisse vermeiden hilft.

5.4 Innovationszentrierte Pressearbeit

Entlastung der Lehrkräfte lässt sich ferner dadurch erreichen, dass die lokale und/oder regionale Presse die schulische Arbeit zu würdigen weiß. Denn positive Zeitungsberichte über laufende pädagogische Initiativen und Projekte sind in aller Regel Balsam auf die Psyche der jeweiligen Schulgemeinde. Viele Lehrkräfte leiden nämlich darunter, dass ihnen von der Öffentlichkeit und den Medien zu wenig Respekt und Anerkennung entgegengebracht werden, sondern eher Skepsis, Ungeduld, Kritik und Missverständnisse dominieren. Diese zermürbende Infragestellung macht vielen zu schaffen und führt in praxi immer wieder dazu, dass sich einzelne Lehrkräfte verkannt und/oder gedemütigt fühlen. Das beeinträchtigt nicht nur das Schulklima, sondern stellt auch und zugleich eine sehr konkrete Belastung für die Betroffenen dar. Ganz gleich, ob das besagte Gefühl nun berechtigt ist oder nicht, seine belastende Wirkung entfaltet es auf alle Fälle. Von daher muss nach Abhilfe gesucht werden – nach Abhilfe dergestalt, dass das öffentliche Image des Lehrerberufs »aufpoliert« und die faktischen Verdienste der Lehrerschaft verstärkt gewürdigt werden.

Wie geht das? In fast jeder Schule gibt es positive Ansätze und Initiativen, die nur zu wenig wahrgenommen und nach außen getragen werden. Das betrifft die Arbeit einzelner Lehrkräfte genauso wie das Engagement innovativer Lehrerteams. »Tue Gutes und rede darüber« – nach diesem Motto könnte sicherlich manches verdienstvolle pädagogische Unterfangen stärker nach außen hin kommuniziert werden, als das üblicherweise der Fall ist. Zwar gibt es Schulleitungen, die eher in die andere Richtung tendieren und in geradezu penetranter Weise nach Presseartikeln »gieren« und selbst die banalsten Dinge noch an die große Glocke zu hängen versuchen. Gleichwohl ist dieses »Blendwerk« eher die Ausnahme als die Regel. Die Regel ist vielmehr, dass sich viele Lehrkräfte und Schulleitungsmitglieder eher vornehm zurückhalten, wenn es Besonderes aus Schule und/oder Unterricht zu berichten gibt. Am ehesten werden noch Zeitungsartikel initiiert, wenn es irgendwelche Jubiläen zu feiern gibt oder neue Schulleitungsmitglieder an Bord kommen. Werden jedoch mutige pädagogische Innovationen auf den Weg gebracht, so herrscht nur zu oft Funkstille, weil sich die betreffenden Akteure aus Angst vor Wettbewerb und/oder Häme nicht zu sehr aus dem Fenster lehnen möchten.

Diese Scheu vor Wettbewerb und persönlicher Profilierung gilt es zu überwinden, sollen nicht immer wieder verdienstvolle schulische Aktivitäten unter dem Teppich bleiben. Wer das Lehrerimage aufgewertet sehen möchte, muss die Öffentlichkeit und die Medien suchen. So gesehen ist eine offensive Pressearbeit ein notwendiger und hilfreicher Schritt, um den Lehrerberuf in ein positiveres Licht zu rücken und laufende Innovationsprozesse gebührend würdigen zu lassen. Das mehrt nicht nur den Ruf der jeweiligen Schule, sondern trägt auch und nicht zuletzt dazu bei, dass die betreffenden Lehrkräfte Entlastung und Rückenstärkung erfahren. Lob und Anerkennung sind noch immer die besten Mittel, um das Selbstwertgefühl und Wohlbefinden der Lehrerschaft zu steigern. Von daher müssen Lehrkräfte und Schulleitungen viel planvoller und entschiedener als bisher daran arbeiten, positive schulische Leistungen und Innovationen über die lokale und regionale Presse nach außen zu tragen.

Möglichkeiten dazu gibt es viele. Das beginnt mit der Einladung von Journalisten zum Tag der Offenen Tür und reicht über die Öffnung des Unterrichts für gezielte Reportagen bis hin zu Interviews mit Schulleiter/innen oder zu Pressekonferenzen von Schülern im Rahmen von Trainingstagen oder spezifischen Projektwochen. Wichtig ist nur, dass auf wirkliche Pionierarbeiten abgestellt wird und nicht irgendwelche pädagogischen Selbstverständlichkeiten aufgewärmt werden. Diese beiden Ebenen zu unterscheiden ist zwar nicht immer leicht, sollte aber auf jeden Fall versucht werden. Wichtig ist ferner, dass nicht auf exotische »Eintagsfliegen« einzelner Lehrkräfte gesetzt wird, sondern vorrangig auf solche Initiativen, die eine gewisse Breitenwirkung in der jeweiligen Schule entfalten und daher mit Fug und Recht als Bausteine einer Neuen Lernkultur bezeichnet werden können. In diesem Sinne ist die Schulleitung in der Pflicht, »würdige Anlässe« ausfindig zu machen und die verantwortlichen Lehrkräfte zu ermutigen, sich den Vertretern der Presse zu stellen bzw. einschlägige Artikel u.U. auch selbst zu verfassen und als Angebot an die betreffenden Redaktionen zu richten.

Als Beispiel für eine richtungsweisende Pressearbeit mag die Pressekonferenz von Viertklässlern am Ende ihres Methodentrainings gelten. Dieses Methodentraining lief über insgesamt 5 Tage und war so angelegt, dass die betreffenden Schüler/innen Tag für Tag bestimmte Lern- und Arbeitstechniken einzuüben hatten. Am ersten Tag ging es z.B. um das Methodenfeld »Ordnen und Ordnung halten«, am zweiten Tag um das Einüben elementarer Markierungstechniken, am dritten Tag um das Erstellen einfacher Strukturmuster wie Tabellen und Spickzettel usw. Ab Mittwoch waren interessierte Eltern zu Hospitationen eingeladen und am letzten Tag erhielt die Presse die Gelegenheit, sich ein Bild vom »Neuen Lernen« zu machen. Die Pressevertreter konnten die Trainingsarbeit beobachten, die verantwortlichen Lehrkräfte befragen sowie zum Abschluss einer von Viertklässlern bestrittenen Pressekonferenz beiwohnen. Die Schüler/innen gaben kurze Eingangsstatements zur Trainingsarbeit ab und stellten sich danach den Fragen der anwesenden Journalisten, Eltern und Lehrkräfte.

Mit Maßnahmen dieser Art kann man nicht nur Eltern beeindrucken, sondern auch Pressevertreter neugierig machen und für eine positive Berichterstattung gewinnen. Für die betreffende Schule war diese Aktion auf jeden Fall lohnend – und zwar in dreifacher Hinsicht: Zum einen fühlten sich die Schüler/innen belohnt, zum Zweiten waren die anwesenden Eltern und Lehrer im besten Sinne des Wortes »stolz« auf ihre Kinder, und zum Dritten waren die beiden Pressevertreter von den erlebten »Vorstellungen« der Viertklässler so angetan, dass sie ausführlich und positiv darüber berichteten und damit der schulischen Arbeit eine Menge Rückenwind bescherten. Wenngleich Aktionen dieser Art nicht allzu oft möglich sind, so bieten sich im Schulalltag doch immer wieder Chancen und Anlässe, die Presse für das eine oder andere pädagogische »Pioniervorhaben« zu interessieren. Wie gesagt: Man muss nur planvoll und engagiert darauf hinarbeiten. Angesichts der vielfältigen Reformvorhaben, die derzeit in den Schulen angepackt werden müssen, sollte es nicht schwer fallen, berichtenswerte Ereignisse zu finden und in den Blick einzelner Journalisten zu bringen.

5.5 Projektspezifisches »Fundraising«

Ein weiterer Ansatzpunkt zur Stärkung und Stützung der pädagogischen Arbeit der Lehrkräfte betrifft die Gewinnung potenter Sponsoren. Viele Lehrkräfte sehen sich nämlich immer wieder in der Situation, dass sie wichtige Neuerungen in Schule und Unterricht nicht einführen können, weil ihnen dazu die nötigen finanziellen Mittel fehlen. Das beginnt bei den Kopierkosten und reicht über die Beschaffung zukunftsweisender Arbeitsmittel wie Flipchart, Pinnwand, Beamer, Computer und Moderationsmaterial bis hin zu wichtigen Nachschlagewerken und Ablagesystemen im Klassenraum. Wenn Lehrkräfte ihren Unterricht weiterentwickeln und den neuen Bildungsstandards und Kompetenzanforderungen Rechnung tragen sollen, dann geht das selbstverständlich nicht ohne entsprechendes Equipment in den Klassenräumen. Dieses Equipment anzuschaffen kostet aber Geld. Geld, über das die meisten Schulen nur noch eingeschränkt verfügen. Von daher ist eine wichtige Voraussetzung für die »Entfesselung der Lehrkräfte« das Erschließen zusätzlicher Finanzquellen, die die Mittelzuweisungen der Schulträger ergänzen.

Das seit einiger Zeit in Mode gekommene »Fundraising« ist ein probater Weg, um den finanziellen Spielraum der Schulpädagogen zu erweitern. Dieser aus dem Amerikanischen stammende Ansatzpunkt bereitet vielen Lehrkräften hierzulande zwar noch immer eine Menge Unbehagen, da er vor allem die Schulen und Kinder begünstigt, die für finanzkräftige Sponsoren interessant sind, während diejenigen, die ein eher schlechtes Image haben und/oder in sozialen Brennpunkten angesiedelt sind, kaum noch etwas abbekommen. Gleichwohl kann das kein Grund sein, um gegen das Sammeln von Sponsorengeldern schlechthin zu argumentieren. Wenn die staatlichen Instanzen die anstehenden Modernisierungsprozesse im Bildungswesen nicht mehr hinreichend zu finanzieren vermögen, dann müssen die Schulen eben andere Finanzierungsquellen erschließen. Ansonsten schaden sie nur sich selbst. Moderner Unterricht verlangt nun einmal moderne Lehr-, Lern- und Arbeitsmittel. Sind diese in der jeweiligen Schule nicht hinreichend verfügbar, so müssen die betreffenden Lehrkräfte eben andere Zugänge erschließen, um wenigstens ansatzweise so unterrichten zu können, dass die angestrebten Schülerkompetenzen auch tatsächlich dabei herauskommen. Andernfalls müssen sie sich nicht wundern, wenn zermürbende Frustrationen und Belastungen Platz greifen.

Ermutigend ist, dass in den letzten Jahre immer mehr Betriebe und Kammern erkannt haben, dass Bildung der Standortfaktor schlechthin ist. Im Klartext: Wenn es nicht gelingt, die jungen Leute auf die veränderten Anforderungen in Studium und Beruf vorzubereiten, droht über kurz oder lang der ökonomische Supergau. Eingedenk dieser Perspektive dämmert so manchem Wirtschaftsvertreter, dass die Wirtschaft verstärkt darangehen muss, die Schulen zu unterstützen. Und zwar nicht nur die berufsbildenden Schulen, sondern auch und vor allem die allgemein bildenden Einrichtungen, von deren Vorleistungen die Qualifikationsentwicklung der jungen Leute ganz entscheidend abhängt. Die verstärkte Förderung von Privatschulen und Privatuniversitäten in den letzten Jahren ist ein deutliches Indiz für dieses gewachsene bildungsökonomische Bewusstsein. Das gilt zwar längst nicht für alle Wirtschaftsvertreter, wohl aber für eine nicht unwesentliche Gruppe von Führungskräften, die gegenüber den Nöten und Belangen der Schulen zunehmend aufgeschlossen reagieren (vgl. z.B. Baden-Württembergischer Handwerkstag 2002 sowie Vereinigung der Bayerischen Wirtschaft 2003). Daran anzuknüpfen und die Betriebe im regionalen Umfeld um projektspezifische Fördermittel zu ersuchen ist das Gebot der Stunde.

Der besagte Projektbezug ist deshalb wichtig, weil die wenigsten Betriebe bereit sind, Sponsorengelder pauschal zuzuweisen. In aller Regel legen sie Wert darauf, dass innovative Lehr- und Lernverfahren unterstützt werden, die geeignet sind, die schulische Qualifizierungsarbeit an das heranführen, was internationale gefordert ist. PISA, TIMSS und andere internationale Vergleichsstudien dienen dabei als Richtschnur wie als Herausforderung. Schulen, die sich dieser Herausforderung stellen und moderne Lehr- und Lernmethoden überzeugend zu implementieren verstehen, haben von daher gute Chancen, für diese Zwecke Sponsorengelder zu erhalten. Ansprechbar sind unter diesem Gesichtspunkt vornehmlich mittlere und größere Industriebetriebe sowie Banken, Sparkassen und andere Dienstleistungsunternehmungen. Auch diverse Stiftungen sind in den letzten Jahren darangegangen, innovative Schulen und Lehrerfortbildungsmaßnahmen in einzelnen Regionen zu fördern. Bekanntestes Beispiel hierfür ist die Bertelsmann-Stiftung, die innovative Netzwerke sowohl auf Bundesebene als auch auf regionaler Ebene unterstützt und mitfinanziert.

In der Region Herford in Ostwestfalen ist es sogar üblich geworden, dass Betriebe feste »Patenschaften« mit bestimmten Schulen eingehen und diese nach Absprache unterstützen. Dieses Patenschaftsmodell hat den Vorteil, dass die betreffenden Schulen auf eine gewisse Verbindlichkeit und Verlässlichkeit bauen können. Die betrieblichen Unterstützungsleistungen betreffen sowohl die Bereitstellung projektbezogener Sachmittel als auch die gezielte Unterstützung fachlicher Projektarbeiten oder sonstiger Vorhaben wie Betriebspraktika, Betriebserkundungen oder berufswahlbezogene Assessments. Wichtig ist nur, dass der jeweilige Betrieb einschlägiges Know-how beizusteuern hat, über das die Lehrkräfte so nicht verfügen. Derartige Kooperationsverbünde eröffnen den betreffenden Schulen nicht nur erweiterte pädagogische Möglichkeiten; sie bieten den betreffenden Lehrkräften auch eine gute Portion Bestätigung, Anerkennung und Rückenstärkung im besten Sinne des Wortes.

Ähnliches gilt für die Unterstützung innovationszentrierter Lehrerfortbildungsmaßnahmen durch Betriebe und/oder Stiftungen. Das beginnt mit der Bereitstellung von Tagungsräumlichkeiten, Referenten und Verpflegung und reicht über die Finanzierung von Tagungsmaterialien und Tagungsausrüstung (Software, Pinnwände etc.) bis hin zur Qualifizierung von Lehrerfortbildnern, die anschließend zur Unterstützung regionaler schulischer Innovationsprozesse bereitstehen. Zu dieser letzteren Kategorie gehört z.B. das Engagement der Akademie für Information und Management (AIM) in Verbindung mit der Dieter-Schwarz-Stiftung in Heilbronn, die maßgeblich dazu beigetragen haben, dass für die Region Heilbronn-Franken ein wegweisendes Unterstützungssystem in Sachen Unterrichtsentwicklung aufgebaut werden konnte. Die staatlichen Stellen für sich waren diesbezüglich überfordert und konnten ihre seit langem in der Schublade liegenden Pläne erst dann realisieren, als die besagten Institutionen ihre Unterstützung zugesagt hatten. Die Folgen für die Lehrerschaft der Region Heilbronn sind fraglos positiv. Interessierte Kollegien erhalten umfassende Unterstützung bei der Umsetzung neuer Lehr-, Lern- und Prüfungsverfahren – angefangen bei Trainingsseminaren und Workshops bis hin zu Hospitationen und Hilfen für die Evaluationsarbeit. Auch dies ein Ansatz zur Entlastung der Lehrerschaft.

5.6 Informationszone für Schulbesucher

Ein weiterer Beitrag zur Forcierung der Öffentlichkeitsarbeit ist die Einrichtung aussagekräftiger »Infotheken« an gut frequentierten Stellen des Schulgebäudes. Inhalt dieser Informationszonen sind anschaulich aufbereitete Grundinformationen zur laufenden Innovationsarbeit der Schule bzw. zu sonstigen herausragenden Aktivitäten und Leistungen von Schülern und Lehrern. Welche Akzente dabei letztendlich gesetzt werden, muss schulintern entschieden werden. Ziel der betreffenden Präsentationen ist es, die ins Schulgebäude kommenden Schüler/innen, Eltern oder sonstigen Besucher nachgerade zwangsläufig zum Verweilen und Lesen der aushängenden/ausliegenden Grundinformationen einzuladen, damit sie sich ein Bild vom Geist und Profil der Schule machen können. So gesehen kommt der Platzierung und Gestaltung der besagten Informationszone erhebliche Bedeutung zu. Klar ist: Sie muss möglichst dort aufgebaut werden, wo die Laufwege der Besucher entlangführen. Und klar ist auch, dass sie so gestaltet sein sollte, dass selbst eilige Passanten einige einprägsame Eckdaten zu den »Baustellen« der Schule mitnehmen können.

Wie solche »Infotheken« aussehen können, zeigen die nachfolgenden Beispiele aus Rheinland-Pfalz und Berlin. Das betreffende rheinland-pfälzische Kollegium hat sich vom »Haus des Lernens« inspirieren lassen und eine entsprechende Informationszone aufgebaut. Das Berliner Kollegium hat das Modell der »Litfaßsäule« gewählt und einen speziellen Quader geplant und mit gezielten Informationen bestückt. In beiden Fällen ging es darum, über die laufende Unterrichtsentwicklung zu informieren. Zu den Aufbauten im Einzelnen:

- *Das Haus des Lernens:* Im Zentrum des Hauses steht EVA, d.h. das eigenverantwortliche Arbeiten und Lernen der Schüler/innen. Dazu gibt es ein großes Fenster, das die Besucher ggf. nutzen können, um sich über EVA zu informieren. Das Haus besteht aus massiven Holzbalken, die nach Art eines Fachwerkhauses an einer zentralen Außenwand des Foyers der Schule so zusammengezimmert wurden, dass eine Giebelfront von 1,80 × 1,80 × 0,40 Meter (Breite, Höhe, Tiefe) entstanden ist. Das Haus ist von außen mit Holzplatten umrahmt, sodass es als »Black Box« erscheint. Nur der Sockelbereich des Giebels weist vier unterschiedliche Fenster auf, die geöffnete werden können und Zugang zu den dahinter liegenden Informationen bieten. Die einzelnen Fenster sind bunt bemalt; die von den Dachschrägen eingerahmte Giebelfläche ist ebenfalls einladend gestaltet und mit einem Schlüssel als Symbol für »Schlüsselqualifikationen« versehen sowie mit der Aufschrift »Lehren und Lernen heute«. Drei der vier Fenster befinden sich nebeneinander im unteren Teil des Sockels und laden dazu ein, sich Informationen zum Methodentraining, Kommunikationstraining und Teamtraining mit Schülerinnen und Schülern herauszuholen. Den Zugang zum oberen Teils des Sockels eröffnet ein breiteres Fenster mit der Aufschrift »Eigenverantwortliches Arbeiten – Was ist das?«. Fazit also: Eltern, Schüler oder sonstige Schulbesucher, die sich zum Thema »Lehren und Lernen heute« informieren wollen, können dieses unter Nutzung der einzelnen Fens-

ter und der dahinter zu findenden Informationsmaterialien tun. Erstellt und aktualisiert werden die Materialien von unterschiedlichen Lehrerteams.
- *Quader als Informationszone:* Die Besonderheit dieser Berliner Lösung besteht darin, dass im Eingangsbereich der Schule eine Art Litfaßsäule aufgebaut wurde, die aus vier 1,80 m hohen und 1 m breiten Holzplatten besteht, die zu einem Quader zusammengesetzt worden sind. Jede Seite dieses Quaders informiert über bestimmte Aspekte der laufenden Unterrichtsentwicklung. Auf der ersten Seite finden sich differenzierte Informationen über die unterschiedlichen Trainingsaktivitäten in den Klassen – angefangen bei Terminen bis hin zu Trainingsprogrammen und Evaluationsergebnissen. Die zweite Seite informiert über die Zusammensetzung und Arbeitsweise des Steuerungsteams der Schule. Dazu gehören Fotos der Teammitglieder, Sitzungstermine, Tagesordnungen und Beschlussprotokolle. Die dritte Seite gibt einen aktuellen Überblick über die geplanten Fortbildungs- und Umsetzungsmaßnahmen im Rahmen der laufenden Unterrichtsentwicklung und ist als gut strukturierter Terminplan konzipiert. Auf der vierten Seite schließlich sind Zeitungsartikel, Schülerstatements und sonstige Evaluationsbefunde dokumentiert, die einen Eindruck davon vermitteln, wie das Echo auf die neuen Lehr-, Lern- und Trainingsverfahren ist.

Fazit: Die skizzierten Informationszonen machen aus einer trägen Schule natürlich keine imposante innovative Einrichtung, wohl aber rücken sie das ins rechte Licht, was an der jeweiligen Schule an verdienstvollen Aktivitäten und Innovationen läuft. Das stellt sicher, dass sich die Schulöffentlichkeit informiert fühlt und mit größerem Verständnis auf das reagieren kann, was die Lehrkräfte und Schulleitungen an innovativen Maßnahmen in Schule und Unterricht in Angriff nehmen. Wer Misstrauen und Missverständnisse im Verhältnis Schule-Schüler-Eltern-Schulträger verhindern möchte, der tut erfahrungsgemäß gut daran, die betreffenden Zielgruppen frühzeitig und offensiv zu informieren und ins Vertrauen zu ziehen. Die vorgestellten »Infotheken« sind diesbezüglich ebenso zu empfehlen wie die in den vorstehenden Abschnitten skizzierten Elternveranstaltungen und sonstigen öffentlichkeitswirksamen Initiativen. Auf diese Weise lässt sich ein nicht unerheblicher Beitrag zur Entlastung der Lehrerinnen und Lehrer leisten.

5.7 Materialien und Tipps zur Vertiefung

In diesem abschließenden Abschnitt werden diverse Arbeitsblätter und Checklisten zur persönlichen Vertiefung und Konkretisierung der skizzierten Entlastungsstrategien dokumentiert. Sie sind fortlaufend nummeriert und korrespondieren mit den Ausführungen in den vorstehenden Abschnitten. Die einzelnen Materialien sollen Denkanstöße geben, Zusatzinformationen bieten, Fragen aufwerfen, persönliche Schwachpunkte erkennbar machen, Bilanzen ermöglichen, Handlungsalternativen aufzeigen, Gespräche initiieren, und Veränderungskompetenzen aufbauen helfen.

M 63 — **Das Instrument der Elternbefragung**

Inwiefern sind Sie mit diesen Gepflogenheiten der Schule zufrieden?	Grad der Zufriedenheit				Erläuterungen
	++	+	−	− −	
Umfang der Hausaufgaben					
Beratungsarbeit der Lehrkräfte					
Förderung der Selbstständigkeit					
Soziales Klima in den Klassen					
Anforderungen an die Schüler/innen					
Leistungsmessung und -beurteilung					
Gestaltung der Klassenräume					
Engagement der Lehrkräfte					
Vorbereitung von Klassenarbeiten					
Leistungsanspruch der Lehrkräfte					
Ausstattung mit neuen Medien					
Kooperation der Lehrkräfte					
Methoden im Unterricht					
Pflege des Schullebens					
Zusammenarbeit mit den Eltern					
Wöchentliches Stundenmaß					
Öffentliches Image der Schule					

Erläuterungen
Eltern zu ausgewählten schulischen Belangen zu befragen ist ein wichtiger Beitrag zur Förderung eines intakten Vertrauensverhältnisses zwischen der Eltern- und der Lehrerseite. Das wirkt etwaigen Missverständnissen entgegen und gibt der Elternschaft das Gefühl, von den Schulpädagogen ernst genommen zu werden. Wie eine konkrete Elternbefragung letztlich aussieht, muss schulintern entschieden werden. Nehmen Sie den obigen Entwurf zum Anlass, um einen geeigneten Fragebogen für die Eltern einer Ihrer Klassen zu entwickeln. Stimmen Sie sich dabei mit den anderen Lehrkräften der betreffenden Klasse ab.

© Dr. H. Klippert

M 64 — Alternative Formen der Elternarbeit

Elternabend

Elternsprechstunde

Elternstammtisch

Elternhospitationen

Elternrundbrief

Elternworkshop

Elternseminar

Erläuterungen
Elternarbeit kann unterschiedliche Formen haben. Diese reichen von der schriftlichen Elterninformation bis hin zu themenzentrierten Elternabenden und -seminaren von mehrstündiger Dauer (vgl. Abschnitt 5.1). Wichtig ist, dass die anwesenden Eltern nicht nur einkanalig »belabert« werden, sondern sich auch selbst aktiv einbringen können. Das muss organisiert und moderiert werden. Haben Sie Erfahrungen mit den genannten und/oder anderen Veranstaltungstypen gesammelt? Wenn ja, welche? Tipp: Planen Sie zusammen mit interessierten Kolleg/innen z.B. ein Elternseminar oder einen Elternworkshop.

© Dr. H. Klippert

M 65 — Fragwürdige Elternerwartungen

- Es darf kein Unterricht ausfallen
- Das eigene Kind muss gute Noten erhalten
- Die Lehrer sollten die Kinder ordentlich erziehen
- Der Unterricht muss unbedingt Spaß machen
- Es sollte möglichst viel Stoff behandelt werden
- Der Unterricht sollte dem Schulbuch folgen
- Den Kindern sollte bereitwillig geholfen werden
- Die Hausaufgaben sollten leicht zu erledigen sein
- Die Schüler/innen sollten mehr Auswendiglernen
- Jedes Kind sollte individuell gefördert werden
- Die Bedürfnisse der Kinder haben Priorität

etc.

Erläuterungen

Eltern haben gelegentlich erdrückende Erwartungen. Erwartungen, die weder realistisch sind, noch dem Stand der aktuellen pädagogischen Diskussion gerecht werden. Nicht selten werden die eigenen Kinder als »kleine Kaiser und Kaiserinnen« gesehen, denen vieles geboten, aber wenig zugemutet werden soll. Wenn sich an diesem »Erziehungsirrtum« etwas ändern soll, muss konsequent aufgeklärt werden. Tipp: Machen Sie die genannten Erwartungen zum Gegenstand eines Elternabends. Erheben Sie mittels Punktabfrage die Einschätzungen Ihrer Eltern und geben Sie Impulse zum Überdenken des Erziehungsauftrags.

© Dr. H. Klippert

M 66 — Umgang mit Vorurteilen zum Lehrerberuf

Belastend sind Vorurteile wie ...	Was ist dagegen zu setzen?
Lehrer und Lehrerinnen sind Faulenzer	
Sie haben einen hoch bezahlten Halbtagsjob	
Sie kommen vor lauter Ferien kaum zum Arbeiten	
Sie sind arrogant und wissen alles besser	
Sie unterrichten Fächer, aber keine Kinder	
Sie sträuben sich gegen Veränderungen	
Sie ruhen sich auf ihrem Beamtenstatus aus	
Sie sind Weltmeister im Klagen und Jammern	
Sie sind ständig krank oder auf Fortbildung	
Sie haben wenig Gespür für die Nöte der Kinder	
Sie kennen außer der Schule fast nichts	
Sie suchen die Schuld immer bei anderen	
Sie können schlecht mit Kritik umgehen	
Sie lassen Unterricht leichtfertig ausfallen	
Sie sind egoistisch und egozentrisch	

Erläuterungen
Das schlechte öffentliche Image der Lehrerschaft gehört zu den zentralen Belastungsfaktoren, unter denen nicht wenige Lehrkräfte leiden. Die Absicht der Bildungspolitiker, über gezielte Imagekampagnen zugunsten des Lehrerstandes für Besserung ist sorgen, ist zwar lobenswert, berührt die Lehrenden aber bestenfalls sehr indirekt. Direkt wirken dagegen Klarstellungen und/oder Gegenbeispiele im Nahbereich, d.h. in der unmittelbaren Auseinandersetzung mit kritischen Eltern oder sonstigen schulischen Bezugspersonen. Wie lassen sich die besagten Vorurteile entkräften? Notieren Sie wichtige Argumente.

© Dr. H. Klippert

M 67 — Lehrer heute – Eine Rollenskizze

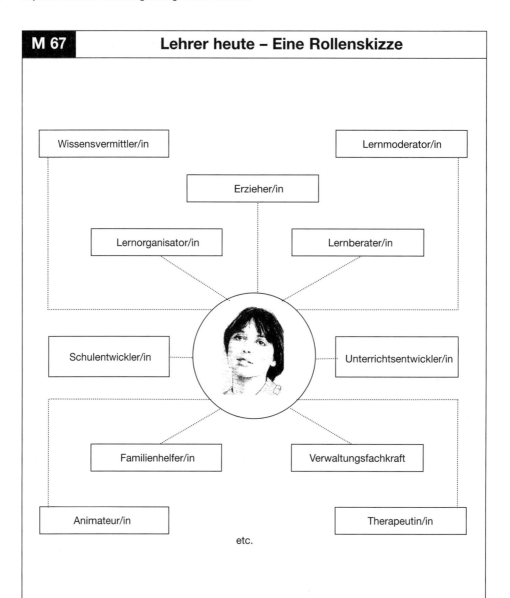

Erläuterungen
Zur Öffentlichkeitsarbeit gehört auch, dass man hin und wieder nach außen hin kommuniziert, welche Rollenkomplexität Lehrkräfte heutzutage zu bewältigen haben. Das kann im Jahresheft sein; das kann aber auch anlässlich von Elternabenden, Elternseminaren oder sonstigen Veranstaltungen sein. Der Lehrerberuf ist vielfältiger und schwieriger geworden – keine Frage. Die Zeit, als Lehrerinnen und Lehrer ganz vorrangig Wissensvermittler waren, ist längst vorbei. Klären Sie für sich, wann, wie und bei welcher Gelegenheit Sie diese Rollenambivalenz zum Thema machen könnten.

© Dr. H. Klippert

M 68 — Ein eher unergiebiger Elternabend

Ein Kurzprotokoll zum Ablauf des Elternabends

Der Elternabend der Klasse 8a der Hauptschule X beginnt um 8.00 Uhr und endet um 9.00 Uhr. Anwesend sind 6 Mütter und 2 Väter. Laut Einladung sind drei Tagesordnungspunkte vorgesehen: 1. Das Lernverhalten in der Klasse, 2. Informationen zur bevorstehenden Klassenfahrt, 3. Wahl eines neuen Klassenelternsprechers.

Der Elternabend beginnt mit der Begrüßung durch den Klassenlehrer. Daran schließt sich eine eingehende »Gardinenpredigt« zum Lern- und Sozialverhalten in der Klasse an. Der Klassenlehrer beklagt die ausgeprägten Defizite vieler Schülerinnen und Schüler und endet mit dem eindringlichen Wunsch an die Adresse der Eltern, ihren Kindern zu Hause doch mal kräftig ins Gewissen zu reden, damit sie sich endlich etwas mehr anstrengen. Schließlich stünden Berufswahl und Bewerbung bevor. Die Eltern nehmen die Ausführungen zur Kenntnis. Es gibt nur zwei kurze Nachfragen; das war's. Nach rund 20 Minuten ist TOP 1 abgehakt.

Tagesordnungspunkt 2 geht ebenfalls relativ schnell über die Bühne. Der Klassenlehrer berichtet, dass die ursprünglich geplante Berlinreise wegen der verfahrenen Situation in der Klasse fallen gelassen wurde. Vorgesehen sei stattdessen ein dreitägiger Landschulheimaufenthalt mit ausgedehnten Wanderungen, einem Museumsbesuch sowie dem Besuch eines ökologischen Bauernhofs. Zu diesem Programm gibt er detaillierte Informationen – bis hin zum vorgeschlagenen Taschengeld. Der Klassenlehrer hat eine Checkliste auf Folie erstellt und geht die einzelnen Punkte zügig durch. Auch dazu kommt von Elternseite kaum ein Echo. Lediglich eine Mutter findet es schade, dass Berlin abgesagt wurde; ein Vater interessiert sich für die Kosten und ist zufrieden, als er hört, dass die Fahrt billiger wird. Die Wahl des neuen Klassenelternsprechers schließlich ist mehr eine Formsache. Eine Mutter schlägt Herrn X vor – einen Handwerksmeister. Gegenkandidaten melden sich nicht. Die Wahl erfolgt per Handzeichen und einstimmig. Der Klassenlehrer bedankt sich und wünscht den Eltern einen guten Nachhauseweg.

Erläuterungen
Der oben skizzierte Elternabend ist ein Beispiel dafür, wie wenig in vielen Schulen auf aktivierende und dialogische Elternarbeit Wert gelegt wird. Die Eltern werden »abgespeist« und einmal mehr darin bestärkt, dass es eigentlich ziemlich egal ist, ob man zu einem Elternabend geht oder nicht. Vertrauensbildende Elternarbeit ist das gewiss nicht. Wie hätte der besagte Elternabend anders organisiert und moderiert werden können? Entwickeln Sie für die beiden ersten Tagesordnungspunkte einen alternativen Ablaufplan und machen Sie sich klar, welche Rolle der Klassenlehrer als »Prozessmoderator« spielen sollte.

© Dr. H. Klippert

M 69 — Erfahrungslernen mit Eltern

Mögliche Methoden zur Aktivierung der Eltern

- Unterrichtssimulation
- Gruppenarbeit
- Punktabfrage
- Doppelkreisgespräch
- Filmanalyse
- Stimmungsbarometer
- Brainstorming
- Blitzlicht
- Projektplanung
- Kartenabfrage
- Pro-und-kontra-Debatte
- Plakatgestaltung
- Hospitation
- Hearing

Erläuterungen

Die Eltern für die schulische Arbeit zu gewinnen und ihre unterschwellige Skepsis gegenüber den »pädagogischen Spielereien« der Lehrkräfte abzubauen, geht dadurch am besten, dass man sie anlässlich von Elternveranstaltungen mit neuen Methoden arbeiten lässt. Die oben angeführten Methoden zeigen an, wie man die Eltern zum aktiven und interaktiven Arbeiten veranlassen kann. Planen Sie bitte zum Thema »Selbstständigkeit fördern – aber wie?« einen alternativen Elternabend, in dessen Verlauf die eine oder andere genannte Methode zur Anwendung gelangt. Lassen Sie Raum zum Feedback und zur Reflexion.

© Dr. H. Klippert

M 70 — Pädagogische Forumsveranstaltungen

Mögliche Brennpunkt-Themen	
Neue Bildungsstandards	Wie das Gehirn funktioniert
Neue Prüfungsverfahren	PISA und die Folgen
Schülermotivation heute	Umgang mit Heterogenität
Die überbehüteten Kinder	Werteerziehung – aber wie?
Das Kreuz mit den Hausaufgaben	Lernen in der Wissensgesellschaft
Methodentraining mit Schüler/innen	Umgang mit Konflikten
Aggression und Gewalt in der Schule	Begabungsförderung in der Schule
Medienwelt und Medienwirkung	Was ist guter Unterricht?
Lehren und Lernen mit dem PC	Freiarbeit und Offenes Lernen
Die Berufswelt im Umbruch	Chancen der Ganztagsschulen
?	?
?	?

Erläuterungen
Viele pädagogische Themen sind es wert, mit interessierten Eltern und sonstigen Vertretern der Öffentlichkeit verhandelt zu werden. Mögliche »Brennpunkt-Themen« finden sich in der obigen Übersicht. Bewährt haben sich diesbezüglich öffentliche Forumsveranstaltungen, die mit einer gewissen Regelmäßigkeit stattfinden und von einem fest institutionalisierten »Komitee« vorbereitet und veranstaltet werden. Tipp: Starten Sie eine Initiative an Ihrer Schule und erstellen Sie eine Themenliste für die ersten fünf Veranstaltungen. Klären Sie, wer jeweils referieren soll und in welcher Weise eingeladen wird.

© Dr. H. Klippert

M 71 — Kooperative Schulprogrammentwicklung

Was muss verändert bzw. verbessert werden?

....
....
....
....
....

Wer ist für das jeweilige Innovationsvorhaben verantwortlich?

....
....
....
....
....

Welche konkreten Maßnahmen sind vorgesehen?

....
....
....
....
....
....
....

Wann sollen die einzelnen Maßnahmen angegangen werden?

....
....
....
....
....
....
....

Erläuterungen
Das Erstellen eines Schulprogramms in Zusammenarbeit mit Eltern bzw. Elternvertretungen ist ein günstiger Anlass, um Vertrauen zu bilden und etwaigen Missverständnissen und Vorurteilen vorzubeugen, die belastend auf Kollegien und Schulleitungen zurückwirken können. Elternbefragungen gehören ebenso dazu, wie die eingehende Information und Beratung in den zuständigen Gremien. Inwieweit ist diese Art von kooperativer Schulprogrammarbeit in Ihrer Schule angelaufen? Welche Ergebnisse hat sie ggf. gebracht? Wenn nicht, wie ließe sie sich anschieben? Beraten Sie sich mit interessierten Kolleg/innen.

© Dr. H. Klippert

M 72 — Das Jahrbuch als Leistungsnachweis

Rubriken	Beiträge	Autoren
Pädagogische Denkanstöße zuerst		
Berichte der Schulleitung und des Elternbeirats		
Neue Mitarbeiter stellen sich vor		
Erfolgreiche Unterrichtsprojekte		
Das neue Lernen in Wort und Bild		
Lernförderung in Schule und Unterricht		
Von Fahrten, Festen und Feiern		
(Schulinterne) Lehrerfortbildung		
Die Schule von außen betrachtet		
Aus der Arbeit der schulischen Gremien		

Erläuterungen

Jahrbücher sind bis dato eine Domäne der Privatschulen. In den staatlichen Pflichtschulen sind sie eher die Ausnahme. Schade ist das deshalb, weil ein gut gemachtes Jahrbuch das Verständnis der Schulöffentlichkeit für die Belange, Intentionen und Schwierigkeiten der Lehrenden sehr wohl erweitern kann. Das bedeutet Rückenstärkung und Entlastung für den Schulalltag. Tipp: Überlegen Sie einmal, was Sie in ein solches Jahrbuch hineinnehmen würden, falls es ein solches an Ihrer Schule gäbe. Orientieren Sie sich dabei an den obigen Rubriken. Starten Sie ggf. eine Initiative in Richtung Schulleitung.

© Dr. H. Klippert

M 73 — Leitfaden zur Pressearbeit

- Die lokale und regionale Presselandschaft sondieren (Wo könnte etwas erscheinen?)
- Interessante schulische Themen der nächsten Zeit suchen und nach Prioritäten ordnen
- Auf die in Frage kommenden Journalisten zugehen und mögliches Interesse erkunden
- Ggf. Elternvertreter/innen mit guten Kontakten zur Presse um Unterstützung ersuchen
- Mit den zuständigen Journalisten das konkrete Publikationsprozedere absprechen
- Eventuell eine geeignete Lehrkraft gewinnen, die den nötigen Kontakt zur Presse pflegt
- Abgesprochene Zeitungsartikel unter Umständen auch selbst im »Entwurf« schreiben
- Die Presse bei besonderen Anlässen (z.B. »Tag der Offenen Tür«) gezielt einladen

etc.

Erläuterungen

Die lokale und regionale Presse für schulbezogene Zeitungsartikel zu gewinnen ist häufig nicht leicht. Zum einen gibt es am Ort unter Umständen mehrere Schulen, die alle mit Argusaugen darüber wachen, dass sie in der Presse nicht zu kurz kommen. Zum anderen gilt für viele schulische Angebote, dass sie relativ belanglose Nachrichten transportieren, die bestenfalls für eine schmale Leserschaft von Interesse sind. Tipp: Konzipieren Sie eine pädagogische Artikelserie, die ein möglichst breites Publikum anspricht, und gehen Sie mit interessierten Kolleg/innen daran, diese Serie in Ihrer Schule mit Leben zu füllen.

© Dr. H. Klippert

M 74 — Problemfeld Sponsorensuche

Mögliche Sponsoren	Ansprechpartner	Wie argumentieren?
Der für die Schule zuständige Schulträger		
Sparkassen als öffentlich-rechtliche Organisationen		
Sonstige Geld- und Kreditinstitute		
Mittlere und größere Industriebetriebe		
Mittlere und größere Dienstleistungsbetriebe		
Sonstige Gewerbebetriebe im schulischen Umfeld		
Stiftungen zur Förderung gemeinnütziger Projekte		
Industrie-, Handels- und Handwerkskammern		
Sonstige Verbände und Vereine		
»Club der Ehemaligen der Schule«		

Erläuterungen

Angesichts der Finanzknappheit vieler Kommunen stellt sich mehr und mehr die Frage nach potenten Sponsoren. Andernfalls stehen engagierten Lehrkräften gravierende Frustrationen ins Hause, da sie reizvolle Innovationen entweder nur noch rudimentär angehen können oder aber aus eigener Tasche bezahlen müssen. Beides ist belastend und verlangt nach Abhilfe. Selbstverständlich sind zunächst die Schulträger gefragt. Nur, welche »Geldgeber« kommen noch in Frage? Erstellen Sie in Anlehnung an die obige Übersicht eine »Checkliste« für Ihre Schule und starten Sie ggf. entsprechende Initiativen.

© Dr. H. Klippert

M 75 — Kooperation Schule–Wirtschaft

Kooperationsbereiche	Bisherige Erfahrungen			
	sehr positive	eher positive	negative	keine
Schülerbetriebspraktikum				
Lehrerbetriebspraktikum				
Betriebs- bzw. Berufserkundungen				
Zusammenarbeit mit Ausbildern				
Patenschaftsvereinbarung mit Betrieb				
Gemeinsame Forumsveranstaltungen				
Fachliche Kooperation (z.B. in Chemie)				
Betriebe unterstützen »Schülerfirmen«				
Assistenz bei Assessmentprüfungen				
Einfache Unternehmensplanspiele				
Workshop »Schüler–Auszubildende«				
Projektbezogenes Sponsoring				

Erläuterungen

Die Zusammenarbeit von Schulen und Betrieben ist in den letzten Jahrzehnten zunehmend in Gang gekommen. Das gilt für Betriebspraktika und -erkundungen genauso wie für sonstige Formen der berufsbezogenen Kooperation. Grundsätzlich gilt: Die Betriebe sind wichtige Partner für die Schulen, wenn es darum geht, öffentlich Rückenwind und Anerkennung für geplante Innovationsvorhaben zu bekommen. Bilanzieren Sie einmal, in welcher Weise Ihre Schule mit Betrieben in der Region zusammenarbeitet und welche Erfahrungen bis dato gesammelt worden sind. Überlegen Sie Intensivierungsmöglichkeiten.

© Dr. H. Klippert

M 76 — Konzipierung einer Informationszone

Wo soll die Informationszone aufgebaut werden?	➡ Foyer, Info-Wand vor dem Sekretariat, evtl. zusätzlich im Lehrerzimmer
Zu welchen Schwerpunkten soll informiert werden?	➡ Aktuelle Unterrichtsentwicklung, besondere Schulprojekte etc.
Wer ist für die Pflege der Informationszone verantwortlich?	➡ 1–2 Lehrkräfte oder z.B. ein Verantwortlicher aus der Schulleitung

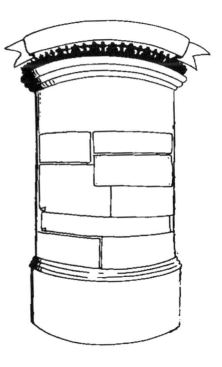

Segmente der Info-Säule?	Was wird konkret ausgehängt?
1. Segment	
2. Segment	
3. Segment	
4. Segment	

Erläuterungen
Wie in Abschnitt 5.6 skizziert, können spezifische »Infotheken« in Schulen durchaus gute Dienste leisten. Vorausgesetzt, sie werden im Schulgebäude so platziert, dass sie für Schüler, Lehrer, Eltern und sonstige Schulbesucher gut einsehbar sind, können sie im besten Sinne des Wortes dazu beitragen, dass die schulische Arbeit in einem positiven Licht erscheint. Tipp: Überlegen Sie, ob und in welcher Weise eine solche Informationszone in Ihrer Schule aufgebaut werden kann. Wie sollte sie aussehen und wo könnte sie platziert werden. Die obigen Leitfragen helfen Ihnen bei der Planung.

© Dr. H. Klippert

M 77 — Schule life – Tag der Offenen Tür

Zeitraster	Mögliche Angebote	Raum
Ab 8.30 Uhr	Offener Anfang mit Musik und lockeren Gesprächen	Foyer der Schule
9.00–10.00 Uhr	Begrüßung durch den Schulleiter/ Anschließend Präsentationen zum Thema »Neues Lernen«	Foyer + Nebenräume
10.00–11.30 Uhr	Schüler in Aktion – Besuch ausgewählter Unterrichtsstunden, in denen neue Methoden praktiziert werden (mit Aussprache)	Ausgewiesene Klassenräume
12.00–12.30 Uhr	Wo die eigenen Kinder lernen – »Inspektion« der betreffenden Klassenräume (inklusive Gespräche mit den Klassenlehrer/innen)	Klassenräume
13.00–14.00 Uhr	Podiumsdiskussion zum Thema »Warum neue Lernformen nötig sind ...« (Diskutanten sind: Lehrer-, Schüler-, Eltern-, Betriebsvertreter)	Aula der Schule
ab 14.00 Uhr	Sport, Spiel und Unterhaltung zum Ausklang	Innen- und Außenanlagen

Erläuterungen

Wer die Schulöffentlichkeit gewinnen und mit den schulischen Anstrengungen und Leistungen vertraut machen möchte, der tut gut daran, die pädagogische Arbeit der jeweiligen Schule transparent zu machen. Der skizzierte »Tag der Offenen Tür« ist eine derartige Veranstaltung – hier mit dem Schwerpunkt »Neues Lernen«. Die Besucher erleben Präsentationen und Unterrichtsstunden und können sich ein Bild von den Lernumgebungen in den Klassenräumen machen. Wie könnte ein entsprechender Tag der Offenen Tür an Ihrer Schule aussehen? Beraten Sie sich mit interessierten Kolleginnen und Kollegen.

© Dr. H. Klippert

M 78 — Öffentlichkeitswirksamer Förderverein

Wer gehört dem Verein an?	Was kann der Verein unterstützen?
Eltern	Basar
◈	◈
Lehrkräfte	Schulfeste
◈	◈
Ehemalige Schüler	Sonstige Projekte/Aktionen
◈	◈
Sonstige »Freunde der Schule«	Forums-Veranstaltungen
◈	◈
Lokalpolitiker	Jahrbuch der Schule
etc.	etc.

Warum ist der Förderverein wichtig?

Gesprächsanlässe stiften
◈
Sponsorengelder auftreiben
◈
Alt und Jung zusammenbringen
◈
Schulgemeinschaft festigen
◈
Image der Schule verbessern

etc.

Erläuterungen
Ein funktionierender Förderverein kann Lehrkräften und Schulleitungen im besten Sinne des Wortes das Schulleben erleichtern. Fördervereine können Geld beschaffen, Veranstaltungen unterstützen, Kontakte anbahnen und das Ansehen der schulischen Arbeit im lokalen Umfeld verbessern helfen. Gibt es an Ihrer Schule einen Förderverein? Wenn ja, wie sieht dessen Aufgabenstellung und Selbstverständnis aus? Entwickeln Sie Ideen und Vorschläge, wie dieser Verein zur Entlastung der Lehrkräfte bzw. des Kollegiums beitragen kann. Geben Sie nötigenfalls Anstöße zur Gründung eines Fördervereins.

© Dr. H. Klippert

III. Politische Schlussfolgerungen und Empfehlungen

Die Ausführungen im letzten Kapitel lassen erkennen, dass Lehrerentlastung in Schule und Unterricht möglich ist. Schulleitungen und Kollegien haben vielfältige Möglichkeiten, um zu mehr Arbeitserleichterung, Arbeitsökonomie und Arbeitszufriedenheit im Schulalltag zu gelangen. Allerdings ist die Realisierung dieser Möglichkeiten maßgeblich davon abhängig, dass Bildungspolitik und Schulverwaltung unterstützende Rahmenbedingungen schaffen bzw. zulassen. Rahmenbedingungen, die Mut machen und Qualifizierungsprozesse erlauben, die den schulischen Akteuren entsprechendes Know-how zukommen lassen. Was damit gemeint ist, wird in den nachfolgenden Abschnitten umrissen.

1. Bessere Rahmenbedingungen für Lehrer

Die aktuelle Lehrerbelastung ist keinesfalls nur »hausgemacht«, sondern geht maßgeblich darauf zurück, dass die Rahmenbedingungen der Lehrerarbeit seit langem alles andere als günstig sind. Das beginnt bei der wöchentlichen Arbeitszeit und reicht über spezifische schul- und unterrichtsorganisatorische Setzungen bis hin zu den erdrückenden Klassenmesszahlen, die in den einzelnen Bundesländern gelten. Auch wenn diese externen Faktoren im vorliegenden Buch keine besondere Würdigung erfahren, da der Focus auf die schulinternen Entlastungsmöglichkeiten gerichtet ist, so heißt das nicht, dass sie unwichtig sind. Die Rahmenbedingungen der Lehrerarbeit haben sich in den letzten Jahrzehnten deutlich verschlechtert und machen weiten Teilen der Lehrerschaft mittlerweile ziemlich zu schaffen. In kaum einem anderen Land der OECD sind z.B. die Lehrerarbeitszeit und die Klassengrößen ähnlich ungünstig geregelt wie in Deutschland. Das mag aus fiskalpolitischen Gründen zwar angezeigt erscheinen, richtig und zielführend ist es deshalb jedoch noch lange nicht.

Andere OECD-Länder sind finanziell auch klamm, und trotzdem geben sie deutlich mehr für den Bildungsbereich aus, als das die deutschen Bundesländer tun. Das wird durch die gängigen Daten der internationalen Bildungsstatistik untermauert. Wie sich aus Abbildung 23 ersehen lässt, nimmt Deutschland bei den Bildungsausgaben nach wie vor einen der hinteren Plätze ein. Im Klartext: Der Anteil der Bildung an den öffentlichen Gesamtausgaben lag hierzulande im Jahr 2001 bei nur 9,7 Prozent, während Länder wie die USA, Korea und Mexiko Quoten zwischen 17,1 und 24,3 Prozent erreichten. Das verrät eine andere Prioritätensetzung und Wertigkeit des Bildungsbereichs. Auch die europäischen Nachbarländer lagen und liegen mit ihren Prozentanteilen durchweg über denen in Deutschland. Dieses gilt nicht minder für das Verhältnis von Bildungsausgaben und Bruttosozialprodukt.

Wie der SPIEGEL für das Jahr 2003 vermeldet, gab Deutschland in diesem Jahr gerade mal 4,2 Prozent seines Bruttosozialprodukts für Bildung aus, während Frankreich im gleichen Jahr 5,2 Prozent, Großbritannien 5,3 Prozent und Dänemark sogar 7,9 Prozent des Bruttosozialprodukts für den Bildungsbereich abzweigten (Vgl. DER SPIEGEL 30/2005, S. 41). Noch alarmierender werden diese Daten, wenn man bedenkt, wie sich die für den Schulbereich verausgabten Finanzmittel hierzulande entwickeln. Wie sich der OECD-Statistik entnehmen lässt, sind Deutschlands Schulinvestitionen im Zeitraum von 1995–2001 nur geringfügig gestiegen, nämlich um 6 Prozent, während die Gesamtgruppe der OECD-Staaten eine Steigerungsrate von 21 Prozent erreichte (vgl. Allgemeine Zeitung Mainz vom 15.9.2004). Die darin zum Ausdruck kommende Sparstrategie der deutschen Bildungsbehörden ist deshalb fragwürdig, weil sie zu Lasten von Schüler/innen und Lehrer/innen geht. Sie beeinträchtigt nicht nur

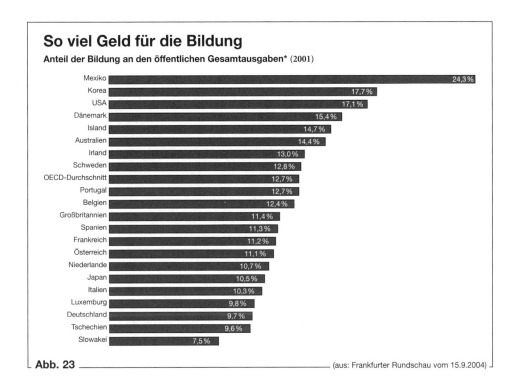

Abb. 23 (aus: Frankfurter Rundschau vom 15.9.2004)

die Lernbedingungen und Leistungsergebnisse der Kinder und Jugendlichen (siehe PISA), sondern sie belastet auch und nicht zuletzt das Gros der Lehrerschaft dahingehend, dass im Schulalltag vergleichsweise viele Stunden in überfüllten Klassen unterrichtet werden müssen. Das begünstigt Stress und sonstige Überforderungsgefühle.

Apropos Lehrerarbeitszeit: Die durchschnittliche Wochenarbeitszeit der deutschen Lehrkräfte liegt im Konzert der OECD-Länder seit langem an der Spitze. Mit durchschnittlichen Wochenarbeitszeiten zwischen 45 und 55 Stunden können sich die deutschen Schulpädagogen fraglos sehen lassen (vgl. Hillert 2004, S. 79). Selbst wenn man die unterschiedlich langen Schulferien in Rechnung stellt, sind die deutschen Lehrerinnen und Lehrer immer noch Spitze. Zwar nehmen sie auch bei den Monatseinkünften einen Spitzenplatz ein; das kompensiert jedoch keinesfalls die aus den langen Arbeitszeiten resultierenden Belastungen. Mehr Geld ist bestenfalls eine Entschädigung für die zu verkraftenden Belastungen, nicht aber eine Lösung der Belastungsproblematik als solcher. Dies umso mehr nicht, als die verbreiteten Disziplin- und Lernprobleme in Deutschlands Schulen zusätzlich dafür sorgen, dass Lehrkräfte besonders gefordert und gestresst werden. Mit anderen Worten: Hiesige Lehrer/innen haben nicht nur viele Wochenstunden zu unterrichten; sie müssen sich oft auch noch mit vergleichsweise demotivierten und undisziplinierten Schüler/innen herumschlagen. Da vermag selbst das üppigste Monatsgehalt nicht recht zu trösten.

Belastend sind indes nicht nur die langen Wochenarbeitszeiten, sondern auch und zugleich die überfüllten Klassen. Bei Klassenmesszahlen bzw. -teilern von 32–33 kommt es in praxi nicht selten vor, dass mehr als 30 Kinder in einer Klasse sitzen. Das ist angesichts der relativ kleinen Klassenräume und der vergleichsweise ausgeprägten Erziehungsprobleme in Deutschlands Schulen in aller Regel deutlich zu viel. Selbst die durchschnittlichen Klassengrößen erreichen weithin kritische Werte. Durchschnittlich sitzen in den Klassenzimmern unserer Sekundarschulen 27–28 Schülerinnen und Schüler. Im Grundschulbereich sind es kaum weniger. Damit liegt Deutschland weit vor Finnland und anderen erfolgreichen PISA-Ländern. Während in Finnland z.B. Klassengrößen von 20–22 der Normalfall sind und zudem noch zusätzliche pädagogische Fachkräfte zur Verfügung stehen, müssen Deutschlands Lehrer/innen ihre pädagogische Gesamtaufgabe in der Regel im Alleingang bewältigen – ein wahrlich schwieriges Unterfangen. Zwar konstatiert der Bildungsforscher Andreas Helmke, dass große Klassen nicht automatisch schlechtere Schülerleistungen und/oder größere Lehrerbelastungen bedeuteten (vgl. DIE ZEIT vom 21.7.2005), gleichwohl ist unstrittig, dass Schülerzahlen von 28 und mehr pro Klasse das pädagogische Alltagsgeschäft der Lehrkräfte in aller Regel erheblich erschweren.

Was folgt daraus? Wenn die Lehrkräfte die aktuellen Herausforderungen in Schule und Unterricht erfolgreich bewältigen sollen, dann brauchen sie verbesserte Rahmenbedingungen – keine Frage. Kleinere Klassen und reduzierte Stundendeputate gehören ebenso dazu wie verbesserte räumliche und ausstattungsmäßige Rahmengegebenheiten. Das ist zwar noch keine Gewähr dafür, dass die begünstigten Lehrkräfte tatsächlich engagiert und innovationsbereit zu Werke gehen, wohl aber erhöht es die Chance, dass in die deutschen Lehrerzimmer ein Mehr an pädagogischem Optimismus und Gestaltungswillen Einzug hält. Im Klartext: Es muss endlich begonnen werden, den verbreiteten resignativen Tendenzen in den Kollegien wirksam entgegenzutreten und ermutigende Zeichen zu setzen, die Lehrkräfte bewegen, Neues zu wagen und zu realisieren. Von daher wäre eine Trendumkehr bei der Arbeitszeit und bei den Klassengrößen fraglos wichtig und hilfreich. Möglichkeiten dazu gibt es durchaus. Denn in den nächsten Jahren werden aufgrund der rückläufigen Schülerzahlen beträchtliche Spielräume entstehen, Lehrkräfte spürbar zu entlasten. Nur heißt das noch lange nicht, dass diese Spielräume tatsächlich zur Entlastung von Lehrkräften genutzt werden. Vielmehr steht zu befürchten, dass sich die verantwortlichen Bildungspolitiker eher dafür entscheiden werden, weniger Lehrer/innen einzustellen und alles andere beim Alten zu lassen.

Vor einem derartigen »Kurzschluss« kann hier nur gewarnt werden. Die allseits geforderte Schul- und Unterrichtsentwicklung ist nämlich nur *mit* gutwilligen und tatkräftigen Lehrerinnen und Lehrern zu schaffen und nicht *gegen* sie. Ohne den »goodwill« der Lehrkräfte geht wenig voran. Von daher sind glaubwürdige Entlastungsschritte angezeigt, die den Lehrkräften signalisieren, dass ihre aktuellen Nöte und Belastungen in Schule und Unterricht ernst genommen werden. Auch wenn die Finanzmisere von Bund und Ländern dagegen steht, letztlich ist es eine Frage der Prioritätensetzung, ob und inwieweit kleinere Klassen und/oder verringerte Stundendeputate vorgesehen oder freiwerdende Lehrerstellen einfach gestrichen werden. Viele Politiker neigen derzeit zwar dazu, den Lehrkräften immer mehr Druck zu machen, aber zum

Vorteil der Kinder wie der Lehrkräfte gereicht das erfahrungsgemäß noch lange nicht. Im Gegenteil: Vieles spricht dafür, dass gerade im Interesse der Zukunftsfähigkeit des deutschen Gemeinwesens verstärkt investiert und innoviert werden muss.

Diese Option wird hierzulande seit längerem sträflich vernachlässigt (vgl. Abb. 23). Während Länder wie Südkorea, Indien und China massiv in die Köpfe ihrer Schüler/innen und Student/innen investieren (vgl. DER SPIEGEL 30/2005, S. 41), wird der Bildungsbereich in Deutschland eher stiefmütterlich behandelt und recht zurückhaltend finanziert. Das ist insofern höchst riskant, als die Bildung und Ausbildung der Menschen die volkswirtschaftliche Ressource Nummer 1 ist und maßgeblich darüber mitentscheidet, wie es mit der hiesigen Industrie- bzw. Wissensgesellschaft weitergeht. Das wird von Politikern und Wirtschaftsvertretern aller Couleur zwar immer wieder betont, aber an den entsprechenden Taten mangelt es nur zu oft. Das gilt nicht zuletzt für die »Hege und Pflege« der schulischen Akteure – einschließlich der zeitlichen Entlastung der Lehrerinnen und Lehrer. Zwar hat Uwe Schaarschmidt sicherlich Recht, wenn er davor warnt, »... die Belastungsfrage vorrangig oder sogar ausschließlich über die Arbeitszeit zu erörtern, wie das bei so manchen gewerkschaftlichen Diskussionen den Anschein hat« (Schaarschmidt 2004a, S. 146). Gleichwohl ist unstrittig, dass die Klassenstärke und die zu unterrichtenden Wochenstunden als zentrale Belastungsfaktoren der Lehrerinnen und Lehrer anzusehen sind (vgl. ebenda, S. 72). Von daher wäre es schön, wenn die Bildungspolitik entsprechend reagieren und kleinere Klassen und kürzere Wochenarbeitszeiten ansteuern würde.

Zu den Rahmenbedingungen der Lehrerarbeit gehört indes noch mehr. Das betrifft die Stundentafeln genauso wie die Klassenraumgröße, die Schulbürokratie oder die Verfügbarkeit von Arbeitsplätzen für Lehrkräfte bzw. Lehrerteams. Auch diesbezüglich sind Änderungen und Verbesserungen vonnöten, sollen die Lehrkräfte die aktuell angesagten pädagogischen Innovationen mit Schwung und Erfolg vorantreiben. Allein die Überwindung des 45-Minuten-Taktes kann im Schulalltag bereits eine wahre Befreiung sein – vorausgesetzt, die betreffenden Lehrkräfte verstehen es, Doppelstunden oder größer Zeitkontingente schüleraktivierend zu gestalten. Sinnvoll ist ferner eine kritische Überprüfung der gängigen Baurichtlinien, die in der Regel Klassenraumgrößen vorsehen, die modernen Moderations- und Kooperationsmethoden beim besten Willen nicht gerecht werden. Auch in punkto Bürokratie lassen sich sicherlich zahlreiche Vorschriften und Regelungen so verändern, dass Lehrkräfte von unnötigem »Formalkram« befreit werden und sich mehr auf ihre eigentliche Unterrichtstätigkeit konzentrieren können. Nicht zuletzt verlangt Lehrerentlastung nach Rückzugsmöglichkeiten für die in einer Schule tätigen Lehrerinnen und Lehrer – angefangen bei individuellen Arbeitsplätzen für die unterrichtsfreien Phasen bis hin zu flexibel verfügbaren Besprechungsräumen für Lehrerteams. In diesen letztgenannten Punkten sind wir in Deutschland noch ziemliches Entwicklungsland – ein Problem vor allem für die in den letzten Jahren aufblühenden Ganztagsschulen. Das alles kostet natürlich Geld und verlangt möglicherweise auch die eine oder andere schulrechtliche Neuregelung. Jedoch sollte sich eine auf Wirksamkeit bedachte Bildungspolitik derartigen Weichenstellungen nicht verschließen.

2. Aufstockung der Sachmittelzuweisung

Die angedeutete Finanzierungsproblematik gilt selbstverständlich auch für die meisten Kommunen, die als Schulträger wesentlichen Anteil daran haben, ob und inwieweit die Arbeitsbedingungen in einer Schule stimmen oder aber von Lehrerseite als unbefriedigend und belastend empfunden werden. Das beginnt beim inneren und äußeren Erscheinungsbild des Schulhauses und Schulhofs und reicht über die Ausstattung der Klassenräume mit modernen Geräten und sonstigem Equipment bis hin zur Verfügbarkeit wichtiger Verbrauchs- und Gebrauchsmaterialien für den alltäglichen Unterricht. Werden die betreffenden Ressourcen von Schulträgerseite vorausschauend und großzügig zur Verfügung gestellt, so trägt das nicht unwesentlich zum Wohlbefinden und pädagogischen Optimismus der Lehrkräfte bei. Ist das dagegen nicht der Fall, so entsteht bei den betreffenden Schulpädagogen nur zu schnell das Gefühl des »Behindert-Werdens« bzw. des »Zürückstecken-Müssens« – ein Gefühl, das über kurz oder lang zu Frustrationen und Unzufriedenheit führen muss.

Ein Blick in die bundesdeutsche Schullandschaft zeigt, dass viele Schulgebäude schon bessere Zeiten gesehen haben. Die substanzerhaltenden Bau- und Renovierungsmaßnahmen sind vielerorts so zurückgefahren worden, dass Schulgebäude und Schulhöfe ihren früheren Glanz unübersehbar verloren haben – ja manchmal sogar Anzeichen ernsthafter »Verwahrlosung« zeigen. Kein Wunder also, dass sich Lehrkräfte in solchen Schulen nicht wohl fühlen und vieles als Belastung empfinden, was objektiv vielleicht gar nicht so schlimm ist. Lehrerentlastung muss daher immer auch beim äußeren und inneren Erscheinungsbild der jeweiligen Schule ansetzen. Unterlassen oder vertagen die Schulträger die notwendigen substanzerhaltenden Investitionen zu lange, so kann dieses sowohl dem Image der Schule als auch dem Wohlbefinden der Lehrerschaft höchst abträglich sein. So gesehen sollte für die Verantwortlichen der Schulträger unter allen Umständen die Maxime gelten, bei den Schulen möglichst zuletzt zu sparen, damit gar nicht erst Sand ins Getriebe kommt, der die Atmosphäre und Leistungsfähigkeit der Schulgemeinschaft beeinträchtigt.

Gleiches gilt für die Finanzierung der Lern- und Arbeitsmittel, die für die schulische Arbeit benötigt werden. Da die Ausstattung der Klassenräume mit Regalen, Computerarbeitsplätzen, Pinnwänden, Nachschlagewerken, Tageslichtprojektoren und anderen Arbeitsmitteln in erster Linie Sache der Schulträger ist, bedarf es sorgfältiger Planungen und Mittelzuweisungen, damit die Voraussetzungen für einen modernen Unterricht zumindest näherungsweise geschaffen werden. Wohlgemerkt: Es geht gar nicht darum, den ökologisch und ergonomisch optimal gestalteten Klassenraum zu haben; wohl aber sollte das Lernumfeld der Schüler/innen so gestaltet sein, dass selbstständiges, aufgabendifferenziertes und teamorientiertes Arbeiten und Lernen ohne größere

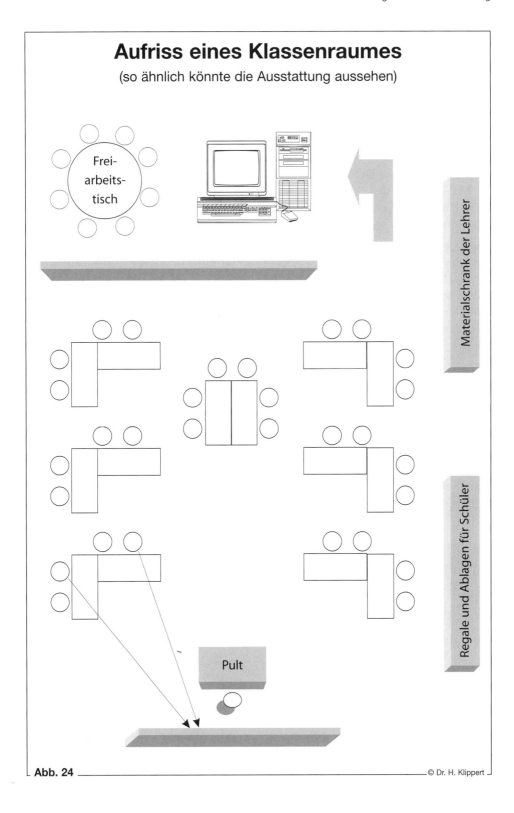
Abb. 24

Probleme möglich ist. Der in Abbildung 24 umrissene Klassenraum gibt Anregungen dazu, wie es in einem solchen Klassenraum aussehen kann (vgl. auch Klippert/Müller 2004, S. 71ff.). Wichtig dabei ist u.a. die Wahl der Arbeitstische und Stühle. Viele Klassenräume sind heutzutage so eingerichtet, dass relativ »wuchtige« Tische viel Platz wegnehmen und nur schwer zu manövrieren sind. Stattdessen wäre es ratsam, leichtere und etwas schmalere Tische mit einem Unterbau zu wählen, der Platz genug lässt, die Tische auch von der Querseite her zu nutzen. Das würde flexible Sitzordnungen ermöglichen, die Gruppen-, Einzel- und Partnerarbeit ebenso begünstigen wie das Stellen eines Stuhl- oder Stehkreises in der Mitte des Klassenzimmers.

Die Forderung nach großzügiger Sachmittelzuweisung der Schulträger betrifft aber nicht nur die angesprochene »pädagogische Hardware«, auch bei den schlichteren Arbeitsmitteln und Verbrauchsmaterialien gilt es aufzustocken. Das beginnt bei Filzstiften, Plakaten, Folien und sonstigen Arbeitsmitteln und reicht über die Aufstockung des Kopienkontingents bis hin zu gängigen Moderationskarten, Nadeln und Klebeband für die alltägliche Moderationsarbeit von Lehrer/innen und Schüler/innen. Wer an diesen Stellen spart, hat den Kampf um die nachhaltige Modernisierung des Unterrichts schon verloren. Das klingt zwar banal, ist aber eine in praxi nur zu oft vernachlässigte Grunderkenntnis. Wenn Lehrkräfte tatsächlich dahin kommen sollen, Lernprozesse der Schüler/innen überzeugend zu organisieren und zu moderieren, dann sind sie ganz entscheidend darauf angewiesen, dass die besagten Arbeitsmittel und Verbrauchsmaterialien zur Verfügung stehen. Ist dieses nicht der Fall, drohen Resignation und Unzufriedenheit auf Lehrerseite sowie Untätigkeit und Bequemlichkeit auf Schülerseite. Fazit deshalb: Die Schulträger sollten auf alle Fälle darauf bedacht sein, im Interesse von Schülern, Eltern und Lehrern mehr als bisher in das skizzierte pädagogische Equipment zu investieren, damit die Klagen über die fehlenden Ressourcen in Schule und Unterricht endlich aufhören. Zu diesem Zweck müssen nötigenfalls auch politische Gewohnheiten und Prioritätensetzungen verschoben oder auch ganz aufgegeben werden.

3. Erweiterung der Selbstverantwortung

Mehr Geld, kleinere Klassen und geringere Stundenverpflichtungen für Lehrerinnen und Lehrer sind freilich nur die eine Seite des politischen Wunschkatalogs. Die andere Seite betrifft all das, was die »Selbstheilungskräfte« in den Schulen stimulieren hilft. Dazu gehört auch und nicht zuletzt die Erweiterung des Handlungs- und Gestaltungsspielraums der Lehrkräfte in den Einzelschulen. Die seit einigen Jahren propagierte (teil)autonome Schule ist fraglos ein Schritt in die richtige Richtung. Wenn Lehrkräfte und Schulleitungen verstärkt darangehen sollen, im eigenen Regiebereich wirksame Entlastungsstrategien zu kultivieren, dann brauchen sie dazu zunächst einmal grünes Licht. Mit anderen Worten: Sie müssen sicher sein können, dass ihnen die schulinternen »Schachzüge« von Seiten der Schulverwaltung nicht etwa angekreidet bzw. vorgeworfen werden. Andernfalls werden sie sich weiterhin schwer tun, den nötigen »pädagogischen Eigensinn« zu entwickeln, ohne den wirksame Lehrerentlastung schwerlich zu erreichen ist. Forcierte Teamarbeit, effektives Konferenzmanagement, konzertierte Lehrerfortbildung, neue Unterrichts- und Prüfungsmethoden ..., all das verlangt unkonventionelle Entscheidungen und Maßnahmen. Sie auf eigenes Risiko zu treffen, trauen sich die betreffenden Kollegien und Schulleitungen in der Regel nur dann, wenn sie entsprechende Entscheidungs- und Gestaltungsfreiheiten besitzen.

Diese Freiheiten müssen vom politischen System zugestanden werden. Das war bis vor wenigen Jahren insofern noch eher utopisch, als die Bildungsverwaltungen mit großem Nachdruck darauf bedacht waren, die Schulen konsequent zu reglementieren und zu steuern. Diese externe »Verwaltung von Schule« führte und führt in vielen Kollegien dazu, dass lieber geklagt als problemlösend gehandelt wird. Das gilt nicht zuletzt in puncto Lehrerentlastung. An diesem Grundmuster administrierter Schulen beginnt sich seit geraumer Zeit einiges zu ändern. Selbstständige bzw. selbstverantwortliche Schulen werden ausgerufen; Schulleitungen und Kollegien werden ermutigt, eigene Schulprogramme zu entwickeln und dementsprechend zu agieren, zu innovieren und zu evaluieren. Die Folgen dieser Kompetenzverlagerung sind klar: Die Handlungs- und Gestaltungsspielräume der schulischen Akteure werden größer.

Das eröffnet beträchtliche Möglichkeiten im Hinblick auf die schulinterne Entlastung von Lehrerinnen und Lehrern. Vieles von dem nämlich, was in Kapitel II an unkonventionellen Entlastungsstrategien angeführt wurde, ist erst unter den Vorzeichen erweiterter Schulautonomie plausibel vermittelbar. Von daher ist der Trend zur Erweiterung der Selbstverantwortung von Schulen sicherlich richtig, wichtig und hilfreich. Am ausgeprägtesten gilt dies derzeit für die Schulen, die an Modellversuchen wie »Selbstständige Schule« (Nordrhein-Westfalen), »Eigenverantwortliche Schule« (Niedersachsen) und »Selbstverantwortliche Schule« (Rheinland-Pfalz) beteiligt sind. Für

> **Selbstverantwortliche Schulen in Rheinland-Pfalz**
> Erweiterte Befugnisse für Schulleitungen und Kollegien
>
> 1. Die Schulen entscheiden im Rahmen der Vorgaben der Bildungsstandards und der landesinternen schulart- und schulstufenspezifischen Vorgaben über die Unterrichtsinhalte.
> 2. Die Schulen sind im Rahmen der Vorgaben der Bildungsstandards frei, neue Inhalte und ggf. auch Fächer zur Profilbildung in ihre Schularbeit aufzunehmen.
> 3. Die Schulen sind nicht an 45- oder 50-Minuten-Unterrichtsstunden gebunden. Sie entscheiden im Rahmen der für die jeweilige Schulart geltenden Stundentafeln sowie ihres Qualitätsprogramms und aufgrund fachlicher und schülerbezogener Notwendigkeiten über den Unterrichts- und Arbeitsrhythmus während des Schultages, der Schulwoche und des Schuljahrs (die Ferienregelung ist davon nicht berührt).
> 4. Die Schulen sind nicht an die Vorgaben der Klassen- und Lerngruppenbildung gebunden; auch die Einrichtung jahrgangs- und fächerübergreifender Lerngruppen ist möglich. Individuelle Bildungsgänge sollen insbesondere durch schulzeitverkürzende Fördermaßnahmen ermöglicht werden.
> 5. Die Schulen entscheiden selbstständig über Art, Umfang und Zahl der Leistungsüberprüfungen.
> 6. Die Schulen sind nicht an die bestehenden Versetzungsregelungen gebunden, sondern können eigene Akzente setzen.
> 7. Die Schulen verfügen auf der Basis einer auf das Qualitätsprogramm abgestimmten Fortbildungsplanung über ein eigenes Fortbildungskontingent.
> 8. Die Schulen entscheiden im Rahmen rechtlicher Vorgaben über das Personal; in bestimmtem Umfang können Stellen »kapitalisiert« werden.
> 9. Die Schulen entscheiden im Rahmen der kommunalen Vorgaben über ihr Sachmittelbudget.

Abb. 25 (Quelle: Bildungsministerium Rheinland-Pfalz 2005, S. 187)

sie gilt, dass sie auf der Basis schulrechtlicher Ausnahmeregelungen relativ weit reichende Befugnisse zugestanden bekommen. Das betrifft die Unterrichtsentwicklung genauso wie die Personal- und Sachmittelbewirtschaftung, die Förderung der Kooperation in der Schule sowie die schulspezifische Evaluation und Rechenschaftslegung (vgl. Bildungsministerium NRW 2001). Welche konkreten Befugnisse sich daraus für die Einzelschule ableiten können, lässt sich aus Abbildung 25 ersehen.

Diese »Befreiung der Schule« ist Chance und Verpflichtung zugleich. *Chance* insofern, als die erweiterte Selbstverantwortung die Schulen in die Lage versetzt, die als fragwürdig erkannten Regelungen bzw. Praktiken so zu verändern, dass sie stimmiger und wirksamer werden. Das gilt für die Handhabung der Bildungspläne genauso wie für die Ausgestaltung der Stundentafeln oder für die schulinterne Lerngruppenbildung. So sind z.B. Blockstunden und altersgemischte Lerngruppen durchaus zulässig. Auch die Leistungsüberprüfungen und Versetzungsregelungen können schulintern so vereinbart werden, dass unkonventionelle Verfahrensweisen dabei herauskommen. Ähnliches gilt für schulinterne Maßnahmen in den Bereichen Fortbildungsplanung, Personalbewirtschaftung und Budgetverwaltung (vgl. Abb. 25). Wenn z.B. Schulen Stellen kapitalisieren und/oder überschüssige Finanzmittel in das nächste Jahr übertragen möchten, so ist das durchaus statthaft. Zwar sind derart weit reichende Befugnisse bislang nur wenigen Schulen vorbehalten, gleichwohl betrifft der aktuelle Trend hin zu mehr Selbstverantwortung und Gestaltungsfreiheit im Kern alle Schulen.

Die *Verpflichtungen* indes, die sich mit dieser »Kultur der Selbstverantwortung« verbinden, sind für viele Kollegien und Schulleitungen eher weniger einladend. Die schulischen Akteure sind im Gegenzug nämlich gehalten, konsequent zu evaluieren und gegenüber Bildungsbehörden und Öffentlichkeit immer wieder Rechenschaft abzulegen. Zentralabitur, Vergleichsarbeiten, neue Bildungsstandards, externe Inspektionen und manches andere mehr sind Ausdruck dieses Evaluationsanspruchs. Das alles ist einerseits zwar verständlich und legitim; andererseits schafft es bei vielen Lehrerinnen und Lehrern aber wieder neue Formen von Unbehagen und Stress – ein Effekt, der die Entlastungswirkung der erweiterten Schulautonomie in nicht unerheblichem Maße schmälert. Auch das sollten Politiker bedenken, wenn sie über Schulentwicklung und Lehrerentlastung beraten. Evaluation und Rechenschaftslegung – ja. Aber nicht in so penetranter und inflationärer Weise, wie sich das derzeit abzeichnet.

4. Ausbau des Unterstützungssystems

Die Bewältigung der neuen Herausforderungen und Problemlagen hängt entscheidend davon ab, inwieweit die schulischen Akteure bei ihren Unternehmungen Unterstützung erhalten. Inspektionen, Tests und sonstige Evaluationsansätze sind bestenfalls notwendige Schritte, um Bewegung in die Schulen hineinzubringen. Hinreichend sind sie auf keinen Fall. Wenn Innovationen und Lehrerentlastung in den Schulen tatsächlich zusammengehen sollen, dann bedarf es dazu vor allem eines überzeugenden Unterstützungssystems, das Lehrkräfte motiviert und befähigt, die anstehenden Entwicklungs- und Entlastungsstrategien tatkräftig zu verfolgen. So gesehen ist das Unterstützungssystem der eigentliche Schlüssel zur Lehrerentlastung. Wer die Kollegien und Schulleitungen nach dem Prinzip der »Selbstheilung« alleine lässt, der muss sich nicht wundern, wenn die schulinternen Reformversuche immer wieder in die Irre führen, zu aufwändig sind, zu unsystematisch verlaufen und/oder auf halbem Wege stecken bleiben. Das Reformtagebuch deutscher Schulen weiß darüber manches zu berichten.

Lehrkräfte investieren zumeist eine Menge Zeit und Energie in ihre Veränderungsbemühungen und müssen trotzdem immer wieder erleben, dass die intendierten Verbesserungs- und Entlastungseffekte nicht oder nur unzureichend eintreten. Dieses »relative Scheitern« zeigt, dass es offenbar deutlich leichter ist, Veränderungen zu planen und/oder politisch anzuordnen, als sie kompetent und erfolgreich zu realisieren. Das gilt nicht zuletzt für die Arbeit der Schulinspektoren, wie sie neuerdings in mehreren Bundesländern angesagt ist (vgl. u.a. den Bericht von Göres 2005). Diese Schulinspektionen dienen vorrangig dem Zweck, den Lehrkräften und Schulleitungen unter Einsatz differenzierter Inspektionsraster und -kriterien gründlich auf den Puls zu fühlen. Vom »Schul-TÜV« ist die Rede oder auch davon, dass die Schulen einer »schonungslosen Begutachtung« unterzogen werden sollen. Dazu gehören Gespräche mit Schulleitung, Schulträger, Personalrat, Kollegium sowie Eltern- und Schülervertretern. Dazu gehören aber auch möglichst flächendeckende Unterrichtsbesuche der Inspektoren, die Aufschluss darüber geben sollen, wie es um die schulinterne Lernkultur bestellt ist. Abgeschlossen wird die jeweilige Schulinspektion mit einem differenzierten Evaluationsbericht, der innerschulisch auszuwerten und zu kommunizieren ist.

Die Crux bei diesen Schulinspektionen ist, dass den betreffenden Lehrkräften und Schulleitungen damit noch keineswegs geholfen ist. Mag sein, dass sie am Ende der Inspektion mehr darüber wissen, welches ihre Schwachstellen sind und wo die schulische Arbeit anders und besser werden muss. Nur führt dieses Wissen um die eigenen Unzulänglichkeiten noch lange nicht zu entsprechenden Handlungskompetenzen. Handlungskompetenz und Handlungsfantasie aber sind das A und O wirksamer Veränderungen und Verbesserungen von Schule und Unterricht. Das gilt nicht zuletzt im Hinblick auf die hier in Rede stehende Entlastung der Lehrkräfte. Die Inspektoren können noch so differenziert befragen, beobachten und diagnostizieren – worauf es primär ankommt, ist etwas anderes. In erster Linie müssen die schulischen Akteure lernen und üben, wie sie den diagnostizierten Problemen und Belastungen wirksam begegnen können. Inspektionen sind also bestenfalls notwendige Voraussetzungen für innerschulische Verbesserungen, nicht aber hinreichende. Wenn Inspektionen nachhaltige Problemlösungen in den Schulen zur Folge haben sollen, dann braucht es vor allem eines: nämlich praxisbewährte Unterstützung von außen und oben. Andernfalls ist es für die schulischen Akteure in der Regel viel zu schwierig und langwierig, bis sich bei laufendem Schulbetrieb überzeugende Innovationen und Entlastungseffekte einstellen. So gesehen sind Inspektionen und Unterstützungsprogramme hochgradig komplementär.

Die Bedeutung wirksamer Unterstützungssysteme wird von Bildungspolitikern aller Couleur durchaus anerkannt. Angesichts erweiterter Schulautonomie und gigantischer Reformbedarfe in den Schulen wächst seit Jahren die Einsicht, dass Lehrerinnen und Lehrer dringend ein Mehr an Unterstützung und Hilfe erfahren müssen, wenn sie die anstehenden Verbesserungen von Schule und Unterricht zügig und nachhaltig auf den Weg bringen sollen. »Selbstständige Schulen brauchen für ihren Entwicklungsprozess externe Beratung und Unterstützung«, so stellt der ehemalige Ministerpräsident des Landes Nordrhein-Westfalen, Peer Steinbrück, ebenso lapidar wie entschieden fest. Und weiter schreibt er: »Die Nachfrage nach Fortbildung und Beratung wird steigen. Moderatoren und Trainer können derzeit kaum den Bedarf decken. Der Kompetenzzuwachs, der sich daraus ergibt, ist für alle Beteiligten gut, weil er mehr Sicherheit und mehr Möglichkeiten für die Mitgestaltung einer innovativ ausgerichteten Schule bietet. *Dafür brauchen wir dringend leistungsfähige Unterstützungssysteme in der Fläche* (Hervorhebung des Verfassers). Erfolgreiche Bildungssysteme, das lernen wir von den erfolgreichen PISA-Staaten, setzen eben nicht nur Standards, sie entwickeln gleichzeitig wirksame Rückmelde- und Unterstützungssysteme.« (Steinbrück 2004, S. 13)

Die besagten Unterstützungssysteme umfassen vieles. Sie umfassen Fortbildungs- und Beratungsangebote genauso wie praxisnahe Serviceleistungen in puncto Materialbereitstellung, Supervision, Coaching etc. Zuständig für diesen Service sind traditionell die staatlichen Serviceeinrichtungen – angefangen bei den Fort- und Weiterbildungsinstituten über schulpsychologischen Dienst und schulaufsichtliche Beratung bis hin zu Hochschulen, Studienseminaren und Evaluationsagenturen. Hinzu kommen seit einigen Jahren verstärkt private Anbieter, die den Fort- und Weiterbildungsbedarf der Schulen als neuen Markt entdecken und entsprechende Angebote für Schulleitungen, Kollegien, Schulberater und einzelne Lehrkräfte bzw. Lehrerteams zu entwickeln versuchen. Dieser Vormarsch der Privaten hat zum einen damit zu tun, dass den Schulen zunehmend Selbstständigkeit zugestanden wird, zum anderen geht er darauf zurück, dass die betreffenden Schulen neuerdings über gewisse Fortbildungsbudgets verfügen, die sie nach eigenem Gusto einsetzen können – also auch für private Unterstützungs- und Beratungsangebote. Diese Budgets sind bis dato zwar äußerst knapp bemessen, gleichwohl eröffnen sie den privaten Bildungsanbietern gewisse Chancen, an die Zielgruppe der Schulpädagogen heranzukommen.

Interessantes Know-how liefern die privaten Anbieter vor allem in den Bereichen Supervision, Moderation, Beratung, Coaching, Zeitmanagement, Projektmanagement, Rhetorik, Neue Medien, Präsentationstechniken und Konfliktmanagement – also in jenen Feldern, die übergreifende Kompetenzen betreffen. In Bezug auf das unterrichtliche Kerngeschäft dagegen haben die Privaten bislang wenig zu bieten, da ihnen der grundständige Zugang zu diesem Praxisfeld fehlt. Neue Formen der Unterrichtsgestaltung z.B. kann letztlich nur der glaubwürdig vertreten, der damit auch vertraut ist und erlebt hat, mit welchen Tücken man rechnen muss und wie man diesen ggf. begegnen kann. So gesehen sind viele der in Kapitel II skizzierten Ansätze zur schulinternen Lehrerentlastung unverzichtbar daran gebunden, dass die betreffenden Unterstützer und Wegbereiter das schulische und unterrichtliche Alltagsgeschäft aus erster Hand kennen. Dieser Grundüberlegung wird in den bildungspolitischen Diskussionen der letzten Jahre viel zu wenig Aufmerksamkeit geschenkt. Stattdessen wird ziemlich blauäugig darauf gehofft, dass der freie Markt schon dafür sorgen werde, dass die aktuellen Bedarfe und Problemlagen der Schulen in angemessener und flexibler Weise durch entsprechende Unterstützungsangebote abgedeckt werden.

Diese Hoffnung ist schon deshalb fragwürdig, weil viele Unterstützungsangebote von langer Hand vorbereitet und in einschlägigen Praxistests optimiert werden müssen – eine Aufgabe, die das Gros der privaten Anbieter kaum zu leisten vermag, da ihnen der nötige Zugang zur Schul- und Unterrichtspraxis fehlt. Hinzu kommt, dass die gängigen Fortbildungsbudgets der Schulen in aller Regel viel zu knapp bemessen sind, um private Anbieter (Trainer, Berater etc.) für langwierige Entwicklungsarbeiten angemessen entschädigen zu können. Mit Tageshonoraren von 200–500 Euro ist das unter normalen Umständen nicht zu machen. Selbst wenn erfahrene Lehrkräfte auf Teilzeit gehen würden, um sich mit dem anderen Teil ihrer Arbeitskraft als freischaffende Lehrerfortbildner zu engagieren, so wäre das für sie unter dem Strich meist ein höchst unattraktives Geschäft. So gesehen ist die Hoffnung auf den freien Markt derzeit noch recht trügerisch. Vieles spricht stattdessen dafür, dass der Staat seiner angestammten Fürsorgepflicht genügen und profilierte Unterstützungssysteme entwickeln muss, die für die Schulen sowohl Praxisrelevanz bieten als auch bezahlbar sind. Hier sind die politisch Verantwortlichen gefragt.

Gefragt sind Letztere ferner, wenn es um die Bereitstellung zusätzlicher pädagogischer Fachkräfte geht, die Lehrkräften bei akuten Erziehungsproblemen unterstützend zur Seite stehen. Das betrifft Schulpsychologen genauso wie z.B. Sozialpädagogen. Auch das ist ein Teil des besagten Unterstützungssystems. Lehrerinnen und Lehrer können sich nun einmal nicht um alles kümmern. Sie sind auch nicht für alles kompetent und brauchen daher versierte »pädagogische Helfer«, die ihnen bewährtes pädagogisch-strategisches Know-how zukommen lassen. »Wir halten es deshalb für notwendig«, so konstatiert Uwe Schaarschmidt völlig zu Recht, »dass an den Schulen systematische Erziehungs-, Betreuungs- und Beratungstätigkeit durch Sozialpädagogen und Sozialarbeiter erfolgt, der schulpsychologische Dienst sowie Erziehungsberatungsstellen ausgebaut werden und sich deren Arbeit noch enger mit dem schulischen Alltag verbindet.« (Schaarschmidt 2004, S. 146) Darüber hinaus plädiert Schaarschmidt für den Ausbau der Vorschulerziehung, der Kinder- und Jugendbetreuung in der Freizeit sowie der innerschulischen Stütz- und Betreuungssysteme mit dem Ziel, Lehrerinnen und Lehrern einige ihrer Belastungen abzunehmen (vgl. ebenda).

Unterstützungssysteme schaffen Orientierung und Sicherheit. Sie helfen Zeit sparen und tragen dazu bei, dass auf Lehrerseite neue Ideen und Qualifikationen entstehen, die einen entspannteren Umgang mit den schulischen Aufgaben und Herausforderungen gewährleisten. »Schulen müssen nicht alles können wollen«, so schreiben Uwe Hameyer und Heino Reimers in ihrem Editorial. »Sie sollen sich dort externe Ressourcen und externes Wissen holen, wo ihre eigenen Potenziale nicht ausreichen.« (Hameyer/Reimers 2003, S. 4) Das verweist einmal mehr auf die Bedeutung der besagten Unterstützungssysteme. Verantwortlich für deren Aufbau und Entwicklung sind die staatlichen Stellen und Serviceeinrichtungen. Daran besteht auch im Zeitalter der Privatisierung und Liberalisierung kein Zweifel. Dementsprechend müssen Finanzmittel aufgestockt und vorausschauende Planungs- und Entwicklungsarbeiten geleistet werden, die sicherstellen, dass den amtierenden Lehrkräften überzeugende Hilfen und Entlastungsangebote für den Schulalltag unterbreitet werden können. Einfach mehr Geld in die Schulen zu geben und ansonsten auf die heilsame Wirkung des freien Marktes zu hoffen ist weder realistisch noch besonders zielführend.

Fazit also: Schulentwicklung und Lehrerentlastung brauchen wirksame Unterstützungssysteme. Unterstützungssysteme in Gestalt von Schulentwicklungsberatern, Unterrichtsentwicklern, Methodentrainern, Prozessmoderatoren, Supervisoren, Coaches, Lernberatern, Sozialpädagogen, Evaluationssachverständigen etc. Sie alle können dazu beitragen, dass den pädagogischen Akteuren in den Einzelschulen bewährtes Knowhow zufließt, das ihnen hilft, Schule und Unterricht zügig und wirksam zu erneuern und dabei auch und zugleich Wege zur eigenen Entlastung zu finden. Es macht nun einmal wenig Sinn, dass jedes Kollegium das Rad neu erfindet und in einem mühevollen »Trial-and-error-Prozess« seine eigenen Strategien in Sachen Schul- und Unterrichtsentwicklung generiert. Synergieeffekte sind gefragt. Das heißt: Schulen sollten verstärkt darauf setzen, von denen unterstützt und beraten werden, die über einschlägiges, praxisbewährtes Know-how verfügen. Diese Unterstützer gilt es gezielt zu qualifizieren sowie dafür freizustellen, dass sie interessierten Lehrkräften, Schulleitungen und Kollegien dabei helfen, ihr schulisches Arbeitsfeld wirksam zu verbessern.

5. Förderung systematischer Fortbildung

Zu den skizzierten Unterstützungsmaßnahmen gehören die Fort- und Weiterbildung. Das beginnt mit fachlichen Fortbildungsmaßnahmen und reicht über Seminare mit methodischen und pädagogischen Schwerpunktsetzungen bis hin zu Veranstaltungen in Sachen Schul-, Projekt- und Konfliktmanagement. Im Kern ist allen diesen Fortbildungsveranstaltungen eines gemeinsam: Sie zielen auf zukunftsgerichtete und möglichst nachhaltige Schul- und Unterrichtsentwicklung. Um ihre Nachhaltigkeit ist es de facto jedoch nicht zum Besten bestellt. Im Gegenteil: Viele Fortbildungsmaßnahmen kranken nachweislich am so genannten »Glühwürmcheneffekt«, d.h., sie führen als meist recht punktuelle Veranstaltungen dazu, dass für die Tagungsteilnehmer/innen im Seminarverlauf zwar neue Handlungsperspektiven kurz aufglühen, nach Tagungsende aber ganz schnell wieder verblassen und verglühen. Diese verbreitete Fortbildungspraxis ist im schlimmsten Sinne des Wortes »Sisyphusarbeit«. Sie hat Placebocharakter in dem Sinne, dass sie den Beteiligten vielleicht das Gefühl vermittelt, für sich und die Schule etwas Gutes getan zu haben. De facto aber bleibt sie auf längere Sicht zumeist ohne nennenswerte Wirkung – weder für die Schule als Ganzes noch für die einzelne Lehrerin oder den einzelnen Lehrer. Als ernsthafte Entlastungsperspektive für die schulischen Akteure kann sie auf jeden Fall nicht verbucht werden.

Das Dilemma der tradierten Lehrerfortbildung ist, dass sie weithin ohne System, Kontinuität und Verbindlichkeit abläuft. Schuld daran sind sowohl die sprunghaft und sporadisch agierenden Schulen als auch die diskretionär anbietenden Fortbildungsinstitute. Die meisten Angebote der Landesinstitute betreffen unverbunden nebeneinander stehende Veranstaltungen und richten sich primär an Einzelpersonen. Weder Veranstaltungsreihen noch konsequente Teamfortbildungen sind in größerem Stil üblich. Und erst recht nicht wird auf durchstrukturierte Qualifizierungsprogramme mit längerfristigem verbindlichem Zuschnitt abgestellt – auf Programme also, die miteinander verbundene und aufeinander aufbauende Seminare, Workshops und sonstige Veranstaltungen umfassen. Vieles ist und bleibt punktuell, beliebig, unverbindlich, zufällig und daher in der Regel auch recht wirkungslos. Nachhaltige Innovationen lassen sich auf diese Weise ebenso wenig erreichen wie spürbare Lehrerentlastung.

Uwe Hameyer sieht zwar einen »vorsichtigen Trend zu Veranstaltungen, Kursen und Modulen ..., die stärker aufeinander bezogen sind oder sich zumindest inhaltlich besser als früher kombinieren lassen« (Hameyer 2003, S. 10). Gleichwohl sind derartige Ansätze bislang keinesfalls die Regel, sondern bestenfalls die rühmliche Ausnahme. Wie Hameyer weiterhin feststellt, ist das *Schulfach* nach wie vor der entscheidende Referenzpunkt für die Mehrzahl der Fort- und Weiterbildungsangebote für Lehrerinnen und Lehrer. Ein Blick in die Inhaltsverzeichnisse der gängigen Veranstaltungskataloge bestätigt dieses. Daher sind wir hierzulande, wie Uwe Hameyer zu Recht beklagt, »in allen Phasen der Lehrerbildung immer noch ein gutes Stück weit davon entfernt, übergreifend flexible, abgestimmte, aufbauende Modulsysteme auszuweisen, obgleich bekannt ist, dass punktuelle, nicht untereinander abgestimmte Kurse meistens keinen Kompetenzzuwachs auf Dauer bewirken« (ebenda, S. 10f.). Dieser kritischen Diagnose kann hier nur zugestimmt werden.

Was tun? Entscheidend ist, dass die Fort- und Weiterbildung der schulischen Akteure mehr System, Verbindlichkeit und Vernetzung erfährt. Dazu müssen die zuständigen staatlichen Stellen beitragen. Sie müssen dafür Sorge tragen, dass entsprechende Programme entwickelt, finanziert und durch gezielte Freistellungsmaßnahmen für engagierte Lehrkräfte gebührend unterstützt werden. Diesbezüglich besteht in den meisten Bundesländern noch erheblicher Nachhol- und Klärungsbedarf. Dabei liegen die Argumente für einen einschneidenden Paradigmenwechsel im Fortbildungsbereich auf der Hand. Was hilft es denn, wenn heute jemand ein Seminar zur Verkehrserziehung besucht und morgen ein Zweiter eine Tagung in Sachen Montessori-Pädagogik absolviert und übermorgen vielleicht ein Dritter zu einer Streitschlichter-Veranstaltung geht. Jedes Seminar für sich genommen mag zwar interessant und lehrreich sein, für die konzertierte Innovationsarbeit in Schule und Unterricht hingegen wirft diese »Kraut-und-Rüben-Strategie« wenig ab. Von daher gilt es im Interesse der Schulgemeinschaft wie der einzelnen Lehrkräfte neue Wege der Lehrerfortbildung zu finden – Wege, die eine stärkere Verzahnung und Systematisierung der laufenden schulinternen und -externen Qualifizierungsmaßnahmen gewährleisten. Diesbezüglich sind noch beträchtliche Pionierarbeiten zu leisten. Das betrifft die Veranstaltungsplanung und -ausschreibung genauso wie die Zulassung, Betreuung und »vertragliche« Bindung der Fortbildungsteilnehmer/innen.

Wie diese Systematisierung und Verzahnung der Fortbildungsmaßnahmen aussehen kann, zeigt der Maßnahmenkatalog in Abbildung 26. Gerichtet ist das skizzierte Fortbildungsprogramm auf die umfassende Weiterentwicklung der Lehr- und Lernkultur in nordrhein-westfälischen Schulen. Hervorgegangen sind die skizzierten Grundsätze aus dem Modellversuch »Schule & Co.«, wie er in den Jahren 1997–2002 unter maßgeblicher Beteiligung des Verfassers in den Regionen Herford und Leverkusen gelaufen ist. Die dabei erzielten Evaluationsbefunde sind eindeutig: Die anvisierte Unterrichtsentwicklung gelingt dann recht erfolgreich, wenn die Akteure der betreffenden Schulen ebenso vielschichtig wie systematisch und verbindlich qualifiziert und zur Umsetzungsarbeit angehalten werden. Dementsprechend sieht das Programm vor, dass die betreffenden Kollegien ein fein austariertes Qualifizierungsprogramm mit zahlreichen Seminaren, Workshops, Teamklausurtagen, Hospitationen und unterrichtlichen Umsetzungsmaßnahmen durchlaufen, die aufs Engste miteinander verzahnt sind. Dazu gehören vielfältige zeitlich, inhaltlich und personell aufeinander abgestimmte Fortbildungsveranstaltungen für Fachlehrer/innen, Klassenlehrer/innen und Schulleitungsmitglieder. Näheres dazu lässt sich den Angaben in Abbildung 26 entnehmen.

> **Merkmale einer »guten« Fortbildung zur Unterrichtsentwicklung**
> Anregungen für Selbstständige Schulen
>
> - Die Fortbildung zur Unterrichtsentwicklung für Lehrerinnen und Lehrer ist eingebettet in ein komplexes Fortbildungsprogramm für die einzelne Schule.
> - Die Schule entscheidet als Ganze über die Teilnahme an der Fortbildung, nachdem sie entsprechend informiert wurde (»Schnuppertag«).
> - Die vier Bausteine (zum Methodentraining, zum Kommunikationstraining, zur Teamentwicklung sowie zum Eigenverantwortlichen Arbeiten und Lernen der Schülerin/innen – d.V.) werden als Gesamtprogramm in einer zeitlichen Reihung und Streckung (mindestens zwei Schuljahre) angeboten.
> - Die Bausteine sind schulformspezifisch oder schulstufenspezifisch ausgestaltet und richten sich nur an Klassen-, Jahrgangsstufen- oder Bildungsgangteams.
> - Die vier Bausteine sind aufeinander bezogen und als kumulativer Lernprozess erlebbar. Im Sinn von Lernprogression integriert der zweite Baustein Elemente des ersten und setzt ihre teamorientierte Anwendung im eigenen Unterricht voraus. Der dritte Baustein greift das Wesentliche aus den ersten beiden Bausteinen auf und verlangt erneut die teamorientierte Anwendung im eigenen Unterricht. Der vierte Baustein vernetzt die Elemente der ersten drei und fokussiert sie auf fachliche Kontexte.
> - Die Fortbildung ist einerseits handlungsorientiert und erfordert deshalb auch von den Teilnehmerinnen und Teilnehmern, sich in Handlungsteams zu formieren. Sie ist andererseits in angemessenem Umfang theoriegeleitet, um die notwendigen Reflexionsprozesse abzusichern.
> - Die Durchführung der Fortbildung ist mit den schulischen Steuergruppen vorbereitet und abgestimmt und auf die schulindividuelle Situation angepasst.
> - Durch den Einsatz von Trainerinnen- und Trainer-Tandems wird ein wesentlicher Beitrag zur Qualitätsentwicklung und -sicherung der Fortbildung erbracht ...
> - Das Fortbildungsangebot erstreckt sich nicht nur auf eine Lerngruppe der Schule, sondern ist so angelegt, dass perspektivisch alle Lehrerinnen und Lehrer einer Schule sowie mögliche Nachschulungen berücksichtigt werden.
> - Die Fortbildung versetzt die teilnehmenden Teams in die Lage, nach jedem Training alle Inhalte eigenverantwortlich in Sockeltrainings und Pflegemaßnahmen für ihre Lerngruppen umzusetzen.
> - Die Fortbildung benutzt Materialien, die exemplarisch zur Umsetzung in der Schule genutzt werden können.
> - Die Fortbildung bietet den Teams den nächsten Trainingsbaustein erst dann an, wenn die innerschulische Umsetzung des vorhergehenden sichergestellt ist. Zu diesem Zweck kooperieren die Trainerinnen und Trainer mit den schulischen Steuergruppen.

Abb. 26 (Quelle: Selbstständige Schule NRW (Hrsg.) 2004, S. 18)

Derartige Qualifizierungsprogramme müssen politisch natürlich gewollt und unterstützt werden. Andernfalls sind sie in der Intensität und Vielschichtigkeit, in der sie in NRW realisiert wurden und werden, nicht durchsetzbar. Derzeit ist das besagte Fortbildungsprogramm Grundlage und Schwerpunkt des laufenden Modellversuchs »Selbstständige Schule«. Die daraus resultierenden Konsequenzen für die bildungspolitisch Verantwortlichen sind gravierend. Es müssen Hunderte von Trainerinnen und Trainern für Unterrichtsentwicklung ausgebildet und partiell freigestellt werden, die den betreffenden Kollegien das nötige Fortbildungsangebot und Umsetzungs-Knowhow unterbreiten. Ferner müssen zahlreiche Seminare, Workshops, Teambesprechungen und Hospitationen pro Schule bzw. Schulgruppe finanziert und schulorganisatorisch ermöglicht werden. Auch das geht in der Regel nicht ohne gezielte Freistellungsmaßnahmen ab. So gesehen verlangt die hier in Rede stehende Systematisierung der Fortbildungs- und Schulentwicklungsarbeit nicht unerhebliche Aufwendungen seitens der Bildungspolitik und der örtlichen Schulträger.

Auf der anderen Seite kann es ja nicht das Interesse des Staates sein, punktuelle »Alibi-Fortbildungen« zu finanzieren, die nach kürzester Zeit verpuffen. Vielmehr muss den verantwortlichen Behörden daran gelegen sein, ein überzeugendes Aufwand-Ertrags-Verhältnis zu erreichen., d.h. mit einem bestimmten Mitteleinsatz eine möglichst nachhaltige Wirkung in Schule und Unterricht zu erzielen. Diesbezüglich lohnen Kompaktprogramme der skizzierten Art ohne jeden Zweifel. Sie sind im Kern zwar teurer, gewährleisten dafür aber auch deutlich mehr Nachhaltigkeit und Praxiswirksamkeit als die punktuellen Fortbildungsveranstaltungen traditioneller Spielart. Das belegt nicht zuletzt die Abschlussevaluation zum besagten Modellversuch »Schule & Co.«. Darin heißt es: »Schule & Co. hat konsequent und systematisch zur Unterrichtsverbesserung beigetragen, indem es Unterrichtsentwicklung mit Schulentwicklungsmanagement verbunden ... hat. Unsere Abschlussevaluation kann eindrucksvoll belegen, dass die Unterrichtsentwicklung in großer Breite und Intensität bei den Schülerinnen und Schülern ›angekommen‹ ist, dass viele der gewünschten Wirkungen bezüglich einer Verbesserung der pädagogischen Arbeit schon jetzt beobachtbar sind.« (Bastian/Rolff 2002, S. 62)

Das alles macht deutlich: Wer nachhaltige Schulentwicklung und spürbare Lehrerentlastung erreichen möchte, der tut gut daran, verstärkt auf systematische Lehrerfortbildung zu setzen, d.h. auf sorgfältig abgestimmte Modulsysteme, die den Lehrkräften Sicherheit geben, Know-how vermitteln und im besten Sinne des Wortes Zeit und Frustrationen ersparen helfen. Das ist praktizierte Lehrerentlastung! Natürlich müssen derartige Modulsysteme erst mal entwickelt, getestet und institutionell auf den Weg gebracht werden, damit sie die Kollegien auch tatsächlich erreichen können. Diese Entwicklungsarbeit betrifft die Fortbildungsinstitute und Bildungsbehörden gleichermaßen. Die Bildungsbehörden müssen sicherstellen, dass die nötigen Ressourcen und Freistellungen zur Verfügung stehen. Und die Fortbildungsinstitute müssen dafür sorgen, dass überzeugende Qualifizierungs- und Innovationsprogramme entwickelt werden, die den Kollegien im Schulalltag weiterhelfen. Beides geht selbstverständlich nicht ohne entsprechendes Prioritätensetzen und Mittelverlagerungen. Die politisch Verantwortlichen tun gut daran, entsprechende Weichenstellungen vorzunehmen.

6. Erleichterung der Lehrerkooperation

Die aktuellen Innovations- und Entlastungserfordernisse sind ohne verstärkte Lehrerkooperation nicht zu bewältigen. Darin sind sich Schulforscher und Schulpraktiker einig. Lehrerkooperation begünstigt sowohl die Verbindlichkeit und Intensität der Schul- und Unterrichtsentwicklung als auch und zugleich die Reduzierung des individuellen Arbeitsaufwands der Lehrerinnen und Lehrer. Lehrerkooperation sorgt zudem für mehr Sicherheit, Inspiration und Motivation beim Einzelnen, wenn es darum geht, neue Wege des Lehrens und Lernens in Schule und Unterricht zu verfolgen. So gesehen stehen die Notwendigkeit und Zweckmäßigkeit einer verstärkten Zusammenarbeit von Lehrerinnen und Lehrern außer Frage. Trotzdem heißt das noch lange nicht, dass dieser Grundeinsicht im Schulalltag gefolgt wird. Im Gegenteil: Konsequente Lehrerkooperation ist in Deutschlands Schulen bis heute die Ausnahme und keinesfalls die Regel. Der Hintergrund dieses irritierenden Phänomens: Das Gros der Lehrkräfte hat zu wenig Zeit und Gelegenheit, tragfähige Kooperationsstrategien einzuüben und zu praktizieren. Weder in der Lehrerfortbildung noch im Schulalltag selbst werden Teamaktivitäten so gefördert, dass Lehrkräfte für sich das Gefühl entwickeln können, »Teamarbeit lohnt sich«.

Organisierte Teamarbeit von Lehrerinnen und Lehrern kommt viel zu selten vor. Da die Unterrichtsversorgung hohe Priorität besitzt, geraten Teambesprechungen und Teamfortbildungen während der Schulzeit sehr schnell in den Verdacht, zu Lasten der Schülerinnen und Schüler zu gehen. Sie jedoch außerhalb der Schulzeit zu organisieren ist allein schon wegen der individuell unterschiedlichen Arbeitsrhythmen und -gewohnheiten der Lehrkräfte äußerst schwierig. Die Wahrscheinlichkeit, dass die entsprechenden Kooperationsveranstaltungen dann lieber gestrichen werden, ist groß. Das mag mancher bedauern, zu ändern aber ist es auf kurze Sicht nicht. Dem steht nicht zuletzt das Beamtenrecht im Wege. Sich am Nachmittag, an Wochenenden oder während der Ferien zu Teamsitzungen und/oder Teamfortbildungen zu treffen scheitert regelmäßig an den Vetos der zahlreichen »Einzelkämpfer«, die sich in Deutschlands Schulen finden. Sie zu zwingen würde häufig mehr kaputtmachen als Nutzen bringen. Von daher spricht vieles dafür, die Kooperationsmöglichkeiten und -verpflichtungen der Lehrkräfte verstärkt während der offiziellen Schulzeit anzusiedeln und durch großzügige Freistellungs- und Vertretungsregelungen zu unterstützen.

Entsprechende Signale müssen sowohl von Seiten der Schulaufsicht und der Schulleitungen kommen als auch und besonders von Seiten der Bildungspolitik. Solange sich die politisch Verantwortlichen hierzulande vorrangig dadurch in Szene zu setzen versuchen, dass sie den gelegentlichen Unterrichtsausfall in den Schulen geißeln, dann kann das sehr schnell kontraproduktiv werden. Kontraproduktiv deshalb, weil die Gefahr besteht, dass die einzelnen Lehrpersonen nur noch dienstbeflissen ihre Pflichtstunden absolvieren, sich ansonsten aber aus allem heraushalten, was übergreifende Fragen der Schul- und Unterrichtsentwicklung betrifft. Eine derartige Engführung kann politisch weder geduldet noch gewollt werden. Vielmehr sollte den politisch Verantwortlichen genuin daran gelegen sein, die Arbeitsbedingungen in den Schulen so zu gestalten, dass die Lehrkräfte ein größtmögliches Maß an Lernwirksamkeit, Innovationsbereitschaft, Teamgeist und Problemlösungsfähigkeit entfalten können. Dazu bedarf es u.a. verstärkter Lehrerkooperation in Schule und Lehrerfortbildung. Diese Teamentwicklung dezidiert zu erleichtern und zu unterstützen ist und bleibt eine der zentralen Aufgaben von Bildungspolitik und Schulverwaltung.

Die Vorzüge konsequenter Teamförderung liegen auf der Hand. Teamarbeit wirkt inspirierend und motivierend, ermutigend und entlastend. Sie erweitert die Ideenvielfalt der betreffenden Lehrkräfte und erleichtert die Entwicklung neuer Materialien und Lernarrangements zur Umsetzung neuer Lehr- und Lernformen. Und sie führt zu größerer Überzeugungskraft und Durchsetzungsfähigkeit der einzelnen Lehrerteams gegenüber Eltern, Schulleitung und Gesamtkollegium, wenn es darum geht, bestimmte Innovationsmaßnahmen zu implementieren. So gesehen ist Teamarbeit ein entscheidender Hebel bei der Förderung nachhaltiger Unterrichtsentwicklung. Denn die einzelne Lehrkraft kann noch so willig und versiert sein, sie wird den gängigen Unterricht im Alleingang bestenfalls punktuell verändern und verbessern können. Nachhaltige Verbesserungen lassen sich letztlich nur dadurch erreichen, dass eine *konzertierte Aktion* auf Klassen-, Fach- und Führungsebene gestartet wird, die hilft, die vorhandenen Kräfte wirksam zu bündeln und die anstehenden Reformarbeiten in zeit- und arbeitssparender Weise über die Bühne zu bringen.

Von daher muss die Bildungspolitik Farbe bekennen und eine forcierte Teamarbeit und Teamentwicklung in den Schulen gewährleisten. Sie muss die Rahmenbedingungen schaffen und die Freistellungsmöglichkeiten eröffnen, die aufgeschlossenen Lehrkräften und Schulleitungen den nötigen Rückenwind verschaffen, damit sie in konzertierter Weise an der Umsetzung der intendierten Veränderungen und Verbesserungen im Schulalltag arbeiten können. Dazu gehört die Freistellung von Lehrerteams für externe Fortbildungsseminare genauso wie die Ermöglichung von schulinternen Workshops, Hospitationen und Unterrichtsbesprechungen in Teamformationen. Vorausgesetzt, eine Schule hat ein entsprechendes Schulprogramm, so muss es ihr möglich sein, den engagierten Lehrerteams auch mal ganztägig oder auch mehrtägig Raum zu geben, sich grundständig auf das vorzubereiten, was an schulinternen Innovationen vorgesehen ist. Dass sich diese teamorientierte Prioritätensetzung nicht ohne die eine oder andere Ausfall- oder Vertretungsstunde verwirklichen lässt, versteht sich von selbst. Denn die betreffenden Teamveranstaltungen ausschließlich auf die unterrichtsfreie Zeit zu legen hieße, sie verlässlich zum Scheitern zu bringen.

Wie vielschichtig die zu unterstützenden Teamveranstaltungen sein können, lässt sich aus Abbildung 27 ersehen. Kern des skizzierten Unterrichtsentwicklungsprogramms ist die systematische Förderung grundlegender Schülerkompetenzen mit dem Ziel, das eigenverantwortliche Arbeiten und Lernen der Schülerinnen und Schüler

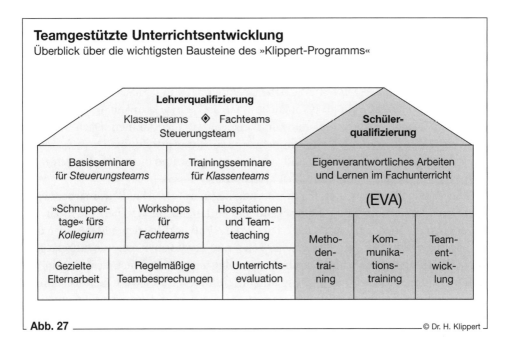

Abb. 27

wirksam und nachhaltig zu fundieren. Bedingung und Gewähr für die Realisierung dieses Anspruchs ist die ebenso systematische Qualifizierung der zuständigen Lehrkräfte – oder präziser: der Klassenteams, der Fachteams, der Steuerungsteams und des jeweiligen Gesamtkollegiums. Die entsprechenden Qualifizierungsmaßnahmen umfassen zum einen mehrtägige Trainings- und Basisseminare für die Klassen- und Steuerungsteams, zum anderen 5-stündige bis ganztägige Workshops bzw. Schnuppertagungen für die Fachteams bzw. das Gesamtkollegium. Hinzu kommen regelmäßige Teambesprechungen, Hospitationen im Team, Teamsitzungen zur Abstimmung der Evaluationsverfahren sowie vertrauensbildende Kooperationsveranstaltungen mit Eltern bzw. Elternvertretern auf Klassen- oder gesamtschulischer Ebene. Die Palette der Teamveranstaltungen ist also breit gefächert. Sie zu realisieren setzt zwingend voraus, dass Politik, Schulverwaltung und Schulleitungen diese Strategie des »konzertierten Arbeitens« gutwillig und Mut machend unterstützen und ermöglichen.

Teil dieses externen Unterstützungssystems sind die im letzten Abschnitt bereits erwähnten Trainerinnen und Trainer für Unterrichtsentwicklung. Sie leisten praxisbewährte »Hilfe zur Selbsthilfe«, indem sie Trainingsseminare für die besagten Lehrerteams moderieren, Workshops anleiten, Hospitationen organisieren, Materialien und Know-how einbringen und konkrete Beratung im Hinblick auf einzelne Umsetzungsmaßnahmen leisten. Mit diesem Unterstützungssystem soll sichergestellt werden, dass die betreffenden Lehrerteams nicht über Gebühr belastet werden und im eigenen Saft schmoren müssen. So gesehen korrespondiert die hier in Rede stehende Teamförderung und Teampflege mit dem, was in den beiden letzten Abschnitten zum Unterstützungssystem sowie zur Systematisierung der Lehrerfortbildung ausgeführt wurde.

7. Neuorientierung der Leitungsaufgaben

Auch bei der Auswahl und Ausbildung der Schulleiter/innen müssen neue Wege gesucht und gegangen werden. Andernfalls werden die hehren Erwartungen an die »Lernende Schule« (vgl. Schratz/Löffler 1998) nicht zu erfüllen sein. Schulleiter/innen sind Schlüsselpersonen, wenn es darum geht, das schulinterne Problemlösungspotenzial zu aktivieren und Lehrkräften aus ihrem Belastungsdilemma herauszuhelfen. Wenn sie nicht mit guten Ideen und mutigen strategischen Weichenstellungen und Stützmaßnahmen vorangehen, werden die meisten Lehrkräfte ihren schulpolitischen »Kleinmut« schwerlich überwinden. Im Klartext: Schulleiterinnen und Schulleiter müssen im besten Sinne des Wortes Ermutiger und Problemlöser, Unterstützer und Wegbereiter sein. Sie brauchen Einfühlungsvermögen und strategische Kompetenz, Kommunikationsfähigkeit und Überzeugungskraft, Innovationsbereitschaft und Unternehmungsgeist, Zielstrebigkeit und Ausdauer, Kreativität und Risikobereitschaft, Improvisationsfähigkeit und einen gewissen Hang zu unkonventionellen Entscheidungen und Maßnahmen im Bereich des alltäglichen Schulmanagements (vgl. auch Abb. 28).

Mit anderen Worten: Sie müssen sich als Gestalter statt als Verwalter verstehen. Sie müssen Probleme lösen wollen, statt nur darüber zu klagen. Sie müssen diskursfähig sein, statt in einsame Entscheidungen zu flüchten. Sie müssen Verbesserungsmöglichkeiten suchen, statt die Dinge einfach nur laufen zu lassen. Sie müssen Standvermögen an den Tag legen, statt es jedem nur recht machen zu wollen. Sie müssen die eigenen Gestaltungsspielräume ausloten, statt auf die Dienstanweisungen von oben zu warten. Kurzum: Sie müssen von ihrem ganzen Selbstverständnis her Manager, Problemlöser, Ermutiger, Innovatoren und Vorbilder im besten Sinne des Wortes sein. Und genau an diesem Punkt sind Umdenken und Umorientierung dringend angezeigt. Schulleiter/innen verstehen sich bis dato vor allem als Kollegen, Lehrer, Erzieher und Schulverwalter und viel zu wenig als Manager im besagten Sinne. Dieses Rollenverständnis passt längst nicht mehr in die aktuelle Schullandschaft. Wenn den Schulen immer mehr Entscheidungs- und Gestaltungsfreiheiten eingeräumt werden, wie das seit einigen Jahren der Fall ist, dann können sich die zuständigen Schulleiter/innen nicht länger auf ihre Lehrer-, Kollegen- und/oder Verwalterrolle zurückziehen. Vielmehr müssen sie bereit und in der Lage sein, das skizzierte Rollenspektrum ebenso breit wie souverän wahrzunehmen. Denn sie werden vor allem als Experten für Schul- und Unterrichtsentwicklung gebraucht und weniger als beflissener Verwalter schulischer Abläufe und Akten.

Zugegeben: Viele Schulleiterinnen und Schulleiter befinden sich längst auf dem Weg hin zu diesem Rollenverständnis. Gleichwohl bleibt in den meisten Schulen noch eine Menge zu tun. Das gilt sowohl für die besagte Managementaufgabe als auch für den Führungsstil der Leitungspersonen. Wie Uwe Schaarschmidt vor dem Hintergrund empirischer Untersuchungen feststellt, hängt das soziale Klima in einer Schule ganz entscheidend davon ab, wie sehr es der jeweiligen Schulleitung gelingt, integrierend und motivierend auf die Lehrerinnen und Lehrer zu wirken.»Dort, wo der Führungsstil der Leitung als kooperativ-unterstützend wahrgenommen wird«, so schreibt der Autor,»finden wir in der Regel auch intakte zwischenmenschliche Beziehungen im Kollegium vor. Und mehr noch: Es wird ganz offensichtlich auch die Wirkung belastender Faktoren des Arbeitsalltages abgepuffert.« (Schaarschmidt 2004, S. 150) So gesehen sind Schulleitungen Schlüsselinstanzen in Sachen Lehrerentlastung und Lehrermotivation – vorausgesetzt, sie sind diesbezüglich ausreichend qualifiziert und sensibilisiert. Das verweist auf die Bedeutung der Schulleiterqualifizierung.

Die Qualifizierung der Schulleiterinnen und Schulleiter ist das A und O erfolgreicher Schulentwicklung und Lehrerentlastung. Das gilt für die Beziehungsebene genauso wie für die zunehmend bedeutsamer werdenden Tätigkeitsbereiche Schulentwicklung, Projektmanagement, Konferenzmoderation, Mitarbeitermotivation, Konfliktmanagement, Öffentlichkeitsarbeit, Evaluation und Personalentwicklung. Diesbezüglich müssen die potenziellen schulischen Leitungspersonen viel frühzeitiger und intensiver vorbereitet werden, als das bislang der Fall ist. Vor allem der *Personalentwicklung* gebührt ein verstärktes Augenmerk. In dem Maße nämlich, wie die Schulen selbstständiger werden, gewinnt die schulinterne Personalentwicklung an Bedeutung. Das beginnt bei der Personalgewinnung und -auswahl und reicht über die Personaleinsatzplanung und die Fortbildung der Mitarbeiterinnen und Mitarbeiter bis hin zu einschlägigen Mitarbeitergesprächen, Zielvereinbarungen, Freistellungsregelungen und Mitarbeiterbeurteilungen durch die Schulleitungen. Darüber sind sich viele Verantwortliche in Politik und Schulverwaltung noch viel zu wenig im Klaren.

Daraus leitet sich nach Armin Lohmann das folgende höchst anspruchsvolle Fähigkeitsprofil der Schulleiter/innen ab: Kompetente Leitungspersonen haben demzufolge genaue Vorstellungen von den Anforderungssituationen und Bedingungen, unter denen die einzelnen Lehrkräfte ihre Leistungen erbringen. Sie wenden Instrumente der

Abb. 28

Personalentwicklung an, nutzen die Potenziale der Lehrerinnen und Lehrer und geben Hilfen zu deren Weiterentwicklung. Sie nutzen die Möglichkeit der schulscharfen Einstellung zur »Bestenauswahl«, integrieren neue Mitarbeiterinnen und Mitarbeiter und unterstützen diese während der Einarbeitungsphase. Sie übernehmen für Berufsanfängerinnen und Berufsanfänger eine besondere Verantwortung, erkennen Führungspotenziale und empfehlen die betreffenden Personen zur Förderung weiter. Sie nehmen Leistungskrisen bei einzelnen Lehrkräften rechtzeitig wahr und helfen diesen, darüber hinwegzukommen. Sie geben im Alltag immer wieder konstruktiv und entwicklungsorientiert Rückmeldungen und unterstützen die Lehrkräfte bei ihrer Unterrichts- und Erziehungsarbeit. Sie fördern die Zusammenarbeit im jeweiligen Kollegium, ermöglichen unkompliziert Unterrichtshospitationen und sorgen für die nötige Teamentwicklung. Und sie unterstützen Maßnahmen schulinterner Qualifizierung und überprüfen die Fortbildungsverpflichtung der Lehrkräfte (vgl. Lohmann 2005, S. 63f.).

Kein Wunder, dass derartige Kompetenzkataloge so manche potenziellen Schulleiter/innen ins Grübeln bringen. Ist es bislang doch eher üblich, dass die skizzierten Führungskompetenzen irgendwie »on the job« geklärt und gelernt werden müssen – eine Praxis, die nachweislich nicht sehr weit trägt. Die spezifischen Kompetenzen eines modernen Schulleiters bei laufendem Schulbetrieb zu lernen ist nicht nur schwierig, sondern im Kern auch unzumutbar – für die betreffende Leitungsperson wie für das jeweilige Kollegium. Hier muss politisch umgedacht und verstärkt in die systematische und frühzeitige Qualifizierung von Schulleiter/innen investiert werden. Es genügt schon längst nicht mehr, die schulischen Leitungskräfte während ihrer Amtszeit zum einen oder anderen Seminar zusammenzuholen, um ihnen die neuesten Erlasse, Pläne und/oder Regelungen nahe zu bringen. Das bleibt viel zu sehr an der Oberfläche. Erfolgreiche Schulleiter/innen müssen mehr können und wollen (vgl. Abb. 28)!

Die entsprechenden Qualifizierungsprogramme müssen von den politisch Verantwortlichen verstärkt auf den Weg gebracht werden. Sie müssen von langer Hand vorbereitet und durch versierte Aus- bzw. Fortbildner abgedeckt und implementiert werden. Von daher steht eine richtiggehende Qualifizierungsoffensive in Sachen Schulleitervorbereitung ins Haus. Wer diese Aufgabe ignoriert, muss sich nicht wundern, wenn schulintern vieles nicht so läuft, wie es laufen könnte. Eine auf wirksame Schulentwicklung und Lehrerentlastung bedachte Bildungspolitik muss zwingend daran interessiert sein, die Schulleiterfortbildung überzeugend zu modernisieren und problem- und praxisorientiert voranzubringen. Andernfalls drohen die anstehenden Reform- und Entlastungserfordernisse bereits an den fehlenden Führungskompetenzen in den Schulen zu scheitern. Gute Lehrkräfte sind nun einmal nicht automatisch auch überzeugende Führungskräfte, Schulentwickler und Schulmanager. Diese Erkenntnis hat sich hierzulande noch längst nicht überall durchgesetzt.

Woran es vor allem mangelt, das sind die entsprechenden Taten. Diese Taten betreffen sowohl die erwähnte Qualifizierungsoffensive als auch und zugleich die sorgfältige Sichtung und Auswahl der zukünftigen Schulleiter/innen. Derzeit herrscht bei der Schulleiterauswahl noch weitgehend das Verfahren vor, dass derjenige die Leitungsfunktion bekommt, der als engagierter Pädagoge gilt, gewisse Vorerfahrungen als

Konrektor gesammelt hat, am Prüfungstag selbst eine x-beliebige Unterrichtsstunde zu beurteilen versteht, eine abgesprochene Konferenz überzeugend über die Bühne zu bringen vermag und »last but not least« ein schulrechtliches Kolloquium erfolgreich absolviert, in dessen Verlauf vorrangig Rechtskunde und Verfahrenswissen geprüft werden. Das alles hat mit den oben skizzierten Führungs- und Managementaufgaben von Schulleiterinnen und Schulleitern nur sehr begrenzt etwas zu tun. Von daher spricht vieles dafür, dass dieses Verfahren dringend der Revision bedarf.

Was tun? Zum einen sollten die potenziellen Schulleiter/innen von langer Hand vorbereitet, d.h. fortgebildet, visitiert, beraten und möglichst frühzeitig an die eine oder andere einfachere Führungs- bzw. Leitungsaufgabe herangeführt werden. Diese Art der Führungskräfteentwicklung steckt hierzulande noch ziemlich in den Kinderschuhen. Zum Zweiten sollte die Unterrichtsverpflichtung der Schulleiter/innen zugunsten ihrer Management- und Führungsaufgaben zurückgefahren werden, was in Ländern wie Holland und Frankreich längst üblich ist. Drittens sollte den Leitungspersonen von (teil)autonomen Schulen ein Verwaltungsexperte zur Seite gestellt werden, der sich professionell um die alltäglichen Verwaltungsangelegenheiten kümmert. Auch das hat sich in anderen Ländern vielfach bewährt (übrigens auch in den deutschen Auslandsschulen). Und viertens schließlich sollten die an Schulleitungsaufgaben interessierten Lehrkräfte im Bewerbungsfalle ein ganztägiges Assessment durchlaufen müssen, welches mit berufsspezifischen Beobachtungs-, Beratungs-, Problemlöse-, Gesprächs- und Teamaufgaben ausgefüllt ist – mit Aufgabenstellungen also, die Aufschluss darüber zu geben vermögen, inwieweit ein/e Kandidat/in die oben angeführten Führungs-, Team- und Managementkompetenzen mitbringt. Damit könnten Auswahlentscheidungen zuverlässig fundiert werden. Derartige Assessments werden in einigen Bundesländern zwar angedacht und hier oder dort auch schon mal realisiert. Insgesamt jedoch sind sie noch weit davon entfernt, als Standard bei der Auswahl von Schulleiter/innen genutzt zu werden.

Zum Standard können derartige Anforderungen letztlich nur dann werden, wenn die Aus- und Fortbildung der pädagogischer Führungskräfte entsprechend akzentuiert wird. Das gilt zum einen für die erwähnte Vorlaufphase vor Übernahme einer Leitungsposition, zum anderen aber auch und nicht zuletzt für jene Phase, in der eine Führungskraft bereits in Amt und Würden ist. Gerade heute gilt es, viele amtierende Schulleiter/innen mittels massiver berufsbegleitender Fortbildungsmaßnahmen auf das vorzubereiten, was ihnen im Zeitalter von PISA, Finanzknappheit, Schulwahlfreiheit und erweiterter Schulautonomie an neuen Kompetenzen und Leistungen abverlangt wird (vgl. Abb. 28). Mit sporadischen Seminarbesuchen und/oder Schulleiterdienstbesprechungen ist diesen Herausforderungen nicht wirklich gerecht zu werden. Nötig ist vielmehr eine systematische Fort- und -weiterbildung angehender wie amtierender Leitungspersonen, die zuverlässig auf das vorbereitet, was schulische Führungskräfte heutzutage an Motivations-, Moderations-, Interaktions-, Präsentations-, Problemlöse- und Managementkompetenzen brauchen.

Diese Qualifizierungsaufgabe gilt auch und zugleich im Hinblick auf die schulischen Steuergruppen, wie sie in den letzten Jahren vielerorts eingerichtet worden sind.

Diese Steuergruppen können als erweiterte Führungsgremien gesehen werden, die mitverantwortlich sind für das Management der anstehenden Schul- und Unterrichtsentwicklungsprozesse. Sie unterstützen und ergänzen die Schulleitung, und müssen auf diese Führungs- und Steuerungsaufgabe natürlich auch grundständig vorbereitet werden. Wie diese Steuergruppen-Qualifizierung aussehen und akzentuiert sein kann, ist in den letzten Jahren in verschiedenen Bundesländern ausgelotet worden und hat im Ergebnis zu folgenden Qualifizierungsschwerpunkten geführt:

- *Programmklärung:* Damit ist gemeint, dass das jeweilige Steuerungsteam die anvisierte Innovationsarbeit eingehend klärt bzw. klären hilft. Dazu gehören Ist-Aufnahmen, Sachanalysen, Zielabsprachen und/oder Leitbilderstellung.
- *Projektmanagement:* Dieser Qualifizierungsbereich umfasst all das, was mit der systematischen Planung und Implementierung eines innovativen Vorhabens zu tun hat – angefangen bei der Netzplanerstellung über Fragen der Ressourcenbeschaffung und -bewirtschaftung bis hin zur gezielten Entlastung der beteiligten Lehrerinnen und Lehrer.
- *Konferenzgestaltung:* Hierbei geht es um Fragen der Effektivierung schulinterner Konferenzen. Das betrifft die Gesamtkonferenzen und Dienstbesprechungen genauso wie die Klassenkonferenzen, Fachkonferenzen und Workshops zur gemeinsamen Unterrichtsvorbereitung und Materialentwicklung.
- *Moderation und Präsentation:* Dieser Qualifizierungsbaustein konzentriert sich auf das Einüben grundlegender Moderations-, Kommunikations- und Präsentationstechniken, wie sie im Zuge partizipativer Planungs- und Entscheidungsprozesse in der Schule benötigt werden.
- *Umgang mit Widerständen:* Dieser Baustein betrifft das Abklären von Strategien, die einem Steuerungsteam helfen (können), auftretende Widerstände und Konflikte im Rahmen eines Innovationsprozesses erfolgreich abzubauen.
- *Teamentwicklung im Kollegium:* Hiermit ist gemeint, dass die Steuergruppe einer Schule lernen muss, schulinterne Teamarbeits- und Teamentwicklungsprozesse anzustoßen und überzeugend zu organisieren und zu begleiten.
- *Mitarbeitermotivation und -beratung:* Dieses Aufgabenfeld umfasst spezifische Qualifizierungsmaßnahmen im interaktiven Bereich, d.h. Übungen und Klärungen in Sachen Kommunikation, Beratung und Motivation von zaudernden Lehrpersonen in der eigenen Schule.
- *Eltern- und Öffentlichkeitsarbeit:* Der Erfolg der Steuerungsteams hängt nicht zuletzt davon ab, ob sie es verstehen, das jeweilige Innovationsprojekt nach außen hin so zu kommunizieren, dass die Beteiligten den nötigen Rückenwind erfahren

Fazit: Steuergruppen wie Schulleitungen brauchen verstärkt Qualifizierung, wenn sie den skizzierten Erfordernissen in puncto Innovationsmanagement und Lehrerentlastung gerecht werden wollen. Das bestätigt u.a. eine einschlägige Evaluationsstudie aus NRW. Darin heißt es: »Die umfangreichen und anspruchsvollen Aufgaben der Steuergruppe in Prozessen der Organisationsentwicklung erfordern ein hohes Maß an Kompetenz, das in einer Schule in der Regel nicht gegeben ist. Wenn eine Schule sich nicht von externen Beraterinnen und Beratern abhängig machen, sondern professionelle Schulentwicklung aus eigener Kraft betreiben will, dann müssen die notwendigen Kompetenzen an der Schule selbst aufgebaut werden.« (Herrmann 2000, S. 19) Dem ist hier nur noch hinzuzufügen, dass die skizzierte Kompetenzerweiterung der schulischen Führungskräfte nicht nur auf den Weg zu bringen ist, sie muss bei der jeweiligen Schulleiterauswahl auch möglichst konkret überprüft werden. Die weiter oben angesprochenen berufsspezifischen Assessments sind von daher eine wichtige Ergänzung und Abrundung der skizzierten Qualifizierungsoffensive.

8. Neue Akzente in der Lehrerausbildung

Die Lehrerausbildung ist eine wichtige Stütze von Schulentwicklung und Lehrerentlastung – keine Frage. Das gilt vor allem angesichts der Tatsache, dass sich die Altersstruktur der Lehrerschaft gegenwärtig rapide verändert. Viele Ältere gehen in Pension, junge Lehrkräfte kommen nach. Das ist eine Chance für mehr Innovation und Entlastung in der Schule, aber noch längst keine Gewähr dafür. Voraussetzung für nachhaltige Innovationen ist nämlich, dass die angehenden Lehrerinnen und Lehrer auch entsprechend ausgewählt und qualifiziert werden. Das aber ist hierzulande nur unzureichend der Fall. Das gilt für die Ausbildungsarbeit genauso wie für die Auswahl der Lehramtsstudierenden. Schaut man sich z.B. die Mentalität der Studierenden an, so kann man mit Uwe Schaarschmidt feststellen, dass rund ein Viertel der Lehramtsanwärter/innen geringe Frustrationstoleranz, dürftiges Selbstbewusstsein und eingeschränkte Widerstandskraft aufweisen – gepaart mit Defiziten im sozial-kommunikativen Bereich. Schlimmer noch: Mehr als die Hälfte des Lehrernachwuchses besitzt keine tragfähige Berufsmotivation (vgl. Schaarschmidt 2004, S. 152f.). Natürlich lassen sich derartige Handicaps während der Ausbildung nur schwer wettmachen.

Schaarschmidt plädiert daher zu Recht für konsequente Eignungsprüfungen für angehende Lehramtsstudent/innen, die u.a. darauf abstellen, die Kandidat/innen auf ihre berufsspezifische Motivation, ihre emotionale Stabilität und Frustrationstoleranz, ihre prosoziale Einstellung und Rücksichtnahme sowie ihr Durchsetzungs-, Selbstbehauptungs- und Problemlösungsvermögen in pädagogischen Kontexten hin zu überprüfen (vgl. ebenda, S. 152). Das sei sowohl unter dem Aspekt des beruflichen Erfolgs als auch unter dem der längerfristigen Gesundheitssicherung unabdingbar. Schaarschmidt betont zwar auch, dass das kein Freibrief für die Politik sei, die bestehenden Unzulänglichkeiten des Lehrerberufs nurmehr fortzuschreiben. Gleichwohl sieht der Forscher in fundierten Eignungsprüfungen ein probates Instrument, um absehbare »Wackelkandidat/innen« von vorneherein vom Lehramtsstudium abzuhalten. Gefragt seien schließlich junge Menschen, die in Schule und Unterricht etwas verändern und gestalten wollten und nicht solche, die der Lehrerlaufbahn vor allem deshalb zuneigten, »… weil man hier Beruf und Familie (vermeintlich) gut in Einklang bringen kann und/oder einen sicheren Arbeitsplatz vorfindet« (vgl. ebenda, S. 153).

Diesem Votum von Schaarschmidt kann hier nur zugestimmt werden. Von daher ist die Politik gut beraten, den Zugang zum Lehramtsstudium sorgfältiger und restriktiver zu regeln, als das bisher der Fall ist. Das ist jedoch nur die eine Seite der Ausbildungsproblematik. Die andere Seite betrifft die Unzulänglichkeiten der Ausbildungsarbeit selbst. Die entsprechende Kritik ist vielstimmig. Sie kommt von Politikern wie von Schulforschern, von Lehrkräften wie von Studierenden. Im Zentrum dieser Kritik steht die universitäre Phase. Die Hochschulen vermittelten künftigen Lehrer/innen ein Übermaß an sterilem Fachwissen und nur karge Didaktik- und Methodikkenntnisse und noch weniger Tipps und Tricks für erfolgreiches Unterrichten im Schulalltag – so der Tenor (vgl. Bölsche 2002, S. 18). Das gilt vor allem für den Gymnasialbereich. Viele Gymnasiallehrer/innen kommen – wie Reinhard Kahl zu Recht moniert – während ihres Studiums nicht einmal mit den elementarsten jugend- oder lernpsychologischen Erkenntnissen in Berührung. Sie studieren in erster Linie Fächer und müssen später doch als Lehrer arbeiten. Selbst angehende Grundschulpädagogen lernen kaum etwas über das Lernen der Kinder sowie darüber, wie »metakognitive Prozesse« ablaufen und wie Kinder zum Selberlernen anzuregen sind (vgl. Kahl 2003, S. 57).

Diese Praxisferne hat System und Tradition (vgl. Heil/Faust-Siehl 2000, S. 35). Während die Lehramtsstudierenden Ausbildungsangebote wünschen, die auf den Umgang mit Verhaltens- und Lernproblemen, mit multikulturell zusammengesetzten Klassen sowie mit unterrichtsorganisatorischen Fragen und Herausforderungen vorbereiten, werden in den Hochschulen vorrangig fach- und erziehungswissenschaftliche Theorien gepredigt und gepaukt (vgl. Bohnsack 2000, S. 56). Die Hoffnung, dass die Studienseminare diese Praxisferne der 1. Phase kompensieren können, trägt auch nicht allzu weit. Denn auch die 2. Phase ist nur sehr begrenzt in der Lage, den jungen Leuten ein alltagstaugliches Handwerkszeug für die 28-Stunden-Woche zu vermitteln. Im Vordergrund stehen stattdessen idealtypische Handlungsmuster, pädagogisch-didaktische Grundsatzreflexionen sowie gelegentliche »Show-Stunden« im Rahmen der obligatorischen Lehrproben, die viel Zeit kosten, ansonsten aber nur wenig von dem vermitteln, was im alltäglichen Schulbetrieb gebraucht wird (vgl. Herrmann 2002, S. 105).

So gesehen ist Wandel angesagt. Die Lehrerausbildung muss verstärkt darauf abstellen, den jungen Leuten Instrumente des Lehrerhandelns nahe zu bringen, die helfen, sowohl das Lernen der Schüler/innen zu effektivieren als auch und zugleich die Belastung der Lehrkräfte zu reduzieren. Beides geht durchaus zusammen – vorausgesetzt, die angehenden Lehrkräfte lernen eine Lernkultur aufzubauen, die Schüler/innen und Schüler befähigt, zuverlässig in eigener Regie zu arbeiten. Auf diese Lehrerrolle wird bislang viel zu wenig vorbereitet. Stattdessen setzt die deutsche Lehrerausbildung nach wie vor auf den Primat der Wissensvermittlung. Die Zukunft aber braucht anders »gepolte« Lehrkräfte. Lehrkräfte, die – wie Andreas Schleicher schreibt – bereit und in der Lage sind, Schüler/innen zu begleiten und dabei zu unterstützen, durch eigenständiges Denken und Handeln selbstständig und kooperativ zu lernen. Lehrkräfte, die es verstehen, Lernpfade geschickt zu individualisieren und die Schülerinnen und Schüler dazu zu befähigen, gemeinsam und voneinander zu lernen. Lehrkräfte aber auch, die den Schüler/innen motivierende Rückmeldungen geben und Hilfen bereitstellen, die es ermöglichen, eigene Lernpfade und Lernstrategien zu entwickeln und erfolgreich anzuwenden (vgl. Schleicher 2003, S. 4). Die Lehrerausbildung muss diese veränderte Lehrerrolle praxisnah und handlungsorientiert vorbereiten helfen.

Daraus ergeben sich gleich mehrere Konsequenzen für die Ausgestaltung der Lehrveranstaltungen in Hochschulen und Studienseminaren (vgl. auch Klippert 2004). Die erste Konsequenz ist die, dass die Lehramtsstudierenden innovative Verfahren des Lehrens und Lernens möglichst oft und überzeugend erleben müssen. Andernfalls werden sie ihre diesbezüglich bestehenden Vorbehalte und/oder Versagensängste schwerlich überwinden können. Diese Erkenntnis verlangt nach verstärktem *Erfahrungslernen* in der Lehrerausbildung. Die zweite Konsequenz geht dahin, dass Theorie und Praxis häufiger so zusammengebracht werden müssen, dass die jungen Leute ein möglichst fundiertes alltagstaugliches Repertoire zur Bewältigung ihrer schulischen Aufgaben und Herausforderungen erwerben. Daraus ergibt sich der Primat der *Alltagstauglichkeit*. Die dritte Konsequenz betrifft die verstärkte Betonung problemorientierten Lernens in Studium und Referendariat. Denn schließlich strotzt das pädagogische Aufgabenfeld nur so vor Lern-, Verhaltens- Disziplin- und sonstigen Problemen, die zu diagnostizieren und zu lösen die angehenden Lehrkräfte lernen müssen. Von daher muss die Lehrerausbildung verstärkt auf *Problemorientierung* setzen.

Die vierte Konsequenz zielt darauf, Teamarbeit und Teamentwicklung während der Ausbildung viel stärker zu betonen, als das bislang der Fall ist. Die Tatsache nämlich, dass die meisten Lehrkräfte eher als »Einzelkämpfer« agieren, hat ganz wesentlich damit zu tun, dass sie im Rahmen ihrer Ausbildung kaum überzeugende Gegenprogramme kennen gelernt haben. Teamgeist und Teamfähigkeit aber müssen genauso »studiert« werden wie anderes auch. Von daher spricht vieles dafür, im Rahmen der 1. und 2. Phase der Lehrerausbildung viel konsequenter als bisher darauf zu achten, dass *produktive Teamarbeit* praktiziert und eingeübt wird. Die fünfte Konsequenz schließlich betrifft die Vermittlung so genannter »Metakompetenzen« im Sinne reflektierter persönlicher Positionsbestimmungen. Wenn es beispielsweise darum geht, neue Unterrichtsmethoden und/oder pädagogische Problemlösungsverfahren zu implementieren, dann bedarf es dazu einer gewissen »Abgeklärtheit« der betreffenden Lehrkräfte. Von daher ist es für die Lehramtsanwärter/innen wichtig und hilfreich, in Studium und Referendariat möglichst oft und konsequent *theoriegestützte Reflexionen* anzustellen und eigene Standpunkte und/oder Verfahrensweisen näher zu legitimieren. Diese Theorie-Praxis-Koppelung muss im Ausbildungsverlauf verstärkt geübt und praktiziert werden.

Diese Prinzipien einer veränderten Lehrerausbildung lassen sich natürlich nur dann verwirklichen, wenn die verantwortlichen Akteure in Politik, Hochschulen und Studienseminaren entschieden dahinter stehen und die nötigen finanziellen, organisatorischen und personellen Weichenstellungen vornehmen. Das beginnt bei Blockseminaren von mehrstündiger bis mehrtägiger Dauer und reicht über veränderte Veranstaltungs- und Prüfungsmodalitäten bis hin zur entsprechenden Auswahl und Weiterbildung der verantwortlichen Lehrerausbilder in der 1. und 2. Phase. Dafür muss es Rückendeckung geben. Und dafür sollten selbstverständlich auch die nötigen Ressourcen, Programme und Personen zur Verfügung stehen. Diesbezüglich müssen die politisch Verantwortlichen deutlich mehr tun, als das bisher der Fall ist. Deshalb: Soll sich die Ausbildungspraxis in Hochschulen und Studienseminaren im Sinne der oben angeführten Maximen weiterentwickeln, so müssen die Akteure in Politik und Lehrerausbildung zwingend darangehen, tradierte Gepflogenheit über Bord zu werfen und neue Verfahrensweisen der Lehrerausbildung »hoffähig« zu machen.

9. Fazit: Hilfe zur Selbsthilfe tut Not!

Der aktuelle Innovations- und Belastungsstau in Deutschlands Schulen ist keineswegs nur der Lehrerschaft anzulasten. Bildungspolitik und Bildungsverwaltung sind genauso mitverantwortlich wie die vielen hilflosen Helfer und Erzieher in den Familien. Wenn daher wirksame Schulentwicklung und Lehrerentlastung erreicht werden sollen, dann müssen sich nicht nur die Lehrkräfte und Schulleitungen anstrengen, sondern auch und zugleich die Bildungspolitiker, Schulträger und Eltern darauf hinarbeiten, dass die schulischen Gegebenheiten positiv verändert bzw. weiterentwickelt werden. Was die Elternseite betrifft, so ist seit Jahr und Tag bekannt, dass immer mehr Erziehungsprobleme auf die Schule abgeschoben und nicht – wie das eigentlich sein sollte – im Elternhaus selbst geregelt und behoben werden. Dieses Verlagerungsprinzip betrifft vor allem die ins Kraut schießenden Disziplin- und Verhaltensprobleme, wie sie vielen Lehrkräften mittlerweile schwer zu schaffen machen. Schwierige Schüler/innen und destruktives Verhalten beeinträchtigen nicht nur den Lernerfolg in den Klassen, sondern auch und zugleich die Nervenkostüme und die Berufszufriedenheit der betreffenden Lehrerinnen und Lehrer.

Von daher steht fest, dass die aktuellen Erziehungsaufgaben ohne tatkräftige Unterstützung durch die Eltern schwerlich zu bewältigen sind. Die Schule kann zwar manches kompensieren, aber gerade im Bereich des Arbeits-, Sozial- und Lernverhaltens steht sie schnell auf verlorenem Posten, wenn die Eltern nicht konsequent und zielführend mitspielen. Der verbreitete Elternanspruch, »... dass man Kinder mit fünf oder sechs am Schultor abliefert, um sie nach mitunter dreizehn Jahren (oder mehr) fertig ausgebildet, perfekt erzogen und absolut zukunftsfähig wieder in Empfang zu nehmen« (Etzold 2000, S. 3), ist für die Kinder wie für die Lehrkräfte eine schlichte Überforderung. So einfach können und dürfen es sich Eltern nicht machen. Andernfalls sind die Belastungsgrenzen in den Kollegien nur zu schnell erreicht. Was Kinder vor allem brauchen und Eltern verstärkt bieten müssen, sind Zeit und Zuwendung, aber auch und besonders konsequentes Fordern und Erziehen. Wenn die Eltern keine Grenzen mehr setzen und ihre Kinder in jedweder Hinsicht in Schutz nehmen, dann können die Lehrkräfte nur sehr begrenzt dagegen ankommen.

So gesehen ist die hier in Rede stehende Lehrerentlastung zwingend darauf angewiesen, dass Eltern flankierende Erziehungsarbeit leisten und die Kinder dazu anhalten, sich offen und diszipliniert auf gestellte Aufgaben einlassen. Das würde mancher Lehrperson helfen, mit weniger Ärger und Stress über die Runden zu kommen. Diese Option ist zwar uralt, darf deshalb jedoch nicht unter den Tisch fallen. Ein zweiter Ansatzpunkt, der Lehrkräften helfen kann, mit den schulischen Belastungen und Herausforderungen besser fertig zu werden, betrifft die in den letzten Abschnitten skizzierten staatlichen Unterstützungsleistungen. Mit anderen Worten: Die anstehenden Erziehungs- und Innovationsaufgaben sind letztlich »... nur dann erfolgreich zu bewältigen, wenn sie als eine übergreifende Aufgabe verstanden werden, bei der Politik, Eltern- und Lehrerschaft ihrer jeweiligen Verantwortung nachkommen müssen« (Schaarschmidt 2004, S. 147). Das heißt für die politisch Verantwortlichen vor allem eines: Sie müssen viel entschiedener als bisher dafür eintreten, dass überzeugende Unterstützungssysteme für Lehrerinnen und Lehrer etabliert werden, die den betreffenden Lehrpersonen helfen, ihren Beruf wirksamer, zeitsparender, nervenschonender und insgesamt zufrieden stellender auszuüben, als das unter den aktuellen Umständen der Fall ist.

Das betrifft den Ausbau einschlägiger Lehrerfortbildungsmaßnahmen genauso wie die Unterstützung professioneller Teamarbeit und Schulorganisation – angefangen bei der Arbeitszeit über die Klassengröße und die Konferenzgestaltung bis hin zu den praktischen Arbeitsmitteln und Verbrauchsmaterialien, wie sie Lehrkräfte für einen schüleraktivierenden Unterricht benötigen. Zu all dem sind in den vorangehenden Abschnitten zahlreiche Anregungen und Forderungen formuliert worden, aus denen sich ersehen lässt, wie das staatliche Unterstützungssystem zur wirksamen Arbeitserleichterung für Lehrerinnen und Lehrer beitragen kann. Die verfügbaren staatlichen Mittel sind in Anbetracht der aktuellen Finanzmisere der Gebietskörperschaften zwar limitiert; gleichwohl können und müssen sie mittels veränderter fiskalpolitischer Prioritätensetzungen so verschoben werden, dass den Lehrkräften und Schulleitungen ein Mehr an wegweisender Unterstützung zufließt. Das ist angesichts des aktuellen Reformdrucks und der herausragenden Bedeutung der schulischen Qualifizierungsarbeit als Wettbewerbsfaktor eine schlichte Notwendigkeit.

Eine dritte Form der »Hilfe zur Selbsthilfe« betrifft die schulinterne Ermutigung, Inspiration und Materialbereitstellung von Kolleg/in zu Kolleg/in. Das ist auf den ersten Blick zwar nicht besonders politisch, verlangt in letzter Konsequenz aber doch eine deutliche Veränderung und Intensivierung der Teampflege in den Kollegien. Im Klartext: Wenn das Klima im jeweiligen Kollegium stimmen und die wechselseitige Unterstützung der Lehrkräfte schulintern funktionieren soll, dann muss verstärkt dafür gesorgt werden, dass Teamarbeit offensiv praktiziert und gelernt werden kann. Die dafür nötigen Bedingungen zu schaffen ist teils Sache der Schulleitungen, zum anderen Teil aber auch Aufgabe und Verantwortlichkeit der zuständigen staatlichen Instanzen und Einrichtungen. Das beginnt bei den Ministerien und Schulbehörden und reicht über die Schulträger bis hin zu den einzelnen Fortbildungsinstituten, die teamzentrierte Aktivitäten und Lernprozesse vorantreiben oder auch vernachlässigen können.

»Hilfe zur Selbsthilfe« ist somit die übergeordnet Maxime, die unterstreicht, worauf es in Sachen Schulentwicklung und Lehrerentlastung vor allem ankommt: nämlich auf die handfeste Stimulierung der Selbstheilungskräfte in den Schulen. Entlastung ist möglich und schulintern auch durchaus erfolgreich anzupacken. Das haben die Ausführungen in Kapitel II gezeigt. Die schulinternen Ansatzpunkte sind zwar nur begrenzt geeignet, den Lehrerinnen und Lehrern ihre Belastungen erschöpfend abzunehmen, dafür aber wirken sie rasch und wohltuend auf das ein, was im alltäglichen Schulbetrieb stresst und belastet. Deshalb darf nicht nur auf die Segnungen von oben gewartet und gebaut werden, sondern nötig ist auch und besonders, im innerschulischen Regiebereich zu beginnen und die unmittelbar zugänglichen Handlungs- und Entlastungsmöglichkeiten zu suchen und zu nutzen. Das ist der Ansatzpunkt in diesem Buch. Gezeigt wurde, dass die innerschulischen Akteure noch vielfältige ungenutzte Möglichkeiten haben, das eigene Los zu verbessern. Dass trotzdem politischer Flankenschutz und politische Unterstützung geboten sind, soll und darf nicht verhehlt werden. Denn am besten gelingt Lehrerentlastung natürlich dann, wenn günstige politische Rahmenbedingungen und -einflüsse mit intelligenter schulinterner Arbeits-, Organisations- und Unterrichtsgestaltung zusammentreffen. Bleibt nur zu hoffen, dass die Bildungspolitik dieses Zusammenspiel möglichst bald erkennt und unterstützt.

IV. Anhang: Einige Stimmen aus der Schulpraxis

In diesem abschließenden Kapitel sollen Schulleiter/innen und Lehrkräfte diverser Schulen zu Wort kommen, die seit geraumer Zeit dabei sind, mittels Unterrichtsentwicklung zu mehr Lernerfolg, Berufszufriedenheit und Lehrerentlastung zu gelangen. Kern des Programms ist die systematische Förderung des eigenverantwortlichen Arbeitens und Lernens der Schülerinnen und Schüler. Das schließt unterstützende Methoden-, Kommunikations- und Teamtrainings mit ein (vgl. Klippert 2000, S. 174ff.). Was die Lehrerseite betrifft, so werden korrespondierende Trainingsseminare, Workshops, Unterrichtsversuche, Hospitationen, Teambesprechungen und Führungskräftequalifizierungen ermöglicht, die dazu dienen, die anstehenden Vorbereitungsarbeiten zu erleichtern. Die nachfolgenden Interviews und Evaluationsbefunde zeigen, dass die gewählte Strategie nicht nur Kompetenzerweiterung, sondern auch spürbare Lehrerentlastung mit sich bringt.

1. Interview mit drei Schulleiter/innen

Die nachfolgenden Statements zeigen, wie couragierte Schulleiter/innen im Schulalltag versuchen, Entlastung für Lehrerinnen und Lehrer zu ermöglichen. Die befragten Schulleiter/innen sind Grenzgänger insofern, als sie die Grenzen des Machbaren und Vertretbaren ausloten, um den eigenen Lehrkräften Mut zu machen, Neues zu wagen. Das ist nicht nur legitim, sondern nachgerade notwendig. Die Befragten verstehen es, die vorhandenen Gestaltungs- und Entlastungsspielräume in ihren Schulen zu nutzen und die eigenen Kollegien zu motivieren, sich in puncto Unterrichts- und Schulentwicklung verstärkt zu engagieren. Wie sie das anstellen, zeigen die dokumentierten Antworten. Frau Suckrau ist Leiterin der Berufsbildenden Schule Wirtschaft II in Ludwigshafen; Herr Carstensen leitet die Anne-Frank-Realschule in Montabaur und Herr Leisenheimer ist Leiter der Regionalen Schule Ransbach-Baumbach.

Gerhard Leisenheimer   Claudette Suckrau   Ernst-G. Carstensen

? *Viele Lehrkräfte fühlen sich hochgradig belastet, oftmals auch überlastet. Wie äußert sich das in Ihrer Schule?*

Frau Suckrau: Die Kolleginnen und Kollegen finden zum Teil einfach keine Zeit mehr für Aktivitäten, die über das Notwendige hinausgehen, denn »das Notwendige« ist in den letzten Jahren immer mehr geworden. Bedenklich finde ich, dass unter diesen Vorzeichen auch Maßnahmen und Projekte blockiert werden, die kurzfristig vielleicht eine gewisse Mehrarbeit mit sich bringen, mittelfristig aber bestens geeignet sind, die alltägliche Arbeit zu erleichtern. Von daher besteht die Gefahr, dass vorschnell resigniert wird und die eigenen Handlungs- und Verbesserungsmöglichkeiten aus den Augen verloren werden. Diese Möglichkeiten zu finden und zu nutzen erfordert nämlich eine Menge Kraft und einen langen Atem. Leider geht vielen Lehrkräften im alltäglichen Klein-Klein die Puste aus.

Herr Carstensen: Die Überlastung der Lehrkräfte zeigt sich in unserer Schule unter anderem darin, dass sich Erkrankungen häufen oder Emotionen in angespannten Situationen aufbrechen, wo ansonsten mit kühlem Kopf reagiert würde. Die Nerven bei manchen Lehrkräften liegen schlicht blank. Auch die Bereitschaft zur Übernahme zusätzlicher Aufgaben hat bei einer Reihe von Lehrkräften deutlich nachgelassen. Von daher stimme ich Frau Suckrau zu, dass immer mehr Lehrkräften die Puste ausgeht.

Herr Leisenheimer: Natürlich ist die Lehrertätigkeit in mancherlei Hinsicht anders und zum Teil auch anstrengender geworden. Viele Belastungen treten allerdings nur saisonal auf und gehören schon immer zum Lehreralltag. Das gilt zum Beispiel für die Zeit vor den Zeugnissen oder für die meist recht stressige Phase vor Weihnachten. Was mich stört, das ist das allgemeine Gejammere über den ach so stressigen Lehrerjob. Auch in anderen Berufen haben sich die Zeiten geändert. Natürlich gibt es auch bei uns Belastungen, die Lehrkräften zusetzen. Aber diese halten sich in der Regel doch im Rahmen. Da wird über Schlafstörungen geklagt oder auch darüber, dass sich manche am Ende des Schultages »völlig platt« fühlen. Das sind bei 40 Kolleginnen und Kollegen allerdings nur Einzelfälle.

[?] *Wie schätzen Sie die Chancen ein, dass Bildungspolitik und Bildungsverwaltung in absehbarer Zeit für spürbare Entlastung sorgen werden?*

Frau Suckrau: Gering! Bildungspolitik ist in erster Linie Politik. Sie zielt auf kurzfristige Maßnahmen, die pressewirksam vermarktet werden können. Ob dabei für die Schulpraktiker etwas herausspringt, ist eine ganz andere Frage. Viele der in den letzten Jahren angestoßenen Reformansätze finde ich durchaus sinnvoll und Erfolg versprechend. Nur braucht es zu ihrer Umsetzung mehr Zeit und vor allem Unterstützung. Daran aber mangelt es. Da sollen Schulen z.B. ihre Qualitätsprogramme evaluieren – von der Idee her durchaus begrüßenswert. Ohne professionelle Unterstützung ist das allerdings kaum zu leisten. Auch an anderen Stellen werden immer wieder Dinge angestoßen, aber nicht hinreichend zu Ende geführt. Das ist Aktionismus, der die Kolleginnen und Kollegen verschleißt, ohne viel zu bringen. Dabei wird Zeit vertan; Ressourcen werden verschwendet – und damit sind wir wieder bei der Frage der Überlastung der Lehrerschaft. Für mich ist nicht zu erkennen, dass Bildungspolitik und Bildungsverwaltung zur Entlastung der Lehrkräfte beitragen werden.

Herr Carstensen: Eine Chance sehe ich in der Demographie. Wenn die Schülerzahlen runtergehen, kann z.B. die verpflichtende Ansparstunde wieder zurückgegeben und/oder die Klassenmesszahl gesenkt werden. Hier hat die Bildungspolitik in nächster Zeit durchaus ihre Möglichkeiten. Die Bildungspolitik könnte ferner durch straffere Förder- und Prüfungsverfahren dazu beitragen, dass die Lern- und Leistungsbereitschaft der Schüler zunimmt. Dazu zähle ich Abschlussprüfungen genauso wie verbindliche Schullaufbahnempfehlungen. Bisher müssen nämlich die Lehrkräfte am Ende der Schullaufbahn sehr viel Kraft für die Motivation der Schüler aufwenden. Aber hier stößt man sehr schnell an Tabus.

Herr Leisenheimer: Ich gehe davon aus, dass die Belastungen als Folge von PISA etc. und dem dadurch erzeugten öffentlichen Druck eher noch größer werden. Es zeigt sich ja jetzt schon, dass den Kollegien und Schulleitungen infolge der wachsenden Eigenständigkeit von Schule immer mehr Aufgaben übertragen werden. Entlastung ist daher höchstens dann vorstellbar, wenn die Schülerzahlen sinken und aus diesem Grunde Stundenreduzierungen angedacht werden können. Das dürfte angesichts der klammen Staatskassen allerdings nicht so bald der Fall sein. Ich denke daher, wir sollten nicht so sehr auf die Bildungspolitik schielen, sondern uns viel stärker auf unsere eigenen Möglichkeiten und Verantwortlichkeiten besinnen und in der Schule selbst Wege suchen, wie Entlastung erreicht werden kann.

> [?] *Die Hauptbelastung der Lehrkräfte rührt aus dem Unterricht selbst. Welche Ansätze gibt es bei Ihnen, um den Stress im Unterricht abzubauen?*

Frau Suckrau: Wir setzen sehr stark auf Teamarbeit. Als Schulleitung achten wir bei der Lehrereinsatzplanung darauf, dass Lehrkräfte, die zusammen in einer Klasse unterrichten möchten, dieses möglichst auch tun können. Dabei spielen solche Fragen eine Rolle wie: Wer passt in welche Klasse? Wer passt in welches Team? Wer eignet sich als Klassenlehrer? Wir unterstützen die Klassenteams u.a. dadurch, dass wir ihnen möglichst viele Stunden zuweisen, damit die betreffenden Lehrkräfte in ihrer Klasse auch wirklich Fuß fassen können. Die Teams selbst sprechen ihre Vorgehensweise auf Klassenebene ab. Ferner nutzen sie Stufen- und Abteilungskonferenzen, um sich über unterrichtliche Belange zu verständigen. Darüber hinaus gibt es bei uns regelmäßige Workshops zur gemeinsamen Entwicklung von Lernarrangements und -materialien. Das wirkt dem Einzelkämpferdasein entgegen. Bei diesen Workshops geht es keineswegs nur um Zeitersparnis, sondern auch um Ideenaustausch sowie darum, unterrichtliche Probleme und Schwierigkeiten zu thematisieren, mit denen sich ansonsten jeder alleine herumschlagen muss. Mittlerweile geben viele Lehrkräfte bei uns ganz offen zu, das es entlastend wirkt, wenn alle am gleichen Strang ziehen. bzw. erkennbar wird, dass die meisten Lehrkräfte mit ähnlichen Schwierigkeiten zu kämpfen haben. Als Schulleitung unterstützen wir diese unterrichtliche Zusammenarbeit mit allen uns zur Verfügung stehenden Mitteln. Wir stehen den Lehrkräften bei Bedarf mit Rat und Tat zur Seite und versuchen ihnen das Gefühl zu vermitteln, dass sie mit ihren Problemen nicht allein gelassen werden. Kurze Wege sind da sehr hilfreich.

Herr Carstensen: Wir haben die systematische Unterrichtsentwicklung zum Schwerpunkt unseres Qualitätsprogramms gemacht. Wir erhalten von den »Klippert-Trainer/innen« vielfältige Unterstützung und können uns dadurch ein gewisses Maß an Entlastung sichern. Entlastung versprechen wir uns ferner davon, dass die Schüler infolge der konsequenten Methoden-, Kommunikations- und Teamschulung lernen, über längere Strecken eigenverantwortlich im Unterricht zu arbeiten. Weiterhin sorgen wir bei der Unterrichtsverteilung dafür, dass Lehrer mit Ein- bzw. Zwei-Stunden-Fächern möglichst mehrfach in einer Klasse eingesetzt werden. Dann müssen diese nicht so viele Namen lernen, und der Unterricht kann flexibler organisiert werden. Außerdem haben wir mit Beginn dieses Schuljahres einen »Schulvertrag« eingeführt, in dem festgeschrieben ist, welche Verhaltensweisen von Schülern, Lehrern und Eltern erwartet werden, damit das Miteinander in der Schule besser funktioniert.

Herr Leisenheimer: Die Planung und Weiterentwicklung des Unterrichts sind bei uns in hohem Maße Teamangelegenheiten. Da gibt es das *Kernteam* der Klassenlehrer einer Jahrgangsstufe. Und da gibt es außerdem das Klassenstufenteam der reinen Fachlehrer, die in dieser Stufe die meisten Unterrichtsstunden ihres persönliches Deputats unterrichten. Die Kernteams treffen sich in der Regel wöchentlich, meist ergänzt durch einzelne Fachlehrer. Die Kernteams haben weit reichende Befugnisse hinsichtlich der Organisation der pädagogischen Arbeit. Sie legen z.B. die Lernkompetenzbausteine für bestimmte Zeiträume fest und regeln deren unterrichtliche Umsetzung. Sie erarbeiten aber auch Gestaltungsvorschläge zum Gesamtstundenplan, zur Öffentlichkeitsarbeit, zur Konferenzarbeit, zur Verbesserung des Schulklimas etc. Entlastung bringen diese Teams insofern, als sie Erfahrungsaustausch, Unterstützung, Beratung und auch sehr persönliche Kommunikation gewährleisten. Das tut vielen Lehrkräften gut. Die wöchentlichen Treffen werden dadurch erleichtert, dass sie sehr ergebnisorientiert ablaufen und mit der Besonderheit verbunden sind, dass für die Teammitglieder nach Möglichkeit eine gemeinsame Springstunde geblockt wird. Darüber hinaus werden spezifische Vorbereitungsarbeiten bevorzugt dann angesetzt, wenn Klassen im Betriebspraktikum sind oder die Klassen 9 und 10 bereits entlassen wurden. Auf derartige Zugeständnisse lege ich als Schulleiter sehr viel Wert.

[?] *Schulforscher empfehlen mehr Kooperation und Arbeitsteilung. Welche Schritte und Effekte gibt es bei Ihnen?*

Frau Suckrau: Wie bereits angedeutet, steht die Lehrerkooperation in unserer Schule hoch im Kurs. Viele Lehrkräfte sehen die Teamarbeit mittlerweile als persönliche Bereicherung und Erleichterung. Das war zwar nicht immer so, hat sich inzwischen aber aufgrund positiver Erfahrungen recht gut eingespielt. Wir als Schulleitung unterstützen die Teambildung und Teamarbeit der Lehrkräfte durch »pfiffige« schulorganisatorische Regelungen. Da kann ich mich an die letzten Ausführungen von Herrn Leisenheimer anschließen. Zusammen mit dem Personalrat versuchen wir, Belastungen möglichst gleichmäßig zu verteilen und entsprechende klare Absprachen zu treffen. Das ist unser Beitrag zu einer fairen Arbeitsteilung im Kollegium. Es kann ja nicht sein, dass innovative Aufgaben immer auf dem Rücken einiger weniger Lehrkräfte abgeladen werden. Auch innerhalb der Schulleitung halten wir uns an das Gebot der Arbeitsteilung – z.B. wenn es um die Erledigung der unterschiedlichen Aufgaben im Rahmen der Referendarausbildung geht.

Herr Carstensen: Das A und O unserer Unterrichtsentwicklung sind die Klassen- und Fachteams. Sie entwickeln gemeinsam Materialien, sprechen Trainingsmaßnahmen ab, tauschen Know-how aus, lösen Probleme, koordinieren die Elternarbeit etc. Das sind wichtige und lohnende Schritte hin zu einer funktionierenden Arbeitsteilung. Wir stehen zwar noch ziemlich am Anfang eines Lernprozesses, sehen aber bereits jetzt, dass es sich lohnt, verstärkt zusammenzuarbeiten und arbeitsteilig vorzugehen. Die Kooperationsbereitschaft im Kollegium ist in den beiden letzten Schuljahren deutlich gewachsen. Das gilt auch für die Mitglieder des Steuerungsteams unserer Schule, das für die laufende Unterrichtsentwicklung verantwortlich zeichnet. Das Steuerungsteam entlastet mich als Schulleiter insofern, als unterschiedliche Steuerungsaufgaben auf verschiedene Schultern verteilt werden. Das erweitert die Mitwirkungsmöglichkeiten für interessierte Kollegiumsmitglieder und hilft, die Qualität des Innovationsmanagements zu steigern.

Herr Leisenheimer: Kooperation und Arbeitsteilung gehören für unser Kollegium zu den Selbstverständlichkeiten des Schulalltags. Daran haben wir zwei Jahrzehnte lang gearbeitet. Die stufenbezogenen Klassenlehrer- und Fachlehrerteams habe ich bereits angesprochen. Sie bilden für uns den Schlüssel zur Arbeitsteilung sowie zur Stärkung der einzelnen Lehrpersonen. Jeder für sich würde sich vieles nicht trauen. Gemeinsam hingegen geht vieles leichter und auch effektiver. Das bringt Entlastung. Voraussetzung dafür ist allerdings, dass die betreffenden Teammitglieder gelernt haben, einfühlsam und ergebnisorientiert zu kooperieren. Das ist gar nicht so selbstverständlich. Auch uns stand die Einzelkämpfermentalität vieler Lehrkräfte zunächst im Wege. Doch durch entsprechende Fortbildungsmaßnahmen, regelmäßige Teamtreffen, Reflexionen und Verbesserungsbemühungen sind wir ein gutes Stück vorangekommen. Davon profitiert letztlich jeder.

> [?] *Ein weiterer Belastungsfaktor sind die vielen fruchtlosen Konferenzen. Welche Alternativen werden in Ihrem System praktiziert?*

Frau Suckrau: Einige Konferenzen müssen schlicht sein. Sie sollten gut vorbereitet sein und straff moderiert werden. Das ist mein Anspruch als Schulleiterin. Und das hilft bereits, Konferenzzeit zu sparen. Darüber hinaus sollte sorgfältig geprüft werden, welche Konferenzen zusätzlich sein müssen und wie sie ausgerichtet sein sollten. Was wir sicherlich verstärkt brauchen, sind ausgedehntere Fachkonferenzen zur gemeinsamen Entwicklung innovativer Lehr- und Lernverfahren. Diese müssen produktiv sein und für jeden Teilnehmer mehr abwerfen, als das zu Hause im Alleingang möglich wäre. An dieser Effektivierung der Fachkonferenzen arbeiten wir seit einigen Jahren. Wir haben uns Unterstützung von außen geholt und sind mittlerweile an einem Punkt angelangt, wo die Fachkonferenzarbeit von vielen Lehrkräften recht positiv gesehen und ohne Murren mitgetragen wird. Wir haben allerdings auch den Mut gehabt, für die besagten Workshops Studientage einzusetzen oder auch gezielte Freistellung für einzelne Fachteams zu gewähren.

Herr Carstensen: Bei uns gibt es einen zu Beginn des Schuljahres festgelegten Konferenzplan. Die Anzahl der Konferenzen ist dabei auf maximal drei pro Halbjahr begrenzt. Das sind eine Gesamtkonferenz und zwei Dienstbesprechungen. Hinzu kommen in der Jahrgangstufe 5 zwei pädagogische Konferenzen – einmal mit und einmal ohne die abgebenden Grundschullehrer. Ich finde, Konferenzen haben dann ihren Sinn, wenn dabei etwas Hilfreiches für alle Beteiligten herauskommt. Von daher bin ich gegen fruchtlose Konferenzen, aber nicht gegen Konferenzen schlechthin. Im Gegenteil: Wir brauchen mehr Konferenzen und Workshops, wenn wir dem aktuellen Innovationsbedarf gerecht werden wollen. Entscheidend ist nur, dass diese Konferenzen straff und produktiv gestaltet werden. Dazu gehören eine gute Vorbereitung, überzeugende Inputs, gute Visualisierungen und eine gekonnte Moderation. Das Steuerungsteam unserer Schule bemüht sich, in dieser Hinsicht Zeichen zu setzen und Fortschritte zu machen. Wir teilen uns die Präsentations- und Moderationsarbeiten auf und haben dafür schon das eine oder andere Lob aus dem Kollegium bekommen.

Herr Leisenheimer: Die Konferenzarbeit an unserer Schule verläuft stark dezentralisiert. Die erwähnten Kernteams und Klassenlehrerteams organisieren die für notwendig gehaltenen Teamkonferenzen und Workshops in eigener Regie. Ich als Schulleiter werde informiert und nehme gelegentlich auch selbst teil. Aber ansonsten ist Selbstorganisation angesagt. Die Hauptverantwortung liegt bei den Teamsprechern. Sie sind in Sachen Konferenzorganisation und -moderation inzwischen recht geübt und sorgen für die nötigen produktiven Abläufe. Dazu hat es Fortbildungen und Besprechungen gegeben. Die Kehrseite dieser Selbstorganisation ist ein deutlich reduziertes Maß an Gesamtkonferenzen, da fast alle wesentlichen Entscheidungen innerhalb der Teams getroffen werden. In diesem Punkt steht uns zwar das aktuelle Schulrecht mit seiner Betonung der offiziellen Gremien noch im Wege, aber mit der wachsenden Selbstständigkeit der Schulen sollte sich dieses Problem durchaus lösen lassen.

> **?** *Viele Lehrkräfte beklagen ferner das Übermaß an Bürokratie und Formalismus. Welche Gegenmaßnahmen laufen an Ihrer Schule?*

Frau Suckrau: Ohne formale Regelungen und Vorgaben geht es natürlich nicht. Die Formalisierung von Arbeitsabläufen kann sogar ihr Positives haben und Zeit sparen helfen. Allerdings gilt das längst nicht für alle bürokratischen Auflagen. Wir versuchen in unserer Schule Verwaltungsvorgänge so zu vereinfachen und zu standardisieren, dass sie mit möglichst wenig Zeitaufwand über die Bühne zu bringen sind. Auch flache Hierarchien helfen, unnötigen Schreib- und Abstimmungsaufwand zu vermeiden. Aus diesem Grund sehen wir uns als Schulleitung in der Pflicht, den Kolleginnen und Kollegen »unbürokratisch« zur Verfügung zu stehen, wenn es Klärungsbedarf geben sollte. Darüber hinaus tauschen wir uns innerhalb der Schulleitung regelmäßig darüber aus, wie wir bürokratische Vorgänge auf ein Minimum reduzieren können. Dazu gehört auch die konsequente Information und Einbindung des Verwaltungspersonals.

Herr Carstensen: Wir sind ein großes System. Das verlangt ein gewisses Maß an Organisation und Planbarkeit. Das schließt formale Auflagen und Abläufe mit ein. Klassenbücher müssen nun einmal geführt, Listen ausgefüllt und Elternbriefe geschrieben werden – um nur einige Pflichtaufgaben zu nennen. Formalismus kann andererseits aber auch entlasten, wenn er nicht auf die Spitze getrieben wird. Wir haben in unserer

Schule entsprechende Formblätter entworfen, die den bürokratischen Aufwand für die Lehrkräfte verringern und eine zeitökonomische Arbeitsweise sicherstellen. Im Übrigen müssen nicht alle Formalitäten von jedem einzelnen Lehrer separat erledigt werden. Manches kann man auch durchaus arbeitsteilig angehen. Auch gezielte Absprachen helfen, den formalen Aufwand zu reduzieren.

Herr Leisenheimer: Formale Regelungen und Abläufe dürfen in einer Schule keinesfalls zum Selbstzweck werden. Daher sollte immer wieder geprüft werden, was man wie vereinfachen, delegieren oder in anderer Weise zeitsparend erledigen kann. Bei uns gibt es so gut wie keine Konferenz, in der wir uns länger mit irgendwelchen formalen Verordnungen, Erlassen oder sonstigen bildungspolitischen Verlautbarungen aufhalten. Formalitäten dieser Art werden bei uns kurz und bündig und ohne viel Aufhebens erledigt. Dazu bedarf es keiner »Verkündungskonferenzen«, wie das mancherorts üblich ist. In allen Teamsitzungen stehen bei uns die pädagogischen Belange im Vordergrund und nicht etwa irgendwelche formalen Weisungen des Ministeriums oder der Schulbehörden. Ich denke, es gibt Wichtigeres zu tun, insbesondere im pädagogischen Kernbereich. Für mich selbst heißt das, dass ich meine Zeit weniger für die Verwaltung von Schule, sondern vor allem für deren Gestaltung einsetze – für die Weiterentwicklung des Unterrichts, für Gespräche mit Kolleginnen und Kollegen sowie für die Förderung der vorhandenen Teamstrukturen. Wer Schule und Unterricht nicht ganz praktisch verändert und weiterentwickelt, der muss sich nicht wundern, wenn die Belastungen zunehmen.

> **?** *Ein Schlüssel zur Lehrerentlastung ist die Fortbildung. Inwieweit stellen Sie Lehrkräfte bzw. Lehrerteams zu Fortbildungszwecken vom Unterricht frei?*

Frau Suckrau: Fortbildung hat für uns einen hohen Stellenwert, insbesondere dann, wenn es darum geht, neue Lehr-, Lern- und Prüfungsverfahren zu konkretisieren. Von daher sind wir als Schulleitung bemüht, entsprechende Fortbildungsanliegen großzügig zu unterstützen. Wenn es organisatorisch möglich ist, wird Fortbildung im Team grundsätzlich genehmigt, da wir aus Erfahrung wissen, dass dadurch am meisten in die Schule zurückfließt. Unsere Kollegium hat sich auf ein entsprechendes Fortbildungskonzept verständigt und trägt die Teamfortbildung mit. Darüber hinaus wird natürlich auch schulintern Fortbildung organisiert, und zwar nicht nur in der unterrichtsfreien Zeit. Wir haben unsere Studientage und stellen einzelne Lehrerteams in begründeten Fällen auch für Workshops partiell vom Unterricht frei.

Herr Carstensen: Die Fortbildungsaktivitäten unseres Kollegiums haben sich in den letzten Jahren stark verändert. Während früher die Fachfortbildung Einzelner im Vordergrund stand, so konzentriert sich die Lehrerfortbildung mittlerweile viel stärker auf pädagogische und unterrichtsmethodische Themen sowie darauf, Seminare im Team zu besuchen. Als Schulleiter unterstütze ich diesen Trend. Im Rahmen unseres Unterrichtsentwicklungsprogramms haben viele Teams an Seminaren und Workshops der »Klippert-Trainer/innen« teilgenommen – zum Teil bis zu 18 Lehrkräfte auf einmal. Das ließ sich natürlich nicht ohne Unterrichtsausfall machen; trotzdem stehen wir zu derartigen Kompaktmaßnahmen, da sie uns am schnellsten voranbringen. Die Schüler werden für den Tag des Unterrichtsausfalls so mit Aufgaben versorgt, dass sie ihren eigenen »Studientag« zu Hause abhalten können. An dieser Kultur des selbst organisierten Lernens müssen wir allerdings noch kräftig arbeiten. Das gilt für die Vorbereitung der Lehrkräfte genauso wie für die nachmittägliche Zusammenarbeit der Schülerinnen und Schüler.

Herr Leisenheimer: Die Teamverfassung unserer Schule bringt es mit sich, dass wir sehr viel Wert auf die gemeinsame Fortbildung der Lehrkräfte legen. Dementsprechend wird Vertretung organisiert oder unter Umständen auch Unterrichtsausfall in Kauf genommen. Die Klassenlehrer eines Jahrgangs gehen in der Regel gemeinsam zu einem Seminar. Gleiches gilt für die im Team verbundenen Fachlehrer. Als Schulleiter versuche ich den Teams so weit wie möglich Entlastung zu verschaffen, damit sie ihre Seminare nachbereiten und das erworbene Know-how weitergeben können. Dazu gibt es gemeinsame Springstunden oder auch gesonderte schulinterne Fortbildungszeiten für Lehrerteams – zum Beispiel während des Betriebspraktikums oder nachdem die Klassen 9 und 10 entlassen sind. Da die Fortbildungsinstitute leider nur selten bereit sind, unserem Anspruch auf Teamfortbildung nachzukommen, konzentrieren wir uns seit Jahren darauf, unsere schulinterne Teamfortbildung auszubauen. Das schließt Studientage des ganzen Kollegiums mit ein.

? *Sehen Sie als Schulleiter/in weitere Möglichkeiten, die besonders engagierten Lehrkräfte schulintern zu entlasten?*

Frau Suckrau: Leider haben wir keine Stundenpools, die wir an besonders engagierte Lehrkräfte vergeben können. Die Entlastungsstunden, die jeder Schule zur Verfügung stehen, sind nur ein Tropfen auf den heißen Stein. Hier könnte uns die Politik mehr Handlungsspielraum eröffnen. Derzeit sehe ich als Schulleiterin meine Aufgabe vor allem darin, darauf zu achten, dass einzelne Kolleginnen und Kollegen nicht über alle Maßen belastet werden, während sich andere vornehm zurückhalten. Hier gilt es, Gerechtigkeit zu gewährleisten und die Gesamtbelastung möglichst gleichmäßig auf alle Schultern zu verteilen. Das geht natürlich nur, wenn ein Klima des Vertrauens und der Solidarität da ist. Damit dieses entsteht, führe ich Gespräche, argumentiere in Konferenzen, sorge für Transparenz etc. Ich bin der Ansicht, Schulleitung muss präsent sein, vermitteln und natürlich auch Farbe bekennen.

Herr Carstensen: Eine große Möglichkeit sehe ich darin, Lehrkräften bei der Unterrichtsverteilung entgegenzukommen und verstärkt Blockstunden zu setzen, zusätzliche Fächer zuzuweisen, gemeinsame Springstunden einzuplanen oder auch hier oder dort Verfügungsstunden bereitzustellen. Auch der reduzierte Einsatz besonders engagierter Lehrkräfte bei Vertretungen oder schulischen Sonderveranstaltungen kann Entlastung bringen. Eine weitere Chance sehe ich darin, dass z.B. bestimmte Aufgaben wie Protokollführung ausschließlich an jene Lehrkräfte vergeben werden, die sich ansonsten eher im Hintergrund halten, wenn es darum geht, innovationsbedingte Mehrarbeit zu leisten. Allerdings muss man aufpassen, dass man die Begünstigung der engagierten

Lehrkräfte nicht so übertreibt, dass bei den übrigen Lehrkräften Unverständnis und Widerstand entsteht. Denn kollegiumsinterne Spannungen und Konflikte sind das Letzte, was eine auf Entlastung bedachte Schulleitung gebrauchen kann.

Herr Leisenheimer: Ich sehe meine Möglichkeiten ganz ähnlich wie meine Vorredner. Einige Ansatzpunkte habe ich in meinen vorangehenden Statements auch bereits genannt. Allerdings bin ich mit dem, was ich als Schulleiter zur Entlastung der besonders engagierten Lehrkräfte tun kann, bislang gänzlich unzufrieden. Mir fehlen die wirklichen Möglichkeiten, die ich gerne hätte, um klare Zeichen zu setzen. Sehr begrüßen würde ich es z.B., wenn mir ein gesondertes Deputat zur Verfügung stünde, das mir Gelegenheit gibt, den besonders engagierten Lehrkräften durch z.B. eine Ermäßigungsstunde pro Woche meine Anerkennung auszusprechen. Damit meine ich nicht die übliche »Drittel-Pauschale«, die allen Schulen zusteht. Eine solche Geste wäre wesentlich wirkungsvoller als irgendeine Prämie am Jahresende. Stattdessen bleibt mir zurzeit nur das Lob und das gezeigte Interesse an den Leistungen der pädagogischen Zugpferde. Das ist zwar mehr als nichts, aber sicherlich zu wenig, um auf Dauer wirksam motivieren zu können.

> [?] *Viele Lehrkräfte beklagen den Druck der Eltern und der Öffentlichkeit. Welche Ansätze gibt es an Ihrer Schule, um diesem »Druck« entgegenzuwirken?*

Frau Suckrau: Die Eltern sind im berufsbildenden Schulwesen nicht mehr so präsent wie an allgemeinbildenden Schulen. Bei uns sind es vorrangig die Betriebe und die Kammern, die anspruchsvolle Erwartungen an uns richten und uns unter Umständen auch Druck machen können. Wir legen bei uns daher sehr viel Wert darauf, präventiv tätig zu werden und durch überzeugende Kooperationsmaßnahmen Vertrauen zu bilden und Verständnis für unsere schulische Arbeit zu schaffen. Dazu gehören Gespräche mit Ausbildern und Kammervertretern. Diese Gespräche dienen vor allem dazu, die Kontakte zwischen den Partnern im dualen System zu intensivieren und mehr Einblicke in die betrieblichen wie schulischen Gegebenheiten zu ermöglichen. Darüber hinaus pflegen wir den regelmäßigen Kontakt zum Schulträger. Auch Gespräche mit den in unserem Stadtrat vertretenen Fraktionen haben uns genutzt. Wenn dabei auch noch ein positiver Zeitungsartikel herausgesprungen ist, dann umso besser. Das alles hilft, den Druck von außen abzufangen.

Herr Carstensen: Bei uns ist der Druck nicht so stark, dass wir darüber klagen müssten. Die Eltern fordern gute Arbeit von uns, aber das ist auch ihr gutes Recht. Ansonsten sind sie uns in der Regel recht wohlgesinnt. Wir legen in unserer Schule sehr viel Wert darauf, dass die Eltern rechtzeitig und gründlich informiert werden. Wir laden zu Hospitationen ein, führen Elternabende mit praktischen Übungen und modernen Methoden durch. Wir beraten offensiv und präventiv. Das alles trägt offenbar dazu bei, dass die Eltern unsere pädagogische Arbeit verständnisvoll einzuschätzen wissen. Bei Elternabenden achten wir außerdem darauf, dass eine kommunikative Sitzordnung da ist und nicht die geballte Elternschaft dem verantwortlichen Lehrer frontal gegenübersitzt. Das erzeugt natürlich Druck, der sich aber durch einen einfachen Stuhlkreis und die Bereitstellung von Namensschildern deutlich abbauen lässt. Das entkrampft die Atmosphäre und erleichtert es, respektvoll miteinander umzugehen.

Herr Leisenheimer: Unsere erwähnte Teamkultur hilft, mit Druck von außen besser umzugehen. Wenn Lehrkräfte wissen, dass sie den Eltern nicht alleine gegenüberstehen, sondern sich auf abgestimmte pädagogische Grundlinien berufen können, dann stärkt das natürlich ihre Position. Hinzu kommt, dass wir gezielte Elternarbeit betreiben und vieles daran setzen, gegenüber den Eltern Transparenz zu schaffen. So erhalten z.B. alle Elternvertreter unser Mitteilungsblatt »Diesen Monat«. Damit werden sie über alle wichtigen Termine informiert und erhalten einen Einblick in das, was an unserer Schule läuft. Darüber hinaus haben wir einen kollegiumsinternen »Pressevertreter«, der dem Grundsatz der Transparenz durch gezielte Artikel im Verbandsgemeindeblättchen Rechnung trägt. Ferner sitzen Vertreter der Schulträger in unserer Planungsgruppe. Trotzdem habe ich schon das Gefühl, dass der Druck zunimmt. Aber vielleicht ist das auch nur ein eingebildeter Druck.

> *Eine Dauerbelastung ist das fehlende Geld. Wie versuchen Sie zusätzliche Ressourcen ins Haus zu bekommen?*

Frau Suckrau: Wir tun uns da ziemlich schwer. Eltern fallen in unserer Schulform als Sponsoren aus. Ab und zu erben wir ausrangierte Ausstattungsgegenstände von Firmen, wie z.B. PCs. Natürlich versuchen wir auch unseren Schulträger zu zusätzlichen finanziellen Zuwendungen zu veranlassen. Aber das ist bei der derzeitigen Kassenlage der Kommunen recht schwierig. Insgesamt müssen wir leider feststellen, dass wir kaum an zusätzliche Ressourcen für unsere pädagogische Arbeit herankommen.

Herr Carstensen: Natürlich kann man nie genug Geld haben. Ich muss für unsere Schule allerdings feststellen, dass der Westerwaldkreis seit Jahren für eine hervorragende Ausstattung seiner Schulen sorgt. Da können wir uns nicht beschweren. Für besondere Fälle haben wir unseren Förderverein, der uns die eine oder andere finanzielle Zuwendung zufließen lässt. Außerdem muss man beim Einkauf hartnäckig verhandeln. Dann kann man eine Menge Geld einsparen und für weitere Projekte verwenden. Die auf die Schulen ausgerichteten Händler lassen durchaus Rabatte zu, um im Geschäft zu bleiben.

Herr Leisenheimer: Wir haben festgestellt, dass schon noch zusätzliche finanzielle Mittel locker zu machen sind. Man muss sich nur überzeugende Projekte und Begründungen einfallen lassen. Und man muss einfach auf vielen Kanälen Anträge stellen – bei den Schulbehörden genauso wie bei Vereinen, Sparkassen und anderen Unternehmen. Wir sind immer wieder erstaunt, was da so zur Verfügung gestellt werden kann. So konnten wir uns z.B. im letzten Schuljahr eine Theatertherapeutin für den Einsatz in Klasse 8 leisten. Das Wichtigste ist, dass man aktiv wird und nicht vorschnell die Flinte ins Korn wirft.

2. Evaluationsbefunde zum PSE-Programm

Das Programm der Pädagogischen Schulentwicklung (PSE) meint systematische Unterrichtsentwicklung im Sinne von Abbildung 27 auf Seite 254 dieses Buches. Hauptziel von PSE ist es, die Schüler/innen fit zu machen, zielstrebig und methodisch versiert in eigener Regie zu lernen und dadurch nicht zuletzt zur Entlastung der Lehrkräfte beizutragen. Umgesetzt wurde das PSE-Programm u.a. in Rheinland-Pfalz. Welche Effekte für Lehrer/innen und Schüler/innen dabei herausgekommen sind, zeigen die folgenden Auszüge aus der Evaluation von 42 Haupt-, Real-, Gymnasial- und Berufsschulen (Projektzeitraum 2001–2003). Befragt wurden insgesamt 215 Lehrkräfte.

88 Prozent der Befragten kommen in ihrer Schlussbilanz zu dem Ergebnis, die Schüler/innen seien infolge der konsequenten Methodenschulung selbstständiger und zielstrebiger geworden. 92 Prozent geben an, der Unterricht sei durch das PSE-Programm vielfältiger und spannender für alle Beteiligten geworden. Und immerhin 75 Prozent stellen fest, dass sich die Lernkompetenz der Schüler/innen in den trainierten Klassen erfreulich positiv entwickelt habe. 53 Prozent der befragten Lehrkräfte gehen sogar so weit, für sich eine zunehmende Entlastung im Unterricht zu konstatieren (vgl. Tabelle A). Die restlichen 47 Prozent bleiben zwar aufgrund der zusätzlichen Vorbereitungsarbeiten und der mangelnden persönlichen Routine noch eher skeptisch, aber der Trend ist unter dem Strich recht viel versprechend.

Begründet liegt die sich abzeichnende Entlastungswirkung vor allem darin, dass die Schüler/innen der trainierten *Pilotklassen* selbstständiger und methodisch versierter zu lernen verstehen, als das für die nicht speziell geschulten *Normalklassen* gilt. So geben z.B. 90 Prozent der befragten Lehrkräfte zu erkennen, dass die Schüler/innen der Pilotklassen im Vergleich zu denen der »Normalklassen« besser in der Lage seien, effektiv und regelgebunden in Gruppen zu arbeiten. 87 Prozent konstatieren Gleiches für das Strukturieren und Visualisieren von Lernergebnissen. Und sogar 91 Prozent meinen, dass die trainierten Schüler/innen ein deutliches Plus hätten, wenn es darum gehe, selbstbewusst vor der Klasse zu reden und zu argumentieren (vgl. Tabelle B). Davon profitieren natürlich nicht nur die Schülerinnen und Schüler, sondern gleichermaßen auch ihre Lehrkräfte. Wenn z.B. 53 Prozent der befragten Lehrkräfte zurückmelden, die Schüler/innen der Pilotklassen seien besser als andere Schüler/innen in der Lage, auftretende Probleme mit Ausdauer und Kreativität zu lösen; wenn 62 Prozent feststellen, die betreffenden Schüler/innen gingen zielstrebiger und engagierter an gestellte Aufgaben heran; und wenn sogar 69 Prozent meinen, in den Pilotklassen würden grundlegende Gesprächsregeln besser beachtet und eingehalten, als das ansonsten der Fall sei (vgl. Tabelle B), dann spricht das alles dafür, dass sich die skizzierte Unterrichtsentwicklung für die Schüler- wie für die Lehrerseite lohnt.

Einschätzungen zum Nutzen des PSE-Programms — Tab. A

Inwieweit treffen die folgenden Aussagen zum Nutzen des PSE-Programms zu?	trifft voll zu (%)	trifft eher zu (%)	trifft eher nicht zu (%)	trifft nicht zu (%)	?
Die Schüler/innen sind infolge der konsequenten Methodenschulung selbstständiger und zielstrebiger geworden	21	67	12	/	/
Die ausgeprägten Teamaktivitäten stärken den Einzelnen und fördern den Zusammenhalt im Kollegium	20	56	18	6	/
Der Unterricht ist durch das PSE-Programm vielfältiger und spannender für alle Beteiligten geworden	23	69	7	1	/
Die Lehrkräfte der Pilotklassen erfahren im Unterricht zunehmend Entlastung	12	41	38	9	/
Die Lernkompetenz der Schüler/innen entwickelt sich in den trainierten Klassen erfreulich positiv	10	65	22	3	/
Das PSE-Programm erleichtert die Entwicklung des vom Ministerium geforderten »Qualitätsprogramms«	27	49	15	5	4
Die Teilnahme am PSE-Programm hat zur Profilierung der Schule im regionalen Umfeld beigetragen	17	51	19	9	4
Die Teilnahme am PSE-Programm hat sich für unsere Schule unter dem Strich absolut gelohnt	30	57	10	3	/

(?) In dieser Spalte sind jene Lehrkräfte erfasst, die mit den angeführten Methoden nichts anzufangen wissen; auch Auszählfehler oder schlichtes Auslassen des Kreuzchens finden hier ihren Niederschlag.

Deutliche Kompetenzerweiterung auf Schülerseite — Tab. B

Inwieweit sind die Pilotklassen methodisch besser als die »Normalklassen«?	viel besser (%)	eher besser (%)	eher nicht besser (%)	nicht besser (%)	?
Planvolles Vorbereiten von Tests und Klassenarbeiten	3	48	35	8	6
Effektives und regelgebundenes Arbeiten in Gruppen	27	63	7	3	/
Auftretende Probleme mit Ausdauer und Kreativität lösen	10	43	38	9	/
Selbstständig Informationen beschaffen und einbringen	13	61	17	5	4
Lernergebnisse anschaulich strukturieren und visualisieren	30	57	11	2	/
Grundlegende Gesprächsregeln beachten und einhalten	18	51	26	5	/
Vor der Klasse frei und selbstbewusst reden und argumentieren	40	51	8	1	/
In Diskussionen überzeugend agieren und argumentieren	11	45	32	7	5
Zielstrebig und engagiert an gestellte Aufgaben herangehen	13	49	27	7	4

(?) In dieser Spalte sind jene Lehrkräfte erfasst, die mit den angeführten Methoden nichts anzufangen wissen; auch Auszählfehler oder schlichtes Auslassen des Kreuzchens finden hier ihren Niederschlag.

Als entlastungsfördernd stufen die befragten Lehrkräfte ferner die ausgeprägte Teamarbeit der Lehrerschaft im Rahmen des PSE-Programms ein. 91 Prozent schätzen die Teamklausurtage zur gemeinsamen Vorbereitung der Schülertrainings als hilfreich bis sehr hilfreich ein. 85 Prozent sehen die Teamsitzungen zur Besprechung bestimmter unterrichtlicher Maßnahmen und/oder Probleme positiv. Und 76 Prozent der Befragten sind der Ansicht, die ausgeprägten Teamaktivitäten der Lehrkräfte stärkten den Einzelnen und förderten den Zusammenhalt im Kollegium. Diese Befunde bestätigen, dass die besagte Qualifizierungs- und Innovationsarbeit mehrgleisig wirkt: Sie hilft zum einen das Methodenrepertoire der Lehrer/innen und Schüler/innen zu erweitern; und sie trägt zum anderen dazu bei, die Zusammenarbeit im jeweiligen Kollegium positiv zu beeinflussen und zu fördern. Apropos Lehrerrepertoire: 81 Prozent der Befragten verbuchen für sich einen deutlichen Zuwachs an Methodenvielfalt im Unterricht. Und je 82 Prozent sehen erhebliche Fortschritte bei der Verankerung der Schülertrainings im Jahresarbeitsplan der Schule sowie bei der Ausweitung der Methodenschulung auf mehrere Jahrgangsstufen. Dieses signalisiert den Trend hin zu mehr Nachhaltigkeit bei der Unterrichtsentwicklung.

Diese und andere Befunde unterstreichen, dass konsequente Unterrichtsentwicklung und Methodenschulung viel versprechende Entlastungsperspektiven für Lehrerinnen und Lehrer eröffnen. Auch wenn nach rund eineinhalb Jahren Innovationsarbeit in den betreffenden Schulen längst nicht alle Lehrkräfte so weit sind, die eingetretenen Wirkungen als voll befriedigend zu bezeichnen, so werden die in der skizzierten Unterrichtsentwicklung steckenden Chancen doch weithin anerkannt. Das zeigt sich u.a. darin, dass eindrucksvolle 87 Prozent der Befragten für sich das Fazit ziehen, dass sich die Teilnahme am PSE-Programm für die eigene Schule absolut gelohnt habe (vgl. Tabelle A). Dieses Resümee ist fraglos ermutigend. Ermutigend deshalb, weil es bestätigt, dass zunehmende Berufszufriedenheit und Lehrerentlastung erreichbar sind – vor allem dann, wenn in der jeweiligen Schule konsequent daran gearbeitet wird, die entsprechenden Kompetenzen und Routinen auf Lehrer- wie auf Schülerseite systematisch auf- und auszubauen. So gesehen sind die in den Abschnitten II..2 und II.3 dieses Buches skizzierten Entlastungspfade sicherlich wichtige und richtige Ansatzpunkte, aus denen sich im Schulalltag eine ganze Menge machen lässt.

3. Statements zum Nutzen des Lerntrainings

In Folgenden kommen einige ausgewählte Steuerungsteams und Einzelpersonen zu Wort, die über eine gewisse Zeit hinweg daran gearbeitet haben, die Lernkompetenz der Schülerinnen und Schüler im weitesten Sinne des Wortes zu fördern – angefangen beim Training elementarer Lern- und Arbeitstechniken über die systematische Schulung grundlegender Kommunikations- und Teamkompetenzen bis hin zum differenzierten Ausbau des eigenverantwortlichen Arbeitens und Lernens im Unterricht. Die nachfolgenden Statements zeigen, dass die entsprechende Trainings- und Förderarbeit den Schüler/innen gut tut, aber auch ihren Lehrkräften. Will sagen: Die Schülerinnen und Schüler erreichen ein höheres Maß an Lernkompetenz und »Selbstwirksamkeit«. Und die Lehrkräfte werden durch diese Kompetenzerweiterung in die Lage versetzt, mit weniger Stress und Disziplinierungszwängen durch den Schulalltag zu kommen.

Steuerungsteam des Max-Slevogt-Gymnasiums, Landau

»Die Schülerinnen und Schüler haben einen deutlichen Zuwachs an Methoden- und Sozialkompetenz erfahren. Diese Fortschritte werden auch von eher unbeteiligten Lehrkräften in der Klasse registriert. Die Streitkultur und die Konfliktbewältigung in den trainierten Klassen haben sich bemerkenswert gut entwickelt. Im Vergleich zu anderen Klassen sind die sozialen und kommunikativen Fertigkeiten der Schüler/innen wesentlich größer ...«

Steuerungsteam des Rhein-Gymnasiums, Sinzig

»Die Trainingsarbeit hat den Schüler/innen zu mehr Selbstständigkeit verholfen. Sie trauen sich mehr und arbeiten methodisch durchdachter und erfolgreicher. Für die Lehrkräfte hat das mehr Zufriedenheit gebracht. Der Stress ist weniger geworden, und die Entlastung ist für viele Lehrkräfte in den Pilotklassen bereits spürbar. Die Kommunikation in den Klassen (auch im Kollegium) hat sich verbessert. Es gibt mehr Spaß an der Zusammenarbeit ...«

Steuerungsteam der HS Scharnhorststraße, Leverkusen

»Die verstärkte Trainingsarbeit sowie die vielseitige Anwendung von Methoden des eigenverantwortlichen Arbeitens und Lernens haben zu deutlicher Entlastung bei den Kolleginnen und Kollegen geführt. Unbefriedigend ist bislang noch die Mehrbelastung durch die vielen Fortbildungen, Konferenzen und Workshops. Dennoch: Die Innovationsarbeit tut allen gut. Es wird endlich mal wieder über Unterricht gesprochen und überlegt, wie man was besser machen kann ...«

Steuerungsteam der BBS Wirtschaft II, Ludwigshafen

»Die systematische Methodenschulung im Unterricht bewirkt Entlastung auf Lehrerseite. Entlastung durch mehr Aktivität der Schüler/innen. Entlastung durch verbesserte Zusammenarbeit in der Klasse. Entlastung durch mehr Disziplin und Motivation selbst bei den schwächeren Schüler/innen. Es tut den Lehrkräften einfach gut, sich mehr zurücknehmen zu können, ohne gleich damit rechnen zu müssen, dass die Schüler/innen ausbüchsen ...«

Steuerungsteam der Gesamtschule Lev-Schlebusch

»Die starke Betonung des eigenverantwortlichen Arbeitens und Lernens sichert Schülerzentrierung. Die ständige Anwendung der unterschiedlichen Methoden hilft den Schüler/innen, damit vertraut zu werden. Sicherheit und Motivation entstehen ferner durch die klaren Regeln und die gut zu trainierenden ›Techniken‹. Im Unterricht selbst entstehen mehr Ruhe und Zielstrebigkeit. Die Schüler/innen merken, dass sie was können und trauen sich deshalb mehr zu ...«

Steuerungsteams der Berufsbildenden Schule Linz

»Die neuen Unterrichts- und Trainingsmethoden heben die Stimmung im Unterricht. Die Schüler/innen entwickeln ihre Selbstständigkeit weiter. Auch die Kooperation hat sich verbessert. Die Schüler/innen zeigen guten Teamgeist und trauen sich insgesamt mehr zu. Für die Lehrer/innen heißt das, dass sie den Schüler/innen weniger Druck machen müssen. Das bringt weniger Stress, mehr Erfolgserlebnisse und größere Arbeitszufriedenheit ...«

Steuerungsteams der Albert-Schweitzer-Schule, Herford

»Die Trainingsarbeit verändert das Schülerverhalten. Das häufige Üben und Anwenden der neuen Methoden in kleinen Portionen tut den Kindern gut. Gleiches gilt für die Rituale bei Teamarbeit und Präsentationen. Die Schüler/innen werden richtig aufgebaut und durch die konsequente Teamförderung sozial eingegliedert. Das führt dazu, dass sie schon mal längere Zeit alleine oder in Gruppen arbeiten. Auch im Mündlichen sind sie deutlich besser geworden ...«

Steuerungsteam der Hauptschule Löhne-West

»Die neuen Trainings- und Lernverfahren haben sich positiv auf die Motivation der Schüler/innen ausgewirkt. Nach anfänglichem Stöhnen akzeptieren sie immer mehr, dass sie selbst etwas tun müssen. Die regelmäßigen methodischen Übungen und Reflexionen helfen ihnen dabei. Auch die Teamarbeit in den Klassen hat Fortschritte gemacht. Das entlastet die Lehrkräfte – vorausgesetzt, sie arbeiten selbst im Team. Nicht zu vergessen: Was Neues zu tun tut einfach gut ...«

Natürlich sind die Rückmeldungen aus den Schulen nicht nur positiv. Manchen Lehrkräften treten die Entlastungseffekte im Unterricht nicht schnell genug ein; andere klagen über die vielen Vorbereitungsarbeiten und/oder Teambesprechungen. Wieder andere sehen die fachliche Präzision in Gefahr, wenn die Schüler/innen häufiger eigenverantwortlich arbeiten. Und eine vierte Gruppe, die Bedenken äußert, moniert die mangelhaften Rahmenbedingungen der Schulen, d.h. die Raumnot, die großen Klassen, den hohen Ausländeranteil und die chronische Zeitknappheit. Zugegeben, an allen diesen Bedenken ist etwas dran. Das gilt vor allem für die zuletzt genannten unzulänglichen Rahmenbedingungen, an deren Verbesserung fraglos gearbeitet werden muss (vgl. die näheren Ausführungen in Kapitel III). Diese Bedenken dürfen jedoch nicht dazu führen, dass die eigenen Gestaltungs-, Verbesserungs- und Entlastungsmöglichkeiten im Schulalltag außer Acht gelassen werden.

Denn zusätzliche Vorbereitungsarbeiten stehen angesichts der aktuellen Reformauflagen (Neue Bildungsstandards, Prüfungsverfahren, Qualitätsprogramme etc.) so oder so ins Haus. Von daher ist die kooperative Vorbereitung neuer Lern- und Trainingsarrangements im Rahmen organisierter Seminare, Workshops und sonstiger Teamsitzungen eher dazu angetan, Lehrkräfte zu entlasten, als zusätzliche Belastungen zu bewirken. Je systematischer und konzertierter die fälligen Qualifizierungsmaßnahmen auf Lehrer- wie auf Schülerseite in Gang gebracht werden, desto größer ist nachweislich die Chance, dass die betreffenden Lehrkräfte Entlastung und mehr Berufszufriedenheit erfahren. Das bestätigt nicht zuletzt der nachfolgende Erfahrungsbericht:

> »Das zurückliegende Methodentraining war sehr intensiv. Meine Fünftklässler waren eine ganze Woche lang gefordert, neue Methoden zu üben, zu reflektieren, zu begründen und in zahlreichen Anwendungssituation ganz praktisch einzusetzen. Die Kinder waren sehr neugierig und ließen sich auf alles ein. Viele waren gespannt und auch stolz darauf, mehr darüber zu erfahren, wie man geschickt und erfolgreich lernt. Obwohl die Schüler/innen auf engstem Raum arbeiten mussten, waren sie sehr diszipliniert bei der Sache. Zwar hatten sie mit einigen methodischen Anforderungen am Anfang auch ihre Schwierigkeiten (z.B. Schlüsselwörter markieren). Aber mit den nötigen Übungen, Gesprächen und Erklärungen wurde das in der Regel schnell besser ... Für mich als Lehrerin war diese Methodenschulung eine richtige Bereicherung. Das gilt sowohl für die gemeinsame Vorbereitung im Jahrgangsteam als auch für meine neue Rolle als ›Trainerin‹ im Unterricht selbst. Als Klassenlehrerin hab ich den größten Teil der Trainingstage abgedeckt und dabei gemerkt, wie toll es sein kann, wenn sich die Schüler/innen methodisch zu helfen wissen und über längere Zeit an einer Aufgabe bleiben, ohne mich ständig um Rat und Anweisungen zu fragen. Als Entlastung habe ich ferner erlebt, dass auch wir Lehrkräfte im Team gearbeitet und uns hin und wieder sogar im Unterricht besucht haben. Es war entlastend, Aufgaben verteilen zu können. Gleichzeitig tat es gut, Rückmeldung von Kolleg/innen zu erhalten und das weitere Vorgehen bei Bedarf gemeinsam abzusprechen. Selbst bei der Nachbereitung sowie bei einer Präsentation vor dem Gesamtkollegium sind wir als Team aufgetreten. Das war für uns alle eine neue positive Erfahrung ...«
>
> *(Monika Mattern, Grund- und Hauptschule Münstermaifeld)*

Fazit: Die Förderung grundlegender Lernkompetenzen im Unterricht ist ein chancenreicher Ansatz, um die Lernarbeit der Schüler/innen zu effektivieren, aber auch dazu, die überbordende Belastung vieler Lehrkräfte zu reduzieren. Lern-, Disziplin- und sonstige Verhaltensprobleme im Schulalltag gehören schließlich zu den zentralen Belastungsfaktoren, über die das Gros der Lehrerschaft seit langem Klage führt. Bildungspolitik, Schulaufsicht, Schulleitungen und Lehrkräfte sind daher gut beraten, der systematischen Unterrichtsentwicklung und Kompetenzerweiterung von Lehrer/innen und Schüler/innen deutlich mehr Aufmerksamkeit zu schenken, als das bislang der Fall ist. Die auf diese Weise erzielbaren Entlastungseffekte für Lehrerinnen und Lehrer sind beachtlich.

Literaturverzeichnis

Avenarius, H. u.a.: Bildungsbericht für Deutschland. Erstellt im Auftrag der Kultusministerkonferenz, Opladen 2003

Bastian, J.; Rolff, H-G.: Abschlussevaluation des Projektes «Schule & Co.«. Herausgegeben von »Schule & Co.«. Gütersloh 2002.

Bauer, K.-O.: Unterrichtsentwicklung, pädagogischer Optimismus und Lehrergesundheit. In: PÄDAGOGIK 1/2002, S. 48ff.

Baden-Württembergischer Handwerkstag: Konsequenzen aus PISA. Positionen des Handwerks. Stuttgart 2002

Bayerischer Realschullehrerverband (Hrsg.): Arbeitsbelastung der Lehrkräfte an Realschulen in Bayern. Ergebniszusammenfassung. München 2003.

Bildungsministerium Niedersachsen (Hrsg): Niedersachsen macht Schule mit der Selbstständigen Schule. Mustervertrag. Hannover 2002.

Bildungsministerium NRW (Hrsg.): Bildung gestalten – Selbstständige Schule NRW. Herausgegeben zusammen mit der Bertelsmann Stiftung. August 2001.

Bildungsministerium Rheinland-Pfalz: Selbstverantwortliche Schule. Amtsblatt des Ministeriums für Bildung, Frauen und Jugend Nr. 5/2005, S. 186ff.

Bölsche, J.: Pfusch am Kind. In: SPIEGEL-Sonderheft zum Thema »Lernen zum Erfolg«. Heft 3/2002, S. 6ff.

Bohnsack, F.: Lehrerbelastung und »Selbsterziehung«. Vortrag gehalten am 20.10.2001 in Bergisch-Gladbach. Typoskript.

Bohnsack, F.: Probleme und Kritik der universitären Lehrerausbildung. In: Bayer, M. u.a. (Hrsg.): Lehrerin und Lehrer werden ohne Kompetenz? Bad Heilbrunn 2000, S. 52ff.

Bund-Länder-Kommission: Gutachten zur Steigerung der Effizienz des mathematisch-naturwissenschaftlichen Unterrichts. Bonn 1997.

Burtscheidt, C.: Mit 54 schon am Ende. Warum das Burn-out-Syndrom immer mehr Pädagogen resignieren lässt. In: Süddeutsche Zeitung vom 24.5.2003.

Czerwanski, A. u.a.: Förderung von Lernkompetenz in der Schule. Recherche und Empfehlungen. Gütersloh 2002.

Dauber, H.; Vollstädt, W.: Psychosoziale Belastungen im Lehramt. Befragung von frühpensionierten Lehrerinnen und Lehrern. In: Das Gymnasium in Bayern 4/2003, S. 25ff.

Dick, Rolf von u.a.: Belastung und Gesundheit im Lehrerberuf: Betrachtungsebenen und Forschungsergebnisse. In: Hillert/Schmitz 2004, a.a.O., S. 39ff.

Etzold, S.: Die Leiden der Lehrer. In: DIE ZEIT, Nr. 48/2000, Rubrik Hochschule, S. 1ff.

Fullan, M.: Die Schule als lernendes Unternehmen. Konzepte für eine neue Kultur in der Pädagogik. Stuttgart 1999.

Gerstenberg, F.: Der Schüler, das unbekannte Wesen. Artikel zur Lehrerbildung. In: Süddeutsche Zeitung vom 18.1.2005.

Gewerkschaft Erziehung und Wissenschaft (Hrsg.): Wir bilden die Zukunft. GEW-Kalender Rheinland-Pfalz für das Schuljahr 2004/2005. Essen 2004.

Göres, J.: Vorsicht, Inspektor. In Niedersachsen überprüft ein Schul-TÜV die Qualität des Unterrichts. In: Frankfurter Rundschau vom 26.7.2005, S. 27.

Graef, R.; Preller, R.-D. (Hrsg.): Lernen durch Lehren. Übernahme von Lehrfunktionen durch Schüler. Rimbach 1994.

Gruber, C.: »Da wird dir die Schule zur Hölle«. Viele Lehrer kommen in ihrem Beruf nicht mehr zurecht. In: Die Rheinpfalz vom 19.5.2003.
Hameyer, U; Reimers, H.: Unterstützungssysteme. Editorial zur gleichnamigen Ausgabe der Zeitschrift »Journal für Schulentwicklung«. Heft 3/2003. S. 4ff.
Hameyer, U.: Strukturwandel der Unterstützungssysteme. In: Zeitschrift »Journal für Schulentwicklung«. Heft 3/2003. S. 9ff.
Heil, S.; Faust-Siehl, G.: Universitäre Lehrerausbildung und pädagogische Professionalität im Spiegel von Lehrenden. Eine qualitative empirische Untersuchung. Weinheim 2000.
Hensel, H.: Unterrichtsstörungen – Na und? Man kann sich darauf einstellen und gelassen damit umgehen. In: Rheinland-pfälzische Schule 9/2003, S. 183ff.
Herrmann, J.: Qualifizierung schulischer Steuergruppen im Projekt »Schule & Co.«. In: Schul-Management. Heft 6/2000, S. 16ff.
Herrmann, U.: Wie lernen Lehrer ihren Beruf? Empirische Befunde und praktische Vorschläge. Weinheim und Basel 2002.
Heyse, H.: Erhalt von Gesundheit, Arbeitszufriedenheit und Leistungsfähigkeit von Lehrerinnen und Lehrern. In: Rheinland-pfälzische Schule 10/2001, S. 179ff.
Heyse, H.: Lehrergesundheit. Eine Herausforderung für Schulen und Schuladministration. In: Hillert/Schmitz 2004, a.a.O., S. 221ff.
Heyse, H.; Vedde, M.: Projekt Lehrergesundheit in Rheinland-Pfalz. In: Rheinland-pfälzische Schule 2/2004, S. 31ff.
Hillert, A.; Schmitz, E. (Hrsg.): Psychosomatische Erkrankungen bei Lehrerinnen und Lehrern. Stuttgart 2004.
Hillert, A.: Das Anti-Burnout-Buch für Lehrer. München 2004.
Hinrichs, P. u.a.: Horrortrip Schule. Der Berufsstand der Lehrer steckt in der Krise. In: SPIEGEL-SPEZIAL, Heft 3/2004, S. 60ff.
Jannsen, B.: Raus aus der Uni! Die Lehrerausbildung darf keine Nebensache sein. In: DIE ZEIT vom 23.5.2002, S. 71.
Jehle, P. u.a.: Entstehende Dienstunfähigkeit von Lehrern. In: Hillert/Schmitz 2004, a.a.O., S. 171ff.
Jürgens, B.: Schwierige Schüler? Disziplinkonflikte in der Schule. Hohengehren 2000.
Kahl, R.: Überfordert, allein gelassen, ausgebrannt. Deutsche Lehrer – eine Polemik. In: GEO-Wissen. Heft 31/2003, S. 52ff.
Klippert, H.: Lehrerbildung. Unterrichtsentwicklung und der Aufbau neuer Routinen. Weinheim und Basel 2004.
Klippert, H; Müller, F.: Methodenlernen in der Grundschule. Bausteine für den Unterricht. Weinheim und Basel 2003 (2. Aufl. 2004).
Klippert, H.: Eigenverantwortliches Arbeiten und Lernen. Bausteine für den Fachunterricht. Weinheim und Basel 2001 (4. Aufl. 2004).
Klippert, H.: Pädagogische Schulentwicklung. Planungs- und Arbeitshilfen zur Förderung einer neuen Lernkultur. Weinheim und Basel 2000 (2. Aufl. 2000).
Klippert, H.: Teamentwicklung im Klassenraum. Übungsbausteine für den Unterricht. Weinheim und Basel 1998 (7. Aufl. 2005).
Klippert, H.: Kommunikationstraining. Übungsbausteine für den Unterricht. Weinheim und Basel 1995 (10. Aufl. 2004).
Klippert, H.: Methodentraining. Übungsbausteine für den Unterricht. Weinheim und Basel 1994 (14. Aufl. 2004).
Klippert, H.: Wirtschaftslehre mit Pfiff. Arbeitsblätter für einen produktiven Unterricht. Lehrerinformation. Sparkassen-Verlag. Stuttgart 1999.
Kramis-Aebischer, K.: Stress, Belastungen und Belastungsverarbeitung im Lehrerberuf. Bern u.a. 1995.
Kretschmann, R. (Hrsg.): Stressmanagement für Lehrerinnen. Ein Trainingshandbuch. 2. Auflage. Weinheim und Basel 2001.

Kretschmann, R.: Präventive Selbsthilfe von Lehrern: Stressmanagement, Zeitmanagement, berufsbezogene Supervision. In: Hillert/Schmitz 2004, a.a.O., S. 207ff.

KMK-Kommission: Perspektiven der Lehrerbildung in Deutschland. Gutachten im Auftrag der Kultusministerkonferenz. Weinheim und Basel 2000.

Lenzen, D.: Diagnose Leher. Burnout und Professionalität bei Lehrern. Typoskript. Abgedruckt in: Universitas, Mai 2003, S. 475ff.

Lohmann, G.: Mit Schülern klarkommen. Professioneller Umgang mit Unterrichtsstörungen und Disziplinkonflikten. Berlin 2003.

Miller, R.: Sich in der Schule wohlfühlen. Wege für Lehrerinnen und Lehrer zur Entlastung im Schulalltag. Weinheim und Basel 1992.

Miller, R.: Entlastung durch gemeinsames Tun. In: Kretschmann 2001, a.a.O., S. 51ff.

Nolting, H.-P.: Störungen in der Schulklasse. Ein Leitfaden zur Vorbeugung und Konfliktlösung, Weinheim und Basel 2002.

Oswald, E.: Gemeinsam statt einsam. Arbeitsplatzbezogene Lehrer/innenfortbildung. Erschienen in der Schriftenreihe »Schweizer Schule«. Kriens 1990.

Philipp, E.: Teamentwicklung in der Schule. Konzepte und Methoden. Weinheim und Basel 1996.

Rolff, H.-G. u.a.: Manual Schulentwicklung. Handlungskonzept zur pädagogischen Schulentwicklungsberatung. Weinheim und Basel 1998.

Schaarschmidt, U.: Die Belastungssituation von Lehrerinnen und Lehrern. In: PÄDAGOGIK 7–8/2002, S. 8ff.

Schaarschmidt, U. (Hrsg.): Halbtagsjobber? Psychische Gesundheit im Lehrerberuf – Analyse eines veränderungsbedürftigen Zustandes. Weinheim und Basel 2004.

Schaarschmidt, U.: Die Beanspruchungssituation von Lehrern aus differenzialpsychologischer Perspektive (2004b). In: Hillert/Schmitz 2004, S. 97ff.

Schleicher, A.: Deutschland im internationalen Bildungswettbewerb. Vortrag anlässlich des GGG-Kongresses in Köln am 1.5.2003. Typoskript.

Schratz, M.; Steiner-Löffler, U.: Die Lernende Schule. Arbeitsbuch pädagogische Schulentwicklung. Weinheim und Basel 1998.

Senge, P.M.: Die fünfte Disziplin. Kunst und Praxis der lernenden Organisation. 7. Auflage. Stuttgart 1999.

Selbstständige Schule NRW (Hrsg.): Lehren und Lernen für die Zukunft. Guter Unterricht und seine Entwicklung im Projekt »Selbstständige Schule«. 2. Auflage. 2004.

Solzbacher, C.: Lernkompetenz als Kern schulischer Bildung. In: Pädagogische Führung. Heft 2/2003, S. 64ff.

Spanhel, D.; Hübner, H.-G.: Lehrersein heute. Berufliche Belastungen und Wege zu deren Bewältigung. Bad Heilbrunn 1995.

Steinbrück, P.: Die selbstständige Schule in ihrer Region. In: Regionale Bildungslandschaften. Troisdorf 2004, S. 7ff.

Terhart, E.: Lehrerberuf und Lehrerbildung. Forschungsbefunde, Problemanalysen, Reformkonzepte. Weinheim und Basel 2001.

Verband Bildung und Erziehung NRW: Presseveröffentlichung vom 6.5.2004 anlässlich der Vorstellung einer vom Verband in Auftrag gegebenen Studie zur Lehrerbelastung.

Vereinigung der Bayerischen Wirtschaft (Hrsg.): Bildung neu denken! Das Zukunftsprojekt. Opladen 2003.

Weber, A.: Krankheitsbedingte Frühpensionierungen von Lehrkräften. In: Hillert/Schmitz 2004, a.a.O., S. 23ff.

Weinert, F.E.: Lehren und Lernen für die Zukunft – Ansprüche an das Lernen in der Schule. Dokumentation des gleichnamigen Vortrags. Bad Kreuznach 2000.

Weinert, F.E.: Die fünf Irrtümer der Schulreformer. In: Psychologie heute. Heft Juli 1999, S. 28ff.

Witzenbacher, K.: Handlungsorientiertes Lernen in der Hauptschule. Anregungen und Beispiele für einen hauptschulgemäßen Unterricht. Ansbach 1985.

Abbildungsnachweise

S. 1:	Aus: W. Dietrich, Exemplarische Bilder, Burckhardhaus-Verlag, Gelnhause
S. 22:	Aus: Weinheimer Nachrichten vom 16.9.2004, S. 22
S. 24:	Aus: Hillert A., Schmitz E., Psychosomatische Erkrankung bei Lehrerinnen und Lehrern. Stuttgart, New York: Schattauer 2004; S. 100
S. 36, 44:	Gerhard Mester, Aus: Rheinland-pfälzische Schule Heft 10/2002, S. 222 und Heft 10/2003, S. 252
S. 54:	Peter Baldus, Riede
S. 141:	Aus: Elmar Oswald, Gemeinsam statt einsam. Verlag Brunner AG, Kriens/Schweiz 1990, S. 33
S. 195, 218, 269:	Aus: Grafische Vorlagen. Herausgegeben vom Evangelischen Werbedienst. Stuttgart und Nürnberg, Ringbuch 1, S. 37, Ringbuch 2, S.. 37, Ringbuch 3, S. 77
S. 235:	Aus: Frankfurter Rundschau vom 15.9.2004